航天科工出版基金资助出版

国有企业党委工作理论实务

李慧敏◎著

人民出版社

自　序

人世间的一切事业，都是干出来的。家是最小国，国是千万家。有了强的国，才有富的家。国有企业是中国特色社会主义的重要物质基础和政治基础，担负着"六个力量"的历史使命。

国有企业要成为党和国家最可信赖的依靠力量，必须在以中国式现代化全面推进强国建设、民族复兴伟业的过程中，始终坚持党的领导，加强党的建设，实现高质量发展，从而更好地推动国有企业和国有资本做强做优做大。

党和人民事业发展到什么阶段，党的建设就要推进到什么阶段。坚持党的领导、加强党的建设，是我国国有企业的光荣传统，是国有企业的"根"和"魂"，是我国国有企业的独特优势。一部国有企业发展史，就是一部坚持党的领导、加强党的建设的历史。

与每个人的新时代相遇，是我们的幸运。世事洞明皆学问，人情练达即文章。把一件事想明白、写清朗，符合逻辑、符合事实，而且可以反复验证、实际操练，似乎是很基本的要求，但古往今来似乎只有少数人能做到。

新时代拥抱着我们，我们也拥抱着新时代。新时代为施展才华、实现抱负提供了广阔舞台和无限可能。与时代并肩前行，小我融入国家大我、个人志向融入国家需求、人生价值追求融入国家前途命运，不为任何风险所惧、不为任何干扰所惑，矢志不渝朝着崇高理想奋进。有梦想就有希望，有梦想就有未来，对国家的忠诚、对事业的热爱、对卓越的追求、对底线的坚守，岂能辜负？

知止所往，望尽天涯路。积十载之功，竟初创之业。深入学习贯彻党的创新理论，尤其是习近平经济思想、习近平总书记关于党的建设的重要思想、关于党的自我革命的重要思想、关于国有企业改革发展和党的建设的重要论述，坚守原创价值导向，密切关注理论创新、实践创新、学术创新的前沿动态，进行全面、系统、科学、专业研究，反映国有企业改革发展和党的建设的最新成果，创新地系统阐述国有企业党委工作，解决"是什么"的问题；紧密结合新时代新征程国有企业实际，创新地全面阐明国有企业党委各方面工作的重点和程序，解决"干什么"的问题；坚持把提高企业效益、增强企业竞争实力、实现国有资产保值增值作为国有企业党委工作的出发点和落脚点，创新地构建体系、擘画路线图，全方位提供方法路径，明晰工作标准，解决"怎么干"的问题，是我们的努力方向。

承认自己的无知，乃是开启智慧世界的大门。凡作传世之文者，必先有可以传世之心。一直努力使自己成长为一名思想殿堂的门童。在这个殿堂里，有许许多多的大家、大师。试图建立一个不重不漏的国有企业党委工作研究体系，对国有企业党委工作尝试作一个完整的叙述。本书从国有企业和国有企业党委、国有企业党的政治建设、党委如何推动国有企业高质量发展、国有企业思想建设、组织建设、作风建设、纪律建设、反腐败、制度建设，以及国有企业党委工作如何考核评价等方面，进行了深入、开创性的分析研究，有丰富的实践要求、实践指南和实证案例，力争有质有文、陈言务去、新意迭见。如果有人因为我的探索，而打开一扇窗，心中更有信仰、肩上更有担当、脚下更有力量，那是由衷感激与欣喜的事。

前人已做了大量工作，并非白手起家。但在另一意义上，仍然不妨说是初创，因为在此以前，几乎没有同样的公开出版的书。读万卷书、行万里路，清万卷书、醒万里路，唯有如陀螺般旋转，唯当兢兢业业、如霆如雷，大处着眼、小处着手，大胆假设、小心论证，耐冷耐苦、耐劳耐闲，使之鲜活起来、灵动起来。心静身安，终不悔。

因是初创，有所取，必有所舍，有所详，必有所略。取舍详略之际，间有不周，在所难免。但如果能为党的建设学科体系、学术体系、话语体系，能为国有企业做强做优做大，尤其是能为国有企业党的领导和党的建设学科建设贡献绵薄之力，引领更多人通往这座思想殿堂，而始终坚持干在实处、走在前列、勇立潮头，那么一往无前的探究劲道，哪怕仅是增加一点点真知灼见，还是值得的。

实践，书写厚重答卷；时间，见证国企蝶变。

是为序。

目　录

第一章　国有企业和国有企业党委

　　家是最小国，国是千万家。有了强的国，才有富的家。历史规律启示我们，企业强则国家强。

　　习近平总书记在全国国有企业党的建设工作会议上强调，国有企业是中国特色社会主义的重要物质基础和政治基础，是我们党执政兴国的重要支柱和依靠力量。坚持党的领导、加强党的建设，是我国国有企业的光荣传统，是国有企业的"根"和"魂"，是我国国有企业的独特优势。

　　国有企业党组织必须高举中国特色社会主义伟大旗帜，始终坚持马克思列宁主义、毛泽东思想、邓小平理论、"三个代表"重要思想、科学发展观，全面贯彻习近平新时代中国特色社会主义思想，始终坚持党的基本理论、基本路线、基本方略，深刻领悟"两个确立"的决定性意义，增强"四个意识"、坚定"四个自信"、做到"两个维护"，坚持和加强党的全面领导，坚持党要管党、全面从严治党，突出政治功能，提升组织力，强化使命意识和责任担当，推动国有企业深化改革，完善中国特色现代企业制度，增强国有经济竞争力、创新力、控制力、影响力、抗风险能力，为做强做优做大国有资本提供坚强政治和组织保证，在推进强国建设、民族复兴的伟大征程中奋力谱写新篇章。

第一节　国有企业地位作用

国有企业的地位作用，是事关道路和方向的根本性问题。

在党的坚强领导下，国有企业走出了一条极不容易、极不寻常、极不平凡的发展壮大之路。发展壮大国有企业是共产党人现代化思想的内在基因。

国有企业为我国经济社会发展、科技进步、国防建设、民生改善作出了历史性贡献，"功勋卓著，功不可没！"国有企业是中国特色社会主义的重要物质基础和政治基础，关系公有制主体地位的巩固，关系我们党执政地位和执政能力，关系我国社会主义制度，是党执政兴国的重要支柱和依靠力量，是党领导的国家治理体系的重要组成部分。

姓党为民、矢志报国的政治本色，是国有企业区别于其他经济组织的根本属性。

那什么样的企业是国有企业呢？顾名思义，国家设立、国家所有的国有企业，其经营行为目标是实现国家和人民利益，也就是说，国有企业行为归根结底取决于其所有者——国家意志。

根据《企业国有资产交易监督管理办法》第四条有关规定，国有及国有控股企业、国有实际控制企业包括：

（1）政府部门、机构、事业单位出资设立的国有独资企业（公司），以及上述单位、企业直接或间接合计持股为100%的国有全资企业。

（2）本条第（1）款所列单位、企业单独或共同出资，合计拥有产（股）权比例超过 50%，且其中之一为最大股东的企业。

（3）本条第（2）、（3）款所列企业对外出资，拥有股权比例超过 50% 的各级子企业。

（4）政府部门、机构、事业单位、单一国有及国有控股企业直接或间接持股比例未超过 50%，但为第一大股东，并且通过股东协议、公司章程、董事会决议或者其他协议安排能够对其实际支配的企业。

早在 20 世纪 30 年代土地革命时期，在革命根据地的中央苏区，我们党就兴办了一批军需民用工业和商业企业。新中国成立以后，百废待兴，内外交困，工业基础十分薄弱。国有企业在一穷二白的情况下，从 1953 年投资建设 156 个重大项目开始，逐步建立起了独立的、比较完整的工业体系和国民经济体系。改革开放以来，国有企业从计划经济走向市场经济，从机制创新走向制度、体制创新，从国内走向国际，历经艰苦奋斗、披荆斩棘，实现螺旋上升、浴火重生，展现出良好的发展动力和活力，具有顽强的生命力，成为中国走向世界的一张名片。

党的十八大以来，以习近平同志为核心的党中央高瞻远瞩、统揽全局、把握大势，提出一系列新理念新思想新战略，习近平总书记就国有企业改革发展和党的建设发表了一系列重要讲话、作出了一系列重要指示批示。特别是 2016 年 10 月 10 日，习近平总书记出席全国国有企业党的建设工作会议并发表重要讲话，深刻回答了国有企业还要不要、国有企业要不要加强党的建设、怎样加强党的建设等重大理论和实践问题，精辟阐述了为什么要做强做优做大国有企业、怎样做强做优做大国有企业这个重大时代命题。

国有企业坚决贯彻党中央国务院决策部署，深入实施创新驱动发展战略，主动服务国家战略需要，改革发展不断取得重大成就，实力和竞争力显著提升，有力推动了经济社会持续健康发展，充分彰显了大国重器的责任担当。同时，在航天、深海、能源、交通、国防军工等领域取得一批世界级科研成果，在推动共建"一带一路"、服务北京冬奥会等方面发挥了不可替代的重要作用；在落实国家战略、维护国家安全、保障国计民生，在贯彻落实国家宏观调控政策、维护市场秩序、稳定金融市场、服务外交大局、履行社会责任等方面作出了突出贡献。始终坚持小家服从大家、企业服务国家和人民的利益，不讲条件、不计代价，干在实处、走在前列。

新时代新征程，国有企业必须立足新发展阶段，完整、准确、全面贯彻新发展理念，加快构建新发展格局，着力推动高质量发展，促进全体人民共同富裕，坚定不移做强做优做大，更好发挥国民经济"顶梁柱""压舱石"作用。国有企业要成为党和国家最可信赖的依靠力量，成为坚决贯彻执行党中央决策部署的重要力量，成为贯彻新发展理念、全面深化改革的重要力量，成为实施走出去战略、"一带一路"建设等重大战略的重要力量，成为壮大综合国力、促进经济社会发展保障和改善民生的重要力量，成为我们党赢得许多新的历史特点的伟大斗争胜利的重要力量。必须理直气壮做强做优做大国有企业，增强国有经济竞争力、创新力、控制力、影响力、抗风险能力，培育具有全球竞争力的世界一流企业。

第二节　国有企业党委

国有企业由党而生、跟党创业、因党而兴，是我们党的"经济部队"。

一部国有企业发展史，就是国有企业千千万万干部职工跟着党不忘初心、牢记使命的奋斗史，也是坚持党的领导、加强党的建设的光荣史，也是国有企业独特的政治优势、组织优势和群众工作优势源源不断地转化为企业的竞争优势、创新优势和发展优势的发展史。早在20世纪 30 年代，我们党为了加强对军需民用工业和商业企业的领导，就出台了《苏维埃国有工厂管理条例》《苏维埃国家工厂支部工作条例》，实行"三人团"（厂长、党支部书记、工会委员长）公营企业领导制度。

2019 年 12 月，中共中央印发的《中国共产党国有企业基层组织工作条例（试行)》规定，国有企业党员人数 100 人以上的，设立党的基层委员会。党员人数不足 100 人、确因工作需要的，经上级党组织批准，也可以设立党委。党委的名称一般应与单位的名称一致，如"中国共产党×××（单位）委员会"，也可简称为"中共×××（单位）委员会"或"×××（单位）党委"。

经党中央批准，中管企业一般设立党组，中管金融企业设立党组性质党委。

国有企业党委，大体上有这几类：

（1）部分中央企业集团层面设立的党委。

（2）中央企业的二级单位、三级单位设立的党委，有的四级单位根据党员人数和工作需要，也设有党委。

（3）中管金融企业总部，以及其在省（区、市）、市（州、盟）一级设立的分支机构党组织，也以党委为主。

（4）各省（区、市）管国有企业设立党委，其所属部分企业根据党员人数和工作需要可以设立党委；各市（州、盟）管国有企业设立党委，其所属部分企业根据党员人数和工作需要可以设立党委；县（市、区）管国有企业，根据党员人数和工作需要，一般只有少量设有党委。

（5）部分在京的中央企业，还设有直属党委。

（6）部分国有企业的总部、本部等内设机构，由于党员人数较多，也设有党委等。

国有企业党委由党员大会或者党员代表大会选举产生，每届任期一般为 5 年。国有企业党委一般由 5 至 9 人组成，最多不超过 11 人，其中书记 1 人、副书记 1 至 2 人。设立常务委员会的，党委常务委员会委员一般 5 至 7 人、最多不超过 9 人，党委委员一般 15 至 21 人。党委委员一般应当有 3 年以上党龄，其中中央企业及其直属企业（单位）、省属国有企业的党委委员应当有 5 年以上党龄。

国有企业党委书记、副书记以及设立常务委员会的党委常务委员会委员，一般由本级委员会全体会议选举产生。选举结果报上级党组织批准。上一级党组织认为有必要时，可以调动或者指派所属企业（单位）党组织负责人。

国有企业党委设立纪律检查委员会或者纪律检查委员。

第三节　国有企业党委作用

党章明确，国有企业党委发挥领导作用，把方向、管大局、保落实，依照规定讨论和决定企业重大事项。国有企业和集体企业中党的基层组织，围绕企业生产经营开展工作。保证监督党和国家的方针、政策在本企业的贯彻执行；支持股东会、董事会、监事会和经理（厂长）依法行使职权；全心全意依靠职工群众，支持职工代表大会开展工作；参与企业重大问题的决策；加强党组织的自身建设，领导思想政治工作、精神文明建设和工会、共青团等群团组织。

把方向，就是要自觉在思想上政治上行动上同以习近平同志为核心的党中央保持高度一致，坚决贯彻党的理论和路线方针政策，确保国有企业坚持改革发展正确方向。

管大局，就是要坚持在大局下行动，议大事、抓重点，加强集体领导、推进科学决策，推动企业全面履行经济责任、政治责任、社会责任。

保落实，就是要管干部聚人才、建班子带队伍、抓基层打基础，领导群众组织并发挥其作用，凝心聚力完成企业中心工作，把党中央精神和上级部署不折不扣落到实处。

第四节　国有企业党委主要职责

国有企业党委发挥领导作用，把方向、管大局、保落实，依照规定讨论和决定企业重大事项。主要职责共七个方面，具体是：

（1）加强企业党的政治建设，坚持和落实中国特色社会主义根本制度、基本制度、重要制度，教育引导全体党员始终在政治立场、政治方向、政治原则、政治道路上同以习近平同志为核心的党中央保持高度一致。

（2）深入学习和贯彻习近平新时代中国特色社会主义思想，学习宣传党的理论，贯彻执行党的路线方针政策，监督、保证党中央重大决策部署和上级党组织决议在本企业贯彻落实。

（3）研究讨论企业重大经营管理事项，支持股东（大）会、董事会、监事会和经理层依法行使职权。

（4）加强对企业选人用人的领导和把关，抓好企业领导班子建设和干部队伍、人才队伍建设。

（5）履行企业党风廉政建设主体责任，领导、支持内设纪检组织履行监督执纪问责职责，严明政治纪律和政治规矩，推动全面从严治党向基层延伸。

（6）加强基层党组织建设和党员队伍建设，团结带领职工群众积极投身企业改革发展。

（7）领导企业思想政治工作、精神文明建设、统一战线工作，领导企业工会、共青团、妇女组织等群团组织。

同时，落实全面从严治党责任，强化政治监督，加强对党的理论和路线方针政策以及重大决策部署贯彻落实的监督检查。严格落实中央八项规定及其实施细则精神，坚决反对形式主义、官僚主义、享乐主义和奢靡之风。加强对制度执行的监督，加强对企业关键岗位、重要人员特别是主要负责人的监督，强化对权力集中、资金密集、资源富集、资产聚集的重点部门和单位的监督，突出"三重一大"决策、工程招投标、改制重组、产权变更和交易等重点环节的监督，严肃查处侵吞挥霍国有资产、利益输送等违规违纪问题。问题严重的，应当及时向上级党组织报告。

落实党内监督责任，建立健全党内监督制度机制，强化日常管理和监督，充分发挥内设纪检组织、党委工作机构、基层党组织和党员的监督作用。善用企业监事会、审计、法律、财务等监督力量，发挥职工群众监督、社会监督和舆论监督作用，推动各类监督有机贯通、相互协调，形成监督合力，提高监督效能。

国有企业内设机构中设立的党委，围绕企业生产经营开展工作，发挥战斗堡垒作用。主要职责有：

（1）学习宣传和贯彻落实党的理论和路线方针政策，宣传和执行党中央、上级党组织和本组织的决议，团结带领职工群众完成本单位各项任务。

（2）按照规定参与本单位重大问题的决策，支持本单位负责人开展工作。

（3）做好党员教育、管理、监督、服务和发展党员工作，严格党的组织生活，组织党员创先争优，充分发挥党员先锋模范作用。

（4）密切联系职工群众，推动解决职工群众合理诉求，认真做好思想政治工作。领导本单位工会、共青团、妇女组织等群团组织，支持它们依照各自章程独立负责地开展工作。

（5）监督党员、干部和企业其他工作人员严格遵守国家法律法规、企业财经人事制度，维护国家、集体和群众的利益。

（6）实事求是对党的建设、党的工作提出意见建议，及时向上级党组织报告重要情况。按照规定向党员、群众通报党的工作情况。

第五节　国有企业党委工作原则

国有企业党委开展工作，应当遵循以下原则：

坚持加强党的领导和完善公司治理相统一，将党建工作要求写入公司章程，把党的领导融入公司治理各环节，充分发挥党委领导作用，把方向、管大局、保落实。

坚持党建工作与科研生产经营深度融合，以企业改革发展成果检验党组织工作成效。

坚持党管干部、党管人才，培养高素质专业化企业领导人员队伍和人才队伍。

坚持抓基层强基础，突出党支部建设，增强基层党组织生机活力。

坚持全心全意依靠工人阶级，体现企业职工群众主人翁地位，巩固党执政的阶级基础。

第六节　新时代新征程国有企业党的建设

办好中国的事情，关键在党。党和人民事业发展到什么阶段，党的建设就要推进到什么阶段，这是加强党的建设必须把握的基本规律。我们党把坚持党的领导作为抓好党的事业的根本前提，把加强党的建设作为推动事业的根本保证，使党和国家各项事业始终保持了正确发展方向和强大发展动力，不断从胜利走向胜利。

当前，世界之变、时代之变、历史之变正以前所未有的方式展开，更好肩负使命任务、创造新的伟业，必须一以贯之发扬改革精神，把党锻造得更加坚强有力。

坚持用改革精神和严的标准管党治党，必须不断完善党的领导制度，确保党始终总揽全局、协调各方。坚持党的领导，全面从严治党，是改革开放取得成功的关键和根本。党的十八届三中全会开启了全面深化改革的大幕，对党建领域改革作出重大部署。一系列创制性举措，推动横向到边、纵向到底的党的领导制度体系更加成熟定型。新征程上，用改革精神完善党的领导制度体系，要切实把党的领导落实到改革发展稳定、治党治国治军等各领域各方面各环节，把坚持和加强党的全面领导作为进一步全面深化改革的政治引领和政治保证，不断谱写新时代新征程改革开放新篇章。

坚持用改革精神和严的标准管党治党，必须不断健全全面从严治党体系，全面推进党的自我净化、自我完善、自我革新、自我提高。革故鼎新、守正创新。党的十八大以来，我们党把全面从严治党作为新时代党的建设的鲜明主题，提出一系列创新理念，实施一系列变革实践，健全组织体系、教育体系、监管体系、制度体系、责任体系等一系列制度规范。新征程上，必须深入学习习近平总书记重要讲话精神，进一步健全全面从严治党体系，在实践中探索、在探索中深化，使全面从严治党各项工作更好体现时代性、把握规律性、富于创造性，不断把全面从严治党引向深入，做到管党有方、治党有力、建党有效。

坚持用改革精神和严的标准管党治党，必须不断健全党统一领导、全面覆盖、权威高效的监督体系。党的十八大以来，在以习近平同志为核心的党中央坚强领导下，纪检监察"三项改革"有机融合、一体推进，体制机制制度的"四梁八柱"日渐稳固，为强化对权力的监督和制约提供有力支撑。党的自我革命永远在路上，改革的步伐一刻不能停歇。健全党统一领导、全面覆盖、权威高效的监督体系，是涉及各类监督主体、监督职权、监督方式、监督制度的复杂系统工程。新征程上，必须始终秉持鲜明的改革精神，坚持以习近平新时代中国特色社会主义思想为指导，坚持稳中求进、循序渐进，把监督有机融入党的建设之中、落实到党领导经济社会发展的全过程，不断健全中国特色社会主义监督制度，努力取得全面从严治党更大成效。

国有企业党委要坚持以改革精神和严的标准管党治党，积极稳妥、扎实深入推进党的建设制度改革，不断增强党组织的创造力、凝聚力、战斗力，为全面深化改革和推进强国建设、民族复兴伟业提供坚强政治保证。全面学习、全面贯彻、全面落实党的二十大精神，以习近平新时代中国特色社会主义思想为指导，深入学习领会、认真贯彻落实习近平总书记关于党的建设的重要思想，学习贯彻习近平总书记关于国有企业改革发展和党的建设的重要论述，落实新时代党的建设总要求和新时代党的组织路线，弘扬伟大建党精神，勇于自我革命，坚持和加强党对国有企业的全面领导、提高国有企业党的建设质量，完善中国特色现代企业制度，增强国有经济竞争力、创新力、控制力、影响力、抗风险能力，做强做优做大国有资本和国有企业。

全国国有企业党的建设工作会议明确，国有企业坚持党的领导、加强党的建设总要求是：坚持党要管党、从严治党，紧紧围绕全面解决党的领导、党的建设弱化、淡化、虚化、边缘化问题。坚持党对国有企业的领导不动摇，发挥企业党组织的领导作用，保证党和国家方针政策、重大部署在国有企业贯彻执行。坚持服务生产经营不偏离，把提高企业效益、增强企业竞争实力、实现国有资产保值增值作为国有企业党组织工作的出发点和落脚点，以企业改革发展成果检验党组织的工作和战斗力。坚持党组织对国有企业选人用人的领导和把关作用不能变，着力培养一支宏大的高素质企业领导人员队伍。坚持建强国有企业基层党组织不放松，确保企业发展到哪里、党的建设就跟进到哪里、党支部的战斗堡垒作用就体现在哪里，为做强做优做大国有企业提供坚强组织保证。

实践证明，坚持和加强党的全面领导、加强党的建设是国有企业与生俱来的基因，是国有企业和国有资本的"生命线"。国有企业党委站位高了、格局大了，才会从大局中找准职责定位，才能更加自觉、更加坚定、更加有力，既着眼于增强政治功能和组织功能，主动解决基层基础基本方面的短板弱项，又突出推动企业高质量发展，在危机中育先机、于变局中开新局。

突出前瞻性思考。思路决定出路,方法影响方向。围绕企业发展目标,坚持做党的建设工作五年规划,并与企业发展综合规划相协调,做好有力支撑。定期(不同级次、不同规模企业有不同周期为好,一般1—2年)召开党的建设工作会议,及时总结经验不足,部署下一阶段重点任务。每年确定一个主题,实现党建工作质量逐年迭代提升。

突出全局性谋划。胸怀"两个大局",牢记"国之大者",将党建工作放在党和国家工作全局中来把握,放在服务国家战略、服务国防建设、服务国计民生等全局中来审视。研究制定党建工作要点,压茬推进党中央和上级机关部署的重点任务,推动党建创新举措与高质量发展任务有机衔接、资源要素优化整合,横向到边、纵向到底。

突出战略性布局。坚持目标导向、问题导向、结果导向相结合,根据不同时期、不同工作,有针对性地抓重点抓关键,以求"牵一发而动全身""落一子而满盘活"。把握基层党建规律,找准抓实党的建设与企业肩负使命任务的契合点,打造"一企业一品牌、一支部一特色"的党建工作新格局,发挥高质量党建对高质量发展的引领作用。

突出整体性推进。研究各项工作的关联性和耦合性,在统筹兼顾中实现全面推进,在扬长避短中提升整体效能,在守正创新中激发工作活力,相互融合、相得益彰、同频共振。以党的政治建设为统领,全面推进党的政治建设、思想建设、组织建设、作风建设、纪律建设,把制度建设贯穿其中,深入推进反腐败斗争,党的领导和党的建设融汇于全面从严治党战略举措之中,提高企业核心竞争力和增强核心功能,坚定不移做强做优做大和服务国家重大战略,不断提高党的建设质量。

国有企业党委要将党的领导和党的建设融为一体,以党的领导把方向、党的建设给力量，党的领导谋全局、党的建设保落实，党的领导和党的建设融汇于全面从严治党战略举措之中，增强核心功能和提高企业核心竞争力，坚定不移做强做优做大和服务国家重大战略。

示例1　国有企业一体化的党的建设体系和能力模型

体系，泛指一定范围内或同类的事物，按照一定的秩序和内部联系组合而成的整体。往大里说，宇宙是一个体系，各个星系是一个体系。往小里说，社会是一个体系，人文是一个体系，甚至每一学科及其内含的各分支均是一个体系，一人、一草、一字、一微尘，也是一个体系。大体系里含有无穷无尽的小体系。众多的小系统，构成了一个大体系，以至于总体系。总则为一，化则无穷，反之亦然，这就是体系。

国有企业的高质量党建、高质量发展是一个紧密联系、相互贯通、相互作用、有机统一的整体。高质量党建引领高质量发展，既要有高质量的党的建设，也要有高质量的企业发展，具有系统性、整体性、协同性、复杂性，是一个系统工程，是一个一体化的体系。这个体系是企业战略的核心价值，也是企业的核心竞争力。

某军工央企控股上市公司坚持系统观念，以肩负的使命任务为核心，首次原创性地构建了一体化的高质量党建引领军工上市公司高质量发展"11345"体系模型，使党建工作更加有形、有神、有力，实现了组织全覆盖、要素全运行、党员作表率、发展开新局，打造高质量的旗舰型龙头上市公司。"11345"体系模型即：聚焦"一个目标"，发挥党委领导作用；牢记"一个理念"，激活赋能高质量发展；狠抓"三个关键"，坚定不移全面从严治党；做到"四个坚持"，提升价值创造能力和实效；强化"五位一体"，打造长效机制。请见图1-1。

党政军民学，东西南北中，党是领导一切的。把党对企业的全面领导与党委发挥领导作用贯通起来，把党的领导和党的建设统一起来，贯穿到企业科研生产经营管理和改革发展全过程各方面，从治理机制、责任机制、融合机制、文化机制、监督机制等方面的政策制度、工作流程上全面落实，一起谋划、一起部署、一起考核，把每条战线、每个领域、每个环节的工作抓具体、抓深入、抓到位。这是一体化体系和能力的关键所在。

示例2　国有企业一体化的党的建设路线图

坚持和加强党的全面领导、加强党的建设是国有企业高质量发展的前提和基础。高质量发展不是一时一事的要求，而是必须长期坚持的要求。一体化的高质量党建引领高质量发展体系是复杂系统工程，涉及高质量党建和高质量发展的方方面面，关键是要在一体化上下工夫。

坚守原创价值导向，密切关注理论创新、实践创新、学术创新的前沿动态，进行全面、系统、科学、专业、开创性地分析研究。巩固提高一体化的体系和能力，必须从发展目标出发，将体系系统地分解、解构、细化为"路线图"，以重点突破带动整体推进，推动形成全要素、多领域、高效益的一体化体系和能力新格局。请见图1-2。

高质量党建和高质量发展，如同车之两轮、鸟之双翼，不可或缺。坚持系统观念，加强各领域各单位党的建设与高质量发展的布局一体融合、资源一体整合、力量一体运用，强化目标协同、部门协同、领域协同、单位协同、工作协同，一体推进，注重突破难点、疏通堵点、加强薄弱点，系统提升整体效能。

目标

主责主业

科技强军 航天报国

建设世界一流航天防务电子信息科技公司

服务国家战略 | 服务国防建设 | 服务国计民生

把方向
管大局
促落实

出发点和落脚点

理念

激活赋能

组织全覆盖 要素全运行
党员作表率 发展开新局

提升武器装备战斗力 | 提高企业效益 | 增强核心竞争力 | 实现国有资产保值增值

打造高质量的旗舰型龙头上市公司

提供坚强保证

全面从严治党

严密组织体系

关键

自我革命

不忘初心 牢记使命

抓基层 | 强基础 | 固基本

提升组织力 突出政治功能

提升价值创造

★做到"四个坚持"★

坚持思想领航是第一需要
坚定捍卫"两个确立"、坚决做到"两个维护"。

坚持发展是第一要务
提高上市公司质量,共创共建共享美好生活。

坚持人才是第一资源
建设忠诚干净担当的高素质专业化干部人才队伍。

坚持创新是第一动力
强化战略科技力量,全面塑造发展新优势。

重点

政治领导

思想领导

组织领导

构建长效机制

压实党建责任

保障

"五位一体"

治理机制 | 融合机制 | 监督机制
责任机制 | 文化机制

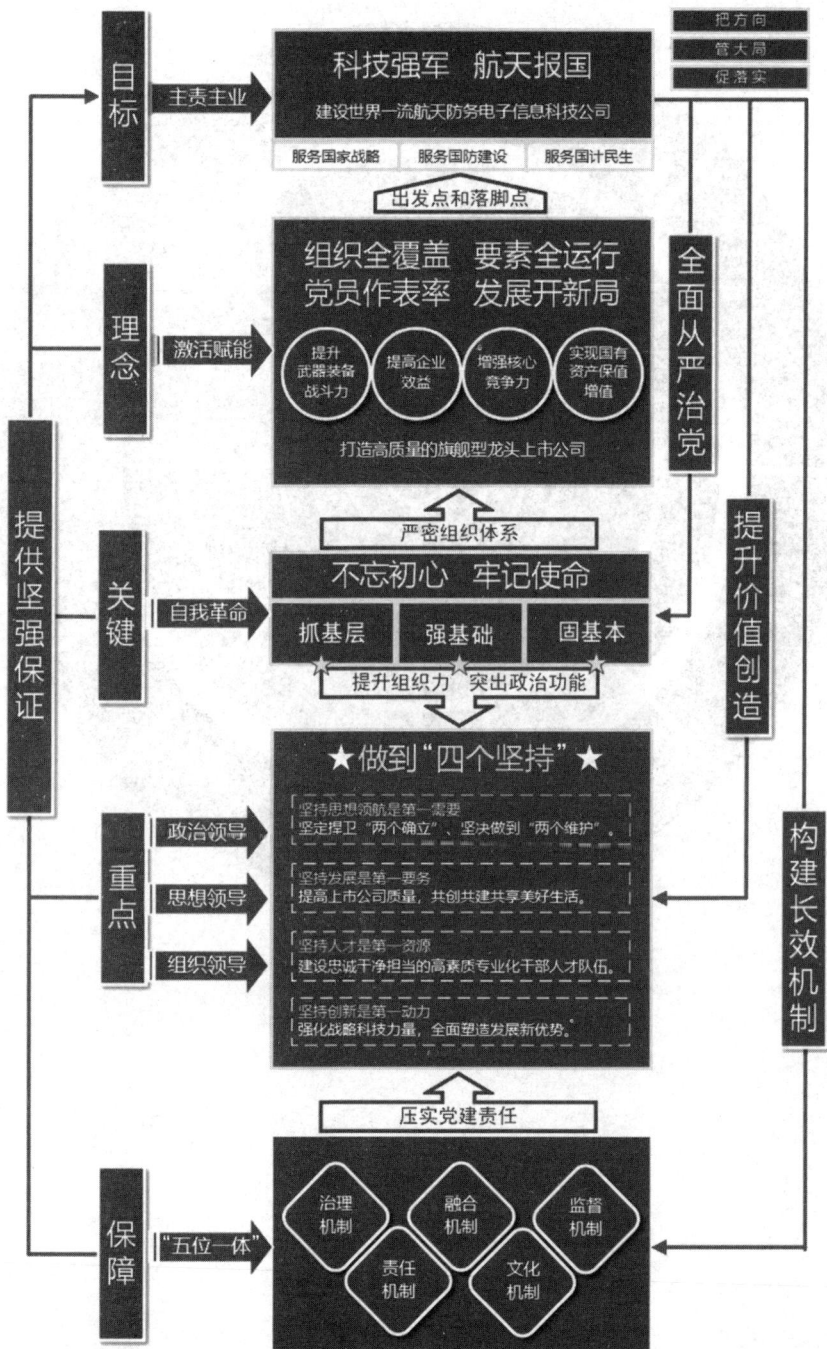

图1-1 高质量党建引领军工上市公司高质量发展体系模型

15

图 1-2　国有企业一体化的党的建设路线图

第二章　政治建设

党的政治建设是党的根本性建设，决定党的建设方向和效果。马克思主义政党具有崇高政治理想、高尚政治追求、纯洁政治品质、严明政治纪律。如果马克思主义政党政治上的先进性丧失了，党的先进性和纯洁性就无从谈起。这就是把党的政治建设作为党的根本性建设的道理所在。只有高质量抓好党的政治建设，才能增强党组织的政治功能和组织功能，确保党的全面领导和党中央集中统一领导落地落实，充分发挥党推动经济社会发展的强大政治优势和组织优势。

第一节　政治建设内涵

党的政治建设是党的根本性建设，是一个永

恒课题，决定党的建设方向和效果。国有企业党委首先是政治组织，第一属性是政治属性，根本功能是政治功能。国有企业党委必须把党的政治建设摆在党的建设首位，把准政治方向，坚持党的政治领导，夯实政治根基，涵养政治生态，防范政治风险，永葆政治本色，提高政治能力，为我们党不断发展壮大、从胜利走向胜利提供重要保证。

一、政治建设摆在首位

把党的政治建设抓好了，政治立场、政治方向、政治原则、政治道路把握住了，党的政治能力提高了，党的建设就铸了魂、扎了根。

党的政治建设抓好了，对党的思想建设、组织建设、作风建设、纪律建设就可以起到纲举目张的作用。反之，忽视、弱化政治建设或者政治建设抓得不好，党的思想建设、组织建设、作风建设、纪律建设就会方向不清、失去灵魂。

党的十八大以来，以习近平同志为核心的党中央把党的政治建设摆在突出位置，坚持和加强党中央集中统一领导，健全总揽全局、协调各方的党的领导制度体系，完善党中央重大决策部署落实机制，确保全党在政治立场、政治方向、政治原则、政治道路上同党中央保持高度一致，确保党的团结统一。

以习近平同志为核心的党中央，高度重视加强党对国有企业的领导，把国有企业党的政治建设摆在首位，以党的政治建设为统领，推动国有企业党的领导、党的建设得到根本性加强。把党的政治建设摆在首位，以党的政治建设为统领，是新时代党的建设的重要实践原则和要求。

新时代加强国有企业党的政治建设，必须以坚持党对国有企业的全面领导为根本原则，坚决拥护"两个确立"，切实增强"四个意识"、坚定"四个自信"、做到"两个维护"。要坚定不移贯彻落实好"两个一以贯之"的重要要求，把坚持党对国有企业的全面领导与完善公司治理有机融合，充分发挥国有企业党组织的领导作用，确保国有企业听党话、跟党走，在思想上政治上行动上同以习近平同志为核心的党中央保持高度一致。

国有企业党委坚持和加强党的全面领导，最重要的是坚决维护以习近平同志为核心的党中央权威和集中统一领导，最关键的是坚决维护习近平总书记党中央的核心、全党的核心地位，着力提高党的政治建设的政治性、时代性、针对性，推动各级党组织和党员、干部始终在政治立场、政治方向、政治原则、政治道路上同党中央保持高度一致。

坚定政治信仰。加强党的政治建设，必须坚持马克思主义指导地位，坚持用习近平新时代中国特色社会主义思想武装全党、教育人民，夯实思想根基，牢记初心使命，凝聚同心共筑中国梦的磅礴力量。

坚持党的政治领导。党是最高政治领导力量，党的领导是中国特色社会主义最本质的特征，是中国特色社会主义制度的最大优势。加强党的政治建设，必须坚持和加强党的全面领导，完善党的领导体制，改进党的领导方式，承担起执政兴国的政治责任。

提高政治能力。加强党的政治建设，关键是要提高各级各类组织和党员干部的政治能力。从政治上审视国有企业各项工作，深刻认识讲政治是具体的，而不是抽象的，不能空喊口号，要与各项具体业务，特别是与中心工作紧密结合。必须进一步增强党组织政治功能，彰显国有企业政治属性，发挥群团组织政治作用，强化国有企业政治导向，不断提高党员干部特别是领导干部的政治本领。

净化政治生态。营造良好政治生态是党的政治建设的基础性、经常性工作，浚其源、涵其林，养正气、固根本，锲而不舍、久久为功，实现正气充盈、政治清明。要严格执行《关于新形势下党内政治生活的若干准则》，增强党内政治生活的政治性、时代性、原则性、战斗性，自觉抵制商品交换原则对党内生活的侵蚀，坚决防止和克服党内政治生活忽视政治、淡化政治、不讲政治的倾向。做到善则赏之、过则罚之、患则救之、失则革之，把政治生态搞清明。加强党内政治文化建设，弘扬忠诚老实、公道正派、实事求是、清正廉洁等价值观，以良好政治文化涵养风清气正的政治生态。

二、政治建设主要内容

国有企业党委加强党的政治建设，主要有以下内容：

一是党委要提高政治站位，强化政治引领，增强政治能力，涵养政治生态，防范政治风险，坚决落实党中央决策部署，推动企业聚焦主责主业，服务国家发展战略，全面履行经济责任、政治责任、社会责任。

二是党委要以党的创新理论武装党员干部职工，推动习近平新时代中国特色社会主义思想进企业、进车间、进班组、进头脑，引领职工群众听党话、跟党走。

三是党委要以社会主义核心价值观引领企业文化建设，传承弘扬国有企业优良传统和作风，培育家国情怀，增强应对挑战的斗志，提升产业兴国、实业报国的精气神。

四是党委要把思想政治工作作为经常性、基础性工作，把解决思想问题同解决实际问题结合起来，多做得人心、暖人心、稳人心的工作，构建和谐劳动关系，努力将矛盾化解在基层。

五是党委要坚持党建带群建，推动群团组织团结动员职工群众围绕企业改革发展和生产经营建功立业，多为职工群众办好事、解难事，维护和发展职工群众利益。

示例3 ×××国有企业关于加强党的政治建设的措施

为深入贯彻落实习近平新时代中国特色社会主义思想和党的二十大精神，切实加强党的政治建设，坚持和加强党的全面领导，推进全面从严治党向纵深发展，不断提高党的执政能力和领导水平，确保统一意志、统一行动、步调一致向前进，按照《中共中央关于加强党的政治建设的意见》等文件精神，结合集团公司实际，制定以下措施。

一、旗帜鲜明讲政治

（一）充分认识加强党的政治建设的重要性。旗帜鲜明讲政治是我们党作为马克思主义政党的根本要求。党的政治建设是我们党的根本性建设，决定党的建设方向和效果。党的十八大以来，以习近平同志为核心的党中央把党的政治建设摆在更加突出位置，加大力度抓，形成了鲜明的政治导向，消除了党内严重政治隐患，推动党的政治建设取得重大历史性成就。旗帜鲜明讲政治是我国航天企业的鲜明特征，也是事业取得一系列辉煌成就的关键所在。集团公司一直高度重视党的政治建设，把旗帜鲜明讲政治的要求全面融入各项工作。

（二）加强党的政治建设的指导思想。高举中国特色社会主义伟大旗帜，全面贯彻党的二十大精神，坚持马克思列宁主义、毛泽东思想、邓小平理论、"三个代表"重要思想、科学发展观，全面贯彻习近平新时代中国特色社会主义思想，坚持党的基本理论、基本路线、基本方略，落实新时代党的建设总要求，深刻领悟"两个确立"的决定性意义，增强"四个意识"、坚定"四个自信"、做到"两个维护"，不断提高政治判断力、政治领悟力、政治执行力，把各级党组织建设得更加坚强有力，为实现集团公司目标提供坚强政治保证，为实现中华民族伟大复兴的中国梦作出更大贡献。

（三）加强党的政治建设的目标。加强党的政治建设，目的是坚定政治信仰，强化政治领导，提高政治能力，净化政治生态，实现全党团结统一、行动一致。要以党章为根本遵循，凸显党的政治建设的根本性地位，以党的政治建设为统领，把政治标准和政治要求贯穿党的思想建设、组织建设、作风建设、纪律建设以及制度建设、反腐败斗争始终，自觉在政治立场、政治方向、政治原则、政治道路上同以习近平同志为核心的党中央保持高度一致。要坚持问题导向，注重"靶向治疗"，针对突出问题强弱项补短板。要把党的政治建设融入企业重大决策制定落实全过程，与科研生产经营管理紧密结合、相互促进。

二、坚定政治信仰

（四）坚持用党的创新理论武装头脑。持之以恒推进习近平新时代中国特色社会主义思想大学习、大普及、大实践。将习近平新时代中国特色社会主义思想作为党委理论学习中心组学习、党支部"三会一课"的核心内容和各级领导干部教育培训的核心课程。党委理论学习中心组和各级党员领导干部要自觉筑牢信仰之基，补足精神之钙，把稳思想之舵，坚定做强做优做大国有企业、发展事业的决心和信心。培养一大批具有历史使命感、社会责任感的社会主义企业家。

（五）坚定执行党的政治路线。把以经济建设为中心同坚持四项基本原则、坚持改革开放两个基本点统一于中国特色社会主义伟大实践。各级党组织确定工作思路、工作部署、政策措施，要自觉同党的政治路线对标对表、及时校准偏差。要坚决贯彻落实高质量发展要求，积极推进供给侧结构性改革，切实推动战略方案落地实施。

（六）坚决站稳政治立场。始终坚定马克思主义立场，坚持党性和人民性相统一，坚决站稳党性立场和人民立场。要服务国家战略，在建设航天强国的企业战略上，与党中央全面建成社会主义现代化强国战略保持协调一致，努力建设具有全球竞争力的世界一流企业；服务国防建设，全面贯彻落实习近平强军思想，履行强军首责，铸就守护国家安全、人民幸福的"国之重器"；服务国计民生，把人民对美好生活的向往作为奋斗目标，深入践行新发展理念，真用、用好"新业态""新模式""新手段"，实现质量提升和效益提升，努力让职工群众有更多获得感、幸福感、安全感。

三、坚持党的政治领导

（七）坚定捍卫"两个确立"、坚决做到"两个维护"。深刻领悟"两个确立"的决定性意义，把握新时代新征程党的中心任务，坚定不移把"两个确立"真正转化为坚决做到"两个维护"的思想自觉、政治自觉、行动自觉，为全面建成社会主义现代化强国、全面推进中华民族伟大复兴提供根本政治保证。坚持和加强党的全面领导，最重要的是坚决维护党中央权威和集中统一领导；坚决维护以习近平同志为核心的党中央权威和集中统一领导，最关键的是坚决维护习近平总书记党中央的核心、全党的核心地位。要教育引导党员干部从历史和现实、理论和实践、国内和国际的结合上深刻认识、强化认同，不断增强拥护核心、跟随核心、捍卫核心的思想自觉政治自觉行动自觉，始终做到党中央提倡的积极响应、党中央决定的认真学习并坚决执行、党中央禁止的绝不踩线绝不越线。健全"第一议题"制度，第一时间学习习近平总书记最新重要讲话和重要指示批示精神，研究制定贯彻落实措施。严格执行《中国共产党重大事项请示报告条例》《中共中央政治局关于加强和维护党中央集中统一领导的若干规定》等党内法规。加强对基层单位贯彻执行党的路线方针政策、党中央重大决策部署、习近平总书记重要指示批示情况的督促检查。

（八）完善企业党的领导体制。全面贯彻落实"两个一以贯之"，推进党的领导深度融入各级企业法人治理。持续推进党建工作要求写入公司章程。加强对企业基层党委贯彻落实"将党组织研究讨论作为董事会、经理层决策重大问题前置程序的要求"情况的监督检查。持续推进企业党委（总支）书记、董事长由一人担任。具备条件的党员总经理担任副书记，专职副书记应配尽配并有序推进进入董事会。认真落实党管安全保密、党管网络安全等要求。

（九）改进企业党的领导方式。着眼于党组织领导作用发挥，强化战略思维、创新思维、辩证思维、法治思维、底线思维。坚持民主集中制，善于运用民主的办法汇集意见、科学决策，善于通过协商的方式增进共识、凝聚力量，同时善于集中、敢于担责，防止议而不决、决而不行。坚持群众路线，大兴调查研究之风，自觉推动把党的主张变为群众自觉行动。坚决反对"四风"特别是形式主义、官僚主义。坚持依法治企，认真执行集团公司及所属单位主要负责人履行推进法治建设第一责任人职责实施办法。

四、提高政治能力

（十）增强党组织政治功能。认真贯彻落实新时代党的组织路线，不断强化各级党组织的政治属性和政治功能。在党中央和上级党组织的领导下，党委要发挥好领导作用，把方向、管大局、保落实。基层党组织要着力提升组织力，突出政治功能、强化政治引领。党支部要担负起直接教育党员、管理党员、监督党员和组织群众、宣传群众、凝聚群众、服务群众的职责，发挥好战斗堡垒作用。各级纪委要进一步强化党内监督专责机关的职能定位，全面监督执纪问责，坚决维护党章党规党纪的严肃性和权威性。党的职能部门要更好发挥参谋助手作用，提高履职尽责的政治性和有效性。党员要强化党的意识和组织观念，自觉做到思想上认同组织、政治上依靠组织、工作上服从组织、感情上信赖组织。

（十一）强化国有企业政治导向。必须始终坚持党的领导，坚决贯彻执行党的路线方针政策，认真落实党中央关于推进国有企业改革发展的决策部署，认真落实国有企业改革任务，充分发挥党组织领导作用，保证企业改革发展坚持正确的政治方向、取得良好政治效果。

（十二）提高党员干部政治本领。党员领导干部要把学习习近平新时代中国特色社会主义思想贯穿于想问题、作决策、干工作的全过程。要在重大斗争中磨砺干部，着力提升党员领导干部把握方向、把握大势、把握全局的能力和辨别政治是非、保持政治定力、驾驭政治局面、防范政治风险的能力。要在大是大非面前态度鲜明、立场坚定，始终在政治立场、政治方向、政治原则、政治道路上同以习近平同志为核心的党中央保持高度一致。要强化忧患意识、风险意识，增强政治敏锐性和政治鉴别力，保持斗争精神、增强斗争本领，作勇于斗争的"战士"，不做爱惜羽毛的"绅士"。要自觉在党和国家工作大局下想问题、做工作，全力以赴在实现企业高质量发展的政治担当中不断提升政治本领。

（十三）发挥群团组织政治作用。群团组织充分发挥联系职工群众的桥梁和纽带作用，更好承担起引导群众听党话、跟党走的政治任务。要坚定不移坚持党的领导，不折不扣落实党中央关于群团改革的决策部署，形成企业党委统一领导、党政齐抓共管、部门各负其责、群团履职尽责的工作格局，推动群团组织积极开展创新创业创优活动，落实青年发展行动计划，切实增强群团组织的政治性、先进性、群众性。

五、净化政治生态

（十四）严肃党内政治生活。严格执行《关于新形势下党内政治生活的若干准则》，营造良好政治生态。增强党内政治生活的政治性，强化政治教育和政治引领，让党员干部经常接受政治体检。增强党内政治生活的时代性，创新党组织活动内容方式，推进"互联网+党建""智慧党建"，增强党内政治生活活力。增强党内政治生活的原则性，坚持按原则开展党的工作和活动，按原则处理党内各种关系，按原则解决党内矛盾和问题，严格执行党的组织生活制度，认真召开民主生活会和组织生活会，提高"三会一课"质量，落实谈心谈话、民主评议党员和主题党日等制度，坚持和完善重温入党誓词、党员过"政治生日"等政治仪式，使党内生活更加庄重、严肃、规范。增强党内政治生活的战斗性，坚持以整风精神开展批评和自我批评，建立健全民主生活会列席指导、及时叫停、责令重开、整改通报等制度。

（十五）严明党的政治纪律和政治规矩。要把坚决做到"两个维护"作为首要政治纪律，持续深入开展忠诚教育。要严格遵守党章、贯彻党章、维护党章，切实做到"五个必须"，坚决防止"七个有之"。严格执行《中国共产党纪律处分条例》，对违反政治纪律政治规矩的，要零容忍、严查处，通过严明政治纪律带动党的其他纪律严起来。

（十六）发展积极健康的党内政治文化。坚持"三严三实"，大力弘扬忠诚老实、公道正派、实事求是、清正廉洁等价值观。大力倡导清清爽爽的同志关系、规规矩矩的上下级关系。推动中华优秀传统文化创造性转化、创新性发展。发扬革命文化，传承红色基因，弘扬革命精神。弘扬社会主义先进文化，推进社会主义核心价值观宣传教育。坚决抵制庸俗腐朽的政治文化，自觉抵制商品交换原则对党内生活的侵蚀。

（十七）突出政治标准选人用人。坚持党管干部原则，贯彻好干部标准，始终把政治标准放在第一位，注重选拔任用深刻领悟"两个确立"决定性意义，牢固树立"四个意识"、自觉坚定"四个自信"、坚决做到"两个维护"、全面贯彻执行党的理论和路线方针政策、忠诚干净担当的干部。严格执行《党政领导干部选拔任用工作条例》《党政领导干部考核工作条例》，进一步突出政治标准，强化政治把关，建立健全企业领导人员政治素质识别和评价机制，把干部的政治忠诚、政治定力、政治担当、政治能力、政治自律真正考察识别出来，防止提拔重用政治上的"两面人"。对政治不合格的干部实行"一票否决"，已经在领导岗位的要坚决调整。严格执行干部选拔任用工作纪实制度，对私自干预下级或者原任职单位选人用人的，记录在案并严肃追究责任。

（十八）永葆清正廉洁的政治本色。强化不敢腐的震慑，坚持反腐败无禁区、全覆盖、零容忍，坚持重遏制、强高压、长震慑，准确运用监督执纪"四种形态"，严肃查处违反中央八项规定精神的问题。扎紧不能腐的笼子，深化保障监督体系建设，持续推进"四个阳光"，通过改革和制度创新切断利益输送链条，切实管住权力。增强不想腐的自觉，多形式常态化开展警示教育，严格执行违规违纪违法案例通报制度，用身边事教育身边人。领导干部要带头加强党性修养，知敬畏、存戒惧、守底线，带头遵守《中国共产党廉洁自律准则》，注重家庭家教家风，自觉做廉洁自律、廉洁用权、廉洁齐家的模范。

六、强化组织实施

（十九）落实领导责任。建立健全推进公司党的政治建设工作责任制，党委履行主体责任，党委书记履行第一责任人职责，党委其他成员落实"一岗双责"要求，抓好分管部门和领域党的政治建设。各级党的建设工作领导小组发挥统筹协调的职能作用，各级纪检部门和党委职能部门各司其职、各负其责，履行推进党的政治建设工作相关职责。

（二十）抓住"关键少数"。坚持抓"关键少数"和管"绝大多数"相结合，领导干部要发挥示范引领作用。领导干部要注重加强政治历练、积累政治经验、增进政治智慧，做到信念如磐、意志如铁，政治坚定、绝对忠诚，清正廉洁、担当负责，坚定捍卫"两个确立"、坚决做到"两个维护"，成为坚定的马克思主义者。

（二十一）强化制度保障。健全和完善党内规章制度，实现党的政治建设有章可循、有据可依。坚持明确标准，激励党员干部向往践行，防止党员干部逾矩失范。加大宣传教育和执行力度，督促党员干部把党的政治规范刻印在心上、落实在行动上，坚决维护制度权威。

（二十二）加强监督执纪问责。要把党的政治建设作为巡视巡察和督查检查的重要内容，深化政治巡视，强化政治监督，着力发现和纠正政治偏差。探索建立政治生态评价体系。在党组织书记抓党建工作述职评议和党建工作考核评价体系中，突出党的政治建设权重。对落实党的政治建设责任不到位、推进党的政治建设工作不力，以及违反党的政治纪律和政治规矩的行为，要严肃追责问责。

第二节　把党的领导融入公司治理

中国特色现代国有企业制度，"特"就特在把党的领导融入公司治理各环节，把企业党组织内嵌到公司治理结构之中，明确和落实党组织在公司法人治理结构中的法定地位，做到组织落实、干部到位、职责明确、监督严格。

国有企业党组织与公司法人治理结构的融合，有利于保证国有企业的社会主义属性。党组织的机构设置、职责分工、工作任务纳入国有企业的管理体制，能够监督党和国家方针、政策在企业的贯彻执行，确保党对国有企业的政治领导、思想领导、组织领导；两者的有机融合，能够保证国有企业在追求经营效益最大化的同时，有效化解发展弊端、不断校准发展目标，不偏离中国特色社会主义方向。

一、两个一以贯之

习近平总书记在全国国有企业党的建设工作会议上强调，国有企业是中国特色社会主义的重要物质基础和政治基础，是我们党执政兴国的重要支柱和依靠力量。坚持党对国有企业的领导是重大政治原则，必须一以贯之；建立现代企业制度是国有企业改革的方向，也必须一以贯之。中国特色现代国有企业制度，"特"就特在把党的领导融入公司治理各环节，把企业党组织内嵌到公司治理结构之中，明确和落实党组织在公司法人治理结构中的法定地位，做到组织落实、干部到位、职责明确、监督严格。

"两个一以贯之"，是习近平总书记对新形势下加强国企党建工作的重要论断和明确要求，具有原创性、独特性的重大理论创新和实践创新，为国有企业在全面深化改革中坚持党的领导、加强党的建设、坚定不移做强做优做大指明了方向，提供了根本遵循。"两个一以贯之"是公司治理的"中国方案"，实现了坚持和加强党的领导与完善公司治理的有机统一。

"两个一以贯之"不可以只抓一个，抛弃另一个。借口建立现代企业制度否定或取消党的领导，无疑是错误的，但把党组织直接作为企业生产经营的决策和指挥中心，也是错误的，因为不符合企业党组织的功能定位。开启全面建设社会主义现代化国家新征程，更需要坚持"两个一以贯之"，推进制度优势转化为治理效能。

二、现代企业制度

坚持党对国有企业的领导，能够最大限度保证国有企业各方利益的一致。完善中国特色国有企业现代公司治理，要将党的领导融入公司治理各环节、党组织内嵌到公司治理结构之中，建立产权清晰、权责明确、政企分开、管理科学的现代企业制度。

1. 强化公司章程基础性地位

公司章程是企业内部的根本法，在公司治理制度体系中是管总的、管根本的、管长远的。在公司章程的统筹引领下，按照系统、完备、一体的要求，梳理优化治理各项制度的层级、作用、类别，建设形成公司章程、基本制度、专项制度、管理办法、实施细则为主要内容的制度图谱，夯实国有企业现代公司治理的制度基础。

根据党章、公司法和中央有关规定，国有企业应当将党建工作要求写入公司章程，写明党组织的职责权限、机构设置、运行机制、基础保障等重要事项，明确党组织研究讨论是董事会、经理层决策重大问题的前置程序，落实党组织在公司治理结构中的法定地位。

在公司章程总则中单列一条，明确"根据《中国共产党章程》《中国共产党国有企业基层组织工作条例（试行）》规定，设立中国共产党的组织，开展党的活动，建立党的工作机构，配备足够数量的党务工作人员，保障党组织的工作经费。"同时，单设"公司党组织"一章，明确党组织机构设置、产生、发挥领导作用、研究讨论企业重大问题的运行机制等。

在符合法律、行政法规及章程指引要求的前提下，应按照"一企一策"的原则，在公司章程中以补充或修订的方式规定符合本企业治理特点的内容。股份有限公司章程制定应符合《公司法》相关规定，上市公司章程制定应同时符合证券监管相关规定，境外经营主体章程按当地法律参照本章程指引制定。

2. 突出制度体系衔接与匹配

深入总结国企改革三年行动成果成效，推动生动实践与经验做法上升为制度规范，推进中国特色现代企业制度系统化、规范化、长效化。坚持"两个一以贯之"，着力增强公司章程、公司治理中加强党的领导、治理主体议事规则、"三重一大"决策机制、授权管理办法等关键核心制度之间的严密衔接、有机融合。本着精简高效、上下贯通的原则，推动所属单位的治理制度规定充分协调匹配，实现治理制度体系全面覆盖、系统集成。

3. 确保制度刚性执行与落地

公司治理制度体系深入对接各业务板块、所属单位发展情况、各部门管理职能定位等，清晰履职行为边界，把控关键管理环节。高度重视公司治理制度体系执行情况的评估、反馈与诊断，不断提升公司治理体系现代化水平。

示例4 公司章程党建工作部分

总则

第××条 根据《中国共产党章程》《中国共产党国有企业基层组织工作条例（试行）》规定，设立中国共产党的组织，开展党的活动，建立党的工作机构，配备足够数量的党务工作人员，保障党组织的工作经费。

第××章 公司党组织

第××条 根据《中国共产党章程》规定，经上级党组织批准，设立中国共产党【公司名称】委员会（【公司名称】党总支或党支部）。同时，根据有关规定，设立党的纪律检查委员会（纪律检查委员）。

【注释：党委设立纪律检查委员会或者纪律检查委员，党总支和支部委员会设立纪律检查委员。】

第××条 公司党委由党员大会或者党员代表大会选举产生，每届任期一般为5年。党总支和支部委员会由党员大会选举产生，每届任期一般为3年。任期届满应当按期进行换届选举。党的纪律检查委员会每届任期和党委相同。

第××条 公司党委发挥领导作用，把方向、管大局、保落实，依照规定讨论和决定公司重大事项。主要职责是：

（一）加强公司党的政治建设，提高政治站位，始终牢记"国之大者"，深刻领悟"两个确立"的决定性意义，增强"四个意识"、坚定"四个自信"、做到"两个维护"，不断提高政治判断力、政治领悟力、政治执行力。

（二）深入学习贯彻习近平新时代中国特色社会主义思想，贯彻执行党的方针政策，保证党中央的重大决策部署和上级党组织的决议在本公司贯彻落实，推动公司担负职责使命，聚焦主责主业，服务国家重大战略，实现高质量发展，全面履行经济责任、政治责任、社会责任。

（三）研究讨论公司重大经营管理事项，支持股东会、董事会、监事会（不设监事会的公司的监事）和经理层依法行使职权。

（四）加强对公司选人用人的领导和把关，抓好领导班子建设和干部队伍、人才队伍建设。

（五）履行公司全面从严治党主体责任，领导、支持内设纪检组织履行监督责任，推动全面从严治党向基层延伸。

（六）加强公司党的作风建设，严格落实中央八项规定精神，坚决反对"四风"特别是形式主义、官僚主义。

（七）加强基层党组织建设和党员队伍建设，团结带领职工群众积极投身公司改革发展。

（八）领导公司意识形态工作、思想政治工作、精神文明建设、统一战线工作，领导公司工会、共青团等群团组织。

【注释：具有人财物重大事项决策权且不设党委的独立法人公司的党支部（党总支），一般由党员负责人担任书记和委员，由党支部（党总支）对公司重大事项进行集体研究把关。】

第××条　重大经营管理事项，必须经党委前置研究讨论后，再由董事会或者经理层按照职权和规定程序作出决定。

第××条　完善和落实"双向进入、交叉任职"领导体制，全面推行党委书记、董事长由一人担任，党员总经理担任党委副书记并进入董事会，党委专职副书记一般应当进入董事会且不在经理层任职。符合条件的党委班子成员可以通过法定程序进入董事会、监事会、经理层，董事会、监事会、经理层成员中符合条件的党员可以依照有关规定和程序进入党组织领导班子。

示例5　关于××××公司修改公司章程的请示

××××公司（上级单位）：

由于××××公司已完成公司制改制，××××公司的股东名称、经营地址以及经营范围都需要进行变更调整，同时为了贯彻落实党中央关于全面依法治国的战略部署以及国资委、××××公司（上级单位）建设法治央企的要求，进一步推动××××公司法治央企建设，拟在公司章程中增加依法治企有关条款，修改后的公司章程已经××××公司决策会议审议通过。

根据××××要求，现将修改后的公司章程予以上报。

妥否，请批复。

附件：1.××××公司章程修订版

　　　2.××××公司原章程

　　　3.××××公司关于修改公司章程的决策性会议纪要

　　　4.××××公司章程修订情况说明表

××××公司

××××年××月××日

示例6　关于××××公司修改公司章程的批复

××××公司：

你公司《××××公司关于修改公司章程的请示》（×××〔××××〕××号）已收悉。经研究，批复如下：

一、同意你公司章程修正案修订的××××内容。

二、同意你公司章程修正案新增的××××内容。

三、请将第××条"××××××"修改为"××××××"。

四、请你公司按批复对公司章程内容进行修改，经公司股东会审议通过后，尽快依法办理工商变更登记。

五、请你公司在完成工商登记后××日内，将变更后的公司章程正式文本报××公司（上级单位）备案。

特此批复。

××××公司

××××年××月××日

三、治理机制

健全权责法定、权责透明、协调运转、有效制衡的公司治理机制，确保公司治理的框架体系、推进原则与运行更加清晰。

1. 党委参与重大问题决策体制机制

党委要明确党组织在决策、执行、监督各环节的权责和工作方式，使党组织发挥作用组织化、制度化、具体化。处理好党组织和其他治理主体的关系，明确权责边界，做到无缝衔接，形成各司其职、各负其责、协调运转、有效制衡的公司治理机制。既要把党的领导落实到公司治理各环节，又要避免党委（党组）直接成为企业生产经营的决策和指挥中心，总揽不包揽、到位不越位。

国有企业党委通过双向进入、交叉任职的领导体制参与重大问题决策。

（1）推行党委书记、董事长由一人担任，党委书记通过法定程序担任董事长。非上市公司的董事会提名委员会主任原则上由党委书记担任，组织人事部门为提名委员会工作部门。

（2）规模较大、职工和党员人数较多的中央企业所属企业（单位）

和地方国有企业党委,可以配备专职副书记。

(3)符合条件的总经理担任党委副书记。

(4)符合条件的党委成员可以通过法定程序进入董事会、监事会和经理层。董事会、监事会和经理层成员中符合条件的党员可以依照有关规定和程序进入党委会。

(5)党委会要坚持和完善民主集中制,加强与董事会、经理层之间的沟通。健全并严格执行党委议事规则和党组织议事决策机制。党委成员要强化组织观念和纪律观念,坚决执行党委决议。

对于重大经营管理事项,强调党委会前置研究讨论不等同于前置决定、不是代替董事会决策,明确党组织研究"能不能干",董事会决定"干不干",经理层考虑"怎么干",推动各治理主体权责边界更趋清晰,使得企业决策、治理、管理与市场经济要求更加契合。

表 2-1 国有企业各决策主体权责

决策主体	党委会	董事会	经理层
决策职能	把方向 管大局 保落实	定战略 作决策 防风险	谋经营 抓落实 强管理
决策重点	三重一大 前置清单 四个是否	战略决定 提名薪酬 风险防范	决策执行 日常管理 业务指挥
决策方向	能不能干	干不干	怎么干
决策手段	前置管理 会议决策 民主集中	规范制度 会议决策 票决制	民主集中 个人决策

2. 党委参与重大问题决策主要程序

国有企业党委参与企业重大问题决策的主要程序一般是:

(1)企业党委召开党委会(或常委会,下同)对董事会、经理层拟决策的重大问题进行讨论研究,提出意见和建议。党委认为另有需要董事会、经理层决策的重大问题,可向董事会、经理层提出。

（2）进入董事会、经理层尤其是任董事长或总经理的党委成员，要在议案正式提交董事会或总经理办公会前，就党委的有关意见和建议与董事会、经理层其他成员进行沟通。

（3）进入董事会、经理层的党委成员在董事会、经理层决策时，要充分表达党委意见和建议，并将决策情况及时向党委报告。

（4）进入董事会、经理层的党委成员发现拟作出的决策不符合党的路线方针政策和国家法律法规，或可能损害国家、社会公众利益和企业、职工的合法权益时，要提出撤销或缓议该决策事项的意见，会后及时向党委报告，通过党委会形成明确意见向董事会、经理层反馈。如得不到纠正，要及时向上级党组织报告。

国有企业党委可依照上述程序，并根据具体决策内容，采取相应方式和途径，做到简便易行、运转高效。

3. 规范和促进董事会科学决策

兼顾决策质量与决策效率，统筹考虑决策事项的性质特点、重要程度、频率频次与数量金额，梳理明确董事会职权事项，合理确定董事长与总经理权责界面，避免同一范围主要人员对同一事项重复研究。党委要对董事会授权决策方案严格把关，坚持"法定事项不授权，授权一般不前置"原则，定期组织评估分析研判，防止违规授权、过度授权。

对董事会授权董事长决策事项，董事长一般应当召开专题会议集体研究讨论。同时，明确党委班子成员会前听取意见、沟通酝酿，以及参加会议发表意见或列席会议掌握情况的工作机制，发挥决策制衡作用，保证决策效率效果。

董事会要始终坚持集体审议、独立表决、个人负责的运行规则，建立形成会前深入细致沟通、广泛听取各方意见建议、审慎研究掌握各类信息的决策保障机制。

表 2-2　董事会重点职权

董事会	重点职权
董事会强化战略制定、执行监督、评估和调整的职能（定战略）	1. 组织积极研究国家政策和国际市场动态，分析判断对企业影响，适时调整战略规划。 2. 组织定期跟踪行业发展态势，研究行业发展趋势和新商业模式，制定行业研究报告，适时调整战略规划。 3. 组织研究新业务或新行业发展情况，提出拓展建议。 4. 组织相关部门开展对标管理，积极研究标杆企业发展模式，并实施"对标管理年"，实现业务和管理创新。 5. 组织制订战略规划，并分解到年度经营计划/预算，保证战略规划可执行和可落地。 6. 组织跟踪战略执行情况，以年度和三年度为周期，进行战略评估和调整，实现战略动态管理。 7. 积极组织开展战略绩效考核，提升战略执行和落地能力。
董事会强化风险控制体系建立、风险评估、风险预警和应对的职能（防风险）	1. 组织建立公司内控、风险控制体系，及相关制度和流程，为控制风险提供指导。 2. 组织研究开展公司所属行业和区域的战略风险、政策风险、市场风险、法律风险、财务风险研究，加强风险识别。 3. 组织制定风险矩阵，开展风险评估和风险判断，做好应对措施。 4. 建立风险数据库和风险预警机制，加强风险控制。 5. 针对突发重大风险，及时采取措施化解、转移、分散、降低。 6. 审议批准合规管理基本制度、体系建设方案和年度报告等。研究决定合规管理重大事项。推动完善合规管理体系并对其有效性进行评价。决定合规管理部门设置及职责。
董事会强化投资、建设、生产、销售等环节的经营督导职能（作决策）	1. 组织定期开展重大项目的投资调研，加强重大项目的投资审核，确保重大项目落地实施。 2. 组织不定期开展重大项目的建设情况评估，研究讨论项目成本、进度、安全等情况，向经理层及时反馈。 3. 组织不定期开展产品生产和研发内外部调研，评估产品成本、技术优势等，提出改进建议，及时向经理层反馈。 4. 组织开展区域和市场销售情况研究，提出对外销售建议，及时向经理层反馈。

表 2-3 董事会专门委员会重点职权

董事会专门委员会	重点职权
战略与投资委员会	1. 长期战略规划研究建议。 2. 重大事项研究和建议及落实检查。 3. 战略分解督导及落实检查。
审计风险委员会	1. 外部审计机构聘任建议和审计沟通。 2. 内部审计制度及实施监控。 3. 财务信息、内控制度审核。 4. 调查处理涉及经济问题的案件。
提名委员会	1. 董事会、经理层和董事会聘用的其他高管提名建议。 2. 选人程序建议和合格人选搜寻、候选人审查。 3. 股东代表管理。
薪酬考核委员会	1. 薪酬政策、计划、方案的制订和实施监督。 2. 绩效评价标准、程序及主要评价体系。 3. 公司董事（除独立董事以外）及高级管理人员履职考评。

4. 支持和保障经理层履职行权

《公司法》规定，经理对董事会负责，根据公司章程的规定或者董事会的授权行使职权。经理列席董事会会议。

实践中，经理通常行使下列职权：

（1）主持公司的生产经营管理工作，组织实施董事会决议。

（2）组织实施公司年度经营计划和投资方案。

（3）拟订公司内部管理机构设置方案。

（4）拟订公司的基本管理制度。

（5）制定公司的具体规章。

（6）提请聘任或者解聘公司副经理、财务负责人。

（7）决定聘任或者解聘除应由董事会决定聘任或者解聘以外的负责管理人员。

（8）董事会授予的其他职权。公司章程对经理职权另有规定的，从其规定。

加强经理层成员任期制和契约化管理，吸引更多优秀人才参与国有企业公司治理。经理层成员任期制和契约化管理，是指对企业经理层成员实行的，以固定任期和契约关系为基础，根据合同或协议约定开展年度和任期考核，并根据考核结果兑现薪酬和实施聘任（或解聘）的管理方式。

综合考虑企业经营规模、发展阶段、业务模式、风险特点等，明确经理层决策权限。明确经理层关于一般事项和"三重一大"事项的权责边界、议事规则和程序要求，保证经理层依照公司章程和董事会授权行使职权。

对董事会授权总经理决策事项，要以总经理办公会等会议形式集体研究决策。既要落实落细经理层谋经营、抓落实、强管理作用，也要避免经理层作用弱化、边缘化或虚化。

5. 强化精准管控

按照分层分类、放管结合的原则，一业一策、一企一策，实行差异化授权。按照责任、权利、义务相统一和授权、管理、服务相衔接，对所属企业的股权架构、管理层级、作用定位，分别实施不同管控模式。肩负着落实党中央重大决策部署，服务国家重大战略、服务国防建设、服务国计民生的企业，要突出加强战略管控；承担培育战略性新兴产业、推动科技自立自强的企业，要突出加强运营管控。当然，抓新兴产业发展，不是搞"一刀切"、大呼隆，不能把传统产业扔了。

高度重视公司以外非标准治理结构企业或单位的治理。譬如针对设执行董事的企业，执行董事法律地位虽然与董事会相同，但不宜将董事会职权简单照搬至执行董事，这与集体、民主、科学决策的治理要求不相符。"三重一大"以外的事项由执行董事负责，但经理层选聘权、业绩考核权、薪酬管理权等不适合经理层自身决策的事项，可提级至出资人决策。

6. 决策有效

公司治理结构中，最关键的问题是决策。在决策中，往往会遇到两个问题：一是如何保证现领导决策的正确性；二是如何保证领导调整后下一任领导决策的正确性。

根据团队决策原理，在多数情况下，优秀个人决策的正确性，要比团队决策的正确性要高。但在一定条件下时，优秀个人的决策失误风险会显著变大。1991 年美国哥伦比亚大学的汉布瑞克（Hambrick）和福克托马（Fukutomi）提出了一个总裁生命周期的五阶段模型，对总裁任职期间领导能力的变化规律及其原因作了深刻剖析，提出总裁生命周期五阶段假说。

因为认知模式、职务知识、信息源质量、任职兴趣和权力的因素，总裁会经历受命上任、探索改革、形成风格、全面强化、僵化阻碍五个阶段的管理生命。其中最主要的是"认知模式刚性"和"信息源宽度和质量"。许多盛极而衰的企业，有的甚至是一夜之间没落，原因往往都有总裁一个人独断专横。在树立绝对权威后，往往一个错误决策带来的破坏性是致命的。

国有企业要防止领导人员尤其是主要领导落入僵化阻碍阶段，让企业领导者确保决策的正确性、有效性。

四、前置程序要求

国有企业党组织发挥领导作用，将党组织研究讨论作为董事会、经理层决策重大问题的前置程序。重大经营管理事项必须经党组织研究讨论后，再由董事会或经理层作出决定。重点是要健全党委发挥领导作用的体制机制，推动党组织前置程序的有效落地。党组织负责同志和班子成员，一定要具备这个实力和能力。

党委既要防止前置走过场、摆样子，又要避免党委代替董事会、经理层直接决策指挥。把握功能定位，科学划分治理主体权责边界，该定的要定，该议的要议，该抓的要抓，该交给董事会、经理层的，也要加强引领和监督。做到"三个相"：

一是职权与功能定位相匹配。准确把握党委发挥领导作用、董事会发挥决策作用、经理层发挥经营管理作用的功能定位，合理界定各方职权，做到一件事由一个治理主体最终决策，体现决策拍板的唯一性。

二是权力与责任相对等。坚持有权必有责，授权不转责；有责必落实，失责必追究。

三是决策质量与效率相统一。既要实行科学决策、民主决策、依法决策，提高决策质量，又要抓大放小、合理授权、优化程序，提高决策效率。

党委要做到"三个坚持"，即：坚持党委集体研究讨论，避免以书记个人意见代替党委意见；坚持充分落实党委意图，进入董事会、经理层的党委班子成员，严格按照党委决定发表意见，及时报告落实情况；坚持党委把关不决策，支持董事会、经理层有效发挥作用。

健全党组织议事决策机制，切实推动前置程序具体化。完善重大问题的决策、重要人事任免、重大项目投资决策和大额度资金使用等"三重一大"事项决策的内容、规定和程序。对党内重大事项，党委应作出决策、形成决议、落实执行；对经营者任免事项，党委应作出决策、形成决议、推荐提名；对重大经营管理事项，党委应提出意见建议，再由党委成员在董事会和经理层会议上发表意见。

明确国有企业党委对重大问题进行前置研究讨论，是落实"两个一以贯之"、把党的领导与公司治理统一起来的重要制度安排。前置就是把关，该上党委会的必须上会，该由党委把关的必须把关。把关的重点，主要看决策事项是否符合党的路线方针政策，是否契合党和国家的战略部署，是否有利于提高企业效益、增强企业竞争实力、实现国有资产保值增值，是否维护社会公众利益和职工群众合法权益。

实践中，要结合企业实际不断完善党组织前置研究事项清单，党组织与其他治理主体的权责边界要清晰。党委前置研究讨论不等同于前置决定，不能代替其他公司治理主体决策。不同类型、不同层级的企业，前置研究讨论的内容和重点应有所不同。要注意一点，授权不前置、前置不授权。由董事会授权给董事长、总经理的决策事项，党组织不再进行前置研究。

需要特别提示的是，党组织研究后，经理层还好，因为基本上都是本企业的，但董事会不仅有外部董事，而且现在是外部董事占多数。国企改革三年行动重点任务的第二项，就是"加强董事会建设落实董事会职权"。所以不要出现党委会前置研究同意的事项，到董事会"闯关"，而被董事会"拦住"的情形发生。

五、"三重一大"决策制度

凡属重大问题的决策、重要人事任免、重大项目安排和大额度资金运作（以下简称"三重一大"）事项，必须由领导班子集体作出决定。而这个"集体"是指党委会、董事会、总经理办公会。在"三重一大"部分内容中，由党委会研究决定，而大多数事项是党委会前置研究定方向，具体由董事会和总经理办公会按照权责研究决定，其中生产经营具体事项由总经理办公会研究决定。

重大决策应当听取职工意见，涉及职工切身利益的重大问题必须经过职工代表大会或者职工大会审议。

"三重一大"决策制度的制定与实施的指导思想和基本原则是：以习近平新时代中国特色社会主义思想为指导，坚持民主集中制，坚持务实高效，充分发扬民主，确保事项决策合法合规，落实有力。

"三重一大"事项的决策机构是党委会、董事会、总经理办公会，事项决策要严格落实"前置程序"要求，履行调研论证、会议审议、报告备案程序。"三重一大"事项决策应当以会议方式作出，并履行规定的程序，决策作出后，依据国家相关规定需报请国家相关部门的，应当按照规定及时报告决策情况，待国家相关部门审批后实施。

党委对承担的决策事项，有的具有决定权、有的具有审议权，有的具有建议权。党委前置研究讨论次序的具体"路线图"，要根据党委在该事项中的决策权限来确定。党委具有审议权的事项，党委会要把好政治关、政策关、程序关。党委具有建议权的事项，党委会要发挥"政治参谋"的职能。建立并不断完善议事决策事项清单。

"三重一大"决策事项管理受上级纪律检查机关、上级审计机关等部门及其授权机构的监督。巡视巡察、审计监督、专项督查要把"三重一大"决策制度执行情况作为重要内容。

对董事会授权董事长、总经理决策事项的决策程序，要按照"三重一大"决策制度等有关规定执行。董事长、总经理等授权对象应当按照国家和企业有关规定，行使董事会授予的职权，维护公司合法权益。所决策事项，如需上级有关部门批准或备案的，要从其规定。授权对象要定期（一般每3个月，至少每半年）向董事会报告行权情况，重要情况及时报告，同时向同级党委报告。

六、落实"四同步四对接"

国有企业党委在深化改革中，要坚持和落实党的建设和国有企业改革同步谋划、党的组织及工作机构同步设置、党组织负责人及党务工作人员同步配备、党建工作同步开展，实现体制对接、机制对接、制度对接和工作对接。

国有企业党组织工作机构原则上独立设置，推行领导人员管理和基层党组织建设一般由一个部门统一负责，分属两个部门的应当由同一个领导班子成员分管。

按照有利于加强党的工作和精干高效协调原则，根据实际需要设立办公室、组织部、宣传部等工作机构，有关机构可以与企业职能相近的管理部门合署办公。按规定配置专职党务工作人员。做好党组织工作经费保障，按照不低于上年度职工工资总额的 1% 落实，专职党务工作人员待遇不低于同级管理人员。

第三节　第一议题制度

一、主要内容

国有企业各级党组织要突出政治建设这个党的根本性建设，把学习习近平新时代中国特色社会主义思想和习近平总书记重要讲话、重要指示批示精神等，作为党委会、理论学习中心组学习、支部大会、支委会、党小组会等党内重要会议的"第一议题"，作为广大党员干部教育培训的重中之重，着力在学懂弄通做实上下工夫，推动学习贯彻不断深化、不断取得实效。

"第一议题"内容主要有：习近平新时代中国特色社会主义思想和党的二十大精神，《习近平著作选读》《习近平谈治国理政》《习近平新时代中国特色社会主义思想学习纲要》，习近平总书记最新重要讲话、重要指示批示精神，以及新颁布的党内各类党规党纪和重大决策等内容。

二、落实要求

明确职责分工。党组织承担传达学习贯彻落实习近平总书记重要指示批示和党中央决策部署的主体责任。党组织书记为贯彻落实第一责任人，对贯彻落实工作负总责；党组织班子成员按照职责分工对分管领域的贯彻落实工作具体负责，对贯彻落实工作进行全程指导、组织、督促和协调，并对落实情况进行审核把关。工作实践中，可设立习近平总书记重要指示批示贯彻落实工作领导小组，定期沟通交流工作，协同推进各项任务落实。

固化工作机制。落实"第一议题"制度，要坚持读原著、学原文、悟原理、知原义，确保党员干部全面领会其中的基本观点，深刻把握其中的精神实质。应提前将学习主题、内容和形式告知参会人员，提前做好准备，确保学习质量和效果。以集中学习和研讨交流为主，也可通过诵读原文原著、邀请专家解读、举办知识问答、观看专题片、进行案例分析等多种形式开展。在"第一议题"的学习上，既谈心得体会，又论落实思路举措，学思践悟、互相启发，不断融会贯通、真信笃行。

（1）传达学习。在党委会、理论学习中心组学习会议上，第一时间组织传达学习习近平总书记重要指示批示和党中央决策部署要求，认真研讨交流，深入领会精神实质和实践要求。把贯彻落实习近平总书记重要指示批示精神作为党委会"第一议题"，进行深入研究部署；将习近平总书记重要指示批示和党中央决策部署纳入党委中心组学习计划，组织集体学习、专题研讨等，视情开展传达宣贯。

（2）责任分解。按照职责分工，确定主责部门，研究拟定贯彻落实工作方案，细化落实举措，明确责任分工、任务目标等，经批准后纳入台账管理，并组织相关部门和单位执行落实。建立贯彻落实习近平总书记重要指示批示和党中央决策部署工作台账，每年进行归档管理。

（3）跟踪督办。对全级次单位落实情况全过程跟踪督办，并做好情况汇总、分析评估和通报工作。

（4）监督检查。作为党委巡视巡察的重点内容，重点检查传达学习情况、贯彻落实举措、取得成效等，及时提出整改意见，督促相关部门和单位做好整改。

（5）报告反馈。应定期向上级党组织和党委报告"第一议题"制度落实情况。每季度更新并反馈工作台账，向党组织汇报贯彻落实进展情况。每年年初向上一级党组织报送本单位上一年度贯彻落实情况的报告。有需要请示报告的重大事项，按照"一事一报"原则，及时形成专题报告报送。

（6）边学边改。在学习中发现问题、提出问题，研究问题、解决问题。将"第一议题"制度落实情况纳入党建工作考核，作为党组织书记抓基层党建工作述职评议考核的重要内容。

第四节　党委会

党委会是国有企业党委开展日常工作和议事的最重要的组织形式之一，主要讨论研究政策性、全局性、涉及长远和关系群众根本利益等重大事项。

党委会的主持人为党委书记，参加人为党委委员。党委书记因故不能出席会议时，可以委托副书记召集并主持。党委会应有一半以上的党委委员参加才能召开；讨论干部问题和涉及全局性的重大问题时，应有三分之二以上的党委委员到会才能举行。

党委委员应当充分发表意见，意见分歧较大时应当暂缓表决，对会议表决情况和不同意见应当如实记录、存档备查。

召开党委扩大会议时，由党委书记决定其他参会人员和列席人员。

一、党委会程序

党委会的议题和召开时间由党委书记确定。会议议题也可由党委副书记、党委委员或相关单位和部门提出，报党委书记批准后提交党委会审议。党委会应定期召开，如有重要问题需要党委集体研究，也可随时召开。党委会的议题要在深入调查研究、充分听取各方面意见、集思广益的基础上提出。

党委会的时间和讨论议题，应提前通知参会人员，需决策的事项应当提前告知所有参与决策人员，会议资料应在会前送达参会人员。讨论干部问题，必须按程序办理，不能在会上搞临时动议。

党委委员因故不能出席党委会，须在会前向党委书记请假，同时对提交会议讨论问题的意见，应以书面形式在会前提出，并委托其他委员带到会上。

党委会要坚持少数服从多数的原则。与会人员要充分讨论并分别发表意见，党委主要负责人应当最后发表结论性意见。在充分发表意见的基础上，按照少数服从多数的原则作出决定。

党委要做到"四个把关"，即从党和国家方针政策角度把好政治关，从公司发展战略角度把好方向关，从防止利益输送等党规党纪角度把好纪律关，从法规制度角度把好合规（规则）关。

党委要做到"四不上会"，即决策条件出现重大变化的不上会，临时动议的不上会，论证不充分的不上会，意见分歧较大的不上会。

党委会主持人要做到"四不"，即不先发表倾向性意见，不随意插话或打断别人的发言，不轻易反驳其他委员的意见建议，不急于集中或强行通过议题和议案。当好"班长"，不当"家长"；唱好主角，不唱"独角"；用好一票之权，不搞一人专断。

党委会讨论决定的事项，涉及与会人员本人及特定关系人的，本人必须回避。党委委员要严守政治纪律和政治规矩，对有关情况履行保密义务。党委会决定多个事项时，应逐项议决。对意见分歧较大的议题，可暂缓表决，待进一步调查研究、交换意见后再议。如讨论时意见不一致，又需要进行表决时，赞成票超过党委实际人数的半数为通过。表决可采取口头、举手、无记名或记名投票等方式。表决结果和表决方式应当记录在案。

在实践中，需要特别注意的是，有的人还在搞个人说了算，征求意见、集体讨论有名无实，组织程序只是走过场；有的国有企业党委半天时间就能审议十几个议题，甚至更多，将党委会审议当成了党委会

"背书"。要坚决防止和反对以"提高议事效率"为名，而不让党委委员充分讨论、发表意见，尤其是不同意见，真正提高党委集体决策的质量，实现科学决策、民主决策、依法决策。

示例7 党委会议题审批单

××××××党委会议题审批单					
				时间： 年 月 日	
议题名称					
申请部门		部门汇报人		所需时间	分钟
列席部门（单位）					
会签意见					
法律意见					
合规意见	（根据有关规定，部分议题须由首席合规官审签）				
党委意见					
				签名：	

注：此表作为党委会议题的依据。请提请部门至少提前×天提出呈批，提交党委会会议研究的议题，事先需经会签审核，并征得党委书记同意。

二、分工落实

加强全程督促，确保党委决议有效落实。有的企业党委会议没少开，目标、措施没少定，就是落实不力；有的党委决策后分工不明确，造成党委委员对职权范围内的事缺乏主动性和创造性；有的党委委员对分管的工作缺乏必要的督查检查，影响了落实的质量和效果等。究其原因就是分工不明、职责不清、督查不力造成的。党委主要负责人不仅要善于集中大家的意见，果断拍板决策，更要善于解决好落实的问题。根据什么人适合办什么事的原则，既分工又分事，既交任务又赋权，既明标准又明时限。如果是决策的问题和自己的失误，要敢于担责任，不以一时一事论英雄，求全责备当事人。

习近平总书记就学习毛泽东同志《党委会的工作方法》作出重要批示，对各级党委（党组）领导班子成员特别是主要负责同志重温这篇著作提出明确要求。中央组织部印发《关于学习贯彻习近平总书记重要批示精神加强党委（党组）领导班子建设的通知》，对加强党委领导班子建设、提升党的领导水平和执政能力作出部署。

党委会的工作方法

（1949 年 3 月 13 日）

毛泽东

一、党委书记要善于当"班长"。党的委员会有一二十个人，像军队的一个班，书记好比是"班长"。要把这个班带好，的确不容易。目前各中央局、分局都领导很大的地区，担负很繁重的任务。领导工作不仅要决定方针政策，还要制定正确的工作方法。有了正确的方针政策，如果在工作方法上疏忽了，还是要发生问题。党委要完成自己的领导任务，就必须依靠党委这"一班人"，充分发挥他们的作用。书记要当好"班长",就应该很好地学习和研究。书记、副书记如果不注意向自己的"一班人"作宣传工作和组织工作,不善于处理自己和委员之间的关系,不去研究怎样把会议开好,就很难把这"一班人"指挥好。如果这"一班人"动作不整齐,就休想带领千百万人去作战,去建设。当然,书记和委员之间的关系是少数服从多数,这同班长和战士之间的关系是不一样的。这里不过是一个比方。

二、要把问题摆到桌面上来。不仅"班长"要这样做,委员也要这样做。不要在背后议论。有了问题就开会,摆到桌面上来讨论,规定它几条,问题就解决了。有问题而不摆到桌面上来,就会长期不得解决,甚至一拖几年。"班长"和委员还要能互相谅解。书记和委员,中央和各中央局,各中央局和区党委之间的谅解、支援和友谊,比什么都重要。这一点过去大家不注意,七次代表大会以来,在这方面大有进步,友好团结关系大大增进了。今后仍然应该不断注意。

三、"互通情报"。就是说,党委各委员之间要把彼此知道的情况互相通知、互相交流。这对于取得共同的语言是很重要的。有些人不是这样做,而是像老子说的"鸡犬之声相闻,老死不相往来",结果彼此之间就缺乏共同的语言。我们有些高级干部,在马克思列宁主义的基本理论问题上也有不同的语言,原因是学习还不够。现在党内的语言比较一致了,但是,问题还没有完全解决。例如,在土地改革中,对什么是"中农"和什么是"富农",就还有不同的了解。

四、不懂得和不了解的东西要问下级,不要轻易表示赞成或反对。有些文件起草出来压下暂时不发,就是因为其中还有些问题没有弄清楚,需要先征求下级的意见。我们切不可强不知以为知,要"不耻下问",要善于倾听下面干部的意见。先做学生,然后再做先生;先向下面干部请教,然后再下命令。各中央局、各前委处理问题的时候，除军事情况紧急和事情已经弄清楚者外，都应该这样办。这不会影响自己的威信，而只会增加自己的威信。我们做出的决定包括了下面干部提出的正确意见，他们当然拥护。下面干部的话，有正确的，也有不正确的，听了以后要加以分析。对正确的意见，必须听，并且照它做。中央领导之所以正确，主要是由于综合了各地供给的材料、报告和正确的意见。如果各地不来材料，不提意见，中央就很难正确地发号施令。对下面来的错误意见也要听，根本不听是不对的；不过听了而不照它做，并且要给以批评。

五、学会"弹钢琴"。弹钢琴要十个指头都动作，不能有的动，有的不动。但是，十个指头同时都按下去，那也不成调子。要产生好的音乐，十个指头的动作要有节奏，要互相配合。党委要抓紧中心工作，又要围绕中心工作而同时开展其他方面的工作。我们现在管的方面很多，各地、各军、各部门的工作，都要照顾到，不能只注意一部分问题而把别的丢掉。凡是有问题的地方都要点一下，这个方法我们一定要学会。钢琴有人弹得好，有人弹得不好，这两种人弹出来的调子差别很大。党委的同志必须学好"弹钢琴"。

六、要"抓紧"。就是说，党委对主要工作不但一定要"抓"，而且一定要"抓紧"。什么东西只有抓得很紧，毫不放松，才能抓住。抓而不紧，等于不抓。伸着巴掌，当然什么也抓不住。就是把手握起来，但是不握紧，样子像抓，还是抓不住东西。我们有些同志，也抓主要工作，但是抓而不紧，所以工作还是不能做好。不抓不行，抓而不紧也不行。

七、胸中有"数"。这是说，对情况和问题一定要注意到它们的数量方面，要有基本的数量的分析。任何质量都表现为一定的数量，没有数量也就没有质量。我们有许多同志至今不懂得注意事物的数量方面，不懂得注意基本的统计、主要的百分比，不懂得注意决定事物质量的数量界限，一切都是胸中无"数"，结果就不能不犯错误。例如，要进行土地改革，对于地主、富农、中农、贫农各占人口多少，各有多少土地，这些数字就必须了解，才能据以定出正确的政策。对于何谓富农，何谓富裕中农，有多少剥削收入才算富农，否则就算富裕中农，这也必须找出一个数量的界限。在任何群众运动中，群众积极拥护的有多少，反对的有多少，处于中间状态的有多少，这些都必须有个基本的调查，基本的分析，不可无根据地、主观地决定问题。

八、"安民告示"。开会要事先通知，像出安民告示一样，让大家知道要讨论什么问题，解决什么问题，并且早作准备。有些地方开干部会，事前不准备好报告和决议草案，等开会的人到了才临时凑合，好像"兵马已到，粮草未备"，这是不好的。如果没有准备，就不要急于开会。

九、"精兵简政"。讲话、演说、写文章和写决议案，都应当简明扼要。会议也不要开得太长。

十、注意团结那些和自己意见不同的同志一道工作。不论在地方上或部队里，都应该注意这一条，对党外人士也是一样。我们都是从五湖四海汇集拢来的，我们不仅要善于团结和自己意见相同的同志，而且要善于团结和自己意见不同的同志一道工作。我们当中还有犯过很大错误的人，不要嫌这些人，要准备和他们一道工作。

十一、力戒骄傲。这对领导者是一个原则问题，也是保持团结的一个重要条件。就是没有犯过大错误，而且工作有了很大成绩的人，也不要骄傲。禁止给党的领导者祝寿，禁止用党的领导者的名字作地名、街名和企业的名字，保持艰苦奋斗作风，制止歌功颂德现象。

十二、划清两种界限。首先，是革命还是反革命？是延安还是西安？有些人不懂得要划清这种界限。例如，他们反对官僚主义，就把延安说得好似"一无是处"，而没有把延安的官僚主义同西安的官僚主义比较一下，区别一下。这就从根本上犯了错误。其次，在革命的队伍中，要划清正确和错误、成绩和缺点的界限，还要弄清它们中间什么是主要的，什么是次要的。例如，成绩究竟是三分还是七分？说少了不行，说多了也不行。一个人的工作，究竟是三分成绩七分错误，还是七分成绩三分错误，必须有个根本的估计。如果是七分成绩，那末就应该对他的工作基本上加以肯定。把成绩为主说成错误为主，那就完全错了。我们看问题一定不要忘记划清这两种界限：革命和反革命的界限，成绩和缺点的界限。记着这两条界限，事情就好办，否则就会把问题的性质弄混淆了。自然，要把界限划好，必须经过细致的研究和分析。我们对于每一个人和每一件事，都应该采取分析研究的态度。

我和政治局的同志觉得，要有以上这些方法，才能把党委的工作搞好。除了开好代表大会以外，党的各级委员会把自己的领导工作做好，是极为重要的。我们一定要讲究工作方法，把党委的领导工作提高一步。

三、党委会记录

党委会议记录是党委集体讨论决定本单位重大事项的会议记录，是非常重要的原始文字资料。党委要配备党委秘书（必须是中共党员），党委秘书负责党委会的会务工作和会议记录。党委秘书要做好会议记录工作，确保会议记录内容全面完整性和真实准确性，能有效记录与会人员发表的意见建议，能清晰复现会议的决策程序，能作为撰写会议纪要的重要依据。会议结束时，与会党委委员应审阅会议记录并签名。

党委秘书必须妥善管理党委会议记录本（页码要连续编号，最好用保密本），做到不能涂改、增删，更不能随意销毁，做到严格保密，任何无关人员未经允许不得阅看。

党委秘书会后根据党委书记的要求拟制会议纪要，并根据需要印发到党委委员、有关人员及承办部门。会后可通过印发会议纪要，向未参加会议的党委委员通报会议的有关情况，也可由党委书记或党委书记的授权人向未参加会议的党委委员通报会议的有关情况。

示例 8　党委会会议记录

党委会会议记录

时间：××××年××月××日××时××分

地点：××××

主持：××

出席：党委班子成员（姓名）

列席：×××（职务）、×××（职务）、×××（职务）、

缺席：×××（缺席原因，如学习、出差、生病等）

记录：×××

议题：

1. 学习习近平总书记最新重要讲话和重要指示批示精神

2. 审议党委××××年党建工作要点事宜

一、学习习近平总书记最新重要讲话和重要指示批示精神

×××传达或领学：记录有关要点

请与会同志谈认识、体会、落实措施或会前形成了落实措施，会上研究确定。

×××（姓名）：⋯⋯

×××（姓名）：⋯⋯

×××（姓名）：⋯⋯

[末位发言或表态，并逐一记录每位党委委员的意见]

二、审议党委××××年党建工作要点（×××部门×××汇报）

记录有关要点

（汇报后）

（书记介绍党委××××年工作要点）

请与会同志讨论，充分发表意见。

×××（姓名）：……

×××（姓名）：……

×××（姓名）：……

［详细记录每位同志的发言］

×××（主持人）：同志们，刚才我们对党委××××年党建工作要点进行了讨论，大家提出了许多宝贵的意见。主要有：……

现在进行表决

×××（姓名）：同意

×××（姓名）：同意

×××（姓名）：同意

［末位表态，并逐一记录每位党委委员的表决意见］

×××（主持人）：根据表决情况，一致同意（或其他）。请×××部门牵头，按照党委会意见修改完善后，按程序印发。

会议到此结束（会后，会议记录由主持人、出席人、记录人签字认可）。

第五节　党建工作责任制

国有企业党委加强和改进党的建设，必须切实加强党的领导，牵住责任制这个"牛鼻子"，既是党中央的政治要求、党内法规的刚性规定，也是加强和改进国有企业党的建设的关键之举。通过建立一套标准明确、内容翔实、行之有效、保障到位的责任机制，才能保证推动全面从严治党向纵深发展、把各项工作任务落到实处的根本要求真正实现。

党委坚持集体领导制度，实行集体领导与个人分工负责相结合。凡属党委职责范围内的事项，都要按照集体领导、民主集中、个别酝酿、会议决定的原则，由党委会会议集体讨论，按少数服从多数作出决定，不允许用其他形式取代党委的领导。建立上级党组织履行领导、指导和督导责任，党委履行主体责任、书记承担第一责任、专职副书记承担直接责任、班子成员分工负责、职能部门牵头抓总、相关部门齐抓共管、一级抓一级、层层抓落实的党建工作格局，形成主体明晰、责任明确、有机衔接的党建工作机制。

一、党委职责

国有企业党委发挥领导作用，把方向、管大局、保落实，具体负责本企业党的建设，坚持全面从严治党，坚持思想建党和制度建党紧密结合，加强对企业的政治领导、思想领导、组织领导。党委在党建工作责任制方面的主要职责是：

（1）保证监督习近平总书记重要指示批示和重要讲话精神，党和国家方针政策，党中央、国务院决策部署在企业贯彻执行；落实国务院国资委党委和上级党组织工作要求。

（2）研究讨论企业重大经营管理事项。党委会议研究讨论作为董事会、经理层决策重大问题的前置程序，党委会议审定"三重一大"等重大问题后，再由经营管理层会议作出经营决定，重要人事任免及党的建设事项由党委会议直接审定。

（3）落实党管干部原则和党管人才原则，加强企业领导班子建设和人才队伍建设。

（4）加强企业基层党组织建设和党员队伍建设，注重日常教育监督管理，充分发挥党支部战斗堡垒作用和党员先锋模范作用，团结带领干部职工积极投身企业改革发展。

（5）履行企业党风廉政建设主体责任，着力构建不敢腐、不能腐、不想腐的体制机制，建立健全纪检（监察）机构，领导、支持纪检

（监察）机构履行监督执纪问责职责，加强对企业各级领导人员履职行为的监督。

（6）领导企业思想政治工作、精神文明建设、统一战线工作、企业文化建设和群团工作。

国有企业党委履行党的建设主体责任，在责任履行方面主要包括：

（1）加强企业党的建设规划，统筹谋划推进企业党的建设和改革发展，抓战略、抓队伍、抓基层、抓基础、抓党建，坚定不移推动全面从严治党向纵深发展，做到两手抓、两手硬。

（2）定期召开党委会议，研究贯彻落实习近平总书记重要指示批示和重要讲话精神，党和国家方针政策，党中央、国务院决策部署和国务院国资委党委、上级党组织工作要求的具体措施；听取企业党的建设工作汇报，研究党的建设重要问题，部署党的建设重点工作；研究讨论企业重大问题。

（3）加强领导班子建设，开好领导班子民主生活会，定期开展党委理论学习中心组学习，加强对企业领导人员的教育管理监督。

（4）加强对选人用人工作的领导和把关，管标准、管程序、管监督，保证党委对干部人事工作的领导权和对重要干部的管理权，严格执行国有企业领导人员"对党忠诚、勇于创新、治企有方、兴企有为、清正廉洁"的选任标准，打造一支"压不垮、打不烂、拒腐蚀，想干事、能干事、干成事"的党员领导干部队伍。

（5）定期召开会议研究落实党风廉政建设和反腐败工作，领导、支持纪检（监察）机构监督执纪问责，严格执行和维护党的纪律。

（6）加强企业党建基础保障，健全企业党的组织和工作机构，配齐配强党务工作人员，保障党的工作经费，加强基层党组织书记和党务工作人员培训，规范党费收缴使用和管理。

（7）组织领导企业党内学习教育，抓好党员教育管理。加强思想政治建设，创新思想政治工作，着力增强党内政治生活的政治性、时代性、原则性、战斗性。

（8）定期研究企业宣传思想文化工作、统一战线工作和群团工作，推动企业积极履行社会责任。

（9）健全企业党的建设制度体系，加强对制度执行情况的监督检查。

示例9　关于开展新时代新征程"砺剑"工程建设的决定

各单位党委：

为全面贯彻习近平新时代中国特色社会主义思想，深入贯彻落实党的二十大精神，按照集团公司党组部署要求，进一步加强党的全面领导，全面加强党的建设，砺理想信念之剑、砺真抓实干之剑、砺航天强国之剑，加快建设世界一流××××电子信息科技公司，全力打造旗舰型龙头上市公司，公司党委结合实际，现就开展新时代新征程"砺剑"工程建设作出如下决定：

一、坚持思想领航是第一需要，坚定不移做到"两个维护"

党委坚决把习近平新时代中国特色社会主义思想作为一切工作的根本指针，履行"科技强军、航天报国"企业使命，以建设航天强国为根本落脚点，聚焦备战打仗、聚力兴装强军、聚能主业资源、聚集优势资本，取得了一系列成果。面对新时代新征程的发展机遇和风险挑战，党委要充分发挥把方向、管大局、保落实的领导作用，深刻把握新使命、新定位，围绕价值创造提高核心竞争力，围绕服务国家重大战略和国防建设增强核心功能，推动深化改革、提高经营管理水平，坚持做强做优做大国有资本和国有企业。

各级党组织和党员领导干部要强化使命担当、胸怀"国之大者"，永葆"一腔忱、一身汗、一份责、一股劲"，把提升武器装备战斗力、提高企业效益、增强核心竞争力、实现国有资产保值增值，打造旗舰型龙头上市公司，作为工作的出发点和落脚点。

——必须砺理想信念之剑，坚持国之干城的"政治底色"，以强烈的责任感、使命感和历史主动精神兴党为民，做政治忠诚的表率。旗帜鲜明讲政治，严格落实"第一议题""首要议题"制度，推动党内重大主题教育走深走实，用党的创新理论凝心铸魂，深刻领悟"两个确立"的决定性意义，增强"四个意识"、坚定"四个自信"、做到"两个维护"。

——必须砺真抓实干之剑，坚持舍我其谁的"担当本色"，以增强核心功能、提高企业核心竞争力，做强做优做大国有企业为职责，做干在实处、走在前列的表率。常怀忧患意识，常析不豫危机，在战略上保持清醒，在清醒中保持坚定，在坚定中保持自信，切实把"两个维护"的刚性要求转化为高质量发展的思路举措和实践成果。

——必须砺航天强国之剑，坚持勠力同心的"奋斗亮色"，以发挥服务国家战略、建设现代化产业体系、构建新发展格局中的科技创新、产业控制、安全支撑作用为使命，做强国建设、民族复兴的表率。发挥"新产业、新领域拓展平台"和"社会化资源的组织平台"企业定位，以"创新+资本+市场"为手段，放大国有资本功能，实现国有资产保值增值，履行强军首责，为国"砺剑"。

二、坚持传承弘扬航天精神，坚定不移干在实处勇立潮头

实干兴邦，实干兴企，实干成就精彩人生。坚定历史自信，弘扬伟大建党精神，传承航天精神，广泛开展航天精神科学内涵的学习宣讲，深刻挖掘航天精神的时代内涵和价值，坚持真抓实干、善作善成，淬炼想干事、能干事、干成事的党员干部职工队伍。抓而不紧，等于不抓；抓而不实，等于白抓；实干才能真出业绩、出真业绩。抓好落实，事业就能充满生机；不抓落实，再好的蓝图也是空中楼阁。凡事多说主观努力，少讲客观理由，坚决反对报喜不报忧，坚决杜绝口号式、表态式、包装式落实；坚持"马上就办"，抓作风提效能，把督查和问责结合起来，立说立行、紧抓快办；紧盯目标逐项分解，紧盯任务逐件落实，紧盯节点逐一推进；善于发

现问题科学决策，善于迎难而上解决问题，善于破局敢于创新，把组织的各项决策部署不折不扣地落到实处。坚持求真务实，察实情、说实话，出实招、办实事，下真功、求实效，让埋头苦干、真抓实干的人才得到重用、充分施展才华，让作风漂浮、哗众取宠的干部无以表功、受到贬责。整治"摸鱼""躺平""庸懒散"等问题，对不落实、落实不力、失职失责的严肃追责问责。对工作不在状态，迟迟打不开局面的，果断采取措施予以调整。

三、坚持创新是第一动力，坚定不移增强企业核心竞争力

大力实施创新驱动发展战略，聚力抢占科技制高点，夺取发展主动权，打造高水平科技创新的国家战略科技力量。强化专业技术体系建设，推动专业能力提升。加大创新主体投入、强化创新项目管理管控、发挥多要素协同创新作用。论证相关实验室等创新机构，建设专家智库，涵养科技自立自强生态机制。全力以赴补短板、破瓶颈，加快推进以某专项等为代表的重点项目和任务完成。落实人才工作"六项机制"，培养造就大批德才兼备的高素质人才，推进人才中心和创新高地建设。丰富拓展高层次专家选拔机制，加强型号（项目）"两总"队伍建设。加强高技能人才队伍建设，打造一批技能大师工作室。用好用活各类人才，真心爱才、悉心育才、倾心引才、精心用才，把优秀人才集聚到事业发展中来，实现人尽其才、才尽其用、用有所成。

四、坚持发展是第一要务，坚定不移提升上市公司质量

强化价值创造能力，把提升效率和效益作为经营工作的重中之重。坚持做优存量和做精增量相结合，提升资本回报率和经营业绩"含金量"，注重质的有效提升和量的合理增长。统筹落实好国有企业改革深化提升行动，发挥改革关键一招作用。把握"十四五"规划中期调整契机，强化战略引领，聚焦核心主业，实施产业牵引、产品提升、技术攻坚、能力保障等"四个工程"，发力重大项

目。以新一代通信体系等战略性新兴产业为重点，打造"全链条贯通、全要素汇聚、全场景融合、全方位支持"的产业发展体系。积极培育 5G（新一代通信）、数据智能与安全、电力装备等领域的"专精特新"企业。统筹当前、谋划长远，加强整体营销带动市场拓展。紧盯困难企业经营，抢抓市场订单。高度重视竞争项目管理，深入策略研究、吃透竞争规则，分析竞争对手、确保最优方案，实现竞标获胜。做好项目回款，确保贷款规模和回款情况相匹配。加强资源协同和产业协同，发挥区域协调战略优势，打造优势产业领域。深化国际交流与技术合作，服务"一带一路"建设。按照"控增量、压存量"原则，坚持分类管控、源头管控，严格管控"两金"质量和规模，着力解决"两金"和有息负债问题。锚定经营指标体系，夯实经营主体责任，加强经营过程监控、分析和诊断，优化经营考核体系，完善财务监管控管理机制。完善上市公司 ESG 工作机制和体系，加强信息披露，多渠道提升社会影响力和可持续发展能力。

五、坚持基础管理是最硬功夫，坚定不移提升管理效能

坚持"两个一以贯之"，在完善公司治理中加强党的全面领导，建立"权责法定、权责透明、协调运转、有效制衡"的治理机制，提高企业管理水平。强化本部"战略决策、资源统筹、经营管理、风险管控"职能定位，推动各级本部功能协同，做到定位准确、职能清晰、流程顺畅、精干高效。建立"首办负责制"，倡导"一次办成、一次办好"。深入实施数字航天战略，全面深化数字仿真等科研生产任务数字化管理。坚持依法治企、依规治企，完善企业内控体系，强化合规经营，完善合同全周期管理、现金全流程管控，守住不发生重大风险底线。健全"技术、经济、管理"三位一体的成本管控体系，抓好成本管理，实现降本增效、提高经济效益、筑牢发展根基。坚持生命至上，加强监督管理和专项排查，强化科研生产全流程安全保密保卫和反间谍安全防范工作，严

守安全保密底线红线。用好考核评价"指挥棒",推动责任量化到岗、具体到人,实现责任抓在日常、严在经常。

六、坚持抓好党建是最大政绩,坚定不移增强政治功能组织功能

强化系统观念,深化实施"11345"体系,实现组织全覆盖、要素全运行、党员做表率、发展开新局,不断严密党的组织体系。坚持"抓两头带中间"工作法,抓基层强基础固基本,把党组织建在科研生产经营单元、业务链条上,确保业务延伸到哪里,党建工作就深入到哪里,党组织作用就发挥到哪里。深化实施新时代新征程党员突击队建设,打造"10+N"党员突击队,融入创新链、产业链、价值链全过程各方面。坚持五湖四海、任人唯贤,深化干部工作"五个体系"建设,以解决实际问题论能力,以高质量发展论业绩,以干成事论英雄,坚持选人用人正确导向。突出实践实干实效,注重在重大任务中磨砺干部,多经历"风吹浪打",多捧"烫手山芋",多当几回"热锅上的蚂蚁"。畅通员工成才通道,用好各年龄段干部,让人人有干劲、有奔头、有希望。加强各级领导班子建设,高质量落实民主集中制,大事讲原则,小事讲风格,着力推进民主决策、科学决策。大力弘扬优秀企业家精神,强化企业家精神培育,尊重企业家价值、鼓励企业家创新、发挥企业家作用。聚焦组织、书记、党员、活动、制度、培训、保障等关键要素,用好党支部标准化规范化建设指导手册,深化"五力"党支部建设,打造"一企业一品牌、一支部一特色"。

七、坚持自我革命是最鲜明品格,坚定不移推进全面从严治党

压实管党治党政治责任,党组织扛稳主体责任,党组织书记履行第一责任、专职副书记履行直接责任、纪委书记履行监督责任,班子成员履行"一岗双责",形成一级抓一级、层层抓落实的良好工作格局。始终坚持严的基调不动摇,推动政治监督具体化精准化常态化,贯通协同党内监督、财务、审计、内控等各类监督机制,深化运行保障监督体系，强化对"一把手"和领导班子、重点部门和关键岗位的监督。严格落实巡视巡察上下联动工作要求，突出政治巡察定位，充分发挥政治巡察利剑作用，做到利剑高悬、震慑常在。全面加强党的纪律建设，贯彻落实中央八项规定精神，持续纠治"四风"问题，规范精准高效做好问题线索处置工作，以自我革命精神强化正风肃纪反腐，一体推进"三不腐"，推动形成遵规守纪的高度自觉，营造风清气正政治生态。准确把握"三个区分开来"，严管和厚爱结合、激励和约束并重，为实干者护航、为好干部撑腰。加强新时代廉洁文化建设，清清白白做人、干干净净做事。

八、坚持把人民放在心中最高位置，坚定不移汇聚"砺剑"力量

走好新时代党的群众路线，健全规范高效的激励机制，做到发展为了职工群众、发展依靠职工群众、发展成果与职工群众共享。坚持问计于民、问需于民，积极践行"四下基层"工作法，巩固好同人民群众的血肉联系和鱼水深情。落实中国工会十八大会议精神，大力弘扬劳模精神、劳动精神和工匠精神，强化职工思想政治引领，提升职工积极性主动性，维护职工权益，构建和谐劳动关系。深化班组建设，提升班组管理能力，打造高素质产业工人队伍。推进团十九大精神落实落地，围绕中心、服务大局开展青年工作，制定加强青年工作决定，培养有理想、敢担当、能吃苦、肯奋斗的新时代好青年。守住守好意识形态主阵地，健全上下联动机制，做好主题宣传、成就宣传、一线宣传，讲好航天发展故事。强化思想政治工作，把解决思想问题同解决实际问题相结合，想在一起、干在一起，做好得人心、暖人心、稳人心的"暖心工程"，多做"雪中送炭"的事，多为职工群众创造高品质生活。

中共×××委员会

××××年××月××日

二、党委书记职责

党委书记履行企业党的建设第一责任，主要包括：

（1）全面负责企业党的建设，主持制订党的建设工作计划和措施，抓好重点工作谋划、部署、推进和督查，抓好党的建设工作责任落实检查考核、责任追究等。

（2）带头加强党的领导，坚决维护党中央权威，遵守党章党规党纪，严守政治纪律和政治规矩，坚持民主集中制，做全面从严治党的表率。

（3）带头加强理论学习，坚定理想信念，坚定正确政治立场和方向，增强政治意识、大局意识、核心意识、看齐意识，自觉接受组织和各方面监督。

（4）带头建立党的建设工作联系点，经常深入基层调查研究，发现解决问题，总结成功经验，加强具体指导。

（5）党委书记应进一步落实管党治党责任，促进基层党建工作全面进步、全面过硬，接受上级党组织组织的党委书记抓基层党建工作述职评议考核。

三、党委副书记职责

党委专职副书记履行企业党的建设直接责任，主要包括：

（1）协助党委书记统筹推进企业党的建设各项工作，制订党的建设工作计划，提出工作思路和措施，抓好组织实施、监督检查和责任追究。

（2）根据党委确定的目标任务，协调各方力量抓好党的建设各项工作落实。

（3）及时掌握党的建设动态，研究问题、提出建议，供党委决策参考。

（4）组织执行党委关于全面从严治党的决策部署。

四、党委委员职责

党委班子其他成员履行"一岗双责"，主要包括：
（1）负责党委有关决定的落实。
（2）根据分工抓好分管领域党的建设工作。
（3）按照授权负责有关工作，行使相关职权。

五、党（组织）委书记例会

国有企业党委定期召开党（组织）委书记例会，点评通报党建工作开展情况，布置近期重点任务，是落实全面从严治党战略部署、落实党建工作责任制的有效实现载体。尤其是表扬先进，"指名道姓"通报具体问题并督促整改，可以促进党建工作规范化标准化建设，推动党委及时掌握所属各单位党委、党总支、党支部党建工作开展情况，研究制定完成任务的方法和途径，不断提升党的建设工作质量。从工作实践来看，党（组织）委书记例会一般每季度召开一次比较合适。

1. 会议时间及人员

党（组织）委书记例会原则上在每季度最后一个月底召开或第一个月初召开，党委工作部门负责与党委主要领导沟通确定会议时间并提前通知参会人员。

一般为党委书记、党委副书记、纪委书记和工会主席、团委书记，所属各单位党委、党总支、党支部书记，党委工作部门、纪委工作部门、群团工作部门负责人及相关人员。

会议由党委书记或副书记等主持。

2. 会议主要任务

（1）学习党的路线、方针、政策，传达学习上级重要文件、会议精神和有关决定指示，结合实际讨论提出贯彻落实意见。

（2）围绕党委的年度工作安排，明确下一步各单位党委、纪委、工团工作重点。

（3）所属各单位党委、党总支、党支部和先进集体、个人交流工作经验。

（4）讨论修订党建工作、思想政治工作的重要制度、办法。

（5）研究、解决党建工作中普遍存在的突出问题。

（6）分析和研究党员和职工思想状况。

（7）其他需要在书记例会上通报或明确的事项。

3. 会议程序

（1）所属各单位党委、党总支、党支部书记或由重点单位党组织汇报党建工作开展情况、生产经营情况及后续党建工作安排。

（2）党委工作部门、纪委工作部门、群团部门负责人结合各单位工作完成情况以及工作中存在的问题进行通报，并结合党委全年工作部署，作出后续重点工作安排。

（3）党委副书记、纪委书记、工会主席传达上级精神，对各单位工作完成情况进行点评，并结合各自分管工作提出要求。

（4）党委书记或副书记结合上级党组织及党委工作安排全面部署后续工作，并提出具体要求。

各单位党委可结合实际开展，同一单位党委在不同时期也可针对当前重点任务进行调整完善。

4. 相关要求

（1）与会人员要按时参会，遵守会议纪律，精心准备会议发言材料。

（2）对于例会安排的工作，所属各单位党委、党总支、党支部要及时传达并抓好贯彻执行，并在下次例会上进行反馈。

（3）党委工作部门相关人员要做好会议记录，印发会议纪要或会议通报，并做好会议服务等相关工作。

示例 10　关于成立党建工作领导小组的通知

各单位党委：

为深入学习贯彻习近平新时代中国特色社会主义思想，坚持和加强党的全面领导，落实新时代党的建设总要求，践行新时代党的组织路线，推动××××公司党建工作全面进步、全面过硬，经研究决定成立××××公司党委党的建设工作领导小组。

一、领导小组组成及职责

组　长：×××　××××公司党委书记、董事长

副组长：×××　××××公司党委副书记、总经理

　　　　×××　××××公司党委副书记

成　员：×××　××××公司党委委员、副总经理

　　　　×××　××××公司党委委员、总会计师

　　　　×××　××××公司党委委员、纪委书记

　　　　×××　××××公司党委委员、副总经理

　　　　×××　××××公司党委工作部门负责人

职责：在××××公司党委领导下，领导小组负责贯彻落实党中央、国资委党委关于党的建设方针政策和部署要求；负责××××公司党的建设工作总体部署、统筹协调、整体推进、督促检查。领导小组下设办公室。

二、领导小组办公室组成及职责

主　任：×××

副主任：×××

成　员：×××

　　　　×××

职　责：负责研究提出××××公司党的建设工作规划、计划和工作方案；督促落实领导小组议定事项，承办领导小组交办的其他事项；负责指导推动所属单位党的建设工作；负责领导小组的日常工作。

领导小组办公室设在党委××部门。

特此通知。

×××公司党委

××××年××月××日

第六节　请示报告

重大事项请示报告工作以习近平新时代中国特色社会主义思想为指导，坚持和加强党的全面领导，坚持党要管党、全面从严治党，贯彻民主集中制，坚决维护习近平总书记党中央的核心、全党的核心地位，坚决维护以习近平同志为核心的党中央权威和集中统一领导，保证全党团结统一和行动一致，确保党始终总揽全局、协调各方。

一、工作原则

开展重大事项请示报告应当遵循以下原则：

（1）坚持政治导向。捍卫"两个确立"，增强"四个意识"、坚定"四个自信"、做到"两个维护"，落实"四个服从"，把请示报告作为重要政治纪律和政治规矩，把讲政治要求贯彻到请示报告工作全过程和各方面。

（2）坚持权责明晰。既牢记授权有限，该请示的必须请示，该报告的必须报告；又牢记守土有责，该负责的必须负责，该担当的必须担当。

（3）坚持客观真实。全面如实请示报告工作、反映情况、分析问题、提出建议，既报喜又报忧、既报功又报过、既报结果又报过程。

（4）坚持规范有序。落实依规治党要求，严格按照党章党规规定的主体、范围、程序和方式开展重大事项请示报告工作。

二、请示报告责任

各级党组织要承担重大事项请示报告工作主体责任，党组织主要负责同志为第一责任人，对请示报告工作负总责。党委请示报告事项须按程序上报上级党组织。党委办公室负责本级党组织向上级党组织报送请示报告的归口管理，并统筹协调和督促指导下级单位开展请示报告工作。

三、请示报告范围

坚决杜绝不按时报告、不如实报告或隐瞒不报的问题，未经上级党组织批准，不能擅自决策或对外发布情况、发表意见。党委应明确请示报告事项清单，按程序开展请示报告工作。并指导所属单位在具体执行过程中结合自身实际进一步分解和细化。

四、请示报告程序

基层单位部门根据要求及时起草请示报告文件，以党委上行文形式，经相关部门会签、党委分管领导审签后，按程序报党委领导班子集体研究或传批审定，由党委主要负责同志签发。各级党组织要按程序向上级党组织进行请示报告。

五、请示报告要求

严格执行中央精简文件简报、切实改进文风的规定，坚决避免"把说的当做了，把做的当做成了"现象，制定的措施要具体可量化，落实效果要清晰可验证，请示建议要有针对性和可操作性。综合报告原则上控制在 5000 字以内，专项报告控制在 3000 字以内。

六、检查考核

党委要将重大事项请示报告工作开展情况，纳入向上一级党组织报告党的建设工作情况的重要内容。建立健全重大事项请示报告工作督查机制，并将执行请示报告制度情况纳入日常监督、巡视巡察、党组织书记例会通报等范围。党委要将重大事项请示报告工作作为履行全面从严治党政治责任的重要内容之一，对下级党组织及其主要负责同志进行考核评价。考核评价可与领导班子"一报告两评议"、党风廉政建设责任制检查考核、党建工作考核评价、部门考核等相结合，结果要以适当方式通报。

示例 11　国有企业党组织请示事项清单

序号	请示事项	完成时限
1	贯彻落实党中央决策部署和上级党组织决定中的重要情况和问题，需要作出调整的政策措施，需要支持解决的特殊困难	及时请示
2	重大改革措施、重大项目推进、重大机构调整等	及时请示

序号	请示事项	完成时限
2	重要干部任免、重要表彰奖励等	根据上级要求和领导人员管理、表彰奖励等方面制度规定的时效请示
	重大违规违纪违法和复杂敏感案件处理等	根据上级要求和纪检监察相关制度规定的时效请示
3	明确规定需要请示的重要会议、重要活动、重要文件等	按照相关规定及时请示
4	重大活动、重要政策措施的宣传报道口径，新闻宣传和意识形态工作中的全局性问题和不易把握的问题	及时请示
5	出台重大创新举措，特别是遇到新情况新问题且无明文规定、需要先行先试，或者创新举措可能与现行规定相冲突、需经授权才能实施的情况	事先请示
6	属于自身职权范围内但事关重大或者特殊敏感的事项	及时请示
7	重大决策时存在较大意见分歧的情况	及时请示
8	跨区域、跨领域、跨行业、跨系统工作中需要上级党组织统筹推进的重大事项	及时请示
9	调整上级党组织文件、会议精神的传达知悉范围，使用上级党组织负责同志未公开的讲话、音像资料等	及时请示
10	其他应请示的重大事项	及时请示

示例12　国有企业党组织报告事项清单

序号	报告事项	完成时限
1	学习贯彻习近平新时代中国特色社会主义思想，完整、准确、全面贯彻新发展理念，加快构建新发展格局，着力推动高质量发展的重要情况	会后5个工作日内报告
2	习近平总书记重要讲话和重要指示批示精神传达学习、贯彻落实情况，党中央以及上级党组织重要会议、重要文件、重大决策部署传达学习、贯彻落实情况	会后5个工作日内报告
3	上级党组织负责同志交办事项的办理情况	及时报告

序号	报告事项	完成时限
4	党的建设年度全面情况	次年1月31日前报告
5	设常委的党委常委会向全会专题报告党建工作责任制落实情况	次年1月31日前报告
6	贯彻落实党风廉政建设责任制年度工作情况	次年3月31日前报告
7	贯彻落实中央八项规定及其实施细则精神年度情况	次年3月31日前报告
8	民主生活会召开情况	会后15个工作日内报告
9	集中学习教育活动、意识形态工作、党组织设置及隶属关系调整等	及时报告
10	巡视巡察整改、发现重大违规违纪违法问题等情况	及时报告
11	全面工作总结和计划	次年1月31日前报告
12	重大敏感事件、突发事件和群体性事件应对处置情况	及时报告
13	企业发展战略、中长期发展规划等重大事项，以及企业改革发展中出现的重要情况和重大舆情	及时报告
14	工作中具有在更大范围推广价值的经验做法和意见建议	及时报告
15	其他应报告的重大事项	及时报告

示例13　国有企业党组织报备事项清单

序号	报备事项	完成时限
1	党内制度和规范性文件	按备案制度执行
2	领导班子成员职责分工调整（非班子成员不能参与分工，但可协助班子成员开展某方面工作）	党委会研究后5个工作日报备，得到上级同意前可按分工开展工作，但必须在得到上级同意后才能印发分工文件
3	有关干部任免	按干部任免相关制度执行
4	党委委员职务的辞去、免去或者自动终止	按党委制度规定执行
5	其他应报备的重大事项	及时报备

示例 14　党员向党组织请示事项清单

序号	请示事项	完成时限
1	从事党组织所分配的工作中的重要问题	及时请示
2	代表党组织发表主张或作出决定	及时请示
3	按照规定需要请示的涉外工作交往活动	及时请示
4	转移党的组织关系	及时请示
5	其他应向党组织请示的事项	及时请示

示例 15　党员向党组织报告事项清单

序号	报告事项	完成时限
1	贯彻执行党组织决议以及完成党组织交办工作任务情况	及时报告
2	对党的工作和领导干部的意见建议	及时报告
3	发现党员、领导干部违规违纪违法线索情况	及时报告
4	党员流动外出情况	及时报告
5	其他应向党组织报告的事项	及时报告

示例 16　领导干部向党组织请示事项清单

序号	请示事项	完成时限
1	超出自身职权范围，应由所在党组织或上级党组织作出决定的重大事项	及时请示
2	属于自身职权范围但事关重大的问题和情况	及时请示
3	代表党组织对外发表重要意见	及时请示
4	因故无法履职或离开工作所在地	及时请示
5	其他应向党组织请示的事项	按领导人员管理规定等制度要求进行报告

示例 17 领导干部向党组织报告事项清单

序号	报告事项	完成时限
1	学习贯彻习近平新时代中国特色社会主义思想，贯彻落实党中央决策部署和党组织决定中的重要情况和问题	及时报告
2	遵守政治纪律和政治规矩，坚决维护习近平总书记党中央的核心、全党的核心地位，坚决维护以习近平同志为核心的党中央权威和集中统一领导情况	及时报告
3	坚持民主集中制，发扬党内民主，正确行使权力，参与集体领导情况	及时报告
4	党委领导班子成员向所在党委报告履行党建工作责任制情况	每年 1 月 31 日前报告
5	参加领导班子民主生活会和所在党支部（党小组）组织生活会情况	及时报告
6	履行管党治党责任，加强党风廉政建设和反腐败工作以及遵守廉洁纪律情况	及时报告
7	重大决策失误或应对突发事件处置失当情况	及时报告
8	纪检监察、巡视巡察和审计中发现重要问题，以及违规违纪违法情况	及时报告
9	可能影响正常履职的重大疾病等情况	及时报告
10	领导干部个人有关事项	按规定报告
11	其他应向党组织报告的事项	按规定报告

第三章　推动高质量发展

中国共产党的中心任务就是团结带领全国各族人民全面建成社会主义现代化强国、实现第二个百年奋斗目标，以中国式现代化全面推进中华民族伟大复兴。党章第五章明确指出，国有企业和集体企业中党的基层组织，围绕企业生产经营开展工作。就是把提高企业效益、增强企业竞争实力、实现国有资产保值增值作为国有企业党组织工作的出发点和落脚点，以企业改革发展成果检验党组织的工作和战斗力。

高质量发展是全面建设社会主义现代化国家的首要任务。坚持发展是我们党执政兴国的第一要务，发展必须是高质量发展，要完整、准确、全面贯彻新发展理念。国有企业作为国民经济的骨干和中坚力量，不管遇到多大困难，不管道路多么艰辛，必须咬定青山不放松，把发展作为首要任务，坚定不移推动高质量发展。

第一节 释义与目标

高质量发展就是能够很好满足人民日益增长的美好生活需要的发展，是体现新发展理念的发展，是创新成为第一动力、协调成为内生特点、绿色成为普遍形态、开放成为必由之路、共享成为根本目的的发展。

一、释义

习近平总书记强调，高质量发展是"十四五"乃至更长时期我国经济社会发展的主题，关系我国社会主义现代化建设全局。高质量发展不只是一个经济要求，而是对经济社会发展方方面面的总要求；不是只对经济发达地区的要求，而是所有地区发展都必须贯彻的要求；不是一时一事的要求，而是必须长期坚持的要求。

从供给看，高质量发展应该实现产业体系比较完整，生产组织方式网络化智能化，创新力、需求捕捉力、品牌影响力、核心竞争力强，产品和服务质量高。

从需求看，高质量发展应该不断满足人民群众个性化、多样化、不断升级的需求，这种需求又引领供给体系和结构的变化，供给变革又不断催生新的需求。从投入产出看，高质量发展应该不断提高劳动效率、资本效率、土地效率、资源效率、环境效率，不断提升科技进步贡献率，不断提高全要素生产率。

从分配看，高质量发展应该实现投资有回报、企业有利润、员工有收入、政府有税收，并且充分反映各自按市场评价的贡献。

从宏观经济循环看，高质量发展应该实现生产、流通、分配、消费循环通畅，国民经济重大比例关系和空间布局比较合理，经济发展比较平稳，不出现大的起落。

高质量发展就是从"有没有"转向"好不好"。资本积累是基础，但如果没有技术、人才、文化积累，是不能基业长青的。如果企业重眼前轻长远、重显绩轻潜绩、重"表内"轻"表外"，对企业的长期价值重视不够，就会导致创新意愿不强、内生动力不足。国有企业要做落实新发展理念的排头兵、做创新驱动发展的排头兵、做实施国家重大战略的排头兵，继续在攻坚克难中发展、在风雨洗礼中成长、在砥砺奋进中壮大。

国企姓"国"，就要不忘初心、牢记使命；国企名"企"，就要不忘创造价值，实现国有资产保值增值。国有企业是独立市场主体，是经济组织，是国民经济的支柱，必须承担经济责任。党和人民把国有资产交给国有企业领导人员经营管理，是莫大的信任。按照有利于国有资产保值增值、有利于提高国有经济竞争力、有利于放大国有资本功能的方针，推动国有企业深化改革、提高经营管理水平，加强国有资产监管，坚定不移把国有资本和国有企业做强做优做大。

做强，要求国有企业能够体现我国经济实力和国际竞争力；做优，要求国有企业能够在严峻复杂外部环境中持续创造优秀业绩、实现高质量发展；做大，要求国有企业能够成为促进我国经济社会健康发展的"稳定器""压舱石"。中央企业要不断增强核心功能、提高核心竞争力，发挥在建设现代化产业体系、构建新发展格局中的科技创新、产业控制、安全支撑作用。

党的十八大以来，新时代国资央企取得重大发展成果，稳定经济社会大局的顶梁柱、压舱石作用充分发挥，高质量发展导向鲜明树立。中央企业综合实力和经营效益迈上新台阶，2012—2022 年资产总额从 31 万亿元增长到 81 万亿元，利润总额从 1.3 万亿元增长到 2.6 万亿元；2022 年营业收入利润率为 6.8%，比 2012 年提高 1.8 个百分点；全员劳动生产率为 76.3 万元/人，比 2012 年增长 84.2%。2013 年以来，累计上缴税费 18.2 万亿元、约占全国税收收入的 1/7，上交国有资本收益 1.3 万亿元，向社保基金划转国有资本 1.2 万亿元。高质量发展动能显著增强。深入实施创新驱动发展战略，持续完善企业科技创新体制机制，推动产学研深度融合，加快攻克关键核心技术"卡脖子"难题，取得以载人航天、北斗导航、5G 应用、国产航母、白鹤滩水电站等为代表的一批具有世界先进水平的重大成果和标志性工程。积极参与共建"一带一路"，中央企业境外机构和项目超过 8000 个、资产总额近 8 万亿元，中老铁路、希腊比雷埃夫斯港等一批标志性工程成功落地，高铁、核电等一批高质量产品走出国门。在抗击新冠疫情、应对重大自然灾害中挺身而出、逆行出征，在建党百年、北京冬奥等重大活动中全力提供高质量服务，关键时刻充分彰显大国重器的责任担当。

二、国有企业目标

国有企业要坚定履行党中央赋予国资央企在新时代新征程的重大使命，坚持把高质量发展作为硬道理，深入推进布局优化和结构调整，推动国有资本不断向关系国家安全、国民经济命脉的重要行业和关键领域集中，向提供公共服务、应急能力建设和公益性等关系国计民生的重要行业和关键领域集中，向前瞻性战略性新兴产业集中。

国有企业要围绕增强核心功能、提高核心竞争力，突出重点、把握关键，更加注重提升五个方面的价值。即更加注重提升增加值，进一步树牢正确发展观、政绩观，坚定不移发展壮大国有经济，提高中央企业对国民经济增长的贡献度；更加注重提升功能价值，进一步强化战略意识和功能导向，高水平实现经济属性、政治属性、社会属性的有机统一，更好体现在服务国家战略目标和现代化建设全局中的地位作用；更加注重提升经济增加值，优化资本投向和布局，坚决遏制盲目投资冲动，减少低效无效资本占用，形成更多有利润的收入、有现金流的利润，提高企业经营效率和质量；更加注重提升战略性新兴产业收入和增加值占比，进一步增强加快产业升级、建设现代化产业体系的危机感紧迫感，加快转向创新驱动的内涵式增长，大力推进新型工业化，打造新的产业支柱，加大力度发展新质生产力；更加注重提升品牌价值，树立高目标追求，关注表外资产，不断提高企业品牌附加值和品牌引领力，加快建设世界一流企业，在服务国家战略中不断做强做优做大，更好推动党中央决策部署在国资央企落实落地。

推进中国式现代化，高质量发展是本质要求。"十四五"时期，要以服务国家战略为导向，以增强核心功能和提高核心竞争力为重点，扎实推进新一轮国企改革深化提升行动，坚定不移做强做优做大国有企业，切实发挥国有经济主导作用，为构建新发展格局、推动高质量发展、推进中国式现代化作出更大贡献。全面系统把握做强、做优、做大三者之间的内涵要求，既要坚定不移地做大，更要意志坚定地做强做优，切实把重点重心放到大力转变发展方式，提高效率效益上，加快打造一批世界一流企业，以企业实力增强综合国力，为巩固党的执政地位、坚持我国社会主义制度提供坚实物质基础。

高质量发展迈上新台阶。坚持质量第一、效益优先，在质量效益明显提升的基础上，实现规模实力持续增长、国有资产保值增值，经济效益增速与国民经济增长相匹配，营业收入利润率、净资产收益率、全员劳动生产率等投入产出指标明显提高，供给质量和水平更好满足人民日益增长的美好生活需要。

增强核心功能，国有经济布局实现新优化。促进国企突出主业、聚焦实业，发展壮大新兴产业，加快传统产业转型升级，更好服务于建设现代化产业体系。强化国企在能源、资源、粮食等重点领域布局，更好服务保障国家战略安全。国有经济在关系国家安全、国民经济命脉和国计民生重要行业领域的控制地位持续巩固，在前瞻性战略性新兴产业的布局比重大幅提升，在经济社会发展中的战略引领和基础保障作用全面增强，产业基础高级化、产业链现代化水平明显提高，国有经济布局优化机制更加成熟定型。

提高核心竞争力，科技自立自强展现新作为。完善国企考核评价机制，引导国企从技术供给和需求牵引双向发力，强化科技创新和成果转化应用，更好服务于实现高水平科技自立自强。在关键行业和重要领域攻克一批"卡脖子"技术，研发投入强度、高新技术企业数、发明专利拥有量等显著提高，建成一批国家级科技创新平台，牵头承担或参与的国家重大科技项目取得重大创新突破，对国家战略和现代化经济体系建设的科技支撑能力大幅提升。

国资国企改革取得新突破。坚持"两个毫不动摇"，切实提高国有企业核心竞争力，切实优化民营企业发展环境。中国特色现代企业制度更加成熟定型，健全以管资本为主的国资监管体制，推动国企提升公司治理现代化水平、构建新型经营责任制、健全收入分配机制、完善市场化运营机制。与各类所有制企业公平竞争、优势互补、共同发展的良好格局全面形成。

党的全面领导党的建设得到新加强。党对国资央企工作的全面领导切实加强，企业党委（党组）领导作用充分发挥，党建基层基础更加巩固，领导班子和人才队伍建设明显加强，全面从严治党、党风廉政建设和反腐败斗争向纵深发展，党建工作引领企业发展、服务生产经营的制度机制更加完善，企业政治优势、组织优势充分发挥。

三、新质生产力

生产力始终是一切社会发展的最终决定力量。纵观人类文明史，先后经历了农业革命、工业革命、信息革命。每一次产业技术革命，都给人类的生产生活带来了巨大而深刻的影响。

高质量发展需要新的生产力理论来指导，而新质生产力已经在实践中形成，并展示出对高质量发展的强劲推动力、支撑力。

新质生产力代表先进生产力的演进方向，是创新起主导作用，摆脱传统经济增长方式、生产力发展路径，具有高科技、高效能、高质量特征，符合新发展理念的先进生产力质态。新质生产力是由技术革命性突破、生产要素创新性配置、产业深度转型升级而催生，以劳动者、劳动资料、劳动对象及其优化组合的跃升为基本内涵，以全要素生产率大幅提升为核心标志，特点是创新，关键在质优，本质是先进生产力。

科技创新能够催生新产业、新模式、新动能，是发展新质生产力的核心要素。必须加强科技创新特别是原创性、颠覆性科技创新，加快实现高水平科技自立自强，打好关键核心技术攻坚战，使原创性、颠覆性科技创新成果竞相涌现，培育发展新质生产力的新动能。及时将科技创新成果应用到具体产业和产业链上，改造提升传统产业，培育壮大新兴产业，布局建设未来产业，完善现代化产业体系。围绕发展新质生产力布局产业链，提升产业链供应链韧性和安全水平，保证产业体系自主可控、安全可靠。围绕推进新型工业化和加快建设制造强国、质量强国、网络强国、数字中国和农业强国等战略任务，科学布局科技创新、产业创新。大力发展数字经济，促进数字经济和实体经济深度融合，打造具有国际竞争力的数字产业集群。

培育新产业是发展新质生产力的重点任务。战略性新兴产业、未来产业，是构建现代化产业体系的关键，是发展新质生产力的主阵地。培育壮大新兴产业，用好国内大市场和丰富应用场景，推动新兴产业健康有序发展；前瞻布局未来产业，开辟新赛道，构筑未来发展新优势等，经济体系因"新"而进。强化企业科技创新主体地位，加快建设世界一流企业和科技领军企业，发展壮大制造业单项冠军企业和高新技术企业，激发涌现更多专精特新中小企业和"独角兽"企业，促进大中小企业融通创新。

加快培育新质生产力要把握好三点。一是打造新型劳动者队伍，包括能够创造新质生产力的战略人才和能够熟练掌握新质生产资料的应用型人才；二是用好新型生产工具，特别是掌握关键核心技术，赋能发展新兴产业；三是推进创新链产业链资金链人才链深度融合，才能不断提高科技成果转化和产业化水平。

加快培育新质生产力要正确处理好四个关系。一是处理好生产力和生产关系之间的关系。发展新质生产力，必须进一步全面深化改革，形成与之相适应的新型生产关系。深化改革，充分发挥市场在资源配置中的决定性作用，更好发挥政府作用，着力打通束缚新质生产力发展的堵点卡点，建立高标准市场体系，创新生产要素配置方式，让各类先进优质生产要素向发展新质生产力顺畅流动和高效配置。二是处理好新质生产力诸要素之间的关系。发挥科技创新的支撑引领作用，多管齐下培育新型劳动者、创造新型生产工具、拓展新的劳动对象，促进新质生产力诸要素实现高效协同匹配。三是处理好自主创新和开放创新之间的关系。坚持自主创新与开放创新协同共进，在开放环境下大力推进自主创新，用好全球创新资源，加快建设具有全球竞争力的开放创新生态。四是处理好新质生产力和传统生产力之间的关系。统筹推进二者发展，及时将科技创新成果应用于具体产业和产业链，一手抓培育壮大新兴产业和布局建设未来产业，一手抓改造提升传统产业，建设具有完整性、先进性、安全性的现代化产业体系。

国有企业尤其是中央企业要牢牢把握高质量发展这个首要任务，因地制宜发展新质生产力。加大创新力度，培育壮大新兴产业，超前布局建设未来产业，完善现代化产业体系。更加强化自主创新，加大投入，技术要有来源，做到"顶天立地"。加大基础研究和应用技术研究力度，特别是加大目标导向的基础研究投入。坚持开放创新，融入全球创新网络，也要和国内的科研机构、高等院校、头部民营企业和创新型民营企业建立合作关系。推进产业升级，利用新技术改造传统产业，进行高端化、智能化、绿色化改造，提升传统产业的效率。把战略性新兴产业和未来产业摆在突出位置，在类脑智能、量子信息、可控核聚变等方面提前布局。形成发展新质生产力的生态，坚决摒弃过去一些落后的理念，大力弘扬科学家精神和优秀企业家精神，鼓励科技工作者敢于走最难走的路，敢于攀登最高的山峰，敢于攻克最坚固的堡垒。

特别要注意的是，发展新质生产力不是忽视、放弃传统产业，防止一哄而上、泡沫化，也不要搞一种模式。坚持从实际出发，先立后破、因地制宜、分类指导，根据资源禀赋、产业基础、科研条件等，有选择地推动新产业、新模式、新动能发展，用新技术改造提升传统产业，积极促进产业高端化、智能化、绿色化。

示例18 避免新质生产力的误区雷区

推动发展新质生产力，是一件新事、大事、难事，既需要热情、勇气，也需要智慧、冷静。归根结底最根本的，就是要完整、准确、全面理解习近平总书记关于新质生产力的重要论述，才能掌握正确世界观和方法论，避免走入认识误区和实践雷区。

放弃传统型。误认为发展新质生产力，只涉及战略性新兴产业、未来产业，忽视、放弃传统产业。事实上，我们身边大量的传统产业，有实现高端化、智能化、绿色化的转型空间，有大幅提升全要素生产率的变革空间，不能简单地"腾笼换鸟""以新汰旧"。在"育新枝栽新苗"的同时，也离不开"老树发新芽"，更何况"老树"还是我们的老本、根系所在。传统、新兴、未来，三类产业，在形成先进生产力质态上，都大有可为。

事不关己型。误以为发展新质生产力就是科技创新的事，只跟狭义的科创部门、研发机构有关，只是"实验室里的事"，是"别人的事"，事不关己、高高挂起。事实上，发展新质生产力涉及科技创新、产业创新、发展方式创新、体制机制创新等，事关全局，牵一发而动全身。

先破后立型。"立"是发展的基础，"破"是变革的前提。未立先破，着急忙慌地先来个"破釜沉舟"，把手里吃饭的家伙先扔了，而新的吃饭家伙还没有拿到手。或"快破慢立"，甚至"只破不立"，变成狗熊掰棒子，难以成事。为了体现干这件大事的决心，搞得手里啥也没有了。把握好"立"与"破"的正确次序，事关统筹发展和安全。先立后破，才能稳中求进。

一哄而上型。跟着"别人"干，脑子发热、大动干戈、贪大求全，亦步亦趋、盲目跟跑，照葫芦画瓢，搞"大呼隆"、拉大阵势，搞出泡沫化的"大呼隆"，搞成单一模式的"抄作业"。假如一味讲求大而全，忽视了各地的个体差异、发展实际，容易埋没了一个地方的发展潜能和优势，贻误发展时机。发展新质生产力，没有通吃天下的"一招鲜"，一定要根据自身特点和优势，尤其是资源禀赋、产业基础、科研条件等，因地制宜、看菜吃饭、量体裁衣，有所为有所不为。既识别潮流、也认清自己，分类指导，有选择地做，多样态地做。

闭门造车型。两耳不闻窗外事、关起门来自己干，闭门造车，画地为牢。创新成果不只是"实验室"里的样品，更应是"生产线"上的产品、市场里的商品。形成新质生产力，与加快实现高水平科技自立自强，扩大高水平对外开放，建设全国统一大市场，这些是一致的。追求科技创新的自立自强，绝非自个儿捣鼓自个儿的，关起门来搞科技，"闭门造车"只会导致故步自封、止步不前。

技术创新型。发展新质生产力涉及科技创新、产业升级、组织管理、人才引育等多个层面，不同地域也要有不同打法。不能简单把新质生产力等同于新发明和新技术，追求原创性、颠覆性的科技创新，这只是起点，不是终点，还需大力支持产业应用研究。想让生产力持续迸发，就要不断调整生产关系。发展新质生产力，"科技味"浓，"改革味"也浓，需把相当多的精力，放在深化体制机制的改革创新上，放在实现生产要素的创新性配置上。

包罗万象型。不能把"新质生产力"当作一个筐，什么都往里装。新质生产力也是有"门槛"的，比如原创性的、颠覆性的，发生了"质变"的科技创新，才归属"新质"。更不能像赶大集，隔三岔五热闹一阵。既不能好高骛远、急于求成，也不能饮鸩止渴、杀鸡取卵，说到底还是要准确把握规律、科学运用规律，结合实际情况推进。

四、深化改革

改革开放决定当代中国命运，决定中国式现代化成败，是党和人民事业大踏步赶上时代的重要法宝，是坚持和发展中国特色社会主义、实现中华民族伟大复兴的必由之路。

立足关键时期，用好重要法宝，必须自觉把全面深化改革摆在更加突出位置。进一步全面深化改革要总结和运用改革开放以来特别是新时代全面深化改革的宝贵经验，贯彻坚持党的全面领导、坚持以人民为中心、坚持守正创新、坚持以制度建设为主线、坚持全面依法治国、坚持系统观念等原则。

深入学习贯彻习近平总书记关于全面深化改革的一系列新思想、新观点、新论断，完整准确全面贯彻新发展理念，坚持稳中求进工作总基调，坚持解放思想、实事求是、与时俱进、求真务实，进一步解放和发展社会生产力、激发和增强社会活力，统筹国内国际两个大局，统筹推进"五位一体"总体布局，协调推进"四个全面"战略布局，以经济体制改革为牵引，以促进社会公平正义、增进人民福祉为出发点和落脚点，更加注重系统集成，更加注重突出重点，更加注重改革实效，推动生产关系和生产力、上层建筑和经济基础、国家治理和社会发展更好相适应，为中国式现代化提供强大动力和制度保障。

高水平社会主义市场经济体制是中国式现代化的重要保障。必须更好发挥市场机制作用，创造更加公平、更有活力的市场环境，实现资源配置效率最优化和效益最大化，既"放得活"又"管得住"，更好维护市场秩序、弥补市场失灵，畅通国民经济循环，激发全社会内生动力和创新活力。毫不动摇巩固和发展公有制经济，毫不动摇鼓励、支持、引导非公有制经济发展，保证各种所有制经济依法平等使用生产要素、公平参与市场竞争、同等受到法律保护，促进各种所有制经济优势互补、共同发展。

国有企业的发展始终和改革相伴而生，抱残守缺不行，要搞好一定要改革。国有企业改革是个波澜壮阔的过程，是全面深化改革的重要组成部分，在我国经济体制改革中始终处于中心环节。国有企业改革每迈出一小步，国有企业发展就前进一大步。

深化国资国企改革，完善管理监督体制机制，增强各有关管理部门战略协同，推进国有经济布局优化和结构调整，推动国有资本和国有企业做强做优做大，增强核心功能，提升核心竞争力。进一步明晰不同类型国有企业功能定位，完善主责主业管理，明确国有资本重点投资领域和方向。推动国有资本向关系国家安全、国民经济命脉的重要行业和关键领域集中，向关系国计民生的公共服务、应急能力、公益性领域等集中，向前瞻性战略性新兴产业集中。健全国有企业推进原始创新制度安排。深化国有资本投资、运营公司改革。建立国有企业履行战略使命评价制度，完善国有企业分类考核评价体系，开展国有经济增加值核算。推进能源、铁路、电信、水利、公用事业等行业自然垄断环节独立运营和竞争性环节市场化改革，健全监管体制机制。加强航天、军贸等领域建设和管理统筹。完善中国特色现代企业制度，弘扬企业家精神，支持和引导各类企业提高资源要素利用效率和经营管理水平、履行社会责任，加快建设更多产品卓越、品牌卓著、创新领先、治理现代的世界一流企业。

始终锚定"三个明显成效"的目标任务聚力攻坚。国有企业改革深化提升行动从新时代新征程赋予的新使命新任务出发，围绕增强核心功能和提高企业核心竞争力，在增强国有企业服务国家战略功能作用上取得明显成效，在推动国有企业真正按市场化机制运营上取得明显成效，在加快建设世界一流企业和培育专精特新企业上取得明显成效。"三个明显成效"相互关联、相互支撑、相互作用，体现了经济属性、政治属性、社会属性的有机统一，体现了使命导向、效率导向、结果导向的有效融合，体现了内在要求和外在需求的相互贯通，必须统筹把握、一体推进、全面落实。

按照《中共中央关于进一步全面深化改革、推进中国式现代化的决定》和《国有企业改革深化提升行动方案（2023—2025 年)》的要求，制定集团层面的改革实施方案，开启新一轮国有企业改革提升行动。新一轮国有企业改革深化提升行动的导向，已经从国企改制转移到服务国家战略，更为强调增强核心功能和提高国有企业核心竞争力，在建设现代化产业体系、构建新发展格局、推动高质量发展、推进中国式现代化建设中践行重要使命。功能使命类改革任务要找准行动方位、强化考核引导；体制机制类改革任务要形神兼备、更广更深落实；功能使命类改革任务与体制机制类改革任务要统筹推进、形成改革组合拳；推进改革要上下贯通、穿透基层。

国有企业要结合各自的核心功能，通过新一轮深化提升行动，围绕科技创新、产业控制、安全支撑，更好服务于实现高水平科技自立自强，更好服务于建设现代化产业体系，更好服务于保障国家战略安全。

深化改革的目标和途径如下：

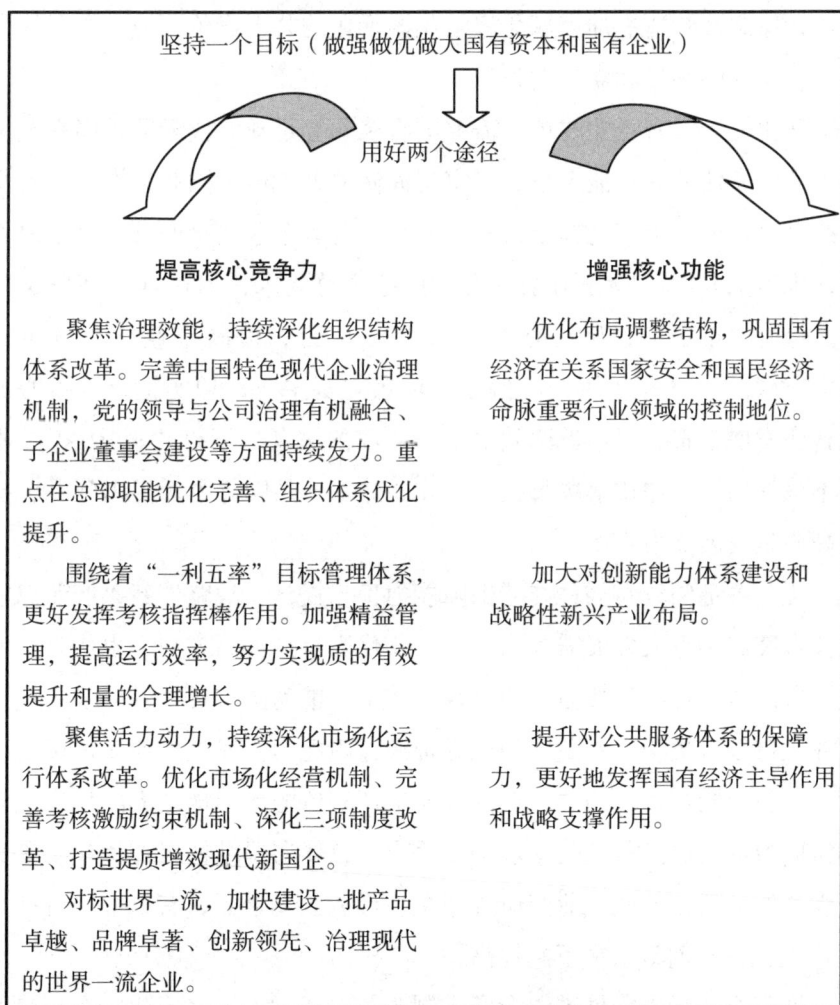

提高核心竞争力

聚焦治理效能，持续深化组织结构体系改革。完善中国特色现代企业治理机制，党的领导与公司治理有机融合、子企业董事会建设等方面持续发力。重点在总部职能优化完善、组织体系优化提升。

围绕着"一利五率"目标管理体系，更好发挥考核指挥棒作用。加强精益管理，提高运行效率，努力实现质的有效提升和量的合理增长。

聚焦活力动力，持续深化市场化运行体系改革。优化市场化经营机制、完善考核激励约束机制、深化三项制度改革、打造提质增效现代新国企。

对标世界一流，加快建设一批产品卓越、品牌卓著、创新领先、治理现代的世界一流企业。

增强核心功能

优化布局调整结构，巩固国有经济在关系国家安全和国民经济命脉重要行业领域的控制地位。

加大对创新能力体系建设和战略性新兴产业布局。

提升对公共服务体系的保障力，更好地发挥国有经济主导作用和战略支撑作用。

坚持一个目标（做强做优做大国有资本和国有企业）

用好两个途径

图3-1 国有企业深化改革目标途径

新一轮深化提升行动有八方面重点任务，重要性和地位是不一样的。任务一至任务五提出了改革深化提升的目标和方式，分别是：优化国有经济布局，加快建设现代产业体系；完善国有企业科技创新机制，加快实现高水平自立自强；强化国有企业对重点领域保障，支撑国家战略安全；以市场化方式推进整合重组，提升国有资本配置效率；推动国有企业现代公司治理与市场化经营机制长效化，建设现代新国企。任务六到任务八属于深化改革的保障内容，分别是：健全以管资本为主的国资监管体制；营造更加市场化法治化国际化的公平竞争环境；全面加强国有企业党的领导和党的建设。

深化提升国有企业改革，需要国有企业立足新时代新征程国有经济肩负的使命任务和功能定位，牢牢把握做强做优做大国有资本和国有企业这个总目标，牢牢把握坚持和加强党对国有企业的全面领导这个总原则，牢牢把握积极服务国家重大战略这个总要求，加快推动高质量发展。保持战略定力，始终聚焦增强核心功能和提高企业核心竞争力"两个途径"，坚守实体经济根基，聚焦主责主业，切实把重点重心放到转变发展方式、提高效率效益上来，不图虚名、不打"擦边球"、不挣不该挣的钱，加快解决科技、人才、效率、品牌等方面突出问题，提升高质量发展能力水平。

优化关键领域布局，支撑保障能力稳步提升。战略性新兴产业以重大技术突破和重大发展需求为基础，既代表科技创新方向，也代表产业发展方向。立足国家战略，通过兼并重组，推动国有资本进一步向重要行业关键领域集中，不断增强能源资源保障能力。发掘产业布局优化的潜力，整合同行业或相关行业的优质资产和资源，形成更大的规模优势和协同效应，提高行业集中度和竞争力，整体布局结构更加优化。集聚研发资源力量，打通企业间研发壁垒、形成创新合力，有力推动科技自立自强，科技创新水平不断提高。

增强企业活力。推进混合所有制改革，通过引入多元化股东、建立现代企业制度、完善激励约束机制等增强企业活力，提高资本使用效率，发掘资本效率提升的潜力，提高资产质量。剥离非主业资产或低效资产，减少负债和成本，提高资产质量和盈利水平。

国有企业各级党组织要以时不我待、只争朝夕的精神，实施国有企业改革深化提升行动。滔天巨浪方显英雄本色，艰难困苦铸造诺亚方舟。国有企业改革，最终要紧紧围绕以中国式现代化全面推进中华民族伟大复兴中心任务，既坚定不移做大，更意志坚定地做强做优，充分发挥国有经济主导作用和战略支撑作用；聚焦国之大者、围绕国之所需，更好发挥国有企业的战略安全、产业引领、国计民生、公共服务等功能作用，以自身的高质量发展应对外部环境的不确定性；抓重点、补短板、强弱项，提高国有企业治理水平和核心竞争力，促进企业高质量发展。

第二节　经营指标体系

结合国资央企新时代新征程新任务，国资委进一步优化完善中央企业经营指标体系，将中央企业 2023 年主要经营指标由原来的"两利四率"调整为"一利五率"，并提出"一增一稳四提升"的年度经营目标，引导企业更加注重投入产出效率和经营活动现金流，不断提升资本回报质量和经营业绩"含金量"，更加注重质的有效提升和量的合理增长，全面统筹发展和安全，着力提升中央企业核心竞争力，坚定不移推动高质量发展。

一、指标体系

"一利"是指利润总额；"五率"是指：资产负债率、营业现金比率（2025 年替换为"营业收现率"）、净资产收益率、研发经费投入强度、全员劳动生产率。

"一利五率"具体指标定义如下：

利润总额指企业在生产经营过程中各种收入扣除各种耗费后的盈余，反映企业在报告期内实现的盈亏总额。利润总额=营业利润+营业外收入-营业外支出。其中营业外收入是指企业发生的与其日常活动无直接关系的各项利得，营业外支出是指企业发生的与其日常活动无直接关系的各项损失。

资产负债率，又称举债经营比率，是用以衡量企业利用债权人提供资金进行经营活动的能力，以及反映债权人发放贷款的安全程度的指标。通过将企业的负债总额与资产总额相比较得出，反映在企业全部资产中属于负债比率。资产负债率是期末负债总额除以资产总额的百分比，也就是负债总额与资产总额的比例关系。资产负债率=负债总额/资产总额×100%。表示公司总资产中有多少是通过负债筹集的，该指标是评价公司负债水平的综合指标。

净资产收益率，又称股东权益收益率，是指企业净利润与平均净资产的比率，反映的所有者权益所获报酬的水平。该指标反映股东权益的收益水平，指标值越高，说明投资带来的收益越高。净资产收益率=净利润/平均净资产。平均净资产=（年初净资产+年末净资产）/2。要实现净资产收益率进一步提升，有两个途径：保持净资产规模稳定的前提下，进一步提升净利润，这是正向提升；净利润无法提升的情况下，进一步缩减投资规模，控制净资产规模，这是负向提升。

全员劳动生产率指根据产品的价值量指标计算的平均每一个从业人员在单位时间内的产品生产量，衡量劳动力要素的投入产出效率。全员劳动生产率=劳动生产总值/从业员工人数。是考核企业经济活动的重要指标，是企业生产技术水平、经营管理水平、职工技术熟练程度和劳动积极性的综合表现。为达成这个考核指标，有两个努力方向：一个是扩大营业收入规模，另一个是控制员工数量。

研发经费投入强度体现企业在研发、创新上的投入和重视程度。研发经费投入强度=研发（R&D）支出/营业收入×100%。2024年该指标调整为研发投入强度和科技产出效率，不仅强调了研发投入，而且强调了科技产出。中国上市公司的整体研发投入强度要高于规模以上工业企业的研发投入强度，但是还远远低于全球研发活跃企业的研发投入强度。

营业现金比率。营业收入是企业从事主营业务或其他业务所取得的收入，指在一定时期内，商业企业销售商品或提供劳务所获得的货币收入。分为主营业务收入和其他业务收入。营业收入现金比率＝经营活动现金流量净额/营业收入×100%。该指标是反映收益质量的主要指标之一，也用以评价企业在业务收入中获得现金的能力。该比率越高，说明营业收入质量越高，营业活动的风险越小；该比率越低，企业的经营风险越大，收益越不稳定，现金含量就越少，收益质量就越低。

营业收现率，反映了企业从营业收入中实际收到的现金比例，这个指标的高低直接关系到企业的现金流状况，有助于评估企业的收入质量。因为即使营业收入很高，如果大部分收入都是应收账款，而未能转化为现金，那么企业的现金流可能会受到影响。营业收现率＝实际收到的现金收入/营业收入总额×100%。需要注意的是，实际收到的现金收入，指的是企业在销售商品或提供服务后，实际从客户那里收到的现金金额；营业收入总额，则是企业在一定时期内通过销售商品或提供服务所获得的全部收入，包括现金收入和应收账款。通过计算营业收现率，企业可以更好地了解收入结构，优化现金流的管理，确保企业稳健运营。一个健康的企业应该具有较高的营业收入收现率，这意味着其销售收入能够迅速转化为可用的现金流。反之，如果营业收入收现率较低，可能意味着企业的应收账款管理存在问题，或者是市场环境变化导致的销售回款困难，这会直接影响企业的资金流状况，甚至可能引发资金链断裂的风险。

"一增"，是指利润总额增速要高于全国 GDP 增速。继续将利润总额和劳动生产总值与国民经济增长目标有效衔接，推动国有资本和国有企业做强做优做大，保持一定规模的增长以支持 GDP 的增长，在推动经济运行整体好转上勇挑大梁，为国民经济稳增长作出更加突出的贡献。

"一稳"，即资产负债率总体保持稳定。坚持"有保有压，总体稳定"原则，既要支持企业在经济复苏中加快结构调整，加大战略性投资力度，保障转型发展必要的融资需求，又要保持中央企业稳健的财务结构，持续强化高负债、高风险企业负债率刚性约束，引导企业坚持底线思维，增强风险意识，加强风险防控，提升抵御风险的能力。

"四提升"，是指净资产收益率、全员劳动生产率、研发经费投入强度和营业现金比率，实现进一步提升，这几个指标都是增强核心竞争力和培育世界一流企业的关键所在。

二、经营目标

2024 年国资委对中央企业总体保持"一利五率"目标管理体系不变。具体要求是："一利稳定增长，五率持续优化"。

2025 年国资委对中央企业"一利五率"经营指标体系总体稳定、个别优化。"一利"仍为利润总额，用"营业收现率"替换"营业现金比率"。总要求是"一增一稳四提升"，即利润总额稳定增长，资产负债率保持总体稳定，净资产收益率、研发经费投入强度、全员劳动生产率、营业收现率同比提升。深刻认识和把握当前国资央企工作面临的新形势新任务，坚持守正创新、内外兼修，对照"五个价值"改进提升各项工作。坚持稳当前与利长远相结合，着力实现以价值创造为中心的内涵式发展；坚持科技引领与产业升级相结合，着力培育更多创新驱动的新质生产力；坚持高质量发展与高水平安全相结合，着力提升防范化解各类风险挑战的能力；坚持激发活力与严格监管相结合，着力构建适应现代经济发展要求的体制机制；坚持用好政策与自我赋能相结合，着力提升抓好工作落实的质效。切实抓好发展质量效益提升，着力夯实经营发展基础，加强集团管控和资金集中管理，加大拓市增收、降本节支力度，切实改善经营性现金流，严肃财经纪律，扩大有效投资，树牢科学市值管理理念，更好维护资本市场稳定，更好发挥在保持经济稳定增长中的重要作用。切实抓好自主创新能力建设，增强高质量科技供给，积极承担国家科技重大专项，着力提升原始创新能力，努力突破和掌握更多源头底层技术，加快建设中试验证平台，建设高水平创新生态，推进高效率成果转化，更好发挥在促进高水平科技自立自强中的重要作用。切实抓好国有企业经济布局优化和结构调整，聚焦主责主业，加快国有资本"三个集中"，加大力度推进战略性重组和专业化整合，推动重点产业提质升级，抓好产业焕新行动、未来产业启航行动，优化生产力空间布局，更好发挥在现代化产业体系建设中的重要作用。切实抓好国有企业改革深化提升行动，推动中国特色现代企业制度落深落实，深化企业三项制度改革，以穿透式监管为抓手完善监管体系，深入推进"一业一策、一企一策"考核，聚焦科技创新强化出资人政策支持，健全全级次穿透式监管体系，更好发挥在构建新型生产关系中的重要作用。切实抓好重大风险防范化解，坚决履行维护国家安全责任，强化内控执行刚性约束，确保自身发展安全，更好发挥在统筹发展和安全中的重要作用。

对中央企业全面实施"一企一策"考核，即统筹共性量化指标与个体企业差异性，根据企业功能定位、行业特点、承担重大任务等情况，增加反映价值创造能力的针对性考核指标，"一企一策"签订个性化经营业绩责任书，引导企业努力实现高质量发展。同时，建立考核"双加分"机制：分档设置效益指标考核目标，对跑赢国民经济增速的企业给予考核加分，同步设立提质增效特别奖，对作出突出贡献的企业再给予额外加分，引导央企积极确定挑战性目标。

国资委全面推开上市公司市值管理考核，坚持过程和结果并重、激励和约束对等，量化评价中央企业控股上市公司市场表现，客观评价企业市值管理工作举措和成效，同时对踩红线、越底线的违规事项加强惩戒，引导企业更加重视上市公司的内在价值和市场表现，传递信心、稳定预期，更好地回报投资者。也将探索将品牌价值纳入考核，鼓励企业练好内功、外塑形象，不断提高品牌附加值和美誉度，加快建设世界一流企业。

业绩都是干出来的，真干才能真出业绩、出真业绩。国有企业要统筹平衡好"一利五率"指标之间的关系，做好测算，确保规模和速度、效益和质量、发展和安全的统一协调，把握好高质量发展的内在要求。

强化精准思维，坚持"致广大而尽精微"，做到谋划时统揽大局、操作中细致精当，以绣花功夫把工作做扎实、做到位。将经营目标与战略规划、预算管控、财务监管、业绩考核、审计监督等工作紧密衔接，实现闭环管理，形成工作合力，通过"一利五率"指标的持续改善提升，加快实现高质量发展。

从整体上看，中央企业效益稳步提升，利润总额、净利润和归母净利润协同增长，净资产收益率、全员劳动生产率、营业现金比率同比改善，研发投入强度和科技产出效率持续提高，整体资产负债率保持稳定，在高质量发展中防范和化解风险，坚决当好服务全面建设社会主义现代化强国的战略性力量、带动我国产业体系全面升级的引领性力量、推动国家经济社会发展的支撑性力量。

三、国有资产监管

国有资产是全体人民共同的宝贵财富，是保障党和国家事业发展、保障人民利益的重要物质基础，一定要管好用好，坚决防止国有资产流失。坚持授权与监管相结合、放活与管好相统一，深化分类改革，推动分类考核与企业功能使命更加精准适应，国资监管与公司治理更好衔接，以管资本为主的国资监管体制更加完善。

加强国有资产监管，要完善符合我国国情、具有中国特色、适应市场经济规律和企业发展规律的国有资产监管体制，形成与党的集中统一领导优势相适应、组织动员优势相衔接、集中力量办大事制度优势相配套的中国特色国资监管新模式。坚持"三统一、三结合"，即把全面履行国有企业出资人职责、国有资产监管职责、国有企业党的建设工作职责，三者统一起来，推动管资本与管党建相结合、履行出资人职责与履行国资监管职责相结合、党内监督与出资人监督相结合，充分发挥专业化监管、体系化监管、法治化监管"三化"监管优势，切实提升国资监管效能，坚决防止国有资产流失。

　　国资监管系统必须坚定制度自信，全面履行职责，深入推进经营性国有资产集中统一监管，切实增强国资监管的系统性、针对性、有效性，有力维护国有资产安全和国有资本权益。深化分类考核、分类核算，完善国有企业功能界定与分类指引，优化考核办法，在中央企业实行"一业一策、一企一策"的考核。始终坚持严的主基调不动摇，坚持党建与事业发展相统一，构建以党内监督为主导，出资人监督与纪检监察、巡视巡察、审计、法律、财会、内控等各类监督贯通协调、资源共享的"大监督"体系。完善权责清单管理，动态优化授权事项，构建上下贯通、实时在线的数字化智能化监管体系，提升国资监管的科学性针对性有效性。

第三节　战略管理

　　战略管理是关于战略制定、战略实施和战略评价，以使组织实现其目标的跨职能决策的艺术与科学。习近平总书记把战略思维提到"中国共产党人应该树立的思维方式"的高度，深刻地指出"战略问题是一个政党、一个国家的根本性问题"，战略上判断得准确，战略上谋划得科学，战略上赢得主动，党和人民事业就大有希望，反复强调领导干部要学会用战略的眼光分析问题、谋划事业、推进工作，不断提升战略思维的能力。

一、战略管理过程

　　战略管理决定企业命脉，战略布局指引企业发展。国有企业党委在坚持党的全面领导、全面加强党的建设上，首先要牢牢抓住"战略"这个核心，把好企业发展方向，同时审时度势，把公司战略自觉融入国家战略，顺势而为、乘势而上，不断推动企业高质量发展。围绕国家战略，把牢企业战略目标方向，加强战略引领，深化战略研究，细化战略规划，优化战略举措，强化战略管控。

战略管理过程是从全局和长远的观点，研究企业在竞争环境下生存与发展的重大问题，在企业管理中处于核心地位，是决定企业经营成败的关键因素，是创造、获得和维持企业竞争优势的系统方法。

战略制定是确立公司发展愿景和使命，明确内外部优势与劣势，建立长期目标，提出备选战略并从中选择战略。任何公司的资源都是有限的。企业家和高层管理者必须高瞻远瞩，确定进入哪些新行业，放弃哪些业务，如何配置资源，是否扩大经营范围，是否提升多元化水平，是否开展并购重组等。要以战略分析为起点，综合平衡中长期宏观经济形势、技术和经济发展趋势、现有核心能力、核心资源支撑情况等，明确战略定位、战略方向和原则，以及主要实现途径，形成公司总体战略和业务战略。

战略规划是一个非常复杂的过程，没有现成的能确保企业成功的秘诀。要有眼界、眼光、眼力，能够洞察和预见战略决策的后果，深刻把握对企业特定产品、市场、资源和技术产品所带来的深远影响，有效调配各种资源，为公司带来最大利益。

企业家和高级管理者要克服以下问题：为满足虚荣心或凭直觉而做企业发展战略，未经充分酝酿的企业愿景或使命转向，未将战略规划落地作为企业绩效考核的标准，支持变革的良好氛围没有形成，将战略规划视为独立的工作，过于关注当下问题而未洞穿未来进行规划，创造性不够等。

战略实施是战略管理的行动阶段，通过设定年度目标、制定政策、激励员工和配置资源，确保战略得以实施。要有营造支持战略实现的企业文化，建立健全有效的组织机构，确立营销举措，调整预算等资源配置，员工薪酬与公司业绩挂钩。战略实施会影响公司所有人，往往也是最艰难的阶段。

战略评价是战略管理的最后阶段，是获取战略实施成效的主要方法，包括内外部环境因素、战略绩效、纠正和改进措施。尤其是当战略没有带来预期的效果时，一定要及时进行战略评价。

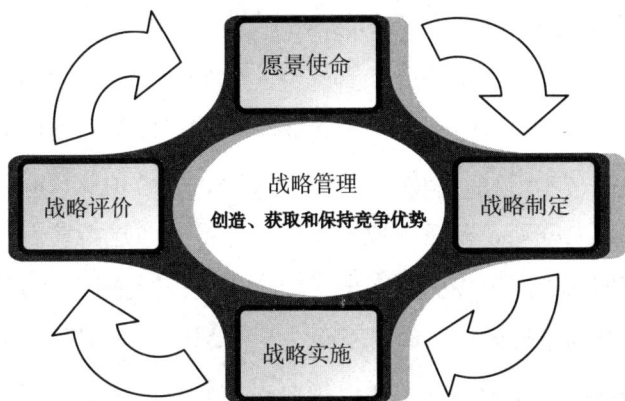

图 3-2　战略管理体系

二、国有企业战略定位

国有企业是中国特色社会主义的重要物质基础和政治基础，是中国特色社会主义经济的顶梁柱，在建设现代化产业体系、构建新发展格局、推动高质量发展、推进中国式现代化建设中肩负重要使命。

国有企业的战略不仅是企业健康发展的关键所在，也深深影响着所在行业、所处领域，乃至国民经济发展的走向。始终站在国家和全局的高度开展工作，自觉把企业战略融入国家战略，坚决做到服从大局、服务大局、助推大局。

新时代新征程国有企业的战略定位是：要把政治建设摆在首位，成为党和国家最可信赖的依靠力量；始终在国家建设、国防安全、人民生活改善中勇挑重担，成为坚决贯彻执行党中央决策部署的重要力量；坚持以供给侧结构性改革为主线，不断推进体制机制创新，成为贯彻新发展理念、全面深化改革的重要力量；深入开展国际化经营，加快形成国际经济合作和竞争新优势，不断拓展国际发展新空间，成为实施"走出去"战略、"一带一路"建设等的重要力量；坚持以人民为中心的发展思想，切实履行社会责任，成为壮大综合国力、促进经济社会发展、保障和改善民生的重要力量；建设好基本队伍，成为我们党赢得具有许多新的历史特点的伟大斗争胜利的重要力量。

国有企业党委要为董事会"管战略"做好前置把关，加强前瞻性谋划、战略性布局、整体性推进，明确战略定位、担负历史使命，全力以赴发展战略性新兴产业，切实增强核心功能、提高企业核心竞争力，积极服务国家重大战略，在建设现代化产业体系、构建新发展格局中切实发挥好科技创新、产业控制、安全支撑作用。按照坚持有利于国有资产保值增值、有利于提高国有经济竞争力、有利于放大国有资本功能的方针，积极推动国有企业深化改革，提高经营管理水平，加强国有资产监管，坚定不移把国有企业做强做优做大，运用到推进企业战略落地全过程。

在推进企业战略管理过程中，必须坚持党的领导，加强党的建设，发挥领导作用，确保企业发展战略方向不偏离，并为战略的有效实施提供坚强保证。国有企业发展战略要与国家战略保持一致，才能服务于国家战略，为强国建设、民族复兴伟业提供坚实的基础和强有力的支撑。充分发挥企业自身优势，将国家战略和企业发展战略紧密结合起来，对于关系国家安全和国民经济命脉的行业，国有企业需要全面支持国家战略；对于面向经济主战场和全社会发展的国家战略，国有企业责无旁贷是贯彻国家战略的主力军和先锋队。

示例19　某集团公司战略规划

某集团公司成立20多年以来，高度重视战略规划工作，始终坚持党的领导，围绕"国防、科技、电子信息"的本质特征，紧紧把握集团公司在国家战略中的定位和责任，把贯彻落实党中央决策部署和国家重大战略，作为集团公司战略规划的主导方向，因时而动、因势而为，谋划发展蓝图，先后制定实施"三二一"总方针、"三三三"转型升级战略、"一二五四三"改革发展总体思路、"一五五三"发展战略等，主动承担国家重大项目，确保战略规划落地实施，实现集团公司高质量发展。

三、战略管控

国有企业在国民经济中处于主导地位。要从国家的整体利益出发，为党和国家需要服务，服从国家战略决策。通过建体系、定目标、抓落实等方式，促进战略管理系统形成闭合，真正发挥战略引领发展的作用。

战略体系主要由总体战略、业务层面战略和职能层面战略构成。总体战略是最核心的部分，通常以公司发展战略工作会议形式发布。业务层面战略根据不同企业实际制定。职能层面战略一般由营销战略、财务战略、技术创新战略、人才战略、品牌战略、企业文化战略等构成。

规划一般包括综合规划和专项规划。综合规划以公司的发展战略为依据，以整体发展为对象，制定总体性、全面性、综合性的发展规划，作为其他各类规划制定的依据和指南。专项规划以主要任务、关键领域为对象，是综合规划在特定领域的延伸和细化，是综合规划的专项、专业支撑。专项规划形式多样，包括业务、职能、领域以及专业技术等。

国有企业每五年制定一次综合性规划以及专项规划，所属企业要依据此，并结合自身定位和发展战略，制定本企业的发展规划，分层落实战略部署。明确可考核的目标值作为总目标，同时明确各个细分领域的目标值，作为奋斗方向和约束指标。

加强战略规划动态调整，以三年滚动规划的编制，作为实现战略与规划计划衔接的有力抓手。每年制定三年滚动规划，上承公司发展战略和五年规划，下接年度计划和预算。形成规划期战略落实思路，细化阶段发展目标，分解年度重点工作任务，将战略转化为战术，形成可量化、可执行、可考核的行动计划，指导年度工作计划、预算资源配置和绩效考核。将总体战略目标和规划目标分解为一组可量化、可考核的目标体系，即把战略目标进行数字化表达，为战略执行、控制、评价提供标尺和依据。将重点战略举措进一步分解为阶段性的具体工作任务，明确承担任务的责任单位、资源配置需求，形成企业的战略工作计划，并可每年跟踪、评估、推进，从而确保战略目标的实现。

年度计划作为战略目标分解的最终单位，要充分考虑可实施性、可操作性、可控制性、可考核性，以实现战略目标落地。年度计划要有考核目标和工作标准，并把重大战略事项的管控情况纳入考核，既作为考核的依据，又作为考核的尺度。以年度预算作为战略管控的有力手段，用绩效考核监督指标的实现，最终达成战略目标。健全战略闭环和动态管理，是有效执行战略规划的关键所在。在规划执行、评估、调整等环节中，明确相应职责及责任人，与年度计划、预算和考核紧密结合。

国有企业尤其是大型企业集团，要构建以战略管控为主的差异化管控模式，不断优化战略布局，有效配置战略资源，增强核心功能，提高核心竞争力，促使战略落地，做强做优做大国有资本和国有企业。

示例20　某集团公司"三个一"管理体系

某集团公司通过分解一组量化的战略指标，落实一个战略管理流程，明确一套执行责任体系，实现战略指导下的计划安排、资源配置、考核衔接，推动工作模式的规范化、制度化和流程化，确保战略顺利实现。

一组指标，是战略规划的量化表达。将战略目标分解和量化为规划期的总体目标和一级指标，成为战略达成的量化标准，为战略管控、资源配置和考核评价建立指标和导向。

一个流程，包括战略规划滚动制定、执行控制、结果评估流程。要确保与公司中长期及年度资源配置流程、年度运营计划、年度绩效考核流程的衔接。

一套体系，确保战略的决策和执行要在既定的时间、由确定的责任主体完成，确保战略执行的刚性约束和执行效率。

"三个一"管理体系，推动建立了以战略管理为核心的企业运营管理，科学构建战略目标体系、合理制定战略举措、分解形成工作计划，并通过战略与预算、绩效的有效衔接，强化了战略传导与实施控制，确保战略对企业生产运营的有效牵引。

四、战略管理者

国有企业家和战略管理者要保持战略清醒，对各种风险挑战做到胸中有数；保持战略自信，增强斗争的底气；保持战略主动，增强斗争本领。同时还要处理好战略与策略的关系。

增强战略的前瞻性。准确把握事物发展的必然趋势，敏锐洞悉前进道路上可能出现的机遇和挑战，以科学的战略预见未来、引领未来。

增强战略的全局性。谋划战略目标、制定战略举措、作出战略部署，都要着眼于解决事关党和国家事业兴衰成败、牵一发而动全身的重大问题。

增强战略的稳定性。战略一经形成，就要长期坚持、一抓到底、善作善成，不要随意改变。

增强战略的主动性。实施战略的环境条件随时都在发生变化，每时每刻都会遇到新情况新问题。把战略的原则性和策略的灵活性有机结合起来，灵活机动、随机应变、临机决断，在因地制宜、因势而动、顺势而为中，把握战略主动。

服从服务国家战略，永远是国有企业最大的战略。秉承服务国家战略为先的战略原则，通过敏锐超前的战略眼光，体现时代性、把握规律性、富于创造性，制定世界一流的战略目标。同时，适时进行有针对性的战略变革，保证卓越的战略管理理念，能通过有效统筹发展的战略资源落地。要以坚定的战略引领、敏锐的战略洞察、果敢的战略决断、高效的战略规划，深刻认识和充分考虑全球治理体系，以及全球产业链、供应链、价值链、创新链的重组和再造，人工智能、星链、数字技术、量子技术等带来的颠覆性、革命性变革，始终保持大我无我的状态，推动国有企业更好地成为"六个力量"，以构建人类命运共同体为愿景和使命，提前做好战略预判和前期谋划，建立持续竞争优势，为强国建设、民族复兴伟业作出新的更大贡献。

第四节　聚焦主责主业

一、主责主业突出

党的十八大以来，国资国企改革持续向纵深挺进。建立和完善中国特色现代企业制度，全面完成公司制改制、剥离办社会职能和解决历史遗留问题；坚持以供给侧结构性改革为主线，调存量、优增量，持续优化布局结构；三项制度改革在更深层次破冰，市场化经营机制改革取得重大突破；健全完善国有资产监管体制，专业化、体系化、法治化监管优势彰显。

国资委积极推动国有企业围绕主业进行重组，围绕做强做优做大主业，开展调整重组，严格控制非主业投资，加快非主业资产剥离。中央企业先后完成28组51家战略性重组和专业化整合，新组建、接收了13家企业，落后产能加快淘汰，非主业非优势业务和低效无效资产有序退出，中央企业在涉及国家安全和国计民生等领域的布局比重超过70%，从事主业的子企业户数占比达到93%。省属国有企业116组347家实施重组，开展专业化整合2150多次。近5年战略性新兴产业投资年均增速超过20%。

在装备制造领域，我国高端装备制造企业已逐步进入高铁、航空航天、卫星通信、智能制造等高附加值产业环节。

在能源领域，央企未来新能源业务将逐步向新能源主业企业和优势企业集中。

在石油和煤炭领域，专业化整合推动了上下游企业协作。

在粮食领域，中粮集团与中储粮集团组建的、由中粮集团控股的中企联合油脂有限公司，已于2023年1月正式开业运营。

在电子信息方面，2021年6月，中国普天整体并入中国电科，作为其全资子企业，不再作为国务院国资委履行出资人职责的企业；2023年11月中国电科与中国华录实施重组，中国华录成为中国电科的控股子公司，不再作为国务院国资委履行出资人职责的企业。中国电科拥有强大的电子信息基础研发能力，而中国华录集团在硬件设备、数据湖等终端和场景层面有较好积累，二者协同度较好，可以在数字中国建设中更好发挥功能作用。

在钢铁领域，中国宝武对集团范围内同类业务单元实行业务、资产、人员等全方位整合，实现一体化高效运作，有效破解了联合重组中"联而不整、整而不合"的难题。

在有色金属领域，中国稀土与五矿稀土集团签署了《附条件生效的股权收购协议》，协议约定公司拟以非公开发行股票募集的部分资金购买五矿稀土集团持有的江华稀土94.67%股权。

在物流领域，中国铁物集团和中国诚通集团物流板块实施专业化整合，由中国铁物集团更名为整合后的新集团；招商局集团以外运股份为资本运作平台，将招商物流资产包注入，打造了跨境旗舰物流上市平台。

在交通领域，中国中车发挥四方股份的管理优势和产业带动作用，指导四方股份完成了对中车成都公司、中车广东公司的重组整合。

国有企业尤其是中央企业大都是关系国家安全和国民经济命脉的大型企业，是参与国际竞争的重要力量。如果单纯追求企业规模，摊子铺得很大，主营业务不突出，不具备竞争力，即使短期内有较好发展，但长期发展也会后劲不足，一有"风吹草动"，就会"摇摇欲坠"，更无从谈起成为世界一流企业。从历史来看，中央企业重组可分为存量资产重组（如国家管网、中国铁塔、中国航发等）、存量+增量的专业化整合（如中国矿业、中国物流、中国星网等）。

新一轮国有企业改革深化提升行动，更加注重突出做强做专，绝不盲目求大，强化核心功能使命担当，积极践行三个属性统一。聚焦横向合并，通过专业化整合增强战略性新兴产业规模实力；聚焦纵向联合，通过专业化整合推动战略性新兴产业上下游协同发展；聚焦创新攻坚，通过专业化整合打造战略性新兴产业关键引擎；聚焦内部协同，通过专业化整合夯实战略性新兴产业发展根基。

坚持以企业为主体、市场化为手段，突出主业、聚焦实业，更加注重做强和做专，推进国有企业整合重组、有序进退、提质增效，从整体上增强服务国家战略的能力。关键是要加强顶层设计、系统谋划，聚焦关系国民经济命脉和国计民生的关键领域，集中优势资源，优化产业布局，提高核心竞争力，提升国有资本配置效率。加快推动集成电路、工业母机、装备制造、电子信息、医疗健康、检验检测等关键领域整合重组，加大新能源、矿产资源、主干管网、港口码头等领域专业化整合力度，促进国有资本合理流动和优化配置。

国有企业要专注于最具有优势的领域，做到极致、追求卓越，引领所在的行业领域健康稳定发展。完善主责主业动态管理制度，引导企业做强主业，坚决遏制盲目多元化、"铺摊子"倾向。严格控制非主业投资，杜绝"赚快钱"的冲动，集中力量专注于做强主业。做好非主业资产剥离，缩短管理链条，围绕主业瘦身健体、提质增效。

示例 21　部分央企主业核定情况

表 3-1　部分央企主业范围

企业名称	主业范围
航天科技	军工生产，航天器、通信及电子设备、汽车零部件、专用机械设备及材料制造，航天工程及技术研究、服务
中国电科	军工生产，通信设备、计算机、其他电子设备制造，软件开发及应用，电子技术研究、服务
中国航发	军民用飞行器动力装置、第二动力装置、燃气轮机、直升机传动系统、航空发动机技术衍生产品的设计、研制、生产、维修、营销和售后服务等业务
中国海油	原油、天然气勘探开发开采，石油炼制、石油化工及其他化工产品的生产、储运与贸易，相关工程技术研究与服务

企业名称	主业范围
国家电网	电力供应与生产，相关专业技术服务
中国移动	电信和其他信息传输服务
通用技术集团	先进制造与技术服务，医药医疗健康，贸易与工程服务
国投	基础产业，前瞻性战略性产业，金融业
招商局集团	交通运输及相关基础设施建设、经营与服务，金融资产投资与管理，房地产开发经营
中国稀土	稀土的科技研发、勘探开发、分离冶炼、精深加工、下游应用、成套装备、产业孵化、技术咨询服务、进出口
中国交建	沿海、内河港口工程和公路、桥梁、隧道工程的勘察、设计、施工、监理，港口机械、筑路机械、桥机构件设备制造，国际工程承包、劳务合作

示例 22　某集团公司坚持聚焦主业不断增强发展战略引领力

某集团公司成立 30 多年来，保持战略定力，始终坚持清洁能源主业不动摇，坚持绿色低碳发展方向不偏离，坚持江海并进、风光并举、多能互补，在推动清洁能源业务实现从以水电为主到水风光储协同并进转变的同时，实现了由水电开发企业向综合性清洁能源集团的转变，实现了从三峡走向长江、从内陆走向海洋、从中国走向世界的跨越式发展。

集团发电装机容量达 1.2 亿千瓦，其中清洁能源装机占比达 96%。在长江干流建成葛洲坝、三峡、向家坝、溪洛渡、乌东德、白鹤滩等六座大国重器，总装机 7170 万千瓦，年发电量约 3000 亿千瓦时。实施"风光三峡""海上风电引领者"战略，推动陆上新能源大基地建设和海上风电集中连片规模开发，新能源装机突破 3000 万千瓦，其中海上风电 487 万千瓦，跃居国内第一、全球前列。加快推进 12 个（总装机 1265 万千瓦）纳入国家首批新能源基地清单的重大项目建设，成功建设我国最大源网荷储一体化项目。

二、发展实体经济

现代化产业体系是现代化国家的物质技术基础。国有企业作为建设现代化产业体系的主力军，必须坚守实体经济根基，积极布局产业新赛道，大力培育发展新动能，促进加快形成自主可控、安全可靠、竞争力强的现代化产业体系。发挥集中力量办大事的体制优势，聚焦推进国有经济布局优化和结构调整，推动国有资本向关系国家安全、国民经济命脉的重要行业和关键领域集中，向关系国计民生的公共服务、应急能力、公益性领域等集中，向前瞻性战略性新兴产业集中，更好服务于构建新发展格局、推动高质量发展。

国有企业要牢牢把握高质量发展的根本方向、重大原则和途径方法，以企业为主体、市场化为手段，突出主业、聚焦实业，推进整合重组、有序进退、提质增效，推动国有资本合理流动和优化配置，增强服务国家战略的能力。加快优化国有资本布局结构，推动国有经济向关系国家安全、国民经济命脉的重要行业集中，向提供公共服务、应急能力建设和公益性等关系国计民生的重要行业集中，向前瞻性战略性新兴产业集中，推动国有企业当好服务国家战略、保障改善民生、发展实体经济的"长期资本""耐心资本""战略资本"，真正成为堪当时代重任的大国重器、强国基石。

聚焦主责主业发展实体经济。加快转变发展理念和发展方式，深入推进战略性重组和专业化整合，稳步开展国际化经营，有效防范和化解重大风险，全面步入高质量发展的轨道。持续优化营商环境，坚持市场化法治化国际化方向，正确处理政府和市场的关系，推动有效市场和有为政府更好结合，破除制约企业高质量发展的体制机制弊端，促进国有企业与市场经济深度融合。

服务国家重大战略。聚焦党之大计、国之大计谋划推动企业工作，围绕推动新型工业化，加快建设制造强国、质量强国、航天强国、交通强国、网络强国、数字中国等重大部署，按照企业使命愿景，推动企业高质量发展，为全面建成社会主义现代化强国提供重要支撑。聚焦加快解决科技、效率、人才、品牌等方面突出问题，加强深化改革，加大创新力度，加快补短锻长，结合企业特点塑造独特竞争优势。聚焦战略安全、产业引领、国计民生、公共服务等功能，以市场化方式推进战略性重组，加快企业间同质业务整合，分步骤、有计划地加快调整优化国有经济布局结构，在战略性新兴领域加快构建新的增长引擎，更好发挥国有经济整体功能作用。

加强国有经济管理。装备制造业是一个国家制造业的脊梁。立足新时代新征程国有经济肩负的使命任务和功能定位，从服务构建新发展格局、推动高质量发展、促进共同富裕、维护国家安全的战略高度出发，完善国有经济安全责任、质量结构、资产和企业管理。深化国有企业改革，着力补短板、强弱项、固底板、扬优势，构建顶层统筹、权责明确、运行高效、监管有力的国有经济管理体系。用好用活现有资金，积极运作多渠道融资，做好成本、效益和投资回报。

建设现代化产业体系。整合科技创新资源，引领发展战略性新兴产业和未来产业，加快形成新质生产力，增强发展新动能。全力以赴推动战略性新兴产业融合集群发展，聚焦集成电路、工业母机、新一代信息技术、工业软件、人工智能、生物技术、新能源、新能源汽车、新材料、高端装备、绿色环保等，打造一批科技含量高、带动作用大的新的增长引擎，打造一批前瞻性战略性新兴产业"孵化器"。聚焦未来信息、未来健康、未来网络、未来空间、未来能源、未来制造等，积极培育孵化未来产业，加快构建集群化发展优势，努力抢占科技革命和产业变革的制高点。坚持长期主义、稳定投入，边发展、边突破、边布局，强化与产业链上各类所有制企业协同合作，加大重大投资、产业并购、技术研发、标准制定等。坚持与现代产业体系相适应、与国家创新体系相衔接、与构建新发展格局相协同，遵循市场经济规律和企业发展规律，更加突出主业、实业和核心竞争力标准，努力打造一批行业产业龙头企业、一批科技创新领军企业、一批"专精特新"冠军企业、一批基础保障骨干企业，确保国有企业特别是中央企业真正成为主责主业突出、功能作用显著、有力支撑经济社会发展的国家队。

在战略安全方面，强化国防军工领域布局，提升国有经济对能源资源和粮食安全的保障能力，增强国有资本对骨干网络的控制力。国有企业作为维护国家战略安全的重要基石，必须把维护产业链供应链和能源资源安全作为重大使命责任。实施关键核心技术攻关工程，在关系国家安全的领域和节点，构建自主可控、安全可靠的国内生产供应体系，不断提高我国产业链供应链稳定性和竞争力。积极服务和推进铁路、公路、水运、航空、物流等基础设施建设，促进形成安全、便捷、高效、绿色、经济的综合交通体系。强化国有资本对电网、石油天然气管网、江河主干水网、信息通信网等领域投入，加强新一代移动通信、人工智能、算力网络、卫星互联网、工业互联网等新型基础设施建设，更好维护国家骨干网络安全。

在产业引领方面，产业竞争力关乎国家竞争力，只有持续推动产业升级，才能不断塑造新的国家竞争优势。国有企业应当放眼全球、主动作为，打造现代产业链链长，在全球新一轮产业竞争中掌握战略主动。增强国有企业攻克"卡脖子"关键核心技术和制造业强基补链的能力，引领我国产业发展和自主创新。深入实施产业基础再造工程和制造业高质量发展专项工作，加快技术改造和设备升级，优化重大生产力布局，推动传统产业高端化智能化绿色化发展，增强高铁、电力装备、新能源、通信设备等领域的全产业链优势，全面提升我国产业基础高级化和产业链现代化水平。

在国计民生和公共服务方面，推动国有经济在重要行业和关键领域承担起基础性、保障性功能，发挥好国有经济在重大区域战略和高水平对外开放战略中的引领示范作用。加大国有资本对民生保障、生态环保、防灾减灾救灾、应急物资保障等公共服务领域的有效供给，有效弥补市场失灵，筑牢"防"的底线、提升"稳"的能力，关键时刻发挥好兜底托底作用。加大油气资源勘探开发力度，保持原油和天然气稳产增产，加快推进煤炭清洁高效利用，增加风光储氢等清洁能源供给，优化国有资本在海外能源资源、关键战略性矿产资源、物流枢纽及远洋运输等领域布局，增强种业研发能力、海外粮源及国际粮食贸易掌控能力，扩大我国在能源、资源、粮食等基础性保障领域的战略纵深。

在助力乡村振兴和定点帮扶方面，巩固拓展脱贫攻坚成果同乡村振兴有效衔接，抓好乡村产业、人才、文化、生态、组织等"五个振兴"。国有企业要发挥科技优势，加大帮扶项目、资金、人才的支持力度。在重点帮扶县实施一批补短板促振兴重点项目，深入实施医疗、教育干部人才"组团式"帮扶，更好发挥驻村干部、科技特派员产业帮扶作用。结合自身优势和当地需求，重点做好产业帮扶、科技帮扶、医疗帮扶、教育帮扶、民生帮扶等。合理设置帮扶基金，做好帮扶工作的经费保障。譬如，在习近平同志的战略擘画和关怀指导下，20年来，浙江持之以恒实施"千万工程"，从"千村示范、万村整治"到"千村精品、万村美丽"再到"千村未来、万村共富"，造就万千美丽乡村、造福万千农民群众，探索出一条加强农村人居环境整治、全面推进乡村振兴、建设美丽中国的科学路径，形成了一系列行之有效的做法和为人民群众所认可的成效。"千万"不只是一个数字，而是无数乡村的掠影，是"一个都不能少"的承诺。没有轰轰烈烈，而是年复一年地厚积薄发、润物无声。

在实施"走出去"战略方面，国有企业就是国家的"名片"，是"一带一路"建设的开拓者和排头兵。国有企业要加强对外开放合作，完善面向全球的生产服务网络，通过对外投资并购、优化全球布局、打造国际品牌，强化全球价值链掌控力，增强主动运用、积极引领塑造国际规则的能力，以高质量共建"一带一路"为契机，带动中国装备制造、技术、标准和服务共同"走出去"，不断向全球产业链价值链中高端迈进。以实际行动诠释"共商、共建、共享"，以新发展理念推动共建"一带一路"高质量发展，把"一带一路"建设成为和平之路、繁荣之路、开放之路、绿色之路、创新之路、文明之路，让共建"一带一路"成果更好惠及各国人民，为构建人类命运共同体贡献更多中国智慧和中国力量。

示例 23 某集团公司助力数字乡村打通乡村振兴"大动脉"

2022 年 8 月，某集团公司在济南和重庆两地同步召开了数字乡村助力乡村振兴推进大会，全面深化开启数字乡村"五新工程"（新基建、新平台、新应用、新生态、新服务）新篇章。

助力推进农村地区数字信息基础设施建设。积极建设城乡一体数字信息基础设施，大力推进千兆网工程，全国乡镇（除西藏外）移网覆盖率 100%，全国行政村移网覆盖率 96%；全国乡镇宽带覆盖率达 77%，全国行政村覆盖率达 60.5%。基本建成"云管端"一体的数字乡村信息底座，迈出数字乡村发展"第一步"。

做优数字乡村公共应用服务新平台建设。依托联通云的云网一体、安全可信、多云协同的 5G 数字化基础设施优势，自主研发了"联通数村"平台，支持应用系统全自动化完成部署、升级和扩容等工作，提供丰富的业务功能标准化模块和编程接口，支撑各级政府部门开发和提供各类兴农便民应用，成为乡镇政府的"一掌通"、村委会的"指挥舱"、村民的"百宝箱"。

成功构建繁荣"三农"场景的新应用体系。从乡村数字化建设的实际需求出发，围绕在线智慧党建、乡村数字治理、乡村数字经济、信息惠民服务、乡村网络文化、乡村绿色生态六大领域，打造了 150 余款标准化应用，实现乡村数字场景的全覆盖，助力村民实现"云上"生产、"网上"销售、"线上"生活，推动农业全面升级、农村全面进步、农民全面发展。

做强惠农新生态连接，赋能乡村振兴。积极发挥物联网、大数据、云计算等技术能力，助推农业发展方式转变，助力农业产业链实现"产得好、卖得好、管得好和服务好",服务了阳西荔枝、砀山酥梨等一批地方特色产业。

扎实做好普惠"三农"新服务进村入户。积极推进数字乡村信息惠民服务,大力促进实现城乡信息一体化、消除城乡"数字鸿沟"。通过定点帮扶服务,自 2016 年以来累计投入帮扶资金 7.6 亿元,专项扶植数字化产业项目 3000 余个。通过通信场景服务,积极拓宽"三农"信息通信服务边界,开展了 5 万多场智慧助老活动,助力超 150 万村民升级数字智能终端。

示例 24　比雷埃夫斯港成为中希共建"一带一路"合作典范

中国企业首次在海外接管整个港口,始于 2016 年,中国海洋海运集团收购了希腊的比雷埃夫斯港 67% 股权。这个港口是希腊最大的港口,也是"欧洲的南大门"。经过这些年发展,比港凤凰涅槃、浴火重生,为当地经济社会发展作出了显著贡献,在地中海、欧洲乃至全球航运格局中占据重要位置,合作成果也日益惠及两国人民。

据中国驻希腊大使在《每日报》发表的署名文章,2023 年比港集装箱吞吐总量 510 万 TEU;滚装码头吞吐量 32 万辆;邮轮业务累计靠泊 761 艘次、乘客 148 万人次;渡轮业务乘客累计 1615 万人次、承载车辆 288 万辆。比港站稳了地中海领先集装箱大港、欧洲第三大邮轮母港、欧洲第一大渡轮港口、东地中海修船中心和汽车船中转枢纽的行业地位。

第五节　科技自立自强

从科技发展的趋势来看,人类社会正迎来第四次工业革命的浪潮,机遇与挑战并存。顺应第四次工业革命发展趋势，把握数字化、网络化、智能化发展机遇。加快实现高水平科技自立自强，是推动高质量发展的必由之路，是中国式现代化建设的关键。科技自立自强不仅是发展问题，更是生存问题。国有企业在我国产学研用创新链条中具有重要地位，一大批科技领军企业已经成为国家战略科技力量的重要组成部分，理应肩负起高水平科技自立自强的使命担当。

国有企业要全面贯彻落实党的二十大决策部署，以国家战略需求为导向，着眼坚决打赢关键核心技术攻坚战，强化基础性、前沿性、颠覆性技术研究，以技术研发创造新动能、高端制造带动新发展、技术应用拓展新产业，在实现高水平科技自立自强中勇担当、善作为，勇当原创技术的"策源地"、现代产业链的"链长"，努力为加快建设世界科技强国贡献力量。

一、推动创新驱动发展

信息技术飞速发展，颠覆性技术随时可能出现，国有企业要走求实扎实的创新路子，为实现高水平科技自立自强立下功勋。国有企业在实施创新驱动发展战略上的作用举足轻重，必须坚持面向世界科技前沿、面向经济主战场、面向国家重大需求、面向人民生命健康，助力加快实现高水平科技自立自强，不断开辟发展新领域新赛道，塑造发展新动能新优势。

牢记抓创新就是抓发展、谋创新就是谋未来。在战略必争领域和战略高技术领域早谋划、早布局，下先手棋、打主动仗、闯无人区，着力打造具有自身特色的独门绝技，把相关科技发展进步的命脉牢牢握在自己手中。主动融入国家创新体系，着力推进国家级创新平台建设，积极承担更多国家重大科技战略任务，加快锻造国家战略科技力量。在科技创新上率先取得新突破，在基础固链、技术补链、融合强链、优化塑链、重点领域延链上展现新作为，打造产业科技创新高地，实现创新链、产业链、资金链、人才链的深度融合，使高质量发展更多依靠创新驱动的内涵型增长。

二、增强自主创新能力

创新是把生产要素和生产条件的新组合引入生产体系，既有涉及技术性变化的创新，如技术创新、产品创新、过程创新等，又有涉及非技术性变化的创新，如体制机制创新、管理创新、市场创新、文化创新等。

关键核心技术是要不来、买不来、讨不来的。关键核心技术是竞争力、是主导权、是命根子。只有把关键核心技术掌握在自己手中，才能从根本上保障国家经济安全、国防安全和其他安全。坚持把原始创新作为重要源泉，把技术创新作为主攻方向，把产业创新作为战略重点，把制度创新作为重要保障，矢志不移自主创新，聚焦重点领域、关键环节，加大自主创新力度。

发挥新型举国体制优势。加强前瞻性、先导性、探索性重大技术研究，积极布局人工智能、大数据、量子科技、新材料、新动力、新能源等前沿领域，加快构建面向未来的专业科技体系，抢占未来科技战略制高点。坚持以科技创新塑造发展新优势新动能，积极推动数字化转型、智能化升级、产业化协同发展，大力推动发展电子电路、先进光电、智能制造等战略性新兴产业，推动打造一批具有核心竞争力和国际影响力的世界级先进制造业集群。

三、加强基础研究

基础研究是科技创新的源头。

加强基础研究是实现高水平科技自立自强的迫切要求，是建设世界科技强国的必由之路。我国面临的很多"卡脖子"技术问题，根子是基础理论研究跟不上，源头和底层的东西没有搞清楚。

坚持在基础研究领域发挥"出题人""答题人""阅卷人"作用。持续加大对基础研究和应用基础研究的投入，着力从源头和底层解决关键核心技术问题，加强正向设计，吃透机理、参透原理、掌握规律，巩固优势、补齐短板、紧跟前沿，夯实科技自立自强根基。坚持开放合作、共享共赢，持续完善科技创新生态，着力构建"基础研究+技术攻关+成果产业化+科技金融+人才支撑"的良性循环，让创新源泉充分涌流。

四、科技创新主体地位

企业位于产业链、创新链、供应链的核心，是新技术需求的最先捕获者和最终应用者，是产业技术突破和结构调整的引领者，"让听得见炮声的人指挥战斗"。促进创新要素向企业集聚，不断提高科技成果转化和产业化水平。围绕产业链部署创新链，加强各类创新资源统筹，以原创技术策源地建设为依托，牵头构建以企业为主体、市场为导向、产学研深度融合的科技创新体系，主动与高校、科研院所和民营企业建立多种形式合作关系，健全科学合理的利益分配机制，发挥市场对技术研发方向、路线选择、各类创新要素配置的导向作用，促进创新链条有机衔接、创新效率大幅提高。

坚持系统观念，围绕"为谁创新、谁来创新、创新什么、如何创新"，从制度建设着眼，对技术创新决策、研发投入、科研组织、成果转化全链条整体部署，对政策、资金、项目、平台、人才等关键创新资源系统布局，一体推进科技创新、产业创新和体制机制创新，推动形成企业为主体、产学研高效协同深度融合的创新体系。聚焦国家战略和产业发展重大需求，加大企业创新支持力度，积极鼓励、有效引导民营企业参与国家重大创新，推动企业在关键核心技术创新和重大原创技术突破中发挥作用。

在科技成果转化应用上主动作为。充分发挥国有企业市场需求、集成创新、组织平台优势，建设一批概念验证和中试平台，主动开放应用场景，探索在重大项目、重点工程谋划阶段明确自主可控目标，积极应用首台套装备、首批次材料、首版次软件技术产品，在应用过程中不断促进技术产品的完善和迭代升级，加快科技成果向现实生产力转化，不断打通从科技强到企业强、产业强、经济强的通道。

譬如 1956 年以来，中国航天事业的每一次跨越式发展，都是建立在长期的不断的技术创新和技术储备积累上，形成了"探索一代、预研一代、研制一代、生产一代"的技术发展路线。两弹一星、载人航天、北斗工程、探月工程、深空探索等，最终都归结于航天技术储备的深度、广度和技术水平的高度。

五、打造创新人才队伍

人才是第一资源，国家科技创新力的根本源泉在于人。

我国要实现高水平科技自立自强，归根结底要靠高水平创新人才。培养创新型人才是国家、民族发展的长远大计。

栽下梧桐树，引来金凤凰。深化科技体制改革和人才发展体制机制改革，形成支持全面创新的基础制度。坚持不拘一格培养、引进、重用科技领军人才，聚天下英才而用之，为加快建设世界一流企业、加强科技创新夯实人才基础。健全以创新价值、能力、贡献为导向的科技人才评价体系，加大对核心骨干人才的中长期激励力度，提高科技人员成果转化收益比例，提升领军科技人才科研自主权，激发人才创新创造活力。推行科研项目"揭榜挂帅"等机制，让青年才俊有更多机会崭露头角、施展才华。多元化加大科技投入，加强知识产权法治保障，充分激发各类人才创新活力。建立产学研之间人才多向流动的"旋转门"机制，激活科技人才发展"一池春水"。

大力推进核心技术攻关，需要不断壮大科技领军人才队伍和一流创新团队，让"凤凰"留得住、干得好。同时，也需要人才刻苦钻研、不计名利，"金刚钻"揽上"瓷器活"，为国家科技自立自强默默作贡献。这种"同向而行"，非常宝贵，让人敬佩，给人以信心和力量。

六、培育创新文化

习近平总书记指出，我国几代科技工作者通过接续奋斗铸就的"两弹一星"精神、西迁精神、载人航天精神、科学家精神、探月精神、新时代北斗精神等，共同塑造了中国特色创新生态，成为支撑基础研究发展的不竭动力。优秀的创新文化、良好的创新氛围是保证技术创新得以茁壮成长的肥沃土壤。

积极营造崇尚创新、鼓励创新、勇于创新的浓厚氛围，让创新在全社会蔚然成风。大力弘扬"两弹一星"精神，坚持自主创新、开放合作、包容自励、敢为人先，形成崇尚创新、勇于创新、激励创新、保障创新的环境和氛围。推崇批判性思维，鼓励科学怀疑和求真务实，尊重首创精神和自由探索。营造尊重劳动、尊重知识、尊重人才、尊重创造的环境，形成崇尚科学的风尚。建立健全鼓励创新创业的容错免责机制，鼓励大胆尝试，鼓励开拓创新，保护创新者的积极性。大力弘扬追求真理、勇攀高峰的科学精神，广泛宣传基础研究等科技领域涌现的先进典型和事迹，教育引导广大科技工作者传承老一辈科学家以身许国、心系人民的光荣传统，把论文写在祖国的大地上。

在创新中，特别要注意"路径依赖"原理。路径依赖类似于物理学中的"惯性"，一旦进入某一路径，就可能对这种路径产生依赖，惯性的力量会使这一选择不断自我强化，并让人不能轻易走出去。刚开始的选择，决定了未来可能的选择。好的路径会起到正反馈的作用，通过惯性和冲力，产生"飞轮效应"；不好的路径会起到负反馈的作用，可能会被锁定在某种无效率的状态下，而导致停滞。这些选择一旦进入锁定状态，想要脱身就会变得十分困难。要想路径依赖的负面效应不发生，那么在最开始的时候，就要找准正确的方向，同时也说明创新是一件非常不容易的事。

凤凰乐栖，须有梧桐。领导干部要加快转变不适应创新发展要求的思想观念、思维方式、行为方式和工作方法，真正成为创新的引领者、推动者。实现高水平科技自立自强，需要继续厚植培养高层次人才的"沃土"，不断"壮苗出穗"，实现更多更大的科研突破。

示例25　某集团公司技术创新体系

技术创新体系是指以企业始于创新构思和研究开发，而终于市场实现的技术创新过程为核心的，各种相互联系、相互制约、相互作用的要素组成的具有整体功能的统一体。

某集团公司始终将自主创新作为发展的战略基点，紧密结合国家发展需求不断制定独具特色的顶层设计规划和技术发展战略，引领发展方向。技术创新体系由三部分组成：技术体系、组织体系和管理体系。技术体系涵盖发展战略研究、应用基础研究、应用研究、先期技术开发和产品设计制造等5个技术发展环节的技术创新流程。组织体系围绕产品技术在系统研发、专业研发、产学研联盟和技术新服务方面的机构布局。管理体系是指围绕技术创新的管理机构、规定和相关办法。

集团公司始终坚持自力更生、原始创新，加强前沿技术研究，注重新技术储备，抢占战略制高点。坚持稳扎稳打、重点突破，探索形成了"探索一代、预研一代、研制一代、生产一代"的"四个一代"研制路线和创新途径。探索一代着眼于长远发展和新概念研究，通过原始性的自主创新追求超越和领先；预研一代注重解决阻碍航天发展的技术瓶颈和新技术研究，跟踪世界先进型号前沿技术；瞄准新一代装备进行应用研究和关键技术攻关；研制一代是指研发满足需求的新产品；生产一代指制造状态稳定的产品并装备交付用户。科学有序推进"四个一代"的路线和途径，不但储备了技术，也成功地实现了从成果到产品的转换跨越。

第六节　上市公司质量

党的十八大以来，我国资本市场快速发展，在促进资源优化配置、推动经济快速发展和社会长期稳定、支持科技创新等方面发挥了重要作用，有利于促进科技、产业和资本高水平循环，完善现代化产业体系，推动发展新质生产力；有利于丰富金融产品和服务，创造更多增加居民财产性收入的机会；也有利于发展股权融资，优化融资结构，完善中国特色现代金融体系。上市公司是经济高质量发展的重要微观基础。推动上市公司高质量发展，有助于高水平科技自立自强、加快建设现代化产业体系，有助于增强市场信心，推动资本市场高质量发展。

经过多年公司制股份制改革，国有企业的许多核心资产已经进入上市公司。进一步提高国有控股上市公司质量，对于实现企业高质量发展、助力资本市场健康发展、维护国民经济平稳运行，都具有重要意义。

2024年4月12日，国务院印发《关于加强监管防范风险推动资本市场高质量发展的若干意见》，是继2004年、2014年两个"国九条"之后，又时隔10年，国务院再次出台的资本市场指导性文件。聚焦中国式现代化这个中心，锚定金融强国建设这一奋斗目标，及时补短板、强弱项，回应投资者关切，推动解决市场长期积累的深层次矛盾，通过强监管、防风险、促高质量发展为主线，加快建设安全、规范、透明、开放、有活力、有韧性的资本市场，保护中小投资者利益。这与建设以投资者为中心的理念相契合，充分体现了党中央、国务院对资本市场的高度重视和殷切期望。本次出台的意见，充分体现资本市场的政治性、人民性，充分体现强监管、防风险、促高质量发展的主线，充分体现目标导向、问题导向。证监会会同相关方面组织实施，共同形成"1+N"政策体系，连续制定若干强监管的配套制度规则，推动资本市场高质量发展。

在服务国家重大战略和推动经济社会高质量发展中，要以五个"必须"原则实现资本市场稳定健康发展。必须坚持和加强党的领导，充分发挥党的政治优势、组织优势、制度优势，确保资本市场始终保持正确的发展方向；必须始终践行金融为民的理念，突出以人民为中心的价值取向，更加有效保护投资者特别是中小投资者合法权益，助力更好满足人民群众日益增长的财富管理需求；必须全面加强监管、有效防范化解风险，稳为基调、严字当头，确保监管"长牙带刺"、有棱有角；必须始终坚持市场化法治化原则，突出目标导向、问题导向，进一步全面深化资本市场改革，统筹好开放和安全；必须牢牢把握高质量发展的主题，守正创新，更加有力服务国民经济重点领域和现代化产业体系建设。

提高上市公司质量是复杂的系统工程，上市公司自身是内因，是责任主体，也是最终受益者。要明确目标导向，把推动上市公司业绩改善和投资意愿修复，作为推动经济稳中求进、以进促稳、先立后破的重要举措。要明确问题导向，解决上市公司发展中面临的具体困难和问题，推动优化公司结构、规范公司治理，培育优质头部上市企业，不断提升上市公司投资价值。

一、存量与增量结合

上市公司是市场之基，投资者是市场之本，上市公司和投资者都是资本市场发展的源头活水。资本市场要发挥好"晴雨表"功能，体现现代化产业水平和经济高质量发展要求，就必须培育更多领跑行业发展、引领科技创新、核心竞争力突出的优秀上市公司。推动上市公司内强质地、外塑形象，争做资本市场主业突出、优强发展、治理完善、诚信经营的表率，让投资者走得近、听得懂、看得清、有信心，打造一批核心竞争力强、市场影响力大的旗舰型龙头上市公司，培育一批专业优势明显、质量品牌突出的专业化领航上市公司。

坚持做优存量与做精增量结合。统筹未上市和已上市资源，合理规划上市公司平台数量和战略定位，按照"做强做优一批、调整盘活一批、培育储备一批"的总体思路，积极做优存量，有进有退、有所为有所不为，促进上市平台完善产业布局、提升资产质量和运营效率；稳步做精增量，继续孵化和推动更多优质资产对接多层次资本市场。严把发行上市准入关，完善发行上市制度，强化发行上市全链条责任，加大发行承销监管力度，从源头提高上市公司质量。

二、价值创造与实现兼顾

坚持价值创造与价值实现兼顾。上市公司必须是高质量的，要有稳定的回报和可期待的成长性。大股东、实控人和管理层必须牢记上市公司是公众公司，必须有姓"公"的意识和责任，要持续对公众负责，持续提高投资价值。抓夯实价值创造基础，深耕细作、苦练内功，不断改善经营，做优基本面，提升上市公司内在价值。

加强市值管理，是资本市场改革的大势所趋，是国企改革深化提升行动的明确要求，也是上市公司高质量发展的应有之义。坚持多措并举，提升国有控股上市公司市值管理能力和水平。把持续的价值创造作为市值管理的基础，集中资源发展核心主业，推动科技创新、产业升级，提升全要素生产率和盈利水平。同时抓促进市场价值实现，重视市场反馈，合理引导预期，传递公司价值，增进各方认同，促进内在价值与市场价值齐头并进、共同成长。

积极维护股东权益，形成高质量发展的良性循环。真诚善待投资者，更好服务于投资者，从法律、制度、监管、执法等方面进一步加强对投资者的保护。把有效的价值传导作为市值管理的保障，加强投资者关系管理，完善信息披露机制，增强透明度和诚信度，打造负责任的上市公司形象。

三、内生和外延统筹

坚持内生增长和外延拓展统筹。上市公司聚焦主业，综合运用并购重组、股权激励等方式提高发展质量。深化提质增效，积极推动上市公司在稳产增收、降本节支、资产盘活、科技创新、管理提升等方面持续发力，提高综合经营管理水平，不断提高盈利能力和经营效率。提升自主创新能力，当好科技创新国家队。引导上市公司稳步加大科技研发投入，加快打造原创技术策源地，努力在关键核心技术、"卡脖子"环节取得突破；带头落实国家战略性新兴产业集群发展工程和龙头企业保链稳链工程，打造现代产业链链长，促进上中下游、大中小企业融通创新、协同发展；以获取关键技术、核心资源、知名品牌等为重点，依法有序开展兼并重组，引进先进科技资源，提升科技创新实力。建立健全科研成果转化机制，利用资本市场工具和上市公司平台，加快打通科技成果向生产力转化的"最后一公里"。

四、合规与创新并重

坚持依法合规与改革创新并重。坚守合规底线，严守防止国有资产流失红线，依法维护各类投资者权益。加强信息披露和公司治理监管，实现上市公司治理完善、信息透明、资源配置优化，从而稳健经营，更好地回馈投资者。完善上市公司内控体系，发挥独立董事监督作用，强化履职保障约束。不断提升公司治理水平和规范运作能力，探索建立健全 ESG 体系，防范化解重大风险。瞪大眼睛，对问题公司强化早期纠正，对各类风险提早处理，对各种违规行为露头就打。严肃整治财务造假、资金占用等重点领域违法违规行为。以市场为导向、以企业为主体，鼓励上市公司根据自身发展状况和改革需要，大胆创新，主动作为，探索更多符合实际的改革实践，最大限度激发蕴藏在基层的创新力量。

五、四个敬畏四条底线

在监管部门全链条、各环节的严格监管下，上市公司要主动扛起自我净化、自我完善、自我革新、自我提高的责任，牢记"四个敬畏"，守牢"四条底线"（不披露虚假信息、不从事内幕交易、不操纵股票价格、不损害上市公司利益），真正成为各类企业中的"优等生"。

上市公司应敬畏市场、守牢底线，走稳健合规发展之路。有的上市公司心态浮躁、急功近利，盲目加杠杆扩张，一些大股东高比例质押股份，有的还反复质押、循环质押。当宏观经济、货币金融环境发生变化时，债务风险、质押风险就会暴露。上市公司大股东和董监高，要深刻汲取教训，将尊重市场、尊重规律贯穿始终，将稳健经营和审慎经营贯穿始终，做到发展与风控能力匹配，有所为有所不为，避免大的失误和偏差，行稳致远。

上市公司应敬畏法治、遵守规则，强化诚信契约精神。守法经营、合规经营是企业不可逾越的底线。少数上市公司大股东和董监高守法意识、规则意识和契约意识淡漠，说假话、做假账、操纵业绩、操纵并购，财务造假还时有发生；公司治理不规范，通过非法关联交易输送利益。这些行为损害市场信心，也最终损害企业自身发展。加大退市监管力度，严格强制退市标准，畅通多元退市渠道，削减"壳"资源价值，强化退市监管，落实退市投资者赔偿救济，形成应退尽退、及时出清的常态化退市格局。加强并购重组监管，强化主业相关性，严把注入资产质量关，加大对"借壳上市"的监管力度，精准打击各类违规"保壳"行为。上市公司大股东和管理层要坚持以法律法规为准绳，尊法学法守法用法。

上市公司应敬畏专业、突出主业，自觉远离市场乱象。主业突出、业绩优良、核心竞争力强的上市公司，在市场上更受投资者欢迎。但也有一些上市公司偏离主业，热衷于编故事、炒概念、搞不切实际的跨界并购，频繁变更融资用途，脱实向虚，不仅不利于公司自身稳健长远发展，还损害投资者利益、扰乱市场秩序。加强上市公司市值管理，将上市公司市值管理纳入企业内外部考核评价体系。上市公司大股东和董监高，要坚持新发展理念，扎根实体、练好内功、突出主业、做精专业，弘扬企业家精神和工匠精神，凭竞争力吃饭，促进市场正本清源。

上市公司应敬畏投资者、回报投资者，积极弘扬股权文化。上市公司和投资者是市场的共生共荣体。懂得尊重投资者、善于回报投资者的上市公司，才能赢得市场的认可、尊重。一些具备条件的上市公司常年不愿分红，一些上市公司大股东利用自身的控制力把手伸向上市公司，通过违规担保、资金占用等手段掏空上市公司，一些上市公司社会责任缺失影响恶劣。这些行为严重侵害上市公司和投资者利益，对公共利益形成危害，最终都被投资者"用脚投票"。对多年不分红，或者分红比例偏低的公司，证监会将区分不同情况采取硬措施，譬如限制控股股东减持、实施 ST 风险警示等。有条件的上市公司，增强分红稳定性、持续性和可预期性，一年可以多次分红、预分红、春节前分红，让投资者欢欢喜喜、高高兴兴过年。上市公司大股东和董监高打心底里尊重投资者，特别是中小投资者，了解其诉求，持续优化投资者回报机制，做有底线、有责任、有担当、受尊敬的企业。

附1　某国有企业控股上市公司价值创造体系及模型

价值创造是指企业通过一系列的经济活动，创造出满足客户需求的产品和服务，从而增加自身收益的过程。从世界一流企业"产品卓越、品牌卓著、创新领先、治理现代"的十六字标准看，价值创造是共同的基石。

前面两个是由外向内看的特征，后面两个是由内向外的企业表现特征。产品卓越，要求企业产品和服务给客户创造非同一般的价值，展现出与众不同、超人一筹的特色；品牌卓著，要求企业给社会公众创造信任的价值、依赖的价值；创新领先，要求企业通过研发创造，有新技术、新模式、新方法，带来新的价值增量；治理现代，要求企业在长治久安、百年基业方面产生长期价值。世界一流企业的四个评价维度，都有一个共同的源头，那就是价值创造。

企业正是因为能够创造出顾客需要的价值而存在，价值创造是企业存在的唯一理由，更是企业高质量发展的基础。央企控股上市公司是国有企业的重要组成部分，是高质量发展的主力军，是实现国家产业和经济高质量发展的基础。某企业创新构建了上市公司价值创造体系，请见图3-3。

同时，该公司强化统筹组织，全面提升价值创造能力，把价值创造理念和要求贯穿于经营决策、运营管理、激励考核全过程，构建覆盖全员、全流程、全要素的价值创造模型，请见图3-4，推动价值创造要求转化为具体行动，切实发挥科技创新、产业控制、安全支撑"三个作用"，为推进强国建设、民族复兴伟业作出贡献。

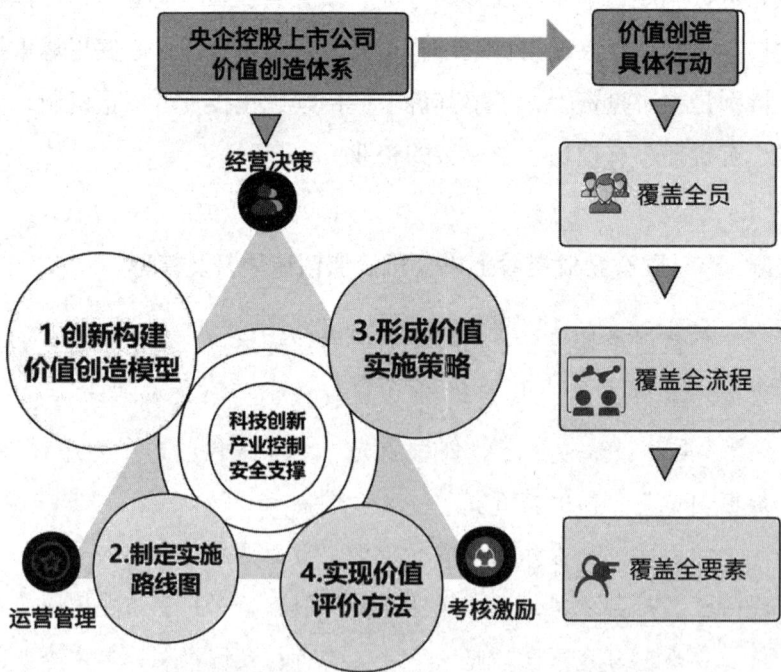

图3-3　某央企控股上市公司价值创造体系

价值创造
"1346"
工作体系

价值创造模型
明确"1"个总体目标
打造高质量旗舰型龙头上市公司

做到"3"个确保
确保装备建设政治责任落实到位、确保上市公司价值创造经济责任到位、确保可持续发展社会责任履行到位

建立"4"个机制
保障价值创造行动有效推动

| 组织协调机制 | 跟踪督办机制 | 督查考核机制 | 宣传联动机制 |

通过"6"个步骤
系统推动价值创造,实现闭环管理

| 项目(型号)任务方案论证 | 重大项目分级管理 | 价值创造成果检查 | 重点任务质量效益 | 重点任务专项考核 | 宣传示范推广 |

价值创造
"三个价值"
底层逻辑

| 战略价值 | 经济价值 | 社会价值 |

战略价值方面,形成服务国家战略和国防建设的价值点。聚焦服务国家战略,发挥对国家战略的支撑作用等价值,将战略价值解码为核心领域总体能力、产品国内市场覆盖率、国际化水平、优势产业引领等4个价值点。打造关键项目,提升对国家战略和国防建设的服务保障支撑能力。

经济价值方面,形成提升效益效率的价值点。确立科技创新、装备建设、产业布局、队伍建设、质量管理、内部管控、高质量党建等价值要素。通过经济价值解码,确立利润水平、现金流水平、业务成长性等价值点,聚焦经济价值,拓展数字仿真等数字应用,提升长期价值创造能力,加快转型升级。

社会价值方面,形成服务社会、可持续发展的价值点。聚焦为社会稳定与发展贡献力量等价值。将社会价值解码为员工关怀、绿色发展、安全生产、助力乡村振兴建设等,践行央企责任担当,形成价值创造对标指标体系,牵引和推动价值创造行动全面展开。

坚持一个目标
打造高质量旗舰型龙头上市公司

| 科技强军 | 航天报国 |

价值创造
"1个目标2个途径"
基本方法思路

提高核心竞争力　　用好"两个途径"　　**增强核心功能**

聚焦治理效能,持续深化组织结构体系改革。完善中国特色现代企业治理机制,党的领导与公司治理有机融合、子企业董事会建设等方面持续发力。

围绕着"一利五率"目标管理体系,更好发挥考核指挥棒作用。加强精益管理,提高运行效率,努力实现质的有效提升和量的合理增长。

聚焦活力动力,持续深化市场化运行体系改革。优化市场化经营机制、完善考核激励约束机制、深化三项制度改革、打造增效现代新国企。

对标世界一流,加快建设产品卓越、品牌卓著、创新领先、治理现代的世界一流企业。

优化布局调整结构,巩固国有经济在关系国家安全和国民经济命脉重要行业领域的控制地位。

加大对创新能力体系建设和战略性新兴产业布局。

切实发挥

提升对公共服务体系的保障力,更好地发挥国有经济主导作用和战略支撑作用。

科技创新、产业控制、安全支撑
"三个作用"

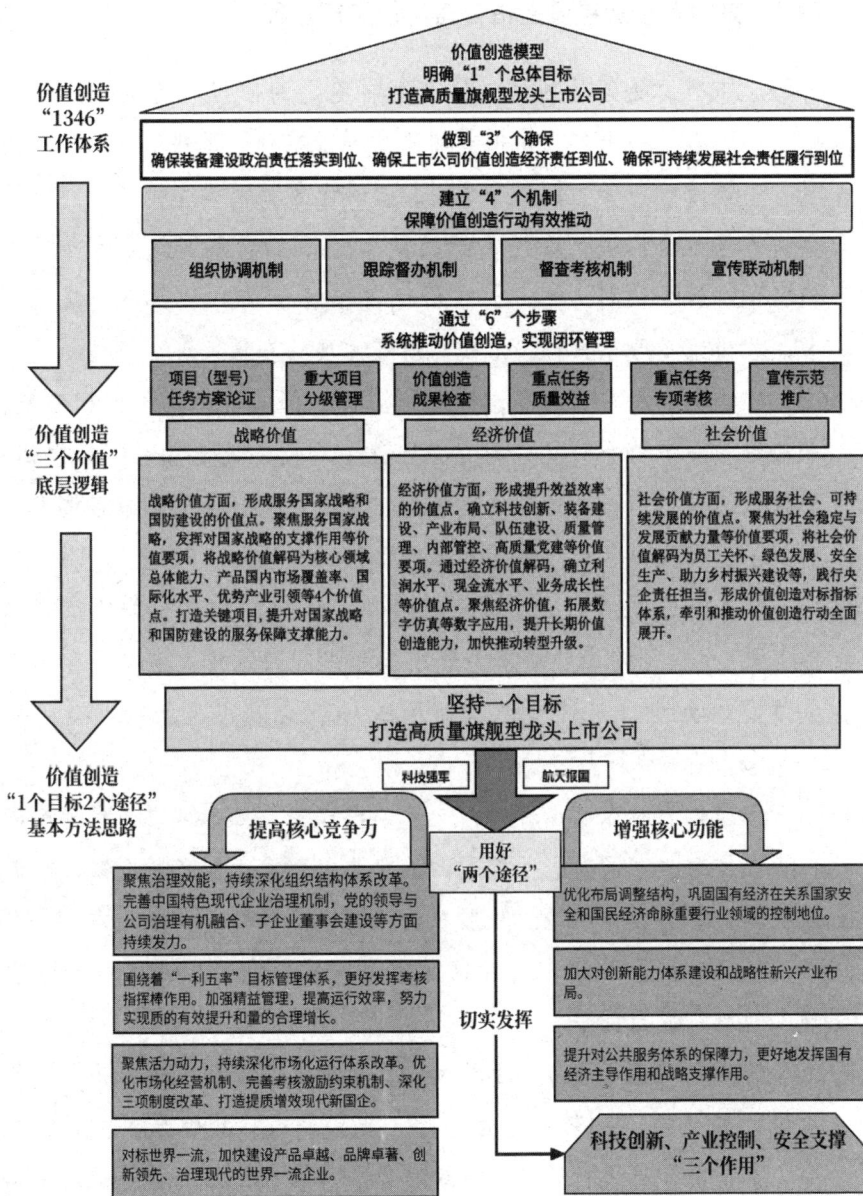

图3-4 某央企控股上市公司价值创造模型

附2　某国有企业控股上市公司价值实现路径

上市公司必须是高质量的，要有稳定的回报和可期待的成长性。某国有控股上市公司抓夯实价值创造基础，深耕细作、苦练内功，不断改善经营，做优基本面，提升上市公司内在价值。同时抓促进市场价值实现，重视市场反馈，合理引导预期，传递公司价值，增进各方认同，促进内在价值与市场价值齐头并进、共同成长。积极维护股东权益，形成高质量发展的良性循环。

既重视资本市场表现，努力推动市场价值与内在价值相匹配，积极维护股东权益，促进国有资产保值增值，又要尊重市场规律，充分认识到上市公司的市场表现受宏观经济、行业周期等多重因素影响，以客观务实的态度看待市场价值。

企业开展价值创造行动，从"单一价值视角向整体价值理念转变"，也就是构建一个基于股东、客户、利益攸关者、社会等四大维度的企业价值创造图谱，形成一个价值实现路径，请见图3-5。

股东。为股东创造价值，是一家现代企业基本职责，也是中心任务。作为一家国有企业控股的上市公司，最大股东是国家，同时也有其他各类股东利益。从股东价值最大化角度看，企业需要的是尽可能提升经营业绩和财务绩效水平，扩大在资本市场的价值表现，给股东最大回报。

客户。产品和服务，都是面向客户的；价值的实现，是通过客户的付费完成。一家一流的企业，产品卓越、品牌卓著、创新领先，都是由客户进行评价，才说了算。客户价值，无论是满足了需求，还是帮助降低了成本，都是核心价值体现。

利益攸关者。除了企业股东之外，还包括产业链上下游合作单位、金融机构和企业债权人、企业员工等不同组织和人员。国有企业控股上市公司要当好产业链的链主，不能只顾自己利润最大化，还要从生态蓬勃发展角度，为这些利益攸关主体的共存共赢创造价值。

社会。国有企业肩负着更加直接的社会责任和服务国家重大战略责任。发挥国有经济的战略支撑作用，服务国家战略，助力地方经济，通过深入参与打造战略安全、产业引领、国计民生、公共服务，造福行业，造福百姓。

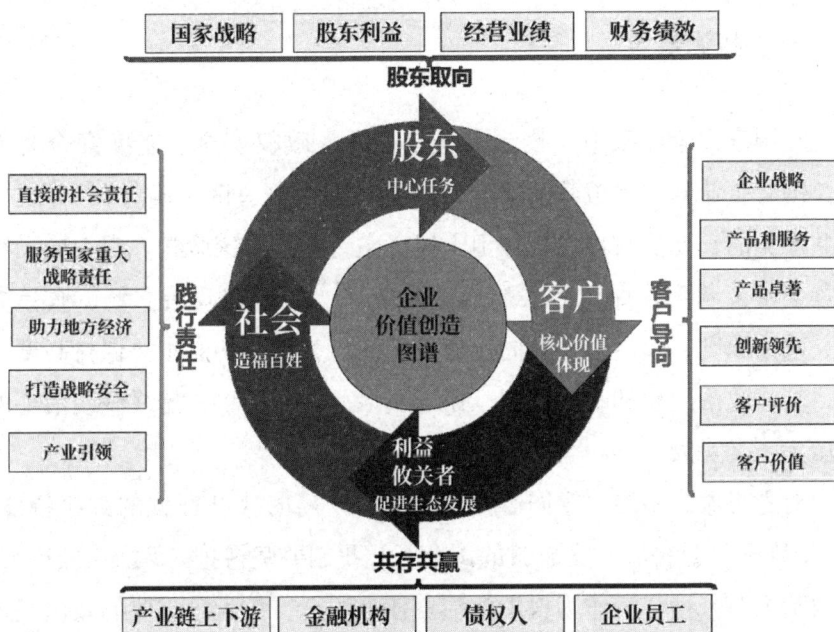

图 3-5　某国有控股上市公司价值实现路径

第七节　统筹发展和安全

推动高质量发展，必须更好统筹发展和安全。我国发展进入战略机遇和风险挑战并存、不确定难预料因素增多的时期，各种"黑天鹅""灰犀牛"事件随时可能发生。全面贯彻总体国家安全观，必须坚持统筹发展和安全两件大事。发展是安全的基础，安全是发展的条件。既要善于运用发展成果夯实国家安全的实力基础，又要善于塑造有利于经济社会发展的安全环境，增强维护国家安全能力，坚定维护国家政权安全、制度安全、意识形态安全和重点领域安全等，提高防范化解重大风险能力，确保牢牢守住产业链供应链、粮食、能源、金融、安全生产、生态环境、食品药品、公共卫生等安全底线。

一、政治安全

在国家安全体系中，政治安全是根本，政权安全、制度安全是核心。国有企业党委捍卫政治安全，就要坚决捍卫"两个确立"，捍卫中国共产党的长期执政地位，捍卫人民民主专政的国家政权，捍卫中国特色社会主义制度，捍卫宪法的权威和尊严，始终在政治立场、政治方向、政治原则、政治道路上同以习近平同志为核心的党中央保持高度一致，严守政治纪律和政治规矩，说老实话、办老实事，始终做政治上的明白人、老实人。

对党忠诚、始终与党同心同向同行，是新时代新征程的鲜明特质。"两个维护"是检验对党忠诚的试金石。我们要坚持把"两个维护"作为政治大节来恪守、作为根本政治责任来履行、作为最重要的政治纪律来遵守，不断提高政治判断力、政治领悟力、政治执行力。任何时候任何情况下，都坚持以党的旗帜为旗帜、以党的方向为方向、以党的意志为意志；任何时候任何情况下，都坚决忠诚核心、拥戴核心、维护核心、捍卫核心。

二、领域安全

国有企业党委要清醒认识国家安全工作面临的形势，健全"大安全"工作格局，提高统筹发展和安全的能力，助力国家安全体系和能力现代化建设。要将维护国家安全贯穿到工作各方面全过程，按照企业使用职责明确重点任务，细化工作举措，不折不扣落实到位。

能源企业要牢记，能源保障和安全是国家经济社会发展的全局性、战略性问题，事关国计民生，是须臾不可忽视的"国之大者"，对国家繁荣发展、人民生活改善、社会长治久安至关重要。要加快推动关键技术、核心产品迭代升级和新技术智慧赋能，提高国家能源安全和保障能力。

粮食企业要牢记，粮食问题不能只从经济上看，必须从政治上看，保障国家粮食安全是实现经济发展、社会稳定、国家安全的重要基础。

食品药品企业要牢记，食品药品安全关系每个人身体健康和生命安全。要用最严谨的标准、最严格的监管、最严厉的处罚、最严肃的问责，确保人民群众"舌尖上的安全"。

国有科技型企业要牢记，科技领域安全是国家安全的重要组成部分。要加强体系建设和能力建设，完善创新体系，提高整体效能。强化国家战略科技力量建设，突破"卡脖子"关键核心技术。加快补短板，完善产学研协同创新机制。

金融企业要牢记，金融安全是国家安全的重要组成部分，是经济平稳健康发展的重要基础。维护金融安全，是关系我国经济社会发展全局的一件带有战略性、根本性的大事。

从事空间事业发展的企业要牢记，太空资产是国家战略资产，要管好用好，更好保护好。全面加强防护力量建设，提高容灾备份、抗毁生存、信息防护能力。

生态环境安全是国家安全的重要组成部分，是经济社会持续健康发展的重要保障。国有企业要始终保持高度警觉，防止各类生态环境风险聚集扩散，做好应对任何形式生态环境风险挑战的准备。

电力、油气、铁路等行业的网络环节具有自然垄断属性，是我国国有经济布局的重点领域。健全监管制度体系，加强监管能力建设，重点加强对自然垄断环节落实国家重大战略和规划任务、履行国家安全责任、履行社会责任、经营范围和经营行为等方面的监管，推动处于自然垄断环节的企业聚焦主责主业，增加国有资本在网络型基础设施上投入，提升骨干网络安全可靠性。要对自然垄断环节开展垄断性业务和竞争性业务的范围进行监管，防止利用垄断优势向上下游竞争性环节延伸。

示例 26　某集团公司筑牢粮食安全压舱石

丰则贱籴，歉则贵粜。某集团公司始终牢记粮食安全是"国之大者"，践行"为耕者谋利、为食者造福"，守护好粮食安全的压舱石、服务调控的主力军、调节市场的稳定器作用。建立覆盖全国的收储网络，形成统一指挥、政令畅通、协同高效的储备管理体系，在应对一系列重大自然灾害、市场波动和突发事件等大战大考中经受住了检验。

坚持管理创新和科技创新双轮驱动，多措并举减少收储环节粮食损失，打造"无形良田"，实现"无地增产"，实现从"储粮安全、减损降耗"到"保质保鲜、绿色健康"的飞跃。依托在绿色储粮、科技储粮上的技术优势，积极开展"储粮技术进万家"活动，积极引导和帮助农民科学储粮、节粮减损。目前，中央储备粮科技储粮覆盖率超过 98%，中央储备粮宜存率稳定在 95% 以上，中央储备粮的综合储存损耗率在 1% 以内，确保农业产业链供应链韧性和稳定性，推动我国粮食安全向更高层次跃升。

三、安全生产

国有企业要时刻保持居安思危的忧患意识，始终将安全发展理念贯穿经营发展全过程，坚持人民至上、生命至上，切实担负起防范化解安全风险的政治责任，以安全生产助推企业高质量发展，当好各行业领域安全工作的标杆和典范。

压紧压实安全生产责任。企业主要负责人要严格履行安全生产第一责任人的责任，班子成员要各司其职、齐抓共管，认真履行各自岗位的安全职责，层层落实到基层一线。必须敢负责、敢担当，放得下个人的一时荣辱、私心杂念，宁听骂声、不听哭声。

完善安全管理体系。深化隐患排查治理，切实筑牢安全屏障。着力提升本质安全水平，强化安全生产费用提取和使用，重视抓好现代科技信息、设施设备提档升级和从业人员素质提升，坚决守住安全底线红线。安全生产工作人员要坚持监管与服务并重，经常"四不两直"深入企业一线，主动靠前帮助查找隐患、督促整改落实。盯紧守牢重点行业领域安全生产。安全生产都表现在具体小事上。大事故都是由小违章引起的，没发生事故前的事是小事，发生了就是大事。要坚决从小事抓，抓小事，成大事；抓小事，防大事。危险化学品、燃气管道、民爆领域企业要严格落实行业安全生产规定，不断提升人防、物防和技防水平；建筑施工企业要建立健全专业化技术管理团队，加强对下属企业的指导监督，将分包单位统一纳入企业安全管理体系进行有效管理；煤矿和非煤矿山企业要严格按照核准产能安排生产计划，确保针对瓦斯、冲击地压、水害等灾害的专项安全生产制度有效落实；能源电力企业要严格执行相关标准规范，确保企业安全投入到位、安全保障措施落实到位。

示例27　某公司织好安全"网"

某公司坚持以人民为中心的发展思想，始终绷紧安全生产这根弦，正确处理发展和安全的关系，把生产安全作为重要的生产要素，使安全成为每个人的行为习惯。

公司实现从生产第一到安全第一、从"与钻井平台共存亡"

到危急情况下的安全撤离、从避免事故到杜绝重大恶性事故发生的观念转变。坚持"以人为本、安全第一"的管理理念，以危害辨识和风险评价为基础，以全面、系统抵御风险为核心，以应急预案、应急指挥中心、应急管理信息系统、应急救援队伍等"四位一体"为基本框架，以三级应急管理、三级应急响应、全员参与、全过程管理为特点的全面 QHSE 管理体系建设，实现油气项目运营的风险管理，为社会提供优质产品和服务，为社会、环境的可持续发展贡献价值。

同时未雨绸缪，通过构建重大事故情景，对本领域可能发生的重大突发事件进行预想、分析、模拟，梳理应对任务、分析能力差距、提出对策建议。在生产基层单位，该公司为员工打造"五想五不干"的安全文化：一想安全风险，不清楚不干；二想安全措施，不完善不干；三想安全工具，未配备不干；四想安全环境，不合格不干；五想安全技能，不具备不干。

四、网络安全

没有网络安全就没有国家安全；过不了互联网这一关，就过不了长期执政这一关。深入贯彻习近平总书记关于网络强国的重要思想，切实肩负起举旗帜聚民心、防风险保安全、强治理惠民生、增动能促发展、谋合作图共赢的使命任务，贯彻落实"十个坚持"（坚持党管互联网，坚持网信为民，坚持走中国特色治网之道，坚持统筹发展和安全，坚持正能量是总要求、管得住是硬道理、用得好是真本事，坚持筑牢国家网络安全屏障，坚持发挥信息化驱动引领作用，坚持依法管网、依法办网、依法上网，坚持推动构建网络空间命运共同体，坚持建设忠诚干净担当的网信工作队伍）重要原则，大力推动网信事业高质量发展，以网络强国建设新成效为全面建设社会主义现代化国家、全面推进中华民族伟大复兴作出新贡献。

坚持党管互联网，加强党对网信工作的全面领导。国有企业党委（党组）及网信部门要落实主体责任。党委要加强组织领导、强化统筹协调，确保党中央关于网信工作决策部署落到实处。党委书记是第一责任人，分管网络安全的党委班子成员是直接责任人。网信部门要忠于党和人民，勇于担当作为，善于开拓创新，敢于斗争亮剑，甘于拼搏奉献，为推动网信事业高质量发展提供坚强保证。

牢记使命任务，细化任务举措，着力推动落实。企业要明确网络安全主要目标、工作任务、保护措施。加强网上正面宣传引导，防范网络意识形态风险，提高网络综合治理效能，形成良好网络生态，牢牢掌握网络意识形态工作领导权。坚持正能量是总要求、管得住是硬道理、用得好是真本事。坚持创新驱动、自立自强、赋能发展、普惠公平，攻克短板不足，发挥信息化驱动引领作用。坚持依法管网、依法办网、依法上网，建立和落实网络安全责任制，逐级落实责任，上下协调联动，加强网络安全宣传教育、网络安全业务培训等工作。制定网络安全事件应急预案等。

党组织要规范党员干部网络行为。党员干部在网络行为中要坚持正确政治方向，自觉宣传党的理论和路线方针政策，积极践行社会主义核心价值观，传播正能量、弘扬主旋律，共筑网上网下同心圆。严格规范党员干部在网络平台以职务身份注册账号行为。党员干部以职务身份在微博、微信、网络直播、论坛社区等境内外网络平台上注册账号、建立群组的，应当向所在党组织报告。加强对党员干部网络行为的教育、引导和管理。

五、保密工作

党管保密是保密工作的本质特征，是做好保密工作的根本政治保证和最大政治优势。坚持党管保密原则不动摇，坚持和完善党对保密工作统一领导的体制机制，发挥国有企业党委及其保密委员会统筹谋划、协调各方作用。

在国有企业党委领导下，保密委员会负责本单位保密工作，指导协调全系统保密工作。坚持党对保密工作的全面领导，把党的政治建设摆在首位，切实维护好国家安全和利益的重大政治责任，贯彻落实党的保密工作方针政策、决策部署，推动高质量发展。党委负责同志担任保密委员会主任，保密委员会成员应当为党员。设立保密工作机构，配备专职保密干部。保密工作与业务工作紧密融合，做到同谋划、同部署、同落实。落实保密工作责任制，保密工作纳入党员领导干部民主生活会对照检查内容、领导干部考核内容。

六、信访工作

信访工作事关经济社会发展大局稳定，事关人民群众生命财产安全。国有企业党委要牢记为民解难、为党分忧的政治责任，始终保持如履薄冰的高度责任感，更好履行服务党和国家大局、维护群众合法权益、化解信访突出问题、维护社会和谐稳定的职责。

党组织要注重源头防范化解，畅通和规范群众诉求表达、利益协调、权益保障通道，及时将矛盾纠纷化解在基层、化解在萌芽状态。加大排查力度，建立清单台账，做到底数清、情况明。加大领导干部接访下访力度，抓好矛盾源头预防化解工作。促进公平正义，让职工群众安居乐业，获得感、幸福感、安全感更加充实、更有保障、更可持续。

七、防范化解重大风险

有效防范化解风险是企业保持高质量发展的关键"兜底保护网"。既部署"过河"的任务，又指导解决"桥"和"船"的问题。坚持底线思维，准确识变、科学应变、主动求变，不断健全风险防控机制，持续提高风险防控能力，以顽强的斗争意志应对好每一场重大风险挑战，坚决守住不发生系统性风险的底线。

风险防范比化解更重要。强烈的风险意识本身可以使风险得以化解。企业风险管控最差的情况是风险失控，事发前看不到风险，事发后也无应对之策；中间的情况是事发前心存侥幸，有一些准备但不充分，事发后能够积极应对处理危机，付出较大代价化解了风险；最高的境界是防患于未然，事前化解风险，或者虽发生，但因准备充分而最大限度减少了损失。

坚持目标导向打基础、问题导向固底板，建立健全覆盖全级次、全业务、全流程、全员的全面风险管理体系。消除盲区、盲点、死角，杜绝风险事件的发生。根据风险成因和影响程度，在战略、财务、市场、运营、法律等风险分类基础上，细化风险分类，编制风险总目录。根据所属单位的经济规模、业务特点、管理能力和风险大小，对每类单位采取不同的风险管控措施。设置风险指标，建立预警体系，有效控制不利情况发生。

建立企业风险报告制度，健全系统性风险动态监测机制，确保企业各类重大风险的实时在线管控。聚焦企业科研生产重点领域加强风险防范，推动降杠杆减负债，建立高负债企业债务风险管控机制，分行业划定资产负债率警戒线，大力压减负债规模。实行投资项目负面清单制度，严禁超越企业财务承受能力的投资，对违规投资行为坚决予以查处。对违规开展金融业务的，坚决实行问责。强化境外企业合规管理，健全风险防控机制，严格规范境外经营行为，防范境外投资风险。

建立健全权责清晰、体系完善的内控组织架构。围绕由上至下、覆盖全面的内控制度，以业务为驱动，协同前后端，通过责任落实到人、开展考核评价等方式，运用大数据等技术，促进内控高效执行。建立健全总法律顾问、首席合规官制度，以及重要岗位权力制衡制度。建立多层次的监督检查体系，形成闭环的风险管理机制。

加强潜在经营风险的管控，高度警惕"黑天鹅"事件，防范"灰犀牛"事件。对战略实施过程中的突发或特殊情况，建立应急机制，做到随时调度、随时反应、随时应对；对经济运行中反映出的重点难点问题，及时进行剖析，制定解决办法，加强资源调配；高度关注市场变化、合同、资金情况、两金等，对各种可能出现的负面情况加强预判，对巡视巡察、审计等反映出的经营问题，及时予以分析和管控，做好监督整改落实。

示例28　关于××××的纪检监察（纪律检查）建议

纪建〔　〕　号

关于××××的纪检监察（纪律检查）建议

＿＿＿＿＿＿＿（有关单位、党组织）：

第一部分：监督检查、审查调查情况

第二部分：发现的主要问题及其产生的原因

1.…………（认定的问题，可简要进行特点情形等描述，下同。）

2.………………

3.………………

………………

第三部分：整改建议内容和要求

根据《中国共产党纪律检查委员会工作条例》《中国共产党纪律检查机关监督执纪工作规则》《中华人民共和国监察法》《中华人民共和国监察法实施条例》等规定，现向你单位（党组织）提出纪检监察（纪律检查）建议：

1.………………

2.………………

3. ·················

·················

第四部分：整改期限和反馈整改情况要求

请将办理情况于 年 月 日前，书面反馈（报告）集团公司纪检监察组（单位纪委）。如有异议的，请在收到建议之日起15个工作日内，以书面形式向纪检监察组（纪委）提出。

×××集团公司纪检监察组（纪委）

年 月 日

备注：

1. 根据《中国共产党纪律检查委员会工作条例》第四十一条、《中国共产党纪律检查机关监督执纪工作规则》第十九条和《中华人民共和国监察法》第四十五条、《中华人民共和国监察法实施条例》第二百零五条的规定制作，为纪检监察机关提出纪检监察（纪律检查）建议时使用。

2. 本文书经审批后送达被建议单位，根据需要可抄送其同级纪检监察（纪律检查）机关等。向有关单位提出纪检监察（纪律检查）建议，应当抄送该单位党委（党组织）。

3. 加盖纪检监察组（纪委）印章。

第四章　思想建设

宣传思想文化工作事关党的前途命运，事关国家长治久安，事关民族凝聚力和向心力，是一项极端重要的工作。既是中国共产党领导人民不断夺取革命、建设和改革胜利的优良传统和政治优势，也是国有企业的优良传统和政治优势。

新时代新征程，要紧紧围绕学习贯彻习近平文化思想，围绕贯彻党的二十大关于文化建设的战略部署，切实增强做好新时代新征程宣传思想文化工作的责任感、使命感，推动各项工作落地见效。国有企业宣传思想文化工作必须立足新定位、找准新坐标、担当新使命，以钉钉子精神把各项任务要求落到实处，不断增强工作能力本领，提高工作质量效能，在推动企业高质量发展中积极作为、勇于担当，展现新气象新作为。

第一节　宣传思想文化工作

一、使命任务

习近平文化思想是新时代党领导文化建设实践经验的理论总结，丰富和发展了马克思主义文化理论，构成了习近平新时代中国特色社会主义思想的文化篇，为做好新时代新征程宣传思想文化工作、担负起新的文化使命提供了强大思想武器和科学行动指南，为创造人类文明新形态、引领世界文明发展进步贡献了中国智慧。

国有企业党委要加强党对宣传思想文化工作的全面领导，旗帜鲜明坚持党管宣传、党管意识形态。要从深刻领悟"两个确立"的决定性意义、坚决做到"两个维护"的政治高度，全面系统深化学习习近平文化思想的丰富内涵和实践要求，坚持以文修身、以德润心。做好新形势下宣传思想文化工作，必须持续加强对习近平文化思想的学习、研究、阐释，并自觉贯彻落实到宣传思想文化工作各方面和全过程，自觉承担起举旗帜、聚民心、育新人、兴文化、展形象的使命任务。

举旗帜，就是要高举马克思主义、中国特色社会主义的旗帜，坚持不懈用习近平新时代中国特色社会主义思想武装全党、教育人民、推动工作，在学懂弄通做实上下功夫，推动当代中国马克思主义、二十一世纪马克思主义深入人心、落地生根。

聚民心，就是要牢牢把握正确舆论导向，唱响主旋律，壮大正能量，做大做强主流思想舆论，把士气鼓舞起来、精神振奋起来，朝着党中央确定的宏伟目标团结一心向前进。

育新人，就是要坚持立德树人、以文化人，建设社会主义精神文明、培育和践行社会主义核心价值观，提高人民思想觉悟、道德水准、文明素养，培养能够担当民族复兴大任的时代新人。

兴文化，就是要坚持中国特色社会主义文化发展道路，推动中华优秀传统文化创造性转化、创新性发展，继承革命文化，发展社会主义先进文化，激发全民族文化创新创造活力，建设社会主义文化强国。

展形象，就是要推进国际传播能力建设，讲好中国故事、传播好中国声音，向世界展现真实、立体、全面的中国，提高国家文化软实力和中华文化影响力。

二、总体要求

坚持以习近平新时代中国特色社会主义思想为指导，全面贯彻党的二十大精神，深入学习贯彻习近平文化思想，深刻领悟"两个确立"的决定性意义，增强"四个意识"、坚定"四个自信"、做到"两个维护"，自觉承担起举旗帜、聚民心、育新人、兴文化、展形象的使命任务，坚持正确政治方向，在基础性、战略性工作上下功夫，在关键处、要害处下功夫，在工作质量和水平上下功夫，推动宣传思想文化工作不断强起来，促进全体干部职工在理想信念、价值理念、道德观念上紧紧团结在一起，为服务党和国家事业全局作出更大贡献。

国有企业宣传思想文化工作肩负着统一思想、宣传主张、教育职工、推动工作的重要职责。

坚持从政治引领上服务中心大局。必须坚持正确政治方向，突出政治引领，在统一思想、凝聚力量中服务中心大局。在政治上把握大局，国有企业宣传思想文化工作的首要任务就是要宣传好、贯彻好、落实好习近平新时代中国特色社会主义思想，坚持用党的创新理论武装头脑、指导实践、推动工作，引领企业始终保持正确的政治方向，深刻领悟"两个确立"的决定性意义，增强"四个意识"、坚定"四个自信"、做到"两个维护"。在思想上融入大局，把宣传思想文化工作纳入全局工作中去考虑、去谋划，将企业目标作为工作的奋斗方向，将企业工作重点作为工作的着力点，明确如何履行服务中心服务大局的职能和方向。在观念上紧跟大局，牢固树立大宣传理念，构建大宣传格局，形成人人都是宣传思想文化工作者的生动局面。

坚持从优化环境上服务科研生产经营。宣传思想文化工作要为企业的科研生产经营营造环境、优化环境，为提升企业竞争力助力。在外树形象上发力，向市场和客户传递企业信息、树立企业良好形象，最大限度提升企业形象和美誉度。在内聚人心上发力，使党的路线方针政策传达到职工身边，使企业各方面情况被职工所了解，使职工关注的热点问题、关心的难点问题得到反映，使先进典型得到宣传，使职工能在思想上解惑、精神上解负、文化上解渴、心理上解压。

坚持从守正创新上服务基层一线。宣传思想文化工作必须坚持以人民为中心的工作导向，树立群众观点，坚定群众立场，更接地气、更有活力、更有温度。提高服务基层一线的水平，突出绝对忠诚、绝对可靠的政治标准，强化国有企业宣传思想队伍建设管理，打造政治过硬、本领高强、求实创新、能打胜仗的国有企业宣传思想队伍，为更优服务基层一线提供能力保障。扩大服务基层一线的范围，坚持团结稳定鼓劲、正面宣传为主，理直气壮讲主张、旗帜鲜明抓引导，贴近实际、贴近工作、贴近基层、贴近群众，讲好企业故事，实现小故事、大道理。创新服务基层一线的载体，巩固传统宣传阵地的地位，运用新兴宣传媒体的优势，广泛开展基层职工乐于参与、便于参与的文化活动，打通宣传基层、关心基层、服务基层"最后一公里"。

示例 29　某集团公司"1+4+N"宣传思想文化工作框架体系

某集团公司全面深入贯彻落实习近平文化思想，对标上级机关相关部署要求，紧密结合事业发展实际，构建了"1+4+N"宣传思想文化工作框架体系，即包含 1 个顶层文件、4 个支撑文件、N个制度和落实文件。

1个体系顶层文件，研究制定《关于学习贯彻习近平文化思想进一步加强宣传思想文化工作的指导意见》。

4个体系支撑文件，即《关于加强和改进思想政治工作的实施意见》《关于加强干部职工思想道德素养和精神文明建设的实施意见》《关于进一步加强和改进新闻舆论工作的实施意见》和《关于培育弘扬新时代航空发动机精神的实施意见》。

"N"是一系列宣传思想文化工作具体落实的制度和文件，是体系落地的重要保障，根据集团公司发展实际需要及时进行新增、修订、废止。

第二节　主题教育

一个民族要走在时代前列，就一刻不能没有理论思维，一刻不能没有正确思想指引。

用党的创新理论武装全党是党的思想建设的根本任务。全面加强党的思想建设，坚持用习近平新时代中国特色社会主义思想统一思想、统一意志、统一行动。坚持学思用贯通、知信行统一，坚持不懈用习近平新时代中国特色社会主义思想凝心铸魂，把习近平新时代中国特色社会主义思想转化为坚定理想、锤炼党性和指导实践、推动工作的强大力量。加强理想信念教育，引导全党牢记党的宗旨，解决好世界观、人生观、价值观这个总开关问题，自觉做共产主义远大理想和中国特色社会主义共同理想的坚定信仰者和忠实实践者。

学习贯彻习近平新时代中国特色社会主义思想是新时代新征程开创事业发展新局面的根本要求。坚持用马克思主义中国化时代化最新成果武装全党、指导实践、推动工作，是我们党创造历史、成就辉煌的一条重要经验。新时代新征程，面对错综复杂的国际国内形势、艰巨繁重的改革发展稳定任务、各种不确定难预料的风险挑战，要实现党的二十大确定的战略目标，迫切需要广大党员、干部特别是各级领导干部进一步深入学习贯彻习近平新时代中国特色社会主义思想。

一、重要意义

以县处级以上领导干部为重点在全党深入开展学习贯彻习近平新时代中国特色社会主义思想主题教育，是贯彻落实党的二十大精神的重大举措，对于统一全党思想、解决党内存在的突出问题、始终保持党同人民群众血肉联系、推动党和国家事业发展，具有重要意义。

要在推动学习贯彻习近平新时代中国特色社会主义思想走深走实上下功夫，教育引导党员、干部从思想上正本清源、固本培元，不断提高政治判断力、政治领悟力、政治执行力，增强"四个意识"、坚定"四个自信"、做到"两个维护"，始终在思想上政治上行动上同以习近平同志为核心的党中央保持高度一致，做到心往一处想、劲往一处使，共同把党锻造成一块攻无不克、战无不胜的坚硬钢铁。

要教育引导广大党员干部学思想、见行动，树立正确的权力观、政绩观、事业观，增强责任感和使命感，不断提高推动高质量发展本领、服务群众本领、防范化解风险本领，加强斗争精神和斗争本领养成，提振锐意进取、担当有为的精气神。

要教育引导各级党组织和广大党员、干部突出问题导向，查不足、找差距、明方向，接受政治体检，打扫政治灰尘，纠正行为偏差，解决思想不纯、组织不纯方面存在的突出问题，不断增强党的自我净化、自我完善、自我革新、自我提高能力，使我们党始终充满蓬勃生机和旺盛活力，始终成为中国特色社会主义事业的坚强领导核心。

二、总要求

要牢牢把握"学思想、强党性、重实践、建新功"的总要求,贯穿主题教育全过程。这四句话体现了我们党认识与实践相结合、理论与实际相联系、改造主观世界与改造客观世界相统一的一贯要求,是一个紧密联系、相互贯通、内在统一的整体。

学思想,就是要全面学习领会习近平新时代中国特色社会主义思想,全面系统掌握这一思想的基本观点、科学体系,把握好这一思想的世界观、方法论,坚持好、运用好贯穿其中的立场观点方法,不断增进对党的创新理论的政治认同、思想认同、理论认同、情感认同,真正把马克思主义看家本领、兴党本领、强国本领学到手,自觉用习近平新时代中国特色社会主义思想指导各项工作。

强党性,就是要自觉用习近平新时代中国特色社会主义思想改造主观世界,深刻领会这一思想关于坚定理想信念、提升思想境界、加强党性锻炼等一系列要求,始终保持共产党人的政治本色。

重实践,就是要自觉践行习近平新时代中国特色社会主义思想,用以改造客观世界、推动事业发展,用以观察时代、把握时代、引领时代,积极识变应变求变,解决经济社会发展和党的建设中存在的各种矛盾问题,防范化解重大风险,推动中国式现代化取得新进展新突破。

建新功,就是要从习近平新时代中国特色社会主义思想中汲取奋发进取的智慧和力量,熟练掌握其中蕴含的领导方法、思想方法、工作方法,不断提高履职尽责的能力和水平,凝心聚力促发展,驰而不息抓落实,立足岗位作贡献,努力创造经得起历史和人民检验的实绩。

三、根本任务

主题教育根本任务是坚持学思用贯通、知信行统一,把习近平新时代中国特色社会主义思想，转化为坚定理想、锤炼党性和指导实践、推动工作的强大力量，使全党始终保持统一的思想、坚定的意志、协调的行动、强大的战斗力，努力在以学铸魂、以学增智、以学正风、以学促干方面取得实实在在的成效。

要凝心铸魂筑牢根本，教育引导广大党员、干部经受思想淬炼、精神洗礼，坚定对马克思主义的信仰、对中国特色社会主义的信念、对实现中华民族伟大复兴中国梦的信心，弘扬伟大建党精神，务必不忘初心、牢记使命，务必谦虚谨慎、艰苦奋斗，务必敢于斗争、善于斗争，筑牢信仰之基、补足精神之钙、把稳思想之舵。

要锤炼品格强化忠诚，教育引导广大党员、干部锤炼政治品格，以党的旗帜为旗帜、以党的意志为意志、以党的使命为使命，始终忠诚于党、忠诚于人民、忠诚于马克思主义，真心爱党、时刻忧党、坚定护党、全力兴党。

要实干担当促进发展，教育引导广大党员、干部胸怀"国之大者"，紧紧围绕新时代新征程党的中心任务，真抓实干、务求实效，聚焦问题、知难而进，以时时放心不下的责任感、积极担当作为的精气神为党和人民履好职、尽好责，以新气象新作为推动高质量发展取得新成效，依靠顽强斗争打开事业发展新天地。

要践行宗旨为民造福，教育引导广大党员、干部牢固树立以人民为中心的发展思想，坚持一切为了人民、一切依靠人民，自觉问计于民、问需于民，始终同人民同呼吸、共命运、心连心，着力解决人民群众急难愁盼问题，把惠民生、暖民心、顺民意的工作做到群众心坎上，增强人民群众获得感、幸福感、安全感。

要廉洁奉公树立新风，教育引导广大党员、干部增强纪律意识、规矩意识，持续纠治"四风"，把纠治形式主义、官僚主义摆在更加突出的位置，做到公正用权、依法用权、为民用权、廉洁用权，推动形成清清爽爽的同志关系、规规矩矩的上下级关系、亲清统一的新型政商关系，当好良好政治生态和社会风气的引领者、营造者、维护者。要将整治形式主义为基层减负作为主题教育的重要内容，以整治成果彰显主题教育成效。

四、总体安排

主题教育分两批开展，不划阶段、不分环节，要把理论学习、调查研究、推动发展、检视整改贯通起来，有机融合、一体推进。

坚持读原著学原文悟原理，坚持多思多想、学深悟透，全面学习领会习近平新时代中国特色社会主义思想的科学体系、精髓要义、实践要求，做到整体把握、融会贯通。

按照党中央关于在全党大兴调查研究的工作方案，组织广大党员、干部特别是各级领导干部扑下身子、沉到一线，深入基层单位，把脉问诊、解剖麻雀，进行问题梳理、难题排查，运用党的创新理论研究新情况、解决新问题。

紧紧围绕高质量发展这个全面建设社会主义现代化国家的首要任务，以强化理论学习指导发展实践，以深化调查研究推动解决发展难题，把学习和调研落实到完成党的二十大部署的各项任务中去，以推动高质量发展的新成效检验主题教育成果。

坚持边学习、边对照、边检视、边整改，把问题整改贯穿主题教育始终，让人民群众切实感受到解决问题的实际成效。开好领导班子专题民主生活会和基层党组织组织生活会，结合学查改开展批评和自我批评。

五、主题教育成效

各级党组织要坚决贯彻落实党中央的工作部署，教育引导党员干部在以学铸魂、以学增智、以学正风、以学促干上，下功夫、见实效。

对主题教育的实效进行科学、客观评估。检验理论学习成效，要看党的创新理论是否入心见行、党员干部是否做到善思善用；检验调查研究成效，要看是否摸清社情民意、是否解决实际问题；检验推动发展成效，要看高质量发展是否有新突破、人民生活品质是否有新提升；检验检视整改成效，要看问题症结是否找准、整改整治是否到位；检验干部队伍教育整顿成效，要看思想不纯和组织不纯现象是否纠正、政治隐患是否消除。评估成效要用事实说话，开门抓评估，让群众评价，确保评估客观真实。评估主题教育成效，很重要的一个方面是看形式主义、官僚主义是否得到有效解决，要对形式主义、官僚主义的东西来一次检视，分析根源，对症下药，切实改出实效。

（1）以学铸魂。就是要做好学习贯彻习近平新时代中国特色社会主义思想的深化、内化、转化工作，从思想上正本清源、固本培元，筑牢信仰之基、补足精神之钙、把稳思想之舵。

一是坚定理想信念，增强对党的价值追求和前进方向的高度政治认同，把好世界观、人生观、价值观这个"总开关"。

二是铸牢对党忠诚，自觉坚持党的全面领导、坚定维护党中央权威和集中统一领导，不断提高政治判断力、政治领悟力、政治执行力，始终在政治立场、政治方向、政治原则、政治道路上同以习近平同志为核心的党中央保持高度一致，把对党忠诚体现到贯彻落实好党中央决策部署的实际行动上。

三是站稳人民立场，强化宗旨意识，坚守初心使命，践行党的群众路线，把人民群众满意不满意作为评判主题教育成效的根本标准，解决好人民群众最关心最直接最现实的利益问题，把惠民生的事办实、暖民心的事办细、顺民意的事办好，让现代化建设成果更多更公平惠及全体人民。

（2）以学增智。就是要从党的科学理论中悟规律、明方向、学方法、增智慧，把看家本领、兴党本领、强国本领学到手。

一要提升政治能力，善于从党和人民的立场、党和国家工作大局出发想问题、做决策、办事情，善于从繁杂问题中把握事物的规律性、从苗头问题中发现事物的趋势性、从偶然问题中认识事物的必然性，善于驾驭复杂局面、凝聚社会力量、防范政治风险，切实担负好党和人民赋予的政治责任，真正成为政治上的明白人。

二要提升思维能力，把习近平新时代中国特色社会主义思想的世界观、方法论和贯穿其中的立场观点方法，转化为自己的科学思想方法，作为研究问题、解决问题的"总钥匙"，切实提高战略思维、辩证思维、系统思维、创新思维、历史思维、法治思维、底线思维能力，做到善于把握事物本质、把握发展规律、把握工作关键、把握政策尺度，增强工作科学性、预见性、主动性、创造性。

三要提升实践能力，发扬理论联系实际的优良学风，全面把握习近平新时代中国特色社会主义思想一系列新理念新思想新战略的实践要求，增强推动高质量发展、服务群众、防范化解风险本领，加强斗争精神和斗争本领养成，着力增强防风险、迎挑战、抗打压能力，及时填知识空白、补素质短板、强能力弱项，不断提高专业化水平。

（3）以学正风。看主题教育是否有成效，最直观的感受是看党风方面存在的问题是否得到解决、党员干部作风是否有明显进步。

一要抓实以学正风，坚持目标导向和问题导向相结合、学查改相贯通，对标党风要求找差距、对表党性要求查根源、对照党纪要求明举措，增强检视整改实效。

二要大兴务实之风，抓好调查研究，在察实情、出实招、求实效上下工夫，把工作抓实、基础打实、步子迈实，在力戒形式主义、官僚主义上取得明显实质性进展，以这次主题教育为契机，将调查研究发扬光大。

三要弘扬清廉之风，教育各级领导干部牢固树立正确权力观，全面查找廉洁风险点，筑牢思想防线，坚守法纪红线。要按照"三不腐"要求健全相关制度、严格执纪，建好护栏。

四要养成俭朴之风，把生活作风问题作为检视整改的重要内容，督促广大党员干部保持清醒头脑，筑牢贯彻落实中央八项规定及其实施细则精神的堤坝。

（4）以学促干。要教育引导党员干部落实"重实践"要求，坚持学思用贯通、知信行统一，匡正干的导向，增强干的动力，形成干的合力，在以学促干上取得实实在在的成效。

一是树牢造福人民的政绩观，坚持以人民为中心的发展思想，坚持高质量发展，不搞贪大求洋、盲目蛮干、哗众取宠；坚持出实招求实效，不搞华而不实、投机取巧、数据造假；坚持打基础利长远，不搞急功近利、竭泽而渔、劳民伤财。

二是鼓足干事创业的精气神，恪尽职守、担当作为、迎难而上、敢于斗争，严肃整治拈轻怕重、躺平甩锅、敷衍塞责、得过且过等消极现象，完善担当作为激励和保护机制。

三是形成狠抓落实的好局面，不折不扣贯彻落实党中央决策部署，积极主动抓落实，聚合众力抓落实，以钉钉子精神抓落实，聚焦实际问题抓落实，在抓落实上取得新实效。

六、加强工作领导

主题教育是一件事关全局的大事，时间紧、任务重、要求高。党委要高度重视，精心组织实施，坚持运用好把理论学习贯穿始终、突出问题导向、服务中心任务、力戒形式主义、以上率下示范引领等。

明确领导责任。党委要扛起主体责任，把主题教育谋划好、组织好、落实好。党委主要负责同志要切实履行第一责任人职责，亲自谋划、靠前指挥、督促指导，不当"甩手掌柜"、不当"二传手"。党委成员要认真履行一岗双责，加强对分管领域、分管部门开展主题教育的指导督促。相关部门要明确责任、密切配合，形成良好的组织指导格局，使主题教育善始善终、取得实际成效。要把主题教育开展情况作为领导班子和领导干部年度考核、党组织书记抓基层党建工作述职评议考核重要内容。

强化督促指导。指导组要采取巡回指导、随机抽查、下沉走访、座谈访谈等方式，严督实导、以导带督，既指出存在问题，又帮助研究对策。针对不同地区、不同领域、不同行业的特点分类指导，精准施策，防止"一刀切"。紧紧依靠单位党委开展工作，加强沟通交流，及时交换意见，推动问题解决。对可能出现的各种形式主义，要提前预判、有效防范、坚决克服。

注重统筹兼顾。要坚持围绕中心、服务大局，把开展主题教育同贯彻落实党中央各项决策部署结合起来，同推动本单位的中心工作结合起来，做到两手抓、两促进，推动党员、干部将焕发出来的学习、工作热情转化为攻坚克难、干事创业的强大动力。

加强宣传引导。要充分发挥宣传主渠道作用，注重运用新媒体，深入宣传党中央部署要求，宣传主题教育的重大意义、目标任务、进展成效。创新方式方法，充分发挥主流媒体和新兴媒体作用，正面引导网上舆论，注意防止"低级红""高级黑"。（所谓"低级红"，是指有意无意把党的政策简单化、庸俗化，用看似夸张甚至极端的态度来表达"政治正确"；"高级黑"，则或明褒实贬、或指桑骂槐、或指东打西，以精心策划但又不易察觉的方式进行攻击抹黑。）宣传正面典型，总结一批可复制可推广的好经验好做法。深刻剖析反面典型，以案例明法纪、促整改，有效发挥警示作用。

七、巩固拓展成果

习近平总书记强调，巩固拓展主题教育成果，要持续加强理论武装，教育引导党员干部通过坚持学习党的创新理论，悟规律、明方向、学方法、增智慧，固本培元、凝心铸魂，进一步打牢党的团结统一的思想基础；要持续推动解决问题，继续抓好整改整治、建章立制，让人民群众切实感受到解决问题的实际成效，让人民群众有获得感；要持续改进作风，落实"四下基层"，坚持和发展新时代"枫桥经验"，走好新时代群众路线，纠治形式主义、官僚主义，切实抓好整治形式主义为基层减负工作；要大兴务实之风、清廉之风、俭朴之风，发扬自我革命精神，在全党组织开展好集中性纪律教育；要持续夯实基层基础，推进以党建引领基层治理，充分发挥基层党组织战斗堡垒作用和党员先锋模范作用，推进基层治理体系和治理能力现代化；要持续抓好落实，树牢正确政绩观，坚持问题导向，实事求是、因地制宜，重实干、做实功、求实效，更好将主题教育成果转化为推动高质量发展的成效。

各级党委（党组）要把巩固拓展主题教育成果作为重大政治任务，扛起主体责任，对各项任务举措明确责任单位和具体要求，不折不扣抓好落实。主要负责同志要履行第一责任人职责，重要工作亲自部署、重大问题亲自过问、重要环节亲自协调、重点任务亲自推动。各级党委、党员领导干部要以更高标准和更严要求，抓好自身学习贯彻，抓好自身问题整改，以上率下，示范带动。把巩固拓展主题教育成果情况纳入政治监督，作为领导班子和领导干部年度考核、党组织书记抓基层党建述职评议考核内容，通过巡视巡察、专项检查、督查督办、"回头看"等方式，加强评估问效。把主题教育探索的复盘推演、暗访抽查、政策答复、同题共答等有效做法运用到日常工作的研究谋划、督促指导和推进落实中，推动各方面工作高质量发展。

坚持以学铸魂，持续做好学习贯彻习近平新时代中国特色社会主义思想的深化、转化工作。从思想上正本清源、固本培元，坚定理想信念，铸牢对党忠诚，站稳人民立场，自觉在政治立场、政治方向、政治原则、政治道路上同以习近平同志为核心的党中央保持高度一致，进一步夯实全党团结统一的思想基础。建立健全"第一议题"制度，认真学习习近平新时代中国特色社会主义思想和习近平总书记重要讲话，结合实际抓好贯彻落实；党委谋划重大战略、研究重大事项、制定重大政策、部署重大任务，要对标对表习近平总书记有关重要讲话和重要指示批示精神，把准政治方向、领会工作要求、理清思路举措。健全理论学习制度，建立领导班子读书班制度，健全专题党课制度，抓实党员干部经常性学习教育，推动党的创新理论学习走深走实走心。强化党性教育，加强党章学习教育，常态化长效化开展党史学习教育，引导党员干部筑牢信仰之基、补足精神之钙、把稳思想之舵，始终忠诚于党、忠诚于人民、忠诚于马克思主义。

坚持以学增智，不断从党的创新理论中悟规律、明方向、学方法、增智慧。学深悟透习近平新时代中国特色社会主义思想，把握好这一思想的世界观和方法论，运用好贯穿其中的立场观点方法特别是"六个必须坚持"，把看家本领、兴党本领、强国本领学到手，着力提升政治能力、思维能力、实践能力，担负好党和人民赋予的政治责任。加强党员干部政治教育和政治训练，分层次分类别分领域开展培训轮训，实施"一把手"政治能力提升计划，不断提高政治判断力、政治领悟力、政治执行力。抓好党员干部履职能力培训，坚持全面系统学、融会贯通学，不断提高战略思维、辩证思维、系统思维、创新思维、历史思维、法治思维、底线思维能力；强化实践锻炼和专业训练，不断增强党员、干部推动高质量发展本领、服务群众本领、防范化解风险本领，加强斗争精神和斗争本领养成，着力增强防风险、迎挑战、抗打压能力；抓好与岗位职责相匹配的通识教育培训、专业知识学习培训，帮助党员、干部填知识空白、补素质短板、强能力弱项。

坚持以学正风，推动全党以自我革命精神解决党风方面的突出问题。深入学习贯彻习近平总书记关于党的自我革命的重要思想，对标党风要求找差距、对表党性要求查根源、对照党纪要求明举措，深化落实中央八项规定及其实施细则精神，大兴务实之风、弘扬清廉之风、养成俭朴之风，以彻底的自我革命精神打扫政治灰尘、净化政治灵魂、纠正行为偏差。践行党的群众路线，坚守初心使命，厚植为民情怀，扎实推进共同富裕，及时回应人民群众合理诉求，切实把好事办好、实事办实、难事办妥，着力办好让群众可感可及的实事。落实"四下基层"制度。经常性开展领导班子政治体检，把自己摆进去、把职责摆进去、把工作摆进去，深入检视剖析，找根源、抓整改。坚持经常性纪律教育与集中性纪律教育相结合，推动党员、干部认真学习党的纪律规矩特别是政治纪律和政治规矩，筑牢思想防线，坚守纪律红线。持之以恒纠治形式主义、官僚主义，为基层赋能减负。

坚持以学促干，不折不扣贯彻落实党中央决策部署。坚持学思用贯通、知信行统一，匡正干的导向，增强干的动力，形成干的合力，迎难而上、敢于斗争，鼓足干事创业的精气神，形成狠抓落实的好局面，汇聚起以中国式现代化全面推进强国建设、民族复兴伟业的强大力量。树立和践行正确权力观、政绩观、发展观，教育引导党员干部创造经得起实践、人民、历史检验的业绩。把坚持高质量发展作为新时代的硬道理，把准融入和服务新发展格局的切入点着力点，用好改革开放关键一招，谋划用好牵引性、撬动性强的工作抓手，着力发展新质生产力，切实增强经济活力，防范化解重点领域风险，突破影响和制约高质量发展的瓶颈问题，推动经济实现质的有效提升和量的合理增长。鲜明树立重实干、重实绩、重担当的用人导向，认真落实"三个区分开来"，持续推进领导干部能上能下，及时选树宣传表彰党员、干部中的先进典型，加大对基层干部特别是条件艰苦地区干部关心关爱力度。严格党员日常教育和管理，深化立足岗位作贡献、建言献策等活动，使广大党员平常时候看得出来、关键时刻站得出来、危急关头豁得出来。常态化开展突出问题整治，坚持问题导向和目标导向相结合，以"时时放心不下"的责任感，聚焦党中央高度重视、群众反映强烈以及工作中最突出、最需要注意的问题，实事求是、刀刃向内开展整治。

第三节　党委理论学习中心组学习

思想永远走在行动之前，就像闪电走在雷鸣之前一样。

党委理论学习中心组学习历来都是各级领导班子和领导干部的学习。1941 年，党中央书记处会议决定成立中央学习组，当时学习对象主要是中央委员。随后制定出台的《高级学习组组织条例》中，进一步规定高级学习组的学习对象为"现任及曾任党的区党委委员以上，军队中旅级以上，党龄一般须在抗战前入党"。

2024 年中央办公厅印发了《中国共产党党委（党组）理论学习中心组学习规则》，进一步规范了中心组学习。提高了中心组学习制度化、规范化水平，以高质量学习推进领导班子建设，提升领导干部政治能力、理论素养和工作本领。

党委理论学习中心组学习是各级党委（党组）领导班子和领导干部在职理论学习的重要组织形式，是用党的创新理论武装全党、教育人民、指导实践工作体系的重要组成部分，是加强党的政治建设、严肃党内政治生活、强化党性修养的重要制度安排，是加强各级领导班子思想政治建设的重要制度，是建设马克思主义学习型政党、提高党的执政能力和领导水平的重要途径，对全党学习具有"风向标"和"排头兵"作用。党委应当把中心组学习纳入重要议事日程，纳入党建工作责任制，纳入意识形态工作责任制，纳入巡视巡察内容。

一、主要原则

当前，面临着新的发展机遇、新的战略任务、新的战略阶段、新的战略要求、新的战略环境，必须把加强学习、增强本领摆在更加突出的位置，充分发挥党委理论学习中心组学习示范引领作用，使广大干部思想、能力、行动跟上党中央要求、跟上时代前进步伐、跟上事业发展需要。

中心组学习应当遵循：坚持高举旗帜、凝心铸魂，坚持围绕中心、服务大局，坚持知行合一、学以致用，坚持问题导向、注重实效，坚持依规管理、从严治学。

坚持正确方向，坚定自觉用党的创新理论统一思想、统一意志、统一行动，始终在政治立场、政治方向、政治原则、政治道路上同以习近平同志为核心的党中央保持高度一致。

坚持质量为先，辩证把握中心组学习数量和质量、形式和内容、过程和效果的关系，确保学在新处、学在深处、学在实处。

坚持守正创新，不断推进观念理念、体制机制、方法手段、平台载体等创新，使中心组学习更好体现时代性、把握规律性、富于创造性。

坚持从严治学，压实学习责任，健全学习制度，强化学习管理，进一步提高学习制度化规范化水平。

二、学习安排

党委理论学习中心组学习要突出政治性、理论性和实效性，全面提高学习质量和水平。中心组成员主要由党委领导班子成员组成，可以根据学习需要吸收有关人员参加，也可以根据不同学习内容和不同要求，安排有关人员列席中心组的学习。

党委书记担任中心组组长，是中心组学习的第一责任人，应当带头学习、作出表率，切实负起提高学习质量、增强学习实效的领导职责。书记不能参加学习时，由党委书记委托党委副书记或者其他成员代行职责。党委对本级中心组学习负主体责任，对所属单位中心组学习负领导责任。

党委负责宣传思想文化工作的成员是中心组学习直接责任人，配合党委书记做好学习的组织工作、管理等工作。党委其他成员抓好自身学习，按照学习安排或者受委派承担相应职责，发挥示范带动作用。

中心组学习秘书由党委秘书或相关部门领导担任，协助党委制订中心组学习计划，提出选题策划建议，负责组织协调和考勤记录、学习记录、学习服务等服务保障工作。党委宣传部、办公室、组织部等相关部门机构要明确自身职责，加强沟通配合，协助学习秘书共同做好学习服务工作。有针对性地推荐学习书目、提供辅导材料，为中心组成员深入开展个人自学和集体研讨创造良好条件。

三、学习内容

党委理论学习中心组学习要以政治学习为根本，把旗帜鲜明讲政治的要求体现到学习全过程。突出政治内容和政治意识，彰显中心组学习作为政治风向标的特殊地位和重要意义。科学设置学习内容，时刻关注党中央在关心什么、强调什么，时刻关注党中央确定的大政方针和作出的决策部署，时刻关注新时代坚持和发展中国特色社会主义、以中国式现代化全面推进中华民族伟大复兴面临的重大课题，使学习的内容紧贴"国之大者"，充分体现党中央精神和要求。

要以深入学习习近平新时代中国特色社会主义思想为主题主线，以掌握和运用马克思主义立场、观点、方法为目的，推动各级领导干部深刻领悟"两个确立"的决定性意义，增强"四个意识"、坚定"四个自信"、做到"两个维护"，为以中国式现代化全面推进强国建设、民族复兴伟业提供坚强政治保证和强大精神动力。坚持读原著学原文、悟原理知原义，做到知其言更知其意、知其然更知其所以然。这是中心组学习内容的重中之重。习近平新时代中国特色社会主义思想是我们的指导思想，涵盖"十个明确""十四个坚持""十三个方面成就"等方方面面，是各级中心组学习内容选择的根本遵循和重要依据。以掌握和运用马克思主义立场、观点、方法为目的，中心组学习不仅是重要政治理论观点、理论论断的学习，更重在掌握政治理论背后所贯穿的马克思主义的根本立场、观点和方法，更突出方向性和方法性。

党的二十大报告用"六个必须坚持"概括和阐述了习近平新时代中国特色社会主义思想的世界观和方法论，即必须坚持人民至上，坚持自信自立，坚持守正创新，坚持问题导向，坚持系统观念，坚持胸怀天下。这一重要论述作为内在统一、相互贯通的有机整体，贯穿着马克思主义的基本立场观点方法，深刻揭示了习近平新时代中国特色社会主义思想的根本政治立场、深邃的理论观点和科学的思想方法，是新时代中国共产党人理论创造、实践探索、政治品格的集中体现，是习近平新时代中国特色社会主义思想活的灵魂，具有穿越时空的普遍意义和真理价值。也只有这样，中心组学习才能做到围绕中心、服务大局，知行合一、学以致用，把准问题导向、更加注重实效。

从具体层面看，中心组学习内容主要包括：

（1）马克思列宁主义、毛泽东思想、邓小平理论、"三个代表"重要思想、科学发展观和习近平新时代中国特色社会主义思想，党的重要会议决议、文件及党和国家领导人的重要讲话。

（2）党的路线、方针、政策、决议、报告和国务院有关会议精神。

（3）党章、党规党纪，以及宪法和国家法律、法规等。

（4）党的基本知识，党史、新中国史、改革开放史、社会主义发展史，社会主义核心价值体系论述。

（5）国际、国内政治、经济、文化、社会、生态和哲学、科技、军事、人文等方面知识。

（6）企业经营管理知识和企业改革发展实践中的重点、难点。

（7）党中央和上级党组织要求学习的其他重要内容。

除党中央和上级党组织部署、本级党委（党组）统筹安排之外的学习内容，原则上不纳入中心组统一学习，确需纳入的内容须事先征求同级党委宣传部意见。在具体内容的学习选择上，要突出政治性、根本性、长远性、前瞻性、问题性等属性要求，而不能把中心组学习内容混淆于具体业务学习，更不能用具体业务学习替代中心组学习。注意区分政治学习与业务学习，防止以工作部署、业务培训等代替中心组学习，弱化中心组学习的政治性；注意区分中心组学习与党委（常委）会学习等其他学习形式的不同功能，深刻把握中心组学习的思想理论特色，防止以一般性传达代替理论学习。

四、学习方式

党委理论学习中心组学习主要采用集体学习研讨、个人自学、专题调研等形式来开展。中心组集中学习要以集体学习、研讨学习作为主要形式,把重点发言和集体研讨、专题学习和系统学习结合起来,深入开展学习讨论和互动交流。中心组成员应当积极参加上级和所属单位举办的学习讲坛、报告会等学习活动,充分利用网络学习平台开展学习,拓宽学习渠道,提升学习效果。

集体学习研讨是中心组学习的主要形式。坚持以专题化研讨为主,采用学习会、读书班等形式,围绕明确的主题、安排充足的时间开展研讨式学习。组织集中专题学习、研讨时,可针对当前形势任务、工作重点或难点选择主题,采用专家辅导、政策解读、研讨分享、座谈交流等形式,并把理论学习与专题调研结合起来,深入基层、深入群众,扎实开展调查研究,深化理论学习成果。在安排重点发言的同时,倡导随机式、互动式发言,在充分讨论、思想碰撞中互相启发、深化共识,确保研讨有深度、有质量、有收获。中心组成员应当认真准备发言,积极参加研讨交流。

中心组成员要主动开展自学及参加培训活动,发挥领导干部的示范和表率作用。个人自学是中心组学习的重要基点。中心组成员要根据党委学习计划,结合工作需要与个人实际,列出年度自学清单,明确目标任务。把个人自学作为中心组开展集体学习研讨的前置环节。中心组学习每年至少开展1次专题调查研究,中心组成员每年至少撰写1篇高质量的调研报告。

中心组可适当邀请领导干部、专家学者、先进模范人物等作专题辅导或事迹报告。组织开展情境式、沉浸式、体验式、案例式学习。倡导开展跨部门、跨地区、跨系统、跨层级的主题联学、上下联学、共建联学,共享学习资源,共同提升学习质量和效果。

在各级中心组学习的实践中，坚持落实"四要素"和"五读"要求，是一种比较好的成功案例。"四要素"即"有研讨交流、对照谈问题、书记有总结、落实有举措"；"五读"即"读原著原文、读时事政治、读法律法规、读历史文化、读科学技术"。

五、学习要求

党委每年年初按照中央和上级党组织要求，结合单位实际制订年度党委理论学习中心组学习计划，并根据形势变化和上级要求及时修订学习制度和学习计划。年度学习计划经党委审定（以党委会审定为好）后施行，报送上级党组织或相关部门备案。

年度学习计划之外，根据形势任务要求，由党中央以及上级党组织部署、本级党委统筹安排的学习内容，应当纳入中心组学习。

基层党组织书记和班子成员等中心组成员，每年参加集中培训和集体学习时间不少于56学时，集体学习不得少于12次（30学时），至少参加1次集中培训，每年安排不少于4次以学习贯彻党章、坚定理想信念、增强党性修养、廉洁自律和法律法规等为主要内容的专题集中学习。

中心组应当科学把握学习数量和质量的关系，加强统筹，精心组织，提升学习质量和效果。集体学习研讨每个季度不少于1次、在每年学习总次数中的比重应当超过50%。

中心组成员要认真遵守中心组学习制度，落实中心组年度学习计划。

中心组成员应在会前认真思考、充分准备，必要时及时沟通，交换意见。在专题研讨中，要认真做好发言准备，并做好读书笔记，对学习议题如有原则性意见和建议，可在会前提出。

党委成员在所属单位调研蹲点、视察指导工作时，应对所属单位中心组学习情况进行检查指导，并写有相关记录。

中心组成员严格遵守学习制度，切实抓好学习计划的落实。要制订个人年度理论学习计划，明确学习内容、学习进度、学习要求，完成规定的必读书目，并根据工作需要自学阅读理论书籍。

确因工作需要或个人原因不能参加集中学习的，应当履行请假手续，并以适当形式及时补学。原则上补课采取自学学习会议材料，认真学习本次党委会议纪要，积极落实会议纪要中确定的事项，并记录好自学情况。

党委成员每年结合分管工作在党校、联系单位或组织关系所在党支部等各讲1次党课（或形势任务报告），并结合工作实际撰写1篇学习心得、调研报告或者理论文章。要对基层单位的政治理论学习进行指导并提出要求，促进所属单位党委中心组学习质量水平提升。

领导班子和领导干部应当在年度述职报告时报告学习情况，要将全年理论学习、自学情况作为述职的重要内容之一进行总结，在年度党内民主生活会上对理论学习情况进行自评。

党委负责对所属单位中心组学习情况进行督查和考核，考核可以结合领导班子、领导干部年度考核和党建工作考核等一同进行，考核结果向党委报告。党委应及时向上级党组织报送中心组学习情况。

建立健全列席旁听工作机制，加强对中心组学习的督促指导和考核。党委宣传部会同组织部等有关部门机构，负责中心组学习列席旁听工作。督导组、巡视巡察组应对所属单位党委中心组学习情况进行督查指导，发现各单位党委中心组学习不符合要求的，应及时记录、纠正并报告党委，并在相关会议上点评通报。

学习秘书应做好学习组织、服务工作，以及会议记录、纪要编发、学习情况上报、材料归档和购置学习资料等，对学习考勤、学习情况要如实记录，并按要求完成学习情况报告。

六、学习考勤

党委理论学习中心组学习实行考勤制度，原则上不得缺席，凡因公或因个人特殊情况不能参加学习的，须向中心组组长或代行组长职责的领导请假，未能参加集中学习的，应自觉并及时安排补课学习。

建立中心组学习档案、台账，内容包括年度中心组学习计划、学习通知、学习记录、考勤记录和完成计划情况以及学习总结等，对研讨交流内容尽量做到记录完整，方便考核查阅。

中心组学习秘书负责将年度学习情况、计划完成、考勤台账和党课台账等情况通报中心组成员，并做好其他学习服务工作。

定期举办中心组学习秘书和相关人员培训，规范学习服务内容和学习秘书职责，积极开展学习经验交流，并向职工通报中心组学习情况。

七、学习检查

党委理论学习中心组学习情况要纳入党建工作责任制、意识形态工作责任制考核，作为巡视巡察等监督检查评估工作必不可少的一项重要内容。党委宣传部、组织部每年都要通报下级党委理论学习中心组学习情况。

在中心组学习具体检查考核中，主要包括：中心组学习制度、年度学习计划是否健全完善，中心组组长是否履行好第一责任人的职责，是否配备完善中心组学习秘书，中心组学习的一些重要硬性任务指标是否完成（包括每季度至少开展1次集中研讨学习，研讨次数应当超过学习次数的50%，每位中心组成员每年重点发言不少于1次，至少撰写1篇学习心得、调研报告或者理论文章等），中心组学习记录、纪要必备要素是否完整（包括集中学习的时间、地点、参会对象、主题、形式、主要学习内容、学习成效），中心组集中学习的专题报告主讲人是否严格把关、有无错误倾向等。

在工作实践中，还存在一些需要重点关注的内容，如中心组学习时重点发言不是很突出、互动交流不充分；听专题讲座、辅导报告比较多，自主式集体学习研讨数量不够多、研讨不深入、质量不够高；学用结合不够深入等。对中心组学习开展不力、出现错误倾向产生恶劣影响的，应当按照有关规定追究责任。

示例 30　××××党委理论学习中心组学习记录

时　　间：××××年××月××日（星期××）

地　　点：×××

主持人：×××

开始时间：××时××分

结束时间：××时××分

学　　时：××小时

参加人：×××、×××、×××（中心组成员）

缺　　席：×××（缺席原因，如学习、出差、生病等）

列　　席：×××（职务）、×××（职务）、×××（职务）

记录人：×××

学习内容：

1. 传达学习××××会议精神

2.××××××精神

一、传达学习××××会议精神

记录有关要点。

中心组成员发言情况。

×××（姓名）：……

×××（姓名）：……

×××（姓名）：……

主持人（姓名）：作总结，提工作要求。

二、××××精神

记录有关要点。

中心组成员发言情况。

×××（姓名）：……

×××（姓名）：……

×××（姓名）：……

主持人（姓名）：作总结，提工作要求。

第四节　意识形态工作

意识形态工作是党的一项极端重要的工作，是为国家立心、为民族立魂的工作，关乎旗帜、关乎道路、关乎国家政治安全和经济社会发展。党委要牢牢掌握党对意识形态工作领导权，全面落实意识形态工作责任制，巩固壮大奋进新时代的主流思想舆论。

一、掌握领导权

建设具有强大凝聚力和引领力的社会主义意识形态，是全党特别是宣传思想战线必须担负起的一个战略任务。必须把意识形态工作的领导权、管理权、话语权，牢牢掌握在手中，任何时候都不能旁落，否则就要犯无可挽回的历史性错误。要做好做强马克思主义宣传教育工作，特别是要在学懂弄通做实习近平新时代中国特色社会主义思想上下工夫。把坚定"四个自信"作为建设社会主义意识形态的关键。把握正确舆论导向，提高新闻舆论传播力、引导力、影响力、公信力，巩固壮大主流思想舆论。加强传播手段和话语方式创新，让党的创新理论"飞入寻常百姓家"。扎实抓好融媒体中心建设，更好引导群众、服务群众。旗帜鲜明坚持真理，立场坚定批驳谬误。压实压紧各级党委责任，做到任务落实不马虎、阵地管理不懈怠、责任追究不含糊。

意识形态工作按照属地管理、分级负责和谁主管谁负责的原则，党委领导班子对本单位意识形态工作负主体责任。党委书记是第一责任人，应当旗帜鲜明地站在第一线，带头抓，带头管，把导向，强队伍，带头批评错误观点和错误倾向，重要工作亲自部署、重要问题亲自过问、重大事件亲自处置。党委分管领导是直接责任人，协助党委书记抓好统筹协调指导工作。党委其他成员根据工作分工，按照"一岗双责"要求，抓好分管部门、单位的意识形态工作，对职责范围内的意识形态工作负领导责任。

互联网已经成为意识形态斗争的主战场、主阵地、最前沿，网络意识形态工作是意识形态工作的重中之重。要充分发挥制度体制优势，统筹网上网下两条战线，把握舆论宣传引导时度效，坚持管用防并举，切实巩固党的执政根基，维护国家政治安全和政权安全。

二、主要任务

意识形态工作一定要把围绕中心、服务大局作为基本职责，胸怀大局、把握大势、着眼大事，找准工作切入点和着力点，做到因势而谋、因势而动、顺势而为。

（1）认真贯彻落实党中央和上级党组织关于意识形态工作的决策部署及指示精神，牢牢把握正确的政治方向，严守政治纪律和政治规矩，严守组织纪律和宣传纪律，坚决维护党中央权威，在思想上政治上行动上同以习近平同志为核心的党中央保持高度一致。

（2）定期分析研判本单位意识形态领域情况，每年至少两次专题研究意识形态工作，并将网络意识形态工作列为每年专题研究意识形态工作的重要内容。研究加强和改进意识形态工作的方式方法，分清主流支流，辨析思想文化领域的突出问题，动态感知网络舆情态势、网络行为趋势，对重大事件、重要情况、重要社情民意中的倾向性苗头性问题，有针对性地进行引导，作出工作安排，维护意识形态安全。及时向上级党委报告意识形态领域的重大情况并提出建设性意见。定期在党内通报意识形态领域情况，统一思想认识、明确工作方向。

（3）加强对意识形态工作的统一领导，形成基层党委统一领导、党政齐抓共管、宣传部门组织协调、有关部门分工负责的意识形态工作格局。指导和监督检查下级党组织意识形态工作，建立意识形态工作问责机制。加强对本单位党员领导干部意识形态工作的教育培训和监督管理，增强责任意识，提高政治鉴别力。

（4）领导、组织有关部门加强对各类意识形态阵地的管理。意识形态阵地主要包括：各类报纸、刊物、网络媒体和微博、微信、客户端等新媒体，各类出版物和文艺作品，报告会、研讨会、讲座论坛，博物馆、陈列馆、展览馆等。严格落实有关管理规定，加强对外文化交流活动、学术交流合作等管理。

（5）切实维护网络意识形态安全，牢牢掌握网络意识形态主导权，增强网络风险防范防控意识和能力。党委书记应当亲自抓，领导、组织网络管理部门及有关部门加强对各种网络平台的管理，建立健全管用防并举、方方面面齐动手的制度体制。做大做强正面思想舆论，不断提高对互联网规律的把握能力，提高网上议题设置能力和舆论引导水平。发展积极向上的网络文化，加强网络平台内容建设，做到正能量充沛、主旋律高昂，营造清朗的网络空间。推动依法治网、办网、上网，明确网络行为底线、网络违法违规高压线。切实加强网络信息管控，重点管好具有新闻舆论和社会动员功能的新媒体，规范网上信息传播秩序，严密防范网上意识形态渗透。建立舆情分级风险评估和处置机制，及时搜集、研判、处置可能引发群体性事件和社会动荡的舆情，做好舆论引导管控工作。加强网络评论工作，旗帜鲜明地反对和抵制各种错误观点。严肃查处网上错误思潮和负面言论。

（6）领导、组织对意识形态领域重大问题的处置。对否定中国共产党的领导、攻击中国特色社会主义制度等错误思潮和言论，应当敢于亮剑，及时有效地发出声音，通过各类宣传阵地旗帜鲜明地表明立场、亮明态度，理直气壮地加以批驳，有理有利有节地开展思想舆论斗争，不能爱惜"羽毛"，当"开明绅士"。对坚持错误思想的干部职工，应当加强教育引导，做好转化工作。对在境内外各类媒体、互联网、出版物及论坛等公开场合发表同中央精神相违背的言论，非议党的理论和路线方针政策及重大决策部署，散布传播政治谣言的本单位党员干部，应当移交司法机关处理。加强对党员干部职工特别是青年职工的网络文明和网络安全教育，把社会主义核心价值观融入职工网络生活，引导干部职工成为网络文明的实践者、参与者和建设者。

（7）领导、组织有关部门和机构做好知识分子的团结引导服务工作，充分发挥他们在社会主义先进文化建设中的主力军作用。领导班子成员特别是主要负责同志应当注重同社科理论界、新闻出版界、广播影视界、文学艺术界、教育科技界的知识分子交朋友。做好各领域学术带头人、科研领军人物的工作。加强对党外知识分子的政治引领和政治吸纳，引导他们与党同心同德、同向同行，最大限度地把他们团结凝聚在党的周围。

（8）选优配强各级宣传思想文化部门的干部队伍，确保意识形态工作领导权牢牢掌握在忠于党、忠于人民、忠于马克思主义的人手里，确保宣传思想文化战线各级领导班子和干部队伍坚强有力。对敢于同错误倾向作斗争的同志，应当公开支持、大胆使用，对不适合、不适应的应当及时作出调整。高度重视宣传文化干部队伍建设，切实解决机构编制、人员配备、基本待遇、工作条件等方面的实际问题。

三、工作方法

意识形态工作责任制的主体是各级党组织。压紧压实各级党委责任，细化任务清单、责任清单，明确到具体人、具体事，层层传导压力，做到任务落实不马虎、阵地管理不懈怠、责任追究不含糊。

党委应当把意识形态工作作为党的建设和政权建设的重要内容，纳入重要议事日程，纳入党建工作责任制，纳入领导班子、领导干部目标管理。建立健全考核机制，明确检查考核的内容、方法、程序。党委每半年向上级党组织专题汇报一次意识形态工作。党委班子成员应当把意识形态工作作为民主生活会和述职报告的重要内容，接受监督和评议。

各级纪检机构应当把落实党中央、上级党委和同级党委关于意识形态工作决策部署情况，纳入执行党的纪律尤其是政治纪律和政治规矩的监督检查范围。

党委组织人事部门应当把意识形态工作情况纳入干部考核，作为评价使用和奖惩的重要依据。

党组织和党的领导干部有下列情形之一的，应当依据《中国共产党纪律处分条例》《中国共产党问责条例》有关规定予以问责，视情节轻重，给予提醒、批评教育、亮牌警示，责令作出书面检查、进行通报批评，给予组织处理和纪律处分：

（1）对党中央或者上级党组织安排部署的重大宣传教育任务、重大思想舆论斗争、重要舆论引导工作、重大专项行动等组织开展不力，造成严重后果的。

（2）在处置应对本单位意识形态领域重大问题上，党委书记没有站在第一线、没有带头与错误观点和错误倾向作斗争的，或者领导不力，出现重大失误、产生恶劣影响的。

（3）未按照规定及时采取防范和处置措施，管辖范围内发生由意识形态领域问题引发群体性事件的。

（4）维护党的政治纪律和政治规矩失职，对所管理的党员、干部在网上公开发表违背宪法、党章、党的决定决议和政策的言论，放任不管、处置不力，产生恶劣影响的。

（5）管辖范围内各类意识形态宣传阵地，包括公开发行的出版物、编写的教材等在意识形态方面出现严重错误导向的，不履行或者不正确履行工作职责，造成严重后果的。

（6）丧失对管辖范围内报刊、电台电视台、新闻网站、新媒体等宣传思想文化阵地的领导权和实际控制权的。

（7）管辖范围内网络意识形态安全出现严重问题，对管辖范围内网络平台等网络意识形态阵地领导不力，产生恶劣影响的。

（8）管辖范围内举办的报告会、研讨会、讲座、论坛、直播和党校课堂教学以及相关培训，有发表坚持资产阶级自由化立场、反对四项基本原则、反对党的改革开放决策、否定党的领导和党的基本路线、攻击中国特色社会主义制度等言论，造成严重影响的。

（9）对管辖范围内重大网络安全和信息化问题领导和处置不力，造成严重后果的。

（10）其他未能切实履行工作职责，造成严重后果的。

示例 31　落实党委意识形态工作责任制情况自查表

自查单位：　　　　　　自查时间：　　　年　月　日

项目	自查内容	落实情况
组织领导	是否结合实际制定贯彻落实《党委意识形态工作责任制实施方案》。	列出文件名称
	是否明确规定党委领导班子对本单位意识形态工作负主体责任。	是/否，见证材料
	党委书记作为第一责任人，在带头管阵地把导向强队伍方面有哪些得力举措，是否带头撰写意识形态工作方面的文章报告。	列举主要举措
	党委分管领导作为直接责任人，是否研究提出本单位年度意识形态工作计划。	具体工作计划

续表

项目	自查内容	落实情况
组织领导	党委是否把意识形态工作纳入重要议事日程。	是/否，见证材料
	党委会专题研究意识形态领域情况。	研究情况
	向上级党组织报告意识形态领域的重大情况并提出建设性意见。	报告情况
阵地管理	是否制定加强意识形态阵地管理的相关文件。	列出文件名称
	是否实施意识形态定期分析研判制度	制度及开展情况
	是否制定维护网络意识形态安全文件	是/否，见证材料
	是否按要求开展专项清理/整治行动。	是/否，开展情况
队伍管理	有无在公开场合发表同中央精神相违背的言论，非议党的理论和路线方针政策及重大决策部署，散布传播政治谣言的党员干部。	具体情况
	党委是否公开支持、大胆使用同错误倾向作斗争的同志。	具体情况
	党委分管宣传思想文化工作的班子成员是否固定联系有代表性的知识分子，在加强对党外知识分子的政治引领和政治吸纳方面取得哪些成效。	具体情况
	加强宣传思想部门及所属单位队伍建设情况。	具体情况
考核评价	党委是否将意识形态工作纳入党建工作责任制，纳入领导班子、领导干部目标管理。	
	党委班子成员是否将意识形态工作作为民主生活会和述职报告的重要内容，接受监督和评议。	见证材料
	纪检机关是否把落实党中央、上级党组织和同级党委关于意识形态工作决策部署情况，纳入执行党的纪律尤其是政治纪律和政治规矩的监督检查范围。	纪委开展情况
	是否出现因意识形态工作而出现需问责的情形。	是/否，具体情况

第五节　新闻宣传

做好新闻宣传工作使命光荣、责任重大。习近平总书记强调，做好党的新闻舆论工作，事关旗帜和道路，事关贯彻落实党的理论和路线方针政策，事关顺利推进党和国家各项事业，事关全党全国各族人民凝聚力和向心力，事关党和国家前途命运。

一、工作机构

国有企业党委根据实际需要设立宣传部等工作机构，有关机构可以与企业职能相近的管理部门合署办公。国有企业应明确本单位新闻宣传工作的归口管理部门，并指定专人负责宣传工作。可实行新闻发言人制度，在授权范围内按照新闻口径对外发布信息。新闻宣传机构职责主要：

（1）学习贯彻党和国家的方针政策和法律法规，落实企业党委有关新闻宣传工作的部署和要求。

（2）制定新闻宣传工作的规章制度和工作计划。

（3）统一策划、组织、协调企业重大宣传活动。

（4）审核有关新闻稿件，做好新闻发布工作。

（5）加强阵地建设，管理新闻出版工作，审核出版物和广播、电视声像制品。

（6）接待记者来访，协助安排新闻媒体记者采访企业领导、专家和知名人士。

（7）收集社情民意，建立新闻应急机制，在突发新闻事件中，负责与新闻媒体进行沟通，组织协调，并作出快速反应。

（8）指导和协调所属单位的宣传工作，负责企业宣传工作人员、通联队伍建设和业务培训。

（9）推报新闻线索、宣传素材，组织评选先进集体和先进个人。

二、工作内容

新闻宣传工作要坚持正确的政治方向和舆论导向，宣传贯彻党的路线方针政策和企业党组织部署要求，宣传企业发展成就，塑造企业良好形象，营造有利于促进企业发展的良好舆论氛围。高度重视传播手段建设和创新，提高传播力、引导力、影响力、公信力。加强舆论引导，形成劳动创造财富、实干创造业绩、奋斗创造幸福的正确导向，充分激发创新创造活力。通过生动传神的讲述，凝结为一个个好故事，如涓涓细流滋润人心。

（1）对党的路线方针政策、中央及上级主管部门部署、要求的贯彻落实情况。

（2）适宜公开的重大战略部署、重要规章制度、重点工作进展、重要会议、重大事件及相关政策解读等。

（3）围绕企业中心工作，广泛深入开展宣传活动，提高新闻舆论传播力、引导力、影响力、公信力。

（4）国有企业涌现出的先进集体、典型人物及先进事迹，学有榜样、赶有目标，讲好国有企业好故事。挖掘职工中的故事、讲好这些故事，在内外部广泛地进行传播，对一线职工大力宣传，让他们感受到组织在关注他们、社会在关注他们。

（5）企业科学技术和产品在国民经济、社会发展和科技进步中的推广应用，适宜公开的对外交流与国际合作方面的情况，举办或参加的展览会、博览会、交易会、高峰论坛以及各类推介活动。

（6）顺应网络和新媒体发展趋势，善用网络媒体平台开展新闻宣传工作。

（7）党的建设、思想政治工作和企业文化建设等方面。

（8）提高知名度、塑造良好形象的社会公益活动或履行社会责任等方面。

三、媒体建设

全媒体不断发展，出现了全程媒体、全息媒体、全员媒体、全效媒体。信息无处不在、无所不及、无人不用，导致舆论生态、媒体格局、传播方式发生深刻变化，新闻舆论工作面临新的挑战。必须创新理念、内容、体裁、形式、方法、手段、业态、体制、机制，增强针对性和实效性。

坚持党管媒体原则，尊重媒体、善用媒体，协同发展内外宣。推进传统媒体和新兴媒体的深度融合，主动借助新媒体传播优势，从时度效着力，体现时度效要求，提升传播价值。开展分众化、差异化传播，加快构建舆论引导新格局。根据国有企业中心任务和经营发展的需要，在严守政治底线和保密红线的基础上，按照工作模式、新闻信息的采集方式（面对面或电话采访、实地体验式采访、直接提供内容）、传播方式（文、图、表、音、视频）、传播深度（短消息、深度通讯等；播发的字数、时长等）、传播广度（网、报、刊、台、新媒体），以及宣传效果等，多维度开展专题宣传。

示例32　某国有企业新闻宣传工作五色（星级）管理模式

蓝色（一颗蓝色星★）新闻宣传模式

工作模式：由党委宣传部门牵头，相关业务部门配合提供新闻线索和相关素材，并与保密部门共同审定形成宣传发布内容。

采访方式：直接提供媒体文字和图片内容。

传播方式：文字配少量图片。

传播深度：短消息为主。

传播广度：网、报、刊、新媒体播发。

预期成效：国有企业内部媒体及部分中央主流媒体、网络媒体报道。

黄色（二颗黄色星★★）新闻宣传模式

工作模式：由党委宣传部门牵头，相关业务部门配合提供新闻线索和相关素材，并与保密部门共同审定形成宣传发布内容，邀请部分媒体开展宣传，推荐并安排重点人物接受采访。

采访方式：提供文、图素材并配合重点人物采访。

传播方式：文字配多幅图片。

传播深度：消息+深度或系列通讯。

传播广度：网、报、刊、新媒体重点栏目、重点版面播发。

预期成效：国有企业内部媒体及中央主流媒体、部分重点网络媒体较大篇幅刊发报道。

橙色（三颗橙色星★★★）新闻宣传模式

工作模式：由党委宣传部门与业务主管部门牵头，相关业务部门配合提供新闻线索和相关素材，并与保密部门共同审定形成宣传发布内容，邀请主要媒体开展宣传，推荐并安排重点人物接受采访。

采访方式：提供文、图、视频素材并配合重点人物专题深度采访。

传播方式：文字、图片、视频。

传播深度：消息+深度或系列通讯+视频简讯（1分钟以内）。

传播广度：网、报、刊、电视台和新媒体重点栏目、重点版面播发。

预期成效：国有企业内部媒体及中央主流媒体重点版面大篇幅刊发，并在央视或地方电视台播发简讯，重点网络媒体较大规模刊发报道。

红色（四颗红色星★★★★）新闻宣传模式

工作模式：由党委宣传部门与业务主管部门牵头，相关业务部门配合提供新闻线索和相关素材，并与保密部门共同审定形成宣传用文、图、视频内容，确定采访场地和展出产品，较大规模邀请媒体记者深入采访，推荐并安排重点人物负责讲解、接受采访。

采访方式：提供文、图、视频素材并邀请媒体记者实地采访。

传播方式：文、图、表、音、视频。

传播深度：消息+深度或系列通讯（内参）+视频深度报道（1

分钟以上）。

传播广度：网、报、刊、新媒体、电视台在突出位置播发。

预期成效：国有企业内部及中央主流媒体重点版面大篇幅刊发，并在央视或地方电视台深度报道，主要网络媒体刊发深度报道。

紫色（五颗紫色星★★★★★）新闻宣传模式

工作模式：由企业领导牵头，党委工作部门及业务部门组成宣传工作组，准备新闻线索和相关素材，并与保密部门共同审定形成宣传用文、图、视频内容，确定采访场地和展出产品，大规模邀请媒体记者深入采访，推荐并安排企业领导、相关负责人等进行讲解、接受专访。

采访方式：提供文、图、视频素材，邀请媒体记者实地采访并做视频直播。

传播方式：文、图、表、音、视频以及创新手段（如动漫、H5、举办互动活动、网络直播）等。

传播深度：消息+深度或系列通讯（内参）+视频直播报道+新媒体互动传播。

传播广度：网、报、刊、新媒体的头版或头条报道，电视、网络视频直播实况报道及简讯滚动多次播发，国有企业门户网站+各级网站、新媒体联动播发。

预期成效：被中宣部列入重点宣传项目或典型；或被人民日报、新华社等重要中央媒体在头版或头条等重要位置刊发、中央电视台《新闻联播》等重要栏目重点报道、网络媒体刊发深度报道，在全媒体形成正向舆论热潮；或在新华社、人民日报等中央媒体全网推送。

备注：新闻宣传工作实践中，可在具体实施专项宣传方案的封面或首页左上角，标注相应颜色的相应颗星★，以直观反映该项工作的模式及重要程度。

四、"四力"队伍

新闻宣传工作是专业性很强的工作，没有几把刷子是干不了的，没有高素质、好把式、真功夫是干不出漂亮活的。

党委要加快培养造就一支政治坚定、业务精湛、作风优良、党和人民放心的新闻舆论工作队伍。新闻宣传干部要不断掌握新知识、熟悉新领域、开拓新视野，不断增强脚力、眼力、脑力、笔力。

"四力"是有机联系、相互促进的整体，既是构成本领能力的重要内容，也是提升本领能力的方法路径，构成新闻宣传干部的综合素质。通俗地讲，就是"上得厅堂，下得厨房"，站好自己的岗，不留遗憾、不留漏洞、不留隐患，作出无愧于人民、无愧于历史的抉择。

脚力是基础，就要脚跟站得稳、脚板过得硬、脚尖对得准。增强脚力，就是要践行党的宗旨，增强群众思维、实践思维，把实践和基层当作最好的课堂，把人民群众当作最好的老师。迈进群众的门槛容易，走进群众的心坎不易。在路上，心里才有时代；在基层，心里才有群众；在现场，心里才有感动。大兴调查研究之风，扑下身子、沉到一线，近距离、零距离，才能更好增强眼力、脑力，把情况问题摸清楚，找到解决问题的妙点子、好法子，从中迸发工作思想的火花、激活改革创新的灵感。多出接地气、显锐气、有生气的力作，生动展现奋进新征程、建功新时代的宏大图景和鲜活场景。

眼力是关键，就要眼中有光，眼光看得透、眼界看得远、眼睛看得准。增强眼力，就是要增强政治思维、战略思维，善于观察、善于发现、善于判断、善于辨别，做到看得清、看得透、看得远。工作的活力在于发现，既见人之所见，亦见人之所未见。每天面对纷繁复杂的新闻素材、事实信息，善于从表象看到本质、从一般看到规律。通过捕捉各种细节，从中辨是非、分真假、断美丑，不盲目轻信、不人云亦云，练就洞察世事的"千里眼"。学会多方面、多角度观察问题、思考问题，增强由小及大、由点及面看问题的能力，突破只见树木不见森林的障碍，使新闻宣传既能经得起事实检验，又对解决现实问题、推动长远发展有促进作用。

脑力是根本，就要脑中有神、脑中有物、脑中有勤。增强脑力，就是要增强历史思维、辩证思维，坚持正确导向，保持清醒坚定，多思善谋、综合研判，做到想得全、想得细、想得深。让脑子动起来、活起来，提高思考能力和抓问题能力，练就拨云见日的功夫。把学习当作紧迫的任务、永恒的追求，结合新闻宣传工作实际加强积累、深钻细研，广泛涉猎政治经济、历史文化、法律社会、科学技术等各方面知识，博览群书、广泛涉猎，完善知识结构，打牢专业功底，做一名专家型的新闻宣传工作者。多思善谋，遇事多想几个为什么，多问几个怎么看、怎么办，让脑子装着问题，让思维活跃起来，不断拓展理论的高度、思想的深度、实践的厚度、情感的温度。

笔力是基本功，不仅是能写会说这样简单，而是脚力、眼力和脑力的综合体现，动笔要快、落笔要实、用笔要活。增强笔力，就是要增强受众思维、创新思维，坚持固本培元、守正创新，善于表达，少一些结论和概念，多一些事实和分析；少一些空泛说教，多一些真情实感；少一些抽象道理，多一些鲜活事例。新闻宣传是做人的工作，就要运用老百姓的语言、青年人的语言，采取群众喜闻乐见、便于接受的载体形式，让新闻宣传更有情感、有温度，吸引人、打动人、感染人。把脚力所到之处、眼力发现之美、脑力思考之深综合地呈现出来，说老百姓听得懂的话，写"沾泥土""带露珠""冒热气"的文章，才能真正和群众打成一片，更加接"地气"、聚"人气"。

非凡脚力出眼力，勤想多思著华章。"涉浅水者见虾，其颇深者察鱼鳖，其尤甚者观蛟龙。"本领能力绝非天生，也无法一劳永逸、一蹴而就，而是在持之以恒的知识更新、实践锻炼中练就的。新闻宣传干部迈开双脚丈量大地、睁大锐眼洞察天下、开动脑筋深入思考、练就妙笔书写时代，才能不断提高把握正确方向导向的能力、巩固壮大主流思想文化的能力、强化意识形态阵地管理的能力、加强网上舆论宣传和斗争的能力、处理复杂问题和突发事件的能力，始终立于时代潮头、引领风气之先。把笔触对准一个个平凡英雄，用深入浅出的表达、生动感人的故事、平实质朴的语言，呈现不忘初心、牢记使命的身影，努力讲好中国故事，构筑中国精神、中国价值、中国力量。

五、新闻宣传应急处置

当今时代，无人不网、无处不网、无时不网。不确定性时时存在，各类事件、事故、事情一旦爆发，舆情也紧随其后。而且舆情酝酿周期大大缩短，热点舆情可能瞬间引爆舆论场。

海恩法则（每一起严重事故的背后，必然有 29 起轻微事故和 300 起未遂先兆，以及 1000 起事故隐患）告诉我们，任何一次事件事故都是有原因、有征兆的，只要及时采取了有效的预防措施，是可以避免的，至少可以将损失降到最低。很多舆情早在酝酿之初就有苗头，在发生之前就有端倪。如果能提早研判、提前发现、及时行动，"防在源头""防之有效"要远比"处之有方"更好！

用大概率思维应对小概率事件。墨菲定律（如果解决一件事情有多种方法，而其中有一种方法将导致严重事故，那么一定有人会按这种方法去做）警示我们，不要对任何"小概率事件"抱有侥幸心理。小概率事件具有偶发性，但它一旦发生，也可能会造成大影响。有些小概率事件发生后，还会形成多米诺骨牌效应。用大概率思维应对小概率事件，有利于降低小概率事件发生的可能性，将矛盾化解于未萌；有利于在小概率事件发生之初就予以有效应对，从而化被动为主动，将负面影响降到最低。

舆情应对是一项复杂的系统工程，需要建好完善高效的机制，形成"一盘棋""一张网"。

重视"第一道关"，守住"每一道关"。风起于青萍之末，一线人员特别是公职人员，一言一行都可能被放大"审视"。了解不了解舆论传播规律，能不能真心诚意解决各类矛盾问题，是防范舆情的第一关。

一旦发生了负面舆情，任何一种逃避现实、不敢面对问题的行为，都是掩耳盗铃、鸵鸟心态。突发事件发生后，在突发事件领导小组领导下，迅速启动新闻宣传处置应急预案：

（1）启动应急预案。组织新闻宣传处置应急团队，统一领导新闻处置工作，明确职责分工，督促相关人员执行预案。兵贵神速，回应关切及不及时，是检验工作水平的标尺。把握"黄金节点"，1小时快速介入，主动发声，有效对冲舆情；4小时内发布权威信息，赢得主动权；24小时内召开新闻发布会，努力"一锤定音"，如有必要，应当持续滚动发布权威信息。

（2）开展舆情监测。全过程监测有关社会舆情，收集媒体报道，认真分析研判，及时汇总上报。突发事件处置完毕，持续关注媒体动态，防控相关不良舆情的发生和多次传播。同时要注重线下处置，有什么问题就解决什么问题，依法依规解决问题，才能真正回应关切，处置好舆情。

（3）收集背景材料。迅速收集突发事件有关情况，及时召开会议，制定应答口径，形成新闻通稿和可对外公开的背景素材。天下武功唯快不破。必须抢抓舆论"真空期""空窗期"，采取雷霆手段，"快刀斩乱麻"，用最快的速度发出客观的信息和权威的声音。不能"半天发不出声"，更不能给谣言留下时间窗口。

（4）实施新闻发布。随事态进展采取适当形式发布消息，说明情况，回应社会关注，把企业的态度和采取的措施及时告知媒体和公众。必要时可滚动发布事件进展情况。公开事实是最好的引导，任何欺瞒掩饰的"躲猫猫"式做法都只会让流言、谣言野蛮生长，"有图有真相"地坦诚对话、释疑解惑才是正道。处理方式切记不要生硬傲慢，否则容易激化矛盾，使舆情进一步发酵，会是更致命的"打击"。

（5）保持媒体沟通。在符合保密工作要求下，做好采访接待工作。公开新闻发布机构电话，指派专人回答媒体和公众的咨询，提供相关文字素材。发现报道有误，及时联系媒体进行更正。"人心都是肉长的""真诚才是必杀技"，在摆事实、讲道理的基础上，做到以理服人、以情动人，才能让沟通更有效。

（6）评估处置结果。突发事件处置结束后，及时组织相关人员进行总结评估处置结果，修改完善突发事件新闻处置应急预案。绝不在同一个地方跌倒两次，善于总结经验、汲取教训，树牢"治未病"思维。同时，"别人生病自己吃药"，把别处出现的问题和以前暴露的问题作为现实教材，建立案例库，自检自查、排雷排爆，争取不重蹈覆辙。

示例 33 国有企业舆情应急处置预案

一般舆情处置（可用黄色标示）

涉及的单位及个人：国有企业所属单位及其普通职工。

涉及事项：属于个人事项或个别、偶发现象（如职工薪酬、加班）等。由于"蝴蝶效应"的存在，以及网络技术的加持，越来越多事情一不小心就上热搜，"茶杯里的水花也能引发风暴"，"触雷"搞出"大事情"。

舆情概况：舆情传播范围较小（阅读量不超过千次、转发量不超过百次），且发展慢。

处置层级：快速转交事发单位自行处理。

处置手段：冷处理，不予以回应。

监控强度：动态监控，遇到舆情有进一步爆发倾向时，进行新一轮舆情等级预判和处置；

舆情报告：若不产生较大负面影响，仅限宣传部门及相关单位内部掌握有关情况。

声誉修复：组织多篇正面报道修复形象。

较大舆情处置（可用橙色标示）

涉及的单位及个人：国有企业所属单位领导班子成员、科研生产经营的核心人员、国有企业总部部门领导、国有企业领导等。

涉及事项：属于意识形态、安全生产、环境卫生、金融财务、群体性事件、竞争合作、涉外事件、负面媒体报道、自然灾害、保密安全等事项，对企业科研生产经营活动、企业形象声誉造成或者可能造成负面影响的事件。

舆情概况：舆情传播范围较大（阅读量上千次、转发量超过百次）且可能有进一步发展趋势。

处置层级：国有企业党委宣传部门协同相关单位、部门成立新闻处置应急团队，对舆情进行直接处理。

处置手段：无论事件发生的原因，首先要公开表达对事件的关切与理解；快速收集整理舆情报告，集合相关部门分析问题，第一时间形成处置预案；根据事件情况，立即采取补救措施并及时报告上级机关部门；组织相关部门立即进行处置。

监控强度：每4小时动态监控并及时处置。

舆情报告：若不产生较大负面影响，新闻处置应急团队内部掌握情况。

声誉修复：组织多篇正面报道修复形象，必要时进行澄清和说明，答疑释惑。

重大舆情处置（可用红色标示）

涉及的单位及个人：国有企业所属单位领导班子成员、科研生产经营的核心人员、国有企业总部部门领导、国有企业领导等。

涉及事项：属于意识形态、安全生产、环境卫生、金融财务、群体性事件、竞争合作、涉外事件、负面媒体报道、自然灾害、保密安全等事项，对企业科研生产经营活动、企业形象声誉造成或者可能造成严重负面影响的事件；

舆情概况：舆情传播范围非常大（阅读量十万次以上、转发量超过万次）且已有进一步发展趋势。

处置层级：成立由党委领导牵头、党委宣传部门和相关部门、单位组成的舆情处置领导小组，对舆情进行直接处理。

处置手段：快速收集整理舆情报告，第一时间组织各部门形成处置预案，并报国有企业党委领导；立即采取补救措施，并及时报告上级机关部门；按照"早讲事实、重讲态度、慎讲原因"的原则，通过媒体发稿、召开新闻发布会等恰当形式发布信息，对于需要承担责任的，首先要表达关切与理解，并诚恳道歉；对于局部问题，进行严肃切割；对于遭遇诬陷的，依法维护权利；保持媒体沟通，做好采访接待工作，公开新闻发布机构电话，指派专人回答媒体和公众的咨询，提供相关文字素材；组织相关部门一线进行处置，对事件当事人进行道义上的慰问与安抚。

监控强度：每1小时动态监控并及时处置。

舆情报告：按照舆情发展态势，以周报、日报、时报形式，向企业党委领导和舆情处置领导小组进行汇报。

声誉修复：组织正面报道修复形象；组织"公众开放日"活动，沟通化解社会大众、媒体负面和片面认识；突出社会责任担当，以参与社会公益等各种形式展示国有企业对于国泰民安、国富民强的社会责任和所作出的贡献；组织相关行业专家、外部学者等针对新闻事件，列举实例、科学解读、消除谬误、引导舆论。

第六节　思想政治工作

思想政治工作是党的优良传统、鲜明特色和突出政治优势，是一切工作的生命线，是国有企业的传家宝。国有企业党委领导企业思想政治工作，是国有企业党组织的重要职责。加强和改进企业思想政治工作，是国有企业党组织发挥领导作用的重要途径。把思想政治工作作为企业党组织一项经常性、基础性工作来抓，把解决思想问题同解决实际问题结合起来，既讲道理，又办实事，多做得人心、暖人心、稳人心的工作，实现聚心、聚力、聚智、聚人。

一、压实责任

强化党委主体责任，各级党委要切实负起政治责任和领导责任，建立健全思想政治工作责任制，制定思想政治工作责任清单，明确落实措施和推进步骤。坚持用改革精神和严的标准推进领导班子思想政治建设，着力锻造政治素质好、发展业绩好、创新效能好、党建作用好、作风形象好的坚强领导集体。党的基层组织要认真贯彻党章党规要求，做好党员和群众的思想政治工作。坚持党要管党、全面从严治党，以党的政治建设为统领，坚持思想建党和制度治党相统一，把思想政治工作落实到党的各项建设之中。加强党的全面领导，善于运用思想政治工作和体制制度优势，推动企业高质量发展。

二、主要内容

坚持用习近平新时代中国特色社会主义思想武装头脑，健全工作体系，增进对习近平新时代中国特色社会主义思想的政治认同、思想认同、理论认同、情感认同。推动理想信念教育常态化制度化，广泛开展中国特色社会主义和中国梦宣传教育，弘扬民族精神和时代精神，加强爱国主义、集体主义、社会主义教育，加强马克思主义唯物论和无神论教育。培育和践行社会主义核心价值观，加强教育引导、实践养成、制度保障。加强党史、新中国史、改革开放史、社会主义发展史、中华民族发展史和形势政策教育，引导党员、干部、群众旗帜鲜明反对历史虚无主义，继往开来走好新时代长征路。加强社会主义法治教育，深入学习宣传习近平法治思想，普遍开展宪法宣传教育，有针对性地宣传普及法律、法规和法理常识，加大党章党规党纪宣传力度。增强忧患意识、发扬斗争精神，广泛开展防范化解重大风险宣传教育，以自觉的斗争实践打开新天地、夺取新胜利。

三、提升工作质量水平

毛泽东在《实践论》中形象批评思想跟不上实际的人：他们的思想离开了社会的实践，他们不能站在社会车轮的前头充任向导的工作。如今我们学习贯彻落实党的二十大精神，就是要努力"站在社会车轮"的前头，看清发展航程中的矛盾转化、问题更迭，有的放矢、精准施策、主动作为，使得思想与行动与新时代特点相符合。

遵循思想政治工作规律。坚持把显性教育与隐性教育、解决思想问题与解决实际问题、广泛覆盖与分类指导结合起来，因地、因人、因事、因时制宜开展工作。坚持守正创新，推进理念创新、手段创新、基层工作创新，使新时代思想政治工作始终保持生机活力。把思想政治工作同生产经营管理、人力资源开发、企业精神培育、企业文化建设等工作结合起来，在思想上解惑、精神上解忧、文化上解渴、心理上解压。加强网络思想政治工作，推动思想政治工作传统优势与信息技术深度融合，使互联网这个最大变量变成事业发展的最大增量。做好各类群体的思想政治工作，开展思想政治引领行动，把广大群众团结凝聚在中国特色社会主义伟大旗帜下。

直面问题解民忧。现在社会上价值取向多元，尤其是年轻职工思想活跃、受教育程度高。有些人时常感叹，现在的职工思想政治工作不好做，或者说工作的效果不理想、不明显。为什么？因为对职工最迫切的需求不了解，没有发现、找到"痛点"，思想政治工作的效果能好吗？职工的思想问题在哪，哪个地方最"痛"，要找准了做工作，才有针对性，效果才会好。了解掌握不同群体职工的最迫切需求，是做好思想政治工作的基础和前提。对职工最迫切希望解决的问题，如果关注不够，甚至不关注，那要做好思想政治工作是不可能的。一个状态好的企业，职工有健康的身心、体面的生活，眼里有光、心里有盼头，每天都有一种向上的力量，充分释放职工创造力，海阔凭鱼跃，天高任鸟飞，在追求伟大事业的过程中实现职工自身理想。

巩固壮大主流思想舆论。坚持正确政治方向、舆论导向、价值取向，把思想政治工作融入主题宣传、形势宣传、政策宣传、成就宣传、典型宣传中，落实到各级各类媒体，不断提高新闻舆论传播力、引导力、影响力、公信力。深化拓展群众性主题实践，充分利用重要传统节日、重大节庆日纪念日，发挥礼仪制度的教化作用，丰富道德实践活动，推动形成适应新时代要求的思想观念、精神面貌、文明风尚、行为规范。更加注重以文化人、以文育人，更好满足精神文化生活新期待。充分发挥先进典型示范引领作用，持续讲好英雄模范的感人故事，把榜样力量转化为群众的生动实践。切实加强人文关怀和心理疏导，健全党员领导干部联系基层、党员联系群众的工作制度，健全社会心理服务体系和疏导机制、危机干预机制，建立社会思想动态调查与分析研判机制。

强化阵地建设。基本上可分成三类：红色地带，主要是主流媒体和网上正面力量构成的，这是主阵地，一定要守住，绝不能丢，而且要巩固和拓展，不断扩大影响。黑色地带，主要是网上和社会上一些负面言论构成的，这不是主流，但不可低估其影响力，要勇于进入，逐步推动改变颜色。灰色地带，处于红色和黑色地带之间，需要大规模开展工作，加快转变为红色地带，防止向黑色地带蜕变。

春风化雨润物无声。在企业的各种资源要素中，人是第一位的；在企业的各种要素状态中，人的思想状态与作风状态是第一位的。思想建设与作风建设不是只有投入、没有产出的无用功，这方面的工作做对了、做到位了，投入产出比高于其他任何类型的投入产出比。思想政治工作贵在"润物细无声"。现在，一些单位对思想政治工作不那么重视了，有的党员干部既不愿做思想政治工作，也不会做思想政治工作。所处的社会环境发生了很大变化，职工队伍结构呈现出许多新特点，思想政治工作如果跟不上，就会散了人心、乱了队伍。要把思想政治工作作为党组织一项经常性、基础性工作来抓，运用潜移默化的工作方法，春风化雨般把工作落实到位，与职工群众"身挨着身、心贴着心"，同职工群众想在一起、干在一起，凝聚赤子之心，暖化颗颗真心，构筑起共同的思想基础。思想政治工作应该达到这样的效果，敢于深入、善于融入，真正做到好雨当时、润物无声。

四、构建大格局

完善领导体制和工作机制。完善党委统一领导、党政齐抓共管、宣传部门组织协调、有关部门分工负责、党员职工共同参与的思想政治工作大格局。打造专兼结合的工作队伍，配齐配强思想政治工作骨干队伍，充实优化兼职工作队伍，培养思想政治工作的行家里手。

特别注意要克服本领恐慌，否则如果能力素质不足，对工作缺乏深度思考，提不出好想法，拿不出真举措，就只能将工作停留在表面功夫上，就会存在"说不上去""说不下去""说不进去""顶了回去"的现象。多培训、多演练、多实战，平时多历历"风吹雨打"、多捧捧"烫手山芋"、多当当"热锅上的蚂蚁"，才能在关键时刻"挡乱拳""应万变"，把事情都做好。做好思想政治工作也一样，最需要、最欢迎有实干精神、能解决实际问题的人，而最不欢迎夸夸其谈、眼高手低的"客里空"。

用好各级各类文化设施和阵地。加强各级各类党员教育培训基地、爱国主义教育基地等的规划建设和管理使用。建立科学有效的评价考核体系。建立内容全面、指标合理、方法科学的思想政治工作测评体系，将测评结果纳入落实全面从严治党主体责任情况监督检查和巡视巡察内容，纳入党建考核和领导干部综合考核评价内容，把"软指标"变为"硬约束"。

第七节　企业文化建设

文化是一个国家、一个民族的灵魂。文化自信，是更基础、更广泛、更深厚的自信。坚定中国特色社会主义道路自信、理论自信、制度自信，说到底是要坚定文化自信。企业管理的最高境界不是财务管理，不是绩效管理，而是文化管理。拥有深入人心的强文化的国有企业，所有员工认同目标，朝着目标奋力前进，这是企业高绩效的原动力。

一、基本原则

企业文化建设是国有企业思想政治工作和精神文明建设的重要载体，是践行社会主义核心价值观，加强国有企业管理，增强国有企业核心竞争力的重要途径。扎实推进企业文化建设，是国有企业党组织做好思想政治工作和精神文明建设的必然要求，是国有企业党组织的重要职责。

坚定自信，守正创新：注重汲取中华优秀传统文化基因，弘扬国有企业优良传统，准确把握企业改革发展和科技的快速发展，不断丰富文化内涵，实现文化与时俱进。

聚焦主业，价值引领：聚焦企业发展主业，紧紧围绕企业改革发展、科研生产和经营管理，使文化建设融入企业全价值链的各个环节。

循序渐进，完善延展：把握企业文化建设的阶段性特征，坚持系统观念，统筹考虑、体系推进，以点带面，逐步完善和延展。

以人为本，全面发展：树立服务基层的工作导向，关注员工成长、关爱员工健康、关心员工家庭，不断提升员工的获得感、幸福感、安全感。

突出共性，兼容个性：以公司企业文化为统领，统一树立公司整体形象，科学梳理和吸纳所属单位企业文化优秀成分，使其成为公司企业文化有机构成。

领导带头，全员参与：各级领导身体力行，充分发挥示范带头作用，全体员工积极参与、自觉践行、广泛传播，共同建设和发展企业文化。

二、主要内容

企业文化大道无形，引导企业员工的价值和行为取向，约束和规范员工的行为，在企业内部形成一股强大的向心力和凝聚力。清晰的企业文化理念是构建深入人心的企业文化前提，但仅有理念还不够，更为重要的是要将理念固化为行为规范，使全体成员保持一致的方向。

1. 核心理念系统。企业建立统一的核心理念系统（MI），主要由企业战略愿景、企业使命、企业核心价值观、企业精神、企业定位、企业家精神禀赋、企业工作作风、员工行为准则等方面组成。核心理念体系要立足践行社会主义核心价值观，继承和弘扬企业传统文化，体现企业特色。

所属单位要认真贯彻落实公司文化理念，在企业使命、企业核心价值观、企业精神、企业家精神禀赋等方面，必须与上级企业保持高度一致，同时可结合实际建立与之相统一的理念体系。所属单位要定期梳理企业文化理念体系，使其与公司共性文化保持一致，促进个性文化内容成为公司企业文化理念系统的重要组成和有力支撑；结合实际开展研究室、车间、班组文化建设，组织特色文化活动，引导职工自觉践行文化理念。

2. 视觉识别系统建设。企业应建立统一的视觉识别系统（VI），由公司标志、中英文名称、标准字体、标准色、核心组合规范、应用规范等组成，并形成《形象识别执行手册》。企业品牌建设及推广、商标注册及管理应与企业形象识别系统保持衔接并体现其要素。所属各单位应自觉执行《形象识别执行手册》各项要求，规范使用企业标志。

所属单位要重视企业文化对外宣传推广工作，积极组织文化主题活动、开展文化交流、制作文化用品和企业品牌推广用品，认真履行社会责任，提升文化软实力，为企业发展营造良好的外部形象。

3. 行为识别系统建设。企业以完善多层三维规章制度体系、健全各项规章制度为重点，推进行为识别系统（BI）建设，规范所属单位和各类员工行为，在为客户提供高质量产品或服务、市场营销、对外交往等过程中建立统一的标准。

所属单位要认真执行企业各项规章制度，结合实际建立健全适应单位发展的规章制度体系，实现企业管理制度化、规范化、程序化。明确不同类别员工行为规范、岗位职责、办事程序和规范操作，引导员工坚持文明办公、文明生产，增强团队意识和凝聚力、创造力。

4. 专项文化建设。紧扣企业中心工作，大力开展创新文化、质量文化、法治文化、风险文化、合规文化、品牌文化、廉洁文化、安全文化、保密文化等专项文化建设，丰富企业文化建设的内容。

专项文化建设内容必须符合企业文化建设整体要求，在企业文化建设领导小组统一领导下，由相关业务部门负责推进实施。

示例34 航天全员"零缺陷"质量意识

质量是航天的生命力。航天质量文化是我国航天事业发展历程中成功经验和失败教训的总结提炼，凝结着几代航天人的智慧和心血，是发展航天事业、建设航天强国的宝贵资产。

航天型号产品投入高、风险大、技术密集、系统复杂，在研制生产中，对质量的要求极高，不允许出现一丝一毫的差错。中国航天事业自创建时，就确立了"严肃的态度、严格的要求、严密的方法"的"三严"作风。1966年，周恩来总理进一步提出了"严肃认真、周到细致、稳妥可靠、万无一失"的十六字方针。

航天人将"零缺陷"固化到规章制度和标准规范，渗透到员工的思想和行为，落实到科研生产经营管理实践，"操作零失误、运行零故障、产品零缺陷、试验零风险"，转化成高质量的工作和高质量的产品。20 世纪 90 年代，先后形成科研生产管理"72 条"和质量管理"28 条"，以及技术归零和管理归零"双五条标准"。

"零缺陷"质量意识的内涵不断丰富——质量是政治、质量是生命、质量是效益。质量是政治，强调质量事关国家地位和国家形象，事关国家安全和人民美好生活，提供高质量的产品，就是坚定拥护"两个确立"、坚决做到"两个维护"的生动体现；质量是生命，产品质量从根本上决定了用户的生命，决定了航天事业的生存发展，否则就失去了生存的根基；质量是效益，强调航天产品的性质特点决定了企业追求高质量，就是追求高效益。牢牢抓住质量这条生命线，始终秉持严慎细实的工作作风，一次把事情做对、做好，用完美的过程达到圆满的结果，用高质量的成功助推航天强国建设。

三、重点任务

构建文化理念体系。构建企业文化建设整体框架，发布核心文化理念宣讲教材、撰写文化手册。搭建文化体系框架。

落实形象识别体系。按照视觉识别系统手册要求，规范使用各类标志标识，营造良好工作环境和文化氛围，树立统一的企业形象，打造品牌，提升社会影响力和感召力。

推进行为规范体系。大力弘扬伟大建党精神，结合行业特色编发具有较强指导性和可操作性的员工规范，深入持久推动员工良好行为习惯的养成。

加强企业文化培育。推进文化理念学习实践的具体化和系列化，利用各种宣传教育平台和阵地，强化理念宣传，形成文化氛围。注重依托科研生产经营任务的推进，开展形势任务教育和文化宣讲，实现中心工作与文化建设的双促双融。

丰富文化传播载体。组织开展主题文化活动，形成强劲声势，打造富有特色的企业文化品牌。建强宣传阵地，强化互联网思维，运用媒体平台及时传递好声音、宣传好故事。

加强重大典型宣传。大力宣传"两弹一星"精神等，大力弘扬企业家精神、工匠精神和劳模精神，形成鲜明价值导向，开展系列文化品牌活动。

促进文化融入制度。以文化建设引导制度建设，以制度建设促进文化建设。突出制度流程建设的文化内涵，自觉将企业核心文化理念融入企业标准和规章制度中，以科学化、标准化、规范化的制度，全面规范员工行为。

激发基层文化活力。在秉承和传播统一的核心文化理念基础上，支持所属各单位根据自身定位、历史积淀、核心业务，更自觉、更主动、更广泛地进行细化和具体化，对核心文化理念进行延展和落地。

优化考核评价体系。完善企业文化建设考核评价和激励机制，纳入考核总体评价体系，重点关注文化落地效果、文化建设对中心工作的促进作用，以及员工良好行为习惯的养成。

持续开展文化提升。定期对企业文化发展现状进行全面评估，重点关注管理行为与企业文化的一致性，企业文化对企业战略的支撑作用，以及员工对未来发展的信心等。

四、推进实施

国有企业的核心价值观不尽相同，但基本都有两个明显的共性：以国家为重、对国家负责，对社会和人民负责，体现了"以大局为重"的价值观导向。切实有效的企业文化建设，要将宏大的文化理念，潜移默化地渗透到企业的各个角落，铸就人人共同遵守的企业文化，成为企业高质量发展的原动力。

（1）建立健全企业文化建设领导体系和组织机构，把企业文化工作列入重要议事日程，与党建工作同部署、同落实、同检查、同考核、同奖惩，为企业文化建设提供必要的人力、物力、财力保证。

（2）制定企业文化管理办法，建立科学有效的企业文化建设运行机制，充分发挥企业文化建设管理部门的组织、协调作用，调动各相关业务部门的主创作用和员工广泛参与的积极性，形成合力共建、成果共享的企业文化建设工作格局。

（3）配齐配好企业文化专兼职工作人员，定期开展相关人员学习培训，提高从业人员业务水平。

（4）通过举办主题活动、推广典型案例、宣讲企业故事、制作文化用品等方法，促进企业文化内化于心、外化于行、固化于制。

（5）通过层层宣讲、新员工入职培训、寓教于乐的群众性活动等形式宣贯企业文化理念，通过新媒体、报刊、电视、橱窗、电子屏等媒介，以及对外展览、新闻发布等平台，广泛宣传企业文化内容，营造浓厚氛围，展示良好形象。

（6）加强舆情监控及引导，努力树立企业良好形象，为企业发展营造良好舆论氛围。

（7）及时总结企业文化建设经验，加强企业文化理论研究，注重发挥企业各类先进典型的示范带头作用，不断推广成功经验和研究成果，让广大干部职工学有榜样。

（8）加强企业文化建设考核，精心培育企业文化建设标杆，充分发挥榜样示范作用。

（9）加强对企业文化建设工作的指导、检查和考核，对工作表现突出的单位和个人进行表彰，对工作不力的单位和个人进行通报批评，将企业文化建设工作情况作为重要内容纳入党建工作考核评价。

示例 35 某集团公司企业文化理念体系

某集团公司对成立以来的历程进行了全面回顾，深刻总结了企业发展实践中凝聚并凸显出来的文化品质和文化内涵，最终整合、提炼成追求卓越的企业文化理念体系。

体系由核心价值观、使命、愿景三部分构成。

企业价值观：正德厚生 臻于至善。

企业使命：创无限通信世界，做信息社会栋梁。

企业愿景：成为卓越品质的创造者。

理念体系立足于核心价值观、使命、愿景，凝结了缔造辉煌历史的精神精髓，表达了企业对未来的美好憧憬和对事业的坚定信念。

核心价值观阐述了"我们是谁，我们的信仰是什么"，反映了企业及其每一个成员共同的价值追求、价值评价标准和所崇尚的精神。

使命表达了"我们的事业"是什么，表达了企业存在的根本目的和原因。

愿景说明了"我们的目标"是什么，是企业在一定阶段内期望达到战略目标和发展蓝图。

核心价值观是企业文化理念体系的核心，是形成使命、愿景的根本动力和精神源泉，是选择使命、愿景的决定因素。而使命、愿景是核心价值观在企业发展领域的价值追求的具体体现，是核心价值观在企业活动中的承载与体现。

第五章　组织建设

　　加强党的组织建设，根本目的是坚持和加强党的全面领导，为推进中国特色社会主义事业提供坚强保证。要深刻领会习近平总书记关于党的建设的重要思想，全面贯彻新时代党的组织路线，不断提高党的建设质量，把党建设成为始终走在时代前列、人民衷心拥护、勇于自我革命、经得起各种风浪考验、朝气蓬勃的马克思主义执政党。只有高质量抓好党的组织建设，才能配强领导班子这个经济社会发展的决策层和指挥部，在经济社会发展中充分发挥广大党员的先锋模范作用、广大干部的骨干中坚作用和广大人才的战略支撑作用。

第一节 新时代党的组织路线

一、组织路线

2018 年 7 月召开的全国组织工作会议上，习近平总书记首次提出了新时代党的组织路线：全面贯彻习近平新时代中国特色社会主义思想，以组织体系建设为重点，着力培养忠诚干净担当的高素质干部，着力集聚爱国奉献的各方面优秀人才，坚持德才兼备、以德为先、任人唯贤，为坚持和加强党的全面领导、坚持和发展中国特色社会主义提供坚强组织保证。新时代党的组织路线是理论的也是实践的，要在推进新时代党的建设新的伟大工程、落实全面从严治党的实践中切实贯彻落实。

组织建设是党的建设的基础。新时代党的组织路线是理论的，也是实践的，是党的建设和组织工作必须贯彻的"纲"和"本"，也为加强党的组织建设提供了科学遵循，为增强党的创造力、凝聚力、战斗力提供了重要保证。组织工作要找准着力点，紧紧围绕全面从严治党体系，坚持目标导向和问题导向相结合，落实全的要求、严的基调、治的理念，着力固根基、扬优势、补短板、强弱项，着力健全上下贯通、执行有力的组织体系，健全素质培养、知事识人、选拔任用、从严管理、正向激励的干部工作体系，健全科学规范、开放包容、运行高效的人才发展体系，健全严把入口、优化结构、提高质量、发挥作用的党员管理体系，健全组织工作制度规范体系，健全全面从严治党责任体系，为新时代新征程党的建设作出新贡献。

二、党的建设重要思想

党的十八大以来，习近平总书记围绕建设什么样的长期执政的马克思主义政党、怎样建设长期执政的马克思主义政党的重大时代课题，突出全面从严治党这个主题主线，提出一系列管党治党、兴党强党的新理念新思想新战略，形成习近平总书记关于党的建设的重要思想。这一重要思想是习近平新时代中国特色社会主义思想的重要组成部分，是新时代党的建设理论发展和实践经验的科学总结，是马克思主义建党学说中国化时代化的最新成果，是全面推进新时代党的建设新的伟大工程的根本遵循和行动指南。

2023 年 6 月，全国组织工作会议在京召开，习近平总书记对党的建设和组织工作作出重要指示。用"十三个坚持"系统阐述了习近平总书记关于党的建设的重要思想，深刻阐明了党的建设的根本原则、科学布局、价值追求、重点任务，是这次会议的灵魂所在、精髓所在，为我们思考谋划工作提供了总遵循、总依据、总指引。这是全党首次正式提出和系统阐述"习近平总书记关于党的建设的重要思想"，在马克思主义建党学说发展史和中国共产党党建史上具有标志性的里程碑意义。

"十三个坚持"是：坚持和加强党的全面领导，坚持以党的自我革命引领社会革命，坚持以党的政治建设统领党的建设各项工作，坚持江山就是人民、人民就是江山，坚持思想建党、理论强党，坚持严密党的组织体系，坚持造就忠诚干净担当的高素质干部队伍，坚持聚天下英才而用之，坚持持之以恒正风肃纪，坚持一体推进不敢腐、不能腐、不想腐，坚持完善党和国家监督体系，坚持制度治党、依规治党，坚持落实全面从严治党政治责任。

第二节　新时代国有企业党的组织建设总要求

国有企业党委要坚持以习近平新时代中国特色社会主义思想为指导，全面贯彻党的二十大精神，深刻领会习近平总书记关于党的建设的重要思想，以坚持和加强党中央集中统一领导为最高原则，以忠诚为党护党、全力兴党强党为根本使命，以解决大党独有难题、健全全面从严治党体系为重大任务，坚持不懈用党的创新理论统一思想意志行动，不断严密上下贯通、执行有力的组织体系，把党的组织内嵌到企业生产经营各领域，把党的领导融入企业改革发展全过程，着力建强堪当民族复兴重任的高素质执政骨干队伍，加快建设世界重要人才中心和创新高地，不断提高组织工作质量，更好地以党的伟大自我革命引领伟大社会革命，为推进强国建设、民族复兴伟业提供坚强组织保证。

一、基本布局

正确理解新时代党的组织路线的科学内涵和实践要求，坚持目标导向、问题导向、结果导向相统一，准确把握好贯彻落实的基本要求。深刻领会"两个确立"的决定性意义，抓好坚持和完善党的领导、坚持和发展中国特色社会主义，教育引导全党自觉在思想上政治上行动上同以习近平同志为核心的党中央保持高度一致，不断提高政治判断力、政治领悟力、政治执行力；加强习近平新时代中国特色社会主义思想的理论武装，把党的创新理论转化为推进新时代中国特色社会主义伟大事业的实践力量；抓好党的组织体系建设，提高党组织政治领导力、思想引领力、群众组织力、社会号召力，把广大人民群众紧紧团结在党的周围；抓好执政骨干队伍和人才队伍建设，坚持德才兼备、以德为先、任人唯贤的方针，落实好干部标准和国有企业领导人员"二十字要求"，强调选干部、用人才既要重品德，也不能忽视才干；抓好党的组织制度建设，完善党委落实全面从严治党主体责任的制度，不断提高党的组织建设的制度化、规范化、科学化水平。

党的力量来自组织，充分发挥党的组织优势、组织功能、组织力量，推进新时代党的建设新的伟大工程，为做强做优做大国有企业提供坚强组织保证。把组织工作放在党和国家工作大局中把方向、谋思路、定政策、促改革，在优化组织工作布局中强弱项、补短板、抓协同、促整合，不断夯基垒台、积厚成势。

二、重大原则

党的组织工作是贯彻路线的保证，是实现路线的工具。

在完善公司治理中加强党的领导，坚定不移落实党管干部、党管人才原则；坚持以党的政治建设为统领（始终把坚定拥护"两个确立"、坚决做到"两个维护"作为组织工作的根本政治责任，选人用人突出政治把关，教育培训突出政治训练，干部管理突出政治监督，基层党建突出政治功能，人才工作突出政治引领），推动广大党员干部深刻领悟"两个确立"的决定性意义，增强"四个意识"、坚定"四个自信"、做到"两个维护"；坚持党要管党、全面从严治党，把严的要求贯穿到领导班子和干部队伍、基层党组织和党员队伍建设中去；坚决反对"四风"，密切党同人民群众血肉联系，以实现人民对美好生活的向往为奋斗目标，以实现好维护好发展好最广大人民根本利益为最大追求；坚持以加强党的长期执政能力建设、先进性和纯洁性建设为主线，全面加强党的建设，为夯实党的执政根基、确保党长期执政提供坚强组织保证。

三、战略路径

理论武装。推进学懂弄通做实习近平新时代中国特色社会主义思想，使党员干部坚定理想信念，深刻领悟"两个确立"的决定性意义，增强"四个意识"、坚定"四个自信"、做到"两个维护"，做习近平新时代中国特色社会主义思想的坚定信仰者、忠实实践者。

强基固本。加强党的组织体系建设，围绕推动高质量发展，增强党组织政治功能和组织功能。坚决维护党中央定于一尊、一锤定音的权威，坚持大抓基层的鲜明导向，发挥党委（党组）把方向、管大局、保落实的领导作用，发挥基层党组织的战斗堡垒作用，推动党员特别是领导干部强化党的意识和组织观念。坚持"四同步""四对接"，紧密结合企业产权关系、组织机构和经营模式，持续优化组织设置，做到应建必建，确保党的组织设置始终和企业改革发展、生产经营活动和组织管理幅度相适应。加大分层分类指导力度，抓好重点任务落实，把党的领导融入公司治理各环节，把企业党组织内嵌到公司治理结构之中，引导国有企业把组织优势转化到加快自主创新、攻克关键核心技术、做强做优做大上来。努力建设讲政治、重公道、业务精、作风好的组织（人事）部门。

选贤任能。着眼建设堪当民族复兴重任的高素质干部队伍，不断优化干部选育管用工作。坚持德配其位、才配其位选准用好干部，加强对干部全方位管理和经常性监督，进一步激励干部担当作为，充分调动干部干事创业积极性主动性创造性。

育才聚才。着眼实现高水平科技自立自强，强化现代化建设人才支撑。全方位培养引进用好人才，集聚爱国奉献的各方面优秀人才，聚天下英才而用之，加快建设世界重要人才中心和创新高地。坚持从严管理党员，全面提高党员队伍素质。

四、质量要求

工作质量高低反映出政治品格、党性修养、思想作风、精神状态、能力素质，有强烈的事业心才有高质量；工作质量高低取决于工作标准，有高标准才有高质量；工作质量高低贯穿于工作全过程，每项工作、每个环节、每个节点都有高质量，才能保证全面质量、全程质量。

要把个人摆进去、把职责摆进去、把工作摆进去，着力提高谋划工作的质量、研究具体举措的质量、推进工作落实的质量，使组织工作更好地增强政治性、体现时代性、把握规律性、富于创造性，从做没做、有没有，向好不好、优不优转变。关键是要充分结合企业特点，从企业肩负的使命任务出发，创新工作方式方法，加强党建工作体系和能力建设，使基层党建工作看得见、摸得着、叫得响、受欢迎、有成效。

五、作风保障

做好新时代国有企业组织工作，必须深入学习领会习近平总书记关于党的建设的重要思想，把习近平总书记重要指示批示和党中央决策部署，与组织部门的职责和具体工作结合起来，创造性地贯彻落实，不照搬照抄，不当"留声机"；必须坚持问题导向和目标导向相统一，针对问题、直面问题、分析问题、解决问题；必须求真务实、狠抓落实，不图虚名、不骛虚声、不做虚事，盯住不放、一抓到底；必须领导带头、身先士卒，自觉当好施工队长，重要工作亲自部署、重大问题亲自过问、重要环节亲自协调、落实情况亲自督查。坚决防止形式主义、官僚主义，防止以会议落实会议、以文件落实文件，防止不必要的层层检查、层层汇报、层层报材料、层层开会、层层留痕。

第三节　党委与领导班子建设

一、党委的成立

国有企业党委由党员大会或者党代表大会选举产生。

由拟成立党组织的团队、机构、单位进行申请，由上级党组织批准。申请单位向上级党委以正式公文形式提出书面申请（现为党支部，申请成立基层党委；或者现为党总支，申请成立基层党委）。涉及属地化管理的，主送属地党组织，抄送企业上级党组织。

因收并购或新组建的单位、机构暂时不具备选举条件的，可以建立临时党组织。为执行某项任务临时组建的工程项目、研发团队等机构，党员组织关系不转接的，经上级党组织批准，可以成立临时党组织。临时党组织领导班子成员由批准其成立的党组织指定。临时党组织不能讨论决定发展党员、预备党员转正、党纪处分等问题。可以接受群众的入党申请，并加强对他们的培养。对要求入党的积极分子、预备党员、违纪党员的表现情况，在完成临时任务后，应认真负责地向其所在单位党组织介绍。

收并购、新组建单位批准成立党委、纪委的，有两种形式：一是暂不具备选举条件的，可先指派党组织的负责人，即书记、副书记，工作一段时间后，应尽早进行选举。二是先批准设立党的临时委员会，临时党委委员可直接指派到位。临时党委一般应在一年内进行选举。

示例 36　关于成立中共×××委员会的请示

关于成立中共×××委员会的请示

×××党委（上级单位党委）：

根据《中国共产党章程》和《中国共产党国有企业基层组织工作条例（试行）》有关规定，为进一步加强党的全面领导和党的建设，坚定不移推进全面从严治党工作，经×××研究决定，拟成立中共×××委员会。现将有关事项请示如下：

一、目前×××单位现有职工××人，其中党员××人，设有党总支×个，党支部×个。

二、拟成立中共××××委员会。同步设立纪律检查委员会。

三、拟通过党员大会（党代表大会）选举产生党委、纪委，拟设党委委员×名，其中书记 1 名，副书记×名；拟设纪委委员×名，其中书记 1 名，副书记×名。

四、党委拟下设党总支×个，党支部×个。

妥否，请批示。

××××单位
××××年××月××日

示例 37　关于成立中共××公司临时委员会的通知

××公司：

为落实全面从严治党要求，坚持和加强党的全面领导，全面加强党的建设，××党委经研究决定：

成立中共××公司临时委员会，由×××、×××、×××、×××、×××（按姓氏笔画为序）等××人组成，其中×××同志任临时党委书记，×××、×××同志任临时党委副书记。

成立中共××公司临时纪律检查委员会，由×人组成，其中×××同志任临时纪委书记。

请严格按照《中国共产党章程》和《中国共产党基层组织选举工作条例》有关规定，×个月内召开党员代表大会，选举产生党委、纪委。

特此通知。

××单位党委

××××年××月××日

示例38　关于成立中共××项目团队临时委员会的通知

××项目团队：

为切实加强项目团队党的建设，充分发挥党委的领导作用、党支部的战斗堡垒作用、党员的先锋模范作用，确保××项目任务圆满完成，××党委决定成立"中共××项目团队临时委员会"。

临时党委由×××、×××、×××、×××、×××（按姓氏笔画为序）等×人组成，其中×××同志为临时党委书记，×××同志为临时党委副书记。

特此通知。

××单位党委

××××年××月××日

示例39　关于组建××项目团队临时党支部的请示

××××党委（应为上级党委）：

××项目团队拟在××××年×月×日到×月×日在××开展相关项目任务，项目团队共有人员××名，其中党员××名。

为深入学习贯彻习近平新时代中国特色社会主义思想，充分发挥党支部战斗堡垒和党员先锋模范作用，按照党章和党内规章制度，申请组建××项目团队临时党支部，由××、××、×××等3名同志任临时党支部委员，其中×××同志任临时党支部书记。

妥否，请批示。

××项目团队

××××年××月××日

示例 40　关于组建××项目团队临时党支部的批复

关于组建××项目团队临时党支部的批复

××项目团队：

你们《关于组建××项目团队临时党支部的请示》（文号）已经收悉，经研究，批复如下：

同意组建××项目团队临时党支部，临时党支部委员由××、××、×××等3名同志组成，其中×××同志为临时党支部书记。

希望项目团队临时党支部充分发挥战斗堡垒作用，带领项目团队党员职工确保项目取得圆满成功。

此复。

××单位党委

××××年××月××日

示例 41　试验队临时党委职责

承担型号研制生产试验任务的试验队，经派出该试验队的单位党委批准，成立试验队临时党委。试验队临时党委的职责，主要有：

（1）深入学习贯彻习近平新时代中国特色社会主义思想，及时跟进学习习近平总书记重要讲话和重要指示批示精神，贯彻落实上级党组织和上级领导对型号研制试验任务的有关决定、部署要求，并监督落实。

（2）参与研究、决定试验队工作中的重大问题。

（3）领导试验队党的建设工作，组织开展学习研讨、主题党日、党员突击队等，指导临时党支部开展好"三会一课"，做好党员的教育管理工作，做好入党积极分子的教育和培养考察工作。

（4）领导试验队思想政治工作，有针对性地开展工作，充分调动积极性、主动性，汇聚圆满完成试验任务的力量。

（5）领导试验队作风建设和纪律建设，加强对试验队党员的监督，协助型号"两总"加强对试验队员的管理。

（6）领导试验队文化建设，加强先进典型选树，组织开展适宜的文体活动，丰富文化生活。

（7）坚持党管保密、党管安全，做好试验队综合服务保障工作。

二、党委的更名

国有企业实行改组、改制、联合、兼并或者其他形式改革后，企业的组织形式发生了变化，名称发生了变化。企业变更名称后，企业党组织的名称与企业名称应一致，企业党组织应及时向上级党组织报请批准名称变更。

具体程序是：由企业党组织向上级党组织呈报更名的请示，说明更名的原因，并呈送工商主管部门核准的企业名称批件或企业法人营业执照副本复印件。上级党组织经审查同意后，办理更名批复。

示例42　关于中共××××委员会更名的请示

关于中共××委员会更名的请示

××党委（上级党组织）：

××单位因发展需要进行了企业名称的变更，由××单位变更为×××单位。按照相关要求，特申请进行党组织名称变更，由中共××委员会，变更为中共×××委员会。

妥否，请批示。

附件：工商主管部门核准企业名称批件

或企业法人营业执照副本复印件

××党委

××××年××月××日

示例43　关于中共××委员会更名的批复

关于中共××委员会更名的批复

××党委：

你们《关于中共××委员会更名的请示》（文号）收悉。

经研究决定，同意将中共××委员会，变更为中共×××委员会。

特此批复。

××党委（上级党组织）

××××年××月××日

示例 44 关于调整×××党支部为党总支的请示

关于调整×××党支部为党总支的请示

××党委（上级党组织）：

由于我单位机构设置变动较大，以及党员转入较多等原因，×××支部现已有党员××名，已经具备成立党总支的条件。为坚持和加强党的全面领导，全面加强党的建设，进一步理顺党组织管理关系，完善党组织机构，加强党员管理，经研究，拟对×××支部作以下设置调整：

1. 拟撤销中共××××公司×××支部委员会。

2. 拟成立中共××××公司×××总支部委员会，党总支委员会由5人组成，其中书记1人、副书记1人。

3. 拟成立的×××党总支下设中共××××公司×××第一支部委员会、中共××××公司×××第二支部委员会和中共××××公司×××第三支部委员会等3个党支部。各党支部的组成和委员职数设置如下：

（1）中共××××公司×××第一支部委员会，由本单位××部门、××部门和××部门的××名党员组成，支部委员会为5人，其中书记1人、副书记1人。

（2）中共××××公司×××第二支部委员会，由本单位××部门、××部门和××部门的××名党员组成，支部委员会为3人，其中书记1人。

（3）中共××××公司×××第三支部委员会，由××部门的×名党员组成，设书记1人。

妥否，请批示。

中共××××公司支部委员会

××××年××月××日

示例 45　关于调整××××党总支为党委的请示

关于调整××××党总支为党委的请示

××党委（上级党组织）：

　　为进一步落实全面从严治党战略方针，按照《中国共产党章程》和《中国共产党国有企业基层组织工作条例（试行）》相关规定，根据党员人数和工作需要，经××××党总支研究，拟将党总支调整为党委。现将有关事项请示如下：

　　××××现有职工×××人，党总支下设×个党支部，共有党员×××名。××××肩负着……为更好发挥党组织把方向、管大局、保落实的领导作用，申请将党总支调整为党委。

　　妥否，请批示。

中共×××总支部委员会

××××年××月××日

三、党委的撤销

　　国有企业实行改组、改制、联合、兼并或者其他形式改革后，企业的组织形式发生了变化。因破产、被兼并等，企业终结时，报上级党组织批准，撤销原企业党组织。

示例 46　关于撤销中共××委员会的请示

关于撤销中共××委员会的请示

××××党委（上级党组织）：

　　因×××（机构改革、单位撤销、企业破产重组等）原因，

207

经××年××月××日××党委研究决定，拟撤销中共××委员会。撤销后×名党员将转到×××、×××等党组织参加组织生活。

妥否，请批示。

中共××委员会

××××年××月××日

示例47　关于同意撤销中共××委员会的批复

关于同意撤销中共××委员会的批复

中共××委员会：

你们《关于撤销中共××委员会的请示》（文号）收悉。

经研究决定，同意撤销中共×××委员会。请妥善处理好所属党员的组织关系转移工作，确保他们能及时参加组织生活。

特此批复。

中共××××委员会（上级党组织）

××××年××月××日

四、党委及班子配备

要推选政治性强，公道正派，坚持原则，团结配合，善于沟通，联系群众，组织协调能力强，有丰富党务工作经验，熟悉生产经营或相关业务工作的委员，担任党委书记、副书记。党委在党代表大会或党员大会闭会期间，根据工作需要，可以调动或者指派所属基层党组织的负责人。临时党组织领导班子成员由批准其成立的党组织指定。

党委与行政领导班子要同步设置。坚持和完善"双向进入、交叉任职"领导体制，设立党委的单位，党委书记一般应兼任同级行政副职，同级行政正职是党员的应按照党章规定的条件和程序进入党委并兼任同级党委副书记。

中央企业党委（党组）配备专职副书记，专职副书记一般进入董事会且不在经理层任职，专责抓好党建工作。规模较大、职工和党员人数较多的中央企业所属企业（单位）和地方国有企业党委，可以配备专职副书记。规模较小、人数较少的单位，党委书记与同级行政正职可由一人兼任，但应同时设专职党委副书记。公司制企业设立党委的，党委书记、董事长原则上由一人担任，符合条件的总经理兼任党委副书记；符合条件的党委班子成员可以通过法定程序进入董事会、监事会、经理层，董事会、监事会、经理层成员中符合条件的党员可以依照有关规定和程序进入党委。

确因工作需要由上级企业领导人员兼任董事长的，根据企业实际，党委书记可以由党员总经理担任，也可以单独配备。不设董事会只设执行董事的独立法人企业，党委书记和执行董事一般由一人担任。总经理单设且是党员的，一般应当担任党委副书记。分公司等非独立法人企业，党委书记和总经理是否分设，结合实际确定。分设的一般由党委书记担任副总经理、党员总经理担任党委副书记。

五、党委及班子成员分工

党委要将贯彻落实习近平总书记重要讲话和重要指示批示精神、党中央决策部署，履行上级赋予的职责使命，推动高质量发展，做强做优做大企业，具体落实到领导班子成员分工中。要明确党委书记、董事长是贯彻落实习近平总书记重要指示批示精神的第一责任人，并同步明确贯彻落实的分管领导。

党委及领导班子成员分工要落实各治理主体的法定职责，体现党委、董事会、经理层的功能定位，推动制度优势更好转化为治理效能。

坚持集体领导和个人分工负责相结合，做到权责清晰、权责统一，有利于调动班子成员积极性、主动性和创造性，有利于增进领导班子团结，增强领导班子整体功能，形成领导班子整体合力。坚持事业为上、人岗相适、人事相宜，综合考虑班子成员工作经历、专业特长等因素，统筹工作任务重要性和工作量，注重优势互补、形成合力，覆盖企业主责主业主营业务发展需要，避免畸轻畸重，防止搞亲亲疏疏。

党委书记、董事长履行企业改革发展和党的建设第一责任，负责企业全面工作，带领党委把方向、管大局、保落实，推动董事会定战略、作决策、防风险。总经理主持日常生产经营管理工作，带领经理层谋经营、抓落实、强管理。党委专职副书记专职专责抓党建，履行党的建设直接责任，分管党的建设、干部人才工作。纪委书记、总会计师的分工按照有关规定办理。班子成员分工要严格落实任职回避和公务回避制度。特别要强调的是，非领导班子成员不得参与领导班子日常分工，出现班子成员岗位空缺等情况，相关分管工作也不得由非班子成员代管。党委书记、董事长加强对领导班子其他成员履职尽责的指导督促，领导班子其他成员在职责范围内独立负责开展工作。

党委书记、董事长和总经理一般不宜分管过多的企业内设部门。

班子成员分工要在一定范围内充分酝酿，经党委会议集体研究确定，并按规定报备后，通过印发文件、编发纪要等方式在企业内部公开。无正当理由、未经报备不得调整。

六、增补党委委员

国有企业党委由党员代表大会或党员大会选举产生，每届任期一般为5年。如果届中党委委员出现缺额的，一般不直接增补；根据工作需要，确需增补的，应召开党员代表大会或党员大会进行增补。

主要程序有：经党委研究，提出召开党员代表大会或党员大会的请示，报上级党组织同意后，开展筹备工作。按照《中国共产党基层组织选举工作条例》，根据推荐提名或多数党组织的意见，党委确定增补委员候选人预备人选，报上级党组织批准后，召开党员代表大会或党员大会，并按差额选举办法产生。选举结果要向上级党组织报告（或请示）。

根据党章规定，在党员代表大会闭会期间，上级党的组织认为有必要时，可以调动或者指派下级党组织的负责人。实践中，上级党组织可以任免党委书记、副书记，以及纪委书记，纪委书记进入党委。如果实行党委常委会制度的，上级党组织也可以直接任免党委常委。

国有企业各级党委不可以派出代表机关。

示例48　届中增补党委委员候选人预备人选请示

关于增补××××（单位）第××届

党委委员候选人预备人选的请示

××××党委（有审批权限的上级党组织）：

按照《中国共产党章程》《中国共产党基层组织选举工作条例》等党内有关规定，××××（单位）第××届党委于20××年×月×日经第×次党代表大会选举产生的，党委委员共×名，目前有×名，缺额×名。根据工作需要，并报经上级党组织批复同意，增补党委委员×名。

按照党内有关规定，××××党委组织所属各级党组织开展了增补党委委员候选人预备人选的酝酿推荐提名等工作，根据多数党组织的意见，经××××党委研究，确定了×××、×××、×××、×××（按姓氏笔画为序）等×名同志为党委委员候选人预备人选。差额比例不少于20%。

妥否，请批复。

附件：

1. ××××第××届党委委员增补候选人预备人选名册

2. 干部任免审批表

3. ×××同志考察材料

中共××××委员会

××××年××月××日

示例 49　届中增补党委委员候选人预备人选批复

关于同意增补××××（单位）第××届

党委委员候选人预备人选的批复

××××党委：

你们《关于增补××××（单位）第××届党委委员候选人预备人选的请示》（文号）收悉。

经××××党委研究，同意×××、×××、×××、×××（按姓氏笔画为序）等×名同志为增补党委委员候选人预备人选。

特此批复。

中共××××委员会（上级党组织）

××××年××月××日

七、工作机构与人员经费

1. 党委工作机构

国有企业党委按照有利于加强党的工作和精干高效协调原则，根据实际需要设立办公室、组织部、宣传部等工作机构，有关机构可以与企业职能相近的管理部门合署办公。

领导人员管理和基层党组织建设一般由一个部门统一负责，分属两个部门的应当由同一个领导班子成员分管。

党委还应领导纪委和工会、共青团等，完善其相应的组织机构设置。

2. 党务工作人员

根据企业职工人数和实际需要，配备一定比例（不低于在岗职工总数的1%）专兼职党务工作人员。企业党建工作部门人员编制不低于同级管理部门人员编制的平均数。

选优配强党组织书记，把党支部书记岗位作为培养选拔企业领导人员的重要台阶。注重选拔政治素质好、熟悉经营管理、作风正派、在职工群众中有威信的党员骨干做企业党建工作，把党务工作岗位作为培养企业复合型人才的重要平台。

严格落实同职级、同待遇政策，推动党务工作人员与其他经营管理人员双向交流。畅通党务工作人员职务晋升、职业发展，鼓励和支持党务工作人员向高素质、复合型人才发展。多渠道选拔或引进优秀党务人才，注重在生产经营等业务岗位遴选政治坚定、素质优良、作风过硬、业绩突出、群众认可，具有从事党务工作潜质和意向的工作人员，补充到党务人才队伍中。建立党务人才轮岗交流机制，每年有计划地安排党务工作人员与经营管理人员或党务系统相关岗位人员轮岗交流。

把党务工作岗位作为培养和选拔复合型、高素质领导干部的重要平台，注重从具有党务工作经验的人员中选拔领导干部。对优秀年轻党务工作人员，要敢于压担子、大胆使用，帮助其在实践中增长才干。

基层党建工作机构的设置或主要负责人变动，要报上级党组织备案。

加强对党支部书记和党务工作人员的培训，确保党支部书记和党务工作人员每年至少参加 1 次集中培训。新任党支部书记一般应当在半年内完成任职培训。

3. 工作经费

国有企业包括国有独资、全资和国有资本绝对控股、相对控股企业党组织，通过纳入管理费用、党费留存等渠道，保障企业党组织工作经费，并向生产经营一线倾斜。纳入管理费用的党组织工作经费，一般按照企业上年度职工工资总额1%的比例安排，由企业纳入年度预算。实际支出不超过职工年度工资薪金总额1%的部分，可以据实在企业所得税前扣除。年末如有结余，结转下一年度使用。累计结余超过上一年度职工工资总额2%的，当年不再从管理费用中安排。

各级党组织应坚持勤俭节约、规范严格的原则，统筹使用好党费和党建活动经费、党组织工作经费。党组织工作经费的使用要从实际出发，确保合理有效使用、专款专用，任何人不得以任何理由截留或挪用。要确定专人管理，严格落实审批制度，保证账目清晰，票据、手续完备。

纳入管理费用的党组织工作经费必须用于企业党的建设，使用范围主要包括：开展党内学习教育，召开党内会议，开展主题教育、"三会一课"、主题党日，培训党员、入党积极分子和党务工作者，订阅或购买用于开展党员教育的报刊、资料、音像制品和设备，进行党内宣传，摄制党员电教片；组织开展创先争优和党员先锋岗、党员责任区、党员突击队、党员志愿服务等主题实践活动。表彰奖励先进基层党组织、优秀共产党员和优秀党务工作者；党组织换届、流动党员管理、组织关系接转、党旗党徽配备、党建工作调查研究；走访、慰问、补助生活困难党员和老党员；租赁和修缮、维护党组织活动场所，新建、购买活动设施，研发和维护党建工作信息化平台；其他与党的建设直接相关的工作。

严格党组织工作经费的管理和监督，确保节约使用、用得其所、用出实效。纳入管理费用的部分，要严格执行财务制度，接受企业纪检监察、财务审计部门的监督。国有企业党组织要定期向党员（代表）大会报告经费收支情况，并在一定范围内进行公示。上级党组织要加强对党组织工作经费使用情况的日常监督，并定期进行检查。

党费的收缴、使用和管理，要严格按照党内有关规定执行。

第四节　民主集中制

中国共产党是根据自己的纲领和章程，按照民主集中制组织起来的统一整体。民主集中制是我们党的根本组织制度和领导制度。坚持民主集中制是保证党的创造力、凝聚力、战斗力，保证党的团结统一的重要法宝。

一、基本原则

习近平总书记强调，民主集中制是我们党的根本组织原则和领导制度。民主集中制包括民主和集中两个方面，两者互为条件、相辅相成。要坚持科学决策，就必须充分发扬党内民主、集中全党智慧。中央政治局的同志要带头贯彻执行民主集中制，参与党中央研究重大决策时要认真思考，充分发表意见；对工作中了解到的真实情况，要及时客观全面反映上来，不能只报喜、不报忧。在分管领域和主政地方，要注重发扬民主，鼓励大家畅所欲言；要善于正确集中，把符合事物发展规律、符合广大人民群众根本利益的正确意见提炼出来，作出科学决策。对违反民主集中制的错误行为，要及时发现、坚决纠正。

中国共产党是按照民主集中制原则建立起来的政党。成立后创造性地运用民主集中制原则，制定了正确规范党内政治生活、处理党内关系的基本准则和具体制度，形成了党在组织建设上的鲜明特征。1921 年党的一大，提出党内要实行民主集中制；1927 年党的五大，将民主集中制第一次写进党章；1945 年党的七大，完善了党的民主集中制原则。

2022 年党的二十大审议通过的党章，将"坚持民主集中制"作为党的建设必须坚决实现的六项基本要求之一。民主集中制是民主基础上的集中和集中指导下的民主相结合。它既是党的根本组织原则，也是群众路线在党的生活中的运用。必须充分发扬党内民主，尊重党员主体地位，保障党员民主权利，发挥各级党组织和广大党员的积极性创造性。必须实行正确的集中，牢固树立政治意识、大局意识、核心意识、看齐意识，坚定维护以习近平同志为核心的党中央权威和集中统一领导，保证全党的团结统一和行动一致，保证党的决定得到迅速有效的贯彻执行。加强和规范党内政治生活，增强党内政治生活的政治性、时代性、原则性、战斗性，发展积极健康的党内政治文化，营造风清气正的良好政治生态。党在自己的政治生活中正确地开展批评和自我批评，在原则问题上进行思想斗争，坚持真理，修正错误。努力造成又有集中又有民主，又有纪律又有自由，又有统一意志又有个人心情舒畅生动活泼的政治局面。

同时在党章第二章党的组织制度中，详细阐述了党的民主集中制的基本原则。党的民主集中制的基本原则是：

党员个人服从党的组织，少数服从多数，下级组织服从上级组织，全党各个组织和全体党员服从党的全国代表大会和中央委员会。

党的各级领导机关，除它们派出的代表机关和在非党组织中的党组外，都由选举产生。

党的最高领导机关，是党的全国代表大会和它所产生的中央委员会。党的地方各级领导机关，是党的地方各级代表大会和它们所产生的委员会。党的各级委员会向同级的代表大会负责并报告工作。

党的上级组织要经常听取下级组织和党员群众的意见，及时解决他们提出的问题。党的下级组织既要向上级组织请示和报告工作，又要独立负责地解决自己职责范围内的问题。上下级组织之间要互通情报、互相支持和互相监督。党的各级组织要按规定实行党务公开，使党员对党内事务有更多的了解和参与。

党的各级委员会实行集体领导和个人分工负责相结合的制度。凡属重大问题都要按照集体领导、民主集中、个别酝酿、会议决定的原则，由党的委员会集体讨论，作出决定；委员会成员要根据集体的决定和分工，切实履行自己的职责。

党禁止任何形式的个人崇拜。要保证党的领导人的活动处于党和人民的监督之下，同时维护一切代表党和人民利益的领导人的威信。

示例 50　钱学森与民主集中制

1996 年航天事业创建 40 周年的时候，钱学森在回信中专门提到民主集中制。"我对我国航天事业已经发表过许多文字；现在回想起来最重要的实在只一句话：我们航天事业的科技人员在周恩来总理和聂荣臻元帅的领导下，贯彻了民主集中制。我们今后仍必须坚持民主集中制。"

从钱老为国家富强、民族振兴不懈奋斗的一生看，他弘扬科学民主和学术民主。在科研试验期间，无论多忙，每个星期天下午总要把几位总师请到一起，共同探讨在试验期间发生的一些重大技术问题，并鼓励大家畅所欲言，充分发挥集体的智慧和力量。他既虚心听取一般科技人员的正确意见，又能在众说纷纭的情况下，力排众议，大胆决策。他以自己的远见卓识提出了许多富于创造性、前瞻性的重要学术思想和有重大价值的建议，以渊博知识和超凡智慧解决了一系列关键技术难题，承担起了创建我国航天事业的重任。他注重把工程控制论的思想，运用到科研试验实践，并进一步提出航天系统工程，创立了"两师系统"（设计师系统和行政指挥系统），提出了"总体设计"的思想，倡导并贯穿了"把故障消灭在地面"的理念，坚决贯彻周总理提出的"严肃认真、周到细致、稳妥可靠、万无一失"方针。

二、集体领导

从中国共产党波澜壮阔的历史看，党内民主与党的事业息息相关。什么时候民主集中制执行得好，党内政治生活就生动活泼，党的事业就兴旺发达；什么时候违背了民主集中制原则，党内生活不正常，党的事业就会遭受挫折。

民主集中制是充分发扬党内民主和正确实行集中的有机结合。民主集中制是又有集中又有民主、又有纪律又有自由、又有统一意志又有个人心情舒畅生动活泼的制度，是民主和集中紧密结合的制度。坚持民主基础上的集中和集中指导下的民主相结合，既充分发扬民主，又善于集中统一。这项制度把充分发扬党内民主和正确实行集中有机结合起来，既可以最大限度激发全党创造活力，又可以统一全党思想和行动，有效防止和克服议而不决、决而不行的分散主义，是科学合理而又有效率的制度。

国有企业党委必须坚持集体领导制度。凡属重大问题，要按照集体领导、民主集中、个别酝酿、会议决定的原则，由集体讨论、按少数服从多数作出决定，不允许用其他形式取代党委的领导。要落实党委会议事规则和决策程序，坚决反对和防止独断专行或各自为政，坚决反对和防止议而不决、议而不行、行而不实，坚决反对和防止以党委集体决策名义集体违规。党委要善于观大势、抓大事、管全局，及时发现和解决矛盾和难题，不上推下卸，不留后遗症。

党委班子成员必须增强全局观念和责任意识，在研究工作时充分发表意见，决策形成后一抓到底，不得违背集体决定自作主张、自行其是。坚决反对和纠正当面不说、背后乱说，会上不说、会后乱说，当面一套、背后一套等错误言行。坚持讲原则、讲规矩，共同维护坚持党性原则基础上的团结。

党委主要负责同志是党委班子成员中平等的一员，必须发扬民主、善于集中、敢于担责。在研究讨论问题时，要严格按程序决策、按规矩办事，注意听取不同意见，正确对待少数人意见，不能搞一言堂甚至家长制。议事决策时实行主持人末尾表态。党委主要负责同志要支持班子成员在职责范围内独立负责开展工作，坚决防止和克服名为集体领导、实际上个人或少数人说了算，坚决防止和克服名为集体负责、实际上无人负责。

在党的活动中，应该以组织名义出面的，不能以个人名义出面；应该由集体研究的，不能个人擅自表态，不允许用个人主张代替党组织的主张，用个人决定代替党组织的决定。

示例 51　某集团公司落实民主集中制的集体决策方式

某集团公司在党委会的决策中，所有问题放到桌面上讨论，领导班子集中决策。

会议主持人要求每位参会人员充分发表意见，鼓励不同意见，讨论决策时畅所欲言，对事不对人。主持人在听取意见后最后发表意见。审议时，对于看好的方案，重点听反对意见，寻找潜在风险；对于不好看的方案，重点听支持意见，避免错失良机。

这种民主集中制决策机制和原则，保证了决策者能够很好吸收不同意见，充分权衡不同方案的利弊得失，在一定程度上避免了"一言堂"的武断决策，提高了决策质量，并降低了决策风险，成为该企业的一种优势。

第五节　民主生活会

党员领导干部民主生活会是党内政治生活的重要内容，是发扬党内民主、加强党内监督、依靠领导班子自身力量解决矛盾和问题的重要方式。实践证明，坚持和完善民主生活会制度，是保证党的团结统一、保持党的先进性和纯洁性的一大法宝。

党委要履行组织开好民主生活会的领导责任，统一确定或者批准下级单位领导班子民主生活会主题，上级党组织领导班子成员有计划地参加下级单位领导班子民主生活会。精心的会议准备、严格的程序落实，是开出高质量民主生活会的关键。

一、总体要求

民主生活会应当遵循"团结—批评—团结"的方针，参加民主生活会的党员领导干部要严肃认真开展批评和自我批评，严肃认真提意见，满腔热情帮同志，达到统一思想、增进团结、互相监督、共同提高的目的。

民主生活会每年召开 1 次，一般安排在第四季度或次年年初。因特殊情况需要提前或者延期召开的，应当报上级党组织同意。

民主生活会的主题一般由党中央或上级党组织统一确定，或者由党委领导班子根据自身建设实际确定，并报上级党组织同意。

党委除按照党中央部署召开的民主生活会外，还可以根据工作需要召开专题民主生活会。领导班子遇到重要或者普遍性问题，领导班子出现重大决策失误或者对突发事件处置失当，领导班子经纪律检查、巡视巡察和审计发现重要问题，领导班子发生违纪违法案件等情况，均应当召开专题民主生活会，及时剖析整改。

二、会前筹备

党委要制定民主生活会方案，经党委会审议后，一般提前 15 日报上级党组织审核。同时，做好以下准备工作：

（1）党委领导班子成员认真学习党章党规和习近平新时代中国特色社会主义思想，以及有关文件，提高思想认识，把握标准要求。

（2）由党委或者委托党委办公室、党委组织部等广泛征求党员、干部和职工群众的意见建议，并如实向党委领导班子及班子成员反馈。班子成员应当就反映本人的有关问题，向组织作出说明。

（3）班子成员之间互相谈心谈话，交流思想，交换意见，并与分管部门（单位）主要负责人谈心，也要接受党员、干部约谈。

（4）撰写党委领导班子对照检查材料和个人发言提纲，查摆问题，进行党性分析，提出整改措施。个人发言提纲要自己动手撰写，并按规定说明个人有关事项。

需要特别强调的是，对照检查材料的质量直接关系到民主生活会的质量。党委书记是开好民主生活会的第一责任人，要发挥把关作用，主持起草领导班子对照检查材料，审阅班子成员个人发言提纲。领导班子对照检查材料要经党委会审议。

（5）汇总上一年度民主生活会整改措施落实情况，并在一定范围内进行通报。

（6）实践中，可在民主生活会前，召开预备会，进一步提高政治站位，统一思想认识，打好高质量民主生活会的基础。

三、会中相关要求

在民主生活会中，严肃开展批评和自我批评是开好民主生活会的重要保证。批评和自我批评是我们党强身治病、保持肌体健康的锐利武器，也是加强和规范党内政治生活的重要手段，是治党的"良药""武器"。

（1）民主生活会到会人数必须达到应到会人数的三分之二以上。会议由党委书记主持。会上，要通报上一次民主生活会整改措施落实情况和本次民主生活会征求意见情况；党委书记代表领导班子作对照检查；领导班子成员逐一进行对照检查（按顺位进行），作自我批评，其他成员对其提出批评意见；上级领导讲话；党委书记对会议进行总结。

因故缺席的人员应当提交书面发言材料，由其他同志在会上代为宣读，并要将会议情况和批评意见转告缺席人员。

（2）领导班子成员应当直面问题，严肃认真开展批评和自我批评，坚持实事求是，讲党性不讲私情、讲真理不讲面子，按照"照镜子、正衣冠、洗洗澡、治治病"的要求，严肃认真提意见，满腔热情帮助同志，达到统一思想、增进团结、互相监督、共同提高的目的。自我批评要开门见山，不遮遮掩掩、不避重就轻，防止以讲道理代替摆问题，以班子问题、下级问题代替个人问题。相互批评要真点问题、点真问题，既指出差距不足，又提出改进意见，防止以工作希望代替批评意见。班子成员对待批评意见要正确对待、虚心接受，有则改之、无则加勉。

（3）领导干部应当在会上把群众反映、巡视巡察反馈、组织约谈函询，以及相关专项整治（治理）工作要求的问题或另有文件明确需对照检视内容，说清楚、谈透彻，开展批评和自我批评，提出整改措施，接受组织监督。

（4）民主生活会列席人员，根据有关规定和会议内容确定。列席人员可以发言，对领导班子及其成员提出批评或者建议。

（5）组织部门应当会同纪检机关对下级单位领导班子民主生活会进行督促检查和指导，重点检查"一把手"开展批评和自我批评是否态度鲜明，民主生活会是否真正红脸出汗。对不按规定召开的严肃指出并纠正，对走过场的责令重新召开。

四、会后工作

民主生活会召开情况，要及时向所属党组织进行通报。

民主生活会结束后15日内，应当将会议召开情况报告和会议记录报上级党组织，并报送上级纪委（纪检监察组）和党委组织部门。报告的主要内容包括学习情况、征求意见情况、开展批评和自我批评情况、上级领导点评情况等。同时，要对民主生活会召开情况所作通报事宜，进行明确表述。

对检查和反映出来的问题，领导班子及领导班子成员要制定整改措施，明确问题清单、责任清单、整改清单，确定整改目标和完成时限。党委领导班子整改措施（方案），要经党委会审议。对党员群众反映强烈的突出问题，要进行专项整治。

示例 52　××××党委××民主生活会工作方案

为高质量召开××××党委××民主生活会，根据党中央精神和××公司党委有关通知要求，制定工作方案如下：

一、民主生活会主题

××××××××××。

二、会前准备工作

××××××××××。

三、会议安排

1. 会议时间：拟定××××年××月××日

2. 会议地点：××会议室

3. 主持人：×××

4. 参会人员：×××

5. 民主生活会主要议程：×××

6. 会议具体要求

四、会后工作

×××××

示例53 ××××党委关于××××民主生活会召开情况的报告

××××党委（上级党组织）：

根据《关于召开……民主生活会的通知》和上级党组织有关要求，在第×督导组的指导帮助下，×××党委紧扣民主生活会主题，于××××年××月××日召开了××××民主生活会。现将有关情况报告如下：

一、会前准备工作情况

（一）理论学习情况。

（二）查摆问题情况。

（三）谈心谈话情况。

（四）上次民主生活会整改措施落实情况。

（五）撰写对照检查材料情况。

（六）其他准备工作情况。

二、会议召开情况

××月××日，××××党委召开××××民主生活会。上级领导到会指导。党委班子全体成员参加会议。会议由党委书记×××主持。

×××汇报了会前理论学习、征求意见、谈心谈话等准备情况。

××××党委书记×××代表党委班子汇报了班子对照检查情况。

××××领导班子成员逐一进行对照检查，开展批评与自我批评。

×××对会议进行了点评。

×××作了总结。

三、整改落实情况

××××

××××民主生活会召开情况已在××××范围进行了通报。

专此报告。

中共××××委员会

××××年××月××日

示例54 民主生活会整改措施表

序号	问题类别	问题具体表现	责任人	牵头部门	配合部门	整改措施	完成形式及标志	完成时间
1								
2								
3								
4								
5								
6								

第六节 党委换届

国有企业基层党委一般由党员大会选举产生。党员人数在500人以上或所辖党组织驻地分散的，经上级党组织批准，可召开党代表大会。

国有企业党委每届任期一般为 5 年，任期届满应当按期进行换届选举。如需延期或者提前进行换届选举，应当报上级党组织批准。延长或者提前期限一般不超过 1 年。

一、大会筹备

党委负责同志一般应在党委任期届满 4 个月前，与上级党组织沟通召开党代表大会（党员大会）进行换届事宜。国有企业党的组织关系在属地管理的单位，应同步与属地上级党组织做好沟通汇报。

1. 召开第一次党委会

党委召开党委会，集体研究审议决定：召开大会的时间、地点，大会的指导思想、主要任务和主要议程，代表名额、构成比例、分配原则及产生办法，新一届党委委员、书记、副书记和纪委委员、纪委书记、纪委副书记名额及选举办法。

2. 向上级党组织呈报召开党代表大会请示

党委会作出召开党代表大会的决定后，要及时向上级党组织呈报《关于召开中国共产党×××（单位，下同）第×次代表大会的请示》。党的关系在地方的，原则上应将请示报属地上级党组织，同时抄报国有企业上级单位党组织。

请示的主要内容是：党代表大会召开的时间，党代表大会的指导思想和主要议程，党代表大会的代表名额、构成比例、差额比例及选举办法，新一届党委委员、书记、副书记和纪委委员、书记、副书记名额及选举办法。

召开党代表大会的，一般提前 4 个月报批；召开党员大会的，一般提前 1 个月报批。

特别要提示的是，在实践中易将党代表大会的名称写错。一般可写成中国共产党×××（单位）第×次代表大会或中共×××（单位）第×次代表大会，可简称为×××（单位）第×次党代会。

示例 55　关于召开中国共产党×××（单位）第×次代表大会的请示

中国共产党×××委员会（有审批权限的上级党组织）：

中国共产党×××（单位）第×届委员会是经 20××年×月中共×××（单位）第×次代表大会选举产生的。根据《中国共产党章程》规定，经中国共产党×××（单位）委员会研究，拟于 20××年×月召开中共×××（单位）第×次代表大会。现将有关事项请示如下：

一、大会的指导思想

这次代表大会的指导思想是：×××××××。

二、大会的主要议程

（一）听取和审查中共×××（单位）第×届委员会工作报告。

（二）听取和审查中共×××（单位）纪律检查委员会工作报告。

（三）选举产生中共×××（单位）第××届委员会。

（四）选举产生中共×××（单位）纪律检查委员会。

三、大会代表名额、构成比例及分配原则

×××（单位）现有党员××××名，第×次党代表大会代表名额拟定为×××名。其中：领导干部代表占××%左右，管理人员代表占××%左右，专业技术人员代表占××%左右，技能人员代表占××%左右；先进模范人物代表占××%左右；妇女代表不少于××%，35 岁以下青年代表不少于××%。

代表名额的分配，拟参照上述各方面的比例要求，按照各选举单位所辖党组织数量、党员人数和工作需要确定。具体名额分配请见附件。

四、党委委员、纪委委员名额及候选人名额

×××（单位）第××届党委拟设委员××名，提名候选人××名，差额×名；书记1名，副书记×名。纪委拟设委员×名，提名候选人×名，差额×名；书记1名，副书记×名。

五、选举办法

（一）×××（单位）第×次党代表大会代表由各选举单位实行差额选举产生。代表候选人的差额比例，不少于应选人数的20%。

（二）×××（单位）第×届党委委员和纪委委员，由第×次党代表大会实行差额选举产生。候选人的差额比例不少于应选人数的20%。

（三）党委书记、副书记，纪委书记、纪委副书记均实行等额选举，分别由第×届党委第一次全体会议和纪委第一次全体会议选举产生。

以上选举均采用无记名投票方式。

妥否，请批示。

中共××××（单位）委员会

××××年××月××日

示例56　关于同意召开中国共产党×××（单位）第×次代表大会的批复

中国共产党××××委员会：

你们《关于召开中国共产党××××（单位）第××次代表大会的请示》（文号）收悉。经研究，批复如下：

一、同意你们于20××年××月召开中国共产党××××（单位）第××次代表大会，以及大会的指导思想和议程。

二、原则同意你们提出的代表名额、构成比例和分配原则。

三、同意你们提出的党委委员、书记、副书记名额和候选人名额，纪律检查委员会委员、书记、副书记名额和候选人名额，以及差额比例。

四、原则同意你们提出的选举办法。

特此批复。

中国共产党××××（单位）委员会

××××年××月××日

3. 成立大会筹备机构

召开党代表大会的请示经上级党组织批准后，即可开始筹备工作。成立筹备工作领导小组，由党委书记、副书记和党委、纪委的办事机构等部门负责人组成，领导小组下设办公室，根据需要可在办公室下设秘书组、组织组、会务组、宣传组等，以及代表资格审查小组、党费审查小组，分工负责具体筹备工作。

4. 印发召开党代表大会筹备工作通知

党委要印发《关于做好中国共产党×××（单位）第×次代表大会筹备工作的通知》。主要内容包括：召开大会的时间，大会的主要议程，代表名额、构成比例、名额分配，代表条件和产生办法，党委委员、纪委委员条件和候选人预备人选推荐办法、程序，大会筹备工作组织机构等。

5. 代表的选举

认真做好党代表大会代表的选举工作，是党委换届选举中一项重要任务。选举好出席党代表大会的代表，是开好党代会的基础。

（1）选举单位按分配的代表名额、差额比例和代表构成指导性比例，确定好代表候选人构成。代表名额的分配根据所辖党组织数量、党员人数和工作需要等原则确定。优化代表结构，确保生产和工作一线代表比例。大型国有企业召开党代表大会，其二级企业、直属单位党组织隶属其他地方或者单位党组织，且党员人数较多的，可以适当分配一定代表名额。

分配到各选举单位的代表结构，在实际工作中一般应注意把握以下三点：一是党员人数是分配代表名额的一项重要依据，但不应简单地按党员人数分配。如党员人数较多，但比较集中的地区和单位可以适当减少代表名额；对比较特殊的单位要适当增加代表名额，考虑代表的广泛性。二是代表构成比例是指导性的，而不是指令性的。不能硬性要求选举单位必须选什么人，不能选什么人，应当通过做深入细致的工作达到预定的要求。在分配代表名额时，可根据各选举单位的实际情况，对代表构成比例提出不同的要求。三是要保证代表质量，不能为了实现代表构成比例，而降低代表条件。

（2）选举单位按要求，确定好酝酿提名和选举办法，认真贯彻民主集中制原则，充分发扬民主，严格按民主程序办事。

（3）对选举单位提出的代表候选人预备人选名单进行审查，发现不具备代表条件的人选，应建议选举单位及时进行更换。

（4）对需要分配到各选举单位选为代表的领导干部，经党委确定后，应及时向有关选举单位发出通知，将其分配到所属选举单位作为代表候选人，并附上领导干部的情况介绍，与所在单位提出的代表候选人一并进行选举。

（5）代表选举的组织实施。代表候选人名单确定之后，即可选举产生代表。

（6）选举产生出席上级党代会代表，应及时向上级党组织呈报选举结果。报告内容一般包括选举产生党代表的会议形式、选举方式、代表名额、代表构成比例等，还应附代表名册、代表登记表等。

（7）选举单位将代表选出后，代表资格审查小组按照代表条件和有关规定，对代表资格进行审查。一是代表的产生是否符合规定程序，在酝酿提名和选举中是否发扬了民主，是否符合规定的差额比例和应选代表名额；二是代表是否符合条件、具备资格。

（8）代表资格审查小组起草代表资格审查报告，经党委讨论同意后，由代表资格审查小组负责人向党代表大会预备会议报告，经大会审查通过后的代表，获得正式资格。

6. 党委委员纪委委员候选人推荐

认真做好党委委员、纪委委员候选人的提名推荐工作，严格候选人推荐选举产生程序，候选人的差额比例不少于应选人数的20%。

党委组织基层党组织和广大党员进行推荐，自下而上、上下结合、三上三下，广泛征求意见。在集中多数基层单位党组织和党员意见后，党委研究确定党委委员候选人预备人选和纪委委员候选人预备人选。同时，在此基础上，研究提出书记、副书记和纪委书记、纪委副书记候选人预备人选名单。报企业上级党组织审查，同时抄报属地上级党组织，同意后提请大会进行选举。

新一届党的委员会和纪律检查委员会委员、书记、副书记候选人预备人选，一般于召开党员大会或者党员代表大会1个月前，报有审批权限的上级党组织审批。

示例57 关于中国共产党××××公司第××届委员会委员和纪律检查委员会委员候选人预备人选的请示

××××公司党委（企业上级党组织）：

根据《中国共产党章程》和××××党委（上级党组织）《关于同意召开中国共产党××××公司第×次代表大会的批复》（文号）精神，××××公司党委组织各级党组织和广大党员对中国共产党××××公司第×届委员会、纪律检查委员会委员候选人预备人选，进行了充分酝酿和推荐。在此基础上，经××××公司党委集体研究，拟定了中国共产党××××公司第×届委员会、纪律检查委员会委员候选人预备人选。现将有关事项请示如下：

一、中国共产党××××公司第×届委员会委员候选人预备人选

中国共产党××××公司第×届委员会拟由××人组成，其中设书记1人，副书记×人。按照委员候选人的差额比例不少于应选人数的20%，拟定×××、×××、×××、×××、×××（按姓氏笔画为序）等××人为中国共产党××××公司第×届委员会委员候选人预备人选，其中×××同志为党委书记候选人预备人选，×××同志、×××同志为党委副书记候选人预备人选。

二、中国共产党××××公司纪律检查委员会委员候选人预备人选

中国共产党××××公司纪律检查委员会拟由××人组成，其中设书记1人，副书记×人。按照委员候选人的差额比例不少于应选人数的20%，拟定×××、×××、×××、×××、×××（按姓氏笔画为序）等×人为中国共产党××××公司纪律检查委员会委员候选人预备人选，其中×××同志为纪委书记候选人预备人选，×××同志为纪委副书记候选人预备人选。

妥否，请批示。

附件：1. 中国共产党××××公司第×届委员会委员候选人预备人选名册

2. 中国共产党××××公司纪律检查委员会委员候选人预备人选名册

3. 中国共产党××××公司第×届委员会委员候选人预备人选干部任免审批表

4. 中国共产党××××公司纪律检查委员会委员候选人预备人选干部任免审批表

5. 中国共产党××××公司第××届委员会委员候选人初步人选考察材料

中共××××公司委员会

××××年××月××日

示例58 关于中国共产党××××公司第×届委员会委员和纪律检查委员会委员候选人预备人选的批复

中共××××公司委员会：

你们《关于中国共产党××××公司第×届委员会委员及纪律检查委员会委员候选人预备人选的请示》（文号）收悉。经研究，批复如下：

一、同意×××、×××、×××、×××、×××（按姓氏笔画为序）等××名同志为中国共产党××××公司第×届委员会委员候选人预备人选；同意×××同志为党委书记候选人，×××、×××等×名同志为党委副书记候选人。

二、同意×××、×××、×××、×××、×××（按姓氏笔画为序）等×名同志为中国共产党××××公司纪律检查委员会委员候选人预备人选；同意××同志为纪委书记候选人，××同志为纪委副书记候选人。

请你们按照《中国共产党章程》和《中国共产党基层组织选举工作条例》有关规定开展选举工作。

特此批复。

中共××××公司委员会（所属企业上级党组织）

××××年××月××日

7. 起草党委纪委工作报告

党委向同级党代表大会报告工作并接受审议，是党章规定的党的委员会必须履行的职责，也是党代表大会的重要议程。

党委工作报告，主要内容应包括：一是回顾和总结党委在任期内的工作，包括实事求是地肯定成绩，找出存在的问题，总结经验教训；二是提出今后一个时期党委的工作目标、主要任务及完成任务的主要措施等。

纪律检查委员会工作报告，主要内容应包括：回顾过去的工作，主要是在同级党委和上级纪委的领导下，在维护党的章程和其他重要的规章制度，协助党的委员会整顿党风，检查党的路线、方针、政策和决议的执行情况，进行党纪党风教育等方面做了哪些工作，取得了哪些成绩，形成了哪些经验体会，还存在什么问题；提出后续纪律检查工作的主要任务及措施。

起草工作报告，必须抓住四个环节：一是要有明确的指导思想；二是要突出企业发展中心工作；三是要坚持实事求是的原则，从本单位实际情况出发，体现单位特色；四是要坚持群众路线，认真调查研究，充分听取方方面面的意见。起草工作报告，要组织专人撰写，党委认真分析讨论，并由党委领导同志负责。报告初稿形成后，要印发所属党组织进行讨论，认真听取所属党组织和党员、代表的意见建议，进行反复修改，最后经党委会定稿。纪律检查委员会工作报告初稿形成后，要先召开纪委会讨论通过，然后经同级党委会讨论定稿。纪委工作报告也要充分征求党员、代表的意见建议。

特别要强调的是，党委工作报告不是党建工作情况报告。在实际工作中，存在着将党委工作报告简单误以为是党建工作情况报告的现象。

8. 制定选举办法

党员代表大会选举办法，是大会选举工作的准则。选举办法由上届党委会制定，提请大会主席团讨论同意后，再提交各代表团讨论，经主席团汇总修改后，提交大会通过后生效。

制定选举办法，要符合《中国共产党章程》和《中国共产党基层组织选举工作条例》等有关规定；内容要具体、明确，对选举中可能出现的各种情况都要有明确的处理方法；程序步骤要清楚，便于操作；文字简明易懂，不能出现产生歧义的表达方式。

选举办法的主要内容包括：制定选举办法的依据，选举的任务，提名确定候选人的办法，选举实施的方法、程序；选举有效性和有效票的确定，确定当选人的原则，填写选票的注意事项，候选人、当选人名单的排列顺序，监票人、计票人的产生方法，选举纪委。

9. 形成党费审查报告

党委要成立党费审查小组，成员一般由纪委和财务、审计等部门的党员干部、所属党组织负责人组成。其主要任务是：按照相关规定，对党费的收缴、使用和管理情况进行审查，起草党费收缴、使用和管理情况的审查报告，并负责向代表大会预备会议报告。

审查的主要内容是：管理制度是否健全、落实，收缴手续是否完备，账目是否清楚，单据是否完备，使用支出是否符合规定。

10. 编制代表名册

党委根据会议的规模，提出大会主席团建议名单。建议名单一般应为党委组成人员、纪委负责人及各代表团负责人和其他有代表性的人员组成（主席团成员人数不宜过多）。大会主席团成员建议名单应由各代表团酝酿讨论，提交大会预备会议通过。大会主席团成员名单按姓氏笔画为序排列。提出大会秘书长建议名单、执行主席名单、大会副秘书长名单。

代表名册及编制原则。党代表大会代表选举工作结束并经党委审批后，应着手编制代表名册，编制代表名册，一般应注意以下几点：代表名册要能反映代表的基本情况，如姓名、性别、单位职务、职称等。划分代表团（组），提出代表编组名单。按照代表的选举单位、工作性质分编为若干代表团，并指定召集人。

11. 党委会审议筹备工作

筹备工作基本结束后，应召开党委会，听取筹备工作的情况汇报，并审议通过：党委、纪委工作报告；代表资格审查报告；党费收缴、使用和管理情况的报告；大会议程和日程安排；大会主席团和秘书长建议名单；大会执行主席建议名单；列席人员、邀请人员名单；党委、纪委委员候选人预备人选名单和大会选举办法（草案）；党委书记、副书记和纪委书记、纪委副书记候选人预备人选名单；选举办法（草案），以及大会会务工作中的有关重要事项。

12. 发出会议通知

做好党代表大会各种材料准备，以及证件、票箱、会场等各项准备工作。向代表发出会议通知，通知要明确会议时间、地点、报到等事项，并要求代表安排好工作，按时出席大会。组织接待好代表报到。

收到上级党组织同意党委委员和纪委委员候选人预备人选的批复后，即可召开党代表大会。

二、大会阶段

1. 代表团（组）召集人会议

代表报到时，应安排好代表的食宿、代表团（组）活动、讨论的地点。同时通知各代表团（组）召集人，参加召集人会议的时间、地点。

上届党委主持召开代表团（组）召集人会议，主要内容是：

（1）简要介绍大会的筹备工作情况。

（2）对代表资格审查报告、大会主席团和秘书长建议名单、大会议程（草案）、党费收缴、使用和管理情况的报告，及其他有关事项进行说明。

（3）布置各代表团（组）推选正副团（组）长。

（4）向代表提出开好大会的有关要求。

2. 代表团（组）会议

代表团（组）召集人会议之后，各代表团（组）分别召开会议。主要内容是：

（1）传达代表团（组）召集人会议的内容。

（2）推选代表团（组）正副团（组）长。

（3）审议代表资格审查报告及党费收缴、使用和管理情况的报告。

（4）酝酿讨论大会主席团、秘书长名单和大会议程（草案）。

3. 大会预备会议

大会预备会议由上届党委主要负责同志主持。主要内容是：

（1）报告大会筹备工作情况。

（2）通过代表资格审查情况的报告。

（3）通过大会主席团和秘书长名单。

（4）通过大会议程。

（5）通过党费收缴、使用和管理情况的报告。

4. 主席团第一次会议

主席团和秘书长产生后，即召开大会主席团第一次会议。主要议程有：

（1）明确大会主席团的任务。

（2）通过大会主席团常务委员名单。

（3）通过大会执行主席名单。

（4）通过大会副秘书长名单。

（5）通过大会日程。

（6）通过其他需要确定的事项。

5. 大会开幕式

党代表大会开幕式一般由担任党委副书记的行政负责人主持。大会主持人应介绍上级与会同志，说明到会代表人数，介绍列席人员。

党代表大会开幕式的主要程序是：

（1）宣布党员代表大会开幕，全体起立，奏（唱）《国歌》。

（2）致开幕词。

（3）上届党的委员会负责同志作工作报告，纪委负责同志作纪委工作报告。

（4）布置分组讨论报告要求，宣布休会。

6. 各代表团（组）会议

主要内容是：

（1）组织代表审议党委、纪委工作报告。审议党委、纪委工作报告，是代表行使监督、决策权的基本途径。大会一定要安排较多的时间让代表充分讨论，发表意见。各代表团（组）要做好记录，如实反映代表的意见、建议。对代表提出的合理意见，应吸纳到工作报告中去。主席团成员要和代表一起讨论。

（2）讨论大会选举办法。

（3）酝酿新一届两委委员候选人建议名单。

7. 大会主席团第二次会议

大会主席团召开第二次会议，主要议程有：

（1）讨论通过大会《选举办法（草案）》，提交各代表组酝酿讨论。

（2）讨论通过党委、纪委委员候选人预备人选，交各代表组讨论。

（3）布置推选监票人。

（4）听取各代表团（组）审议上届党委、纪委工作报告情况汇报。

（5）审议通过关于上届党委、纪委工作报告的决议（草案）。

8. 大会主席团第三次会议

各代表团（组）分组讨论《选举办法（草案）》，两委候选人和总监票人、监票人名单后，大会主席团举行第三次会议。主要内容是：

（1）听取各代表团（组）讨论《选举办法（草案）》、酝酿两委委员候选人预备人选名单的情况汇报，确定两委委员正式候选人。

（2）审议通过总监票人、监票人建议名单，确定计票人名单。

（3）听取各代表团（组）审议关于两委工作报告决议（草案）的情况汇报。

9. 大会选举准备工作

（1）印制选票。总要求是庄严、大方、清晰、准确；党委、纪委两种选票应在颜色上加以区别；印制选票时，对候选人名单要严格保密；根据选举情况，做好重新选举的有关准备工作。选票上的委员、常务委员会委员候选人名单按姓氏笔画为序排列，书记、副书记候选人名单按照上级党组织批准的顺序排列，并写上有关填写说明。

（2）准备好总监票人、监票人、计票人（总计票人）的标志配条。

（3）培训监票人、计票人。

（4）准备好票箱、封条、剪刀。

（5）准备好计票统计表、计票结果报告单和清点人数、领发选票、收回选票报告单等表格用纸。

10. 大会选举

党员代表大会选举的一般程序是：

（1）清点到会代表人数。大会执行主席向大会报告应参加大会的代表数和实际参加大会的代表数。在确认有选举权的到会人数超过应到会人数的五分之四后，方可实施选举。

（2）通过大会选举办法。

（3）通过大会总监票人、监票人名单，宣布大会计票人名单。

（4）宣布下届党委委员和纪委委员名额和候选人名单。

（5）监票人当场检查票箱。

（6）计票人分发选票。

（7）总监票人说明填写选票方法。

（8）选举人填写选票，并在工作人员的引导下进行投票。

（9）监、计票人清点选票，确认选举是否有效。收回的选票等于或少于发出的选票投票人数，选举有效；多于投票人数，选举无效，应当重新选举。

（10）休会进行计票。计票人在监票人的监督下计票。每一选票所选人数，等于或者少于规定应选人数的为有效票，多于规定应选人数的为无效票。

11. 大会主席团第四次会议

计票结束后，大会主席团应立即举行第四次会议。这是主席团最后一次会议。主要议程有：听取总监票人报告大会选举计票结果，确认两委委员当选人；推选两委第一次全体会议主持人（进行预选的，在预选大会后需要增加一次主席团会议，为主席团第四次会议，本次主席团会议为第五次会议）。被选举人获得赞成票超过应到会代表人数的半数的，始得当选。获得赞成票超过应到会代表半数的被选举人数多于应选名额时，以得票多少为序，至取足应选名额为止。如遇票数相等不能确定当选人时，应当就票数相等的被选举人再次投票，得赞成票多的当选。获得赞成票超过半数的被选举人数少于应选名额时，对不足的名额另行选举。如果接近应选名额，经半数以上选举人同意或者大会主席团决定，也可以减少名额，不再进行选举。

12. 由大会执行主席向大会宣布当选人名单

当选的委员会委员名单按姓氏笔画为序排列。当选的常务委员会委员名单按照上级党组织批准的顺序排列。

13. 大会闭幕式

大会闭幕式的主要议程有：

（1）通过关于党委工作报告的决议。

（2）通过关于纪委工作报告的决议。

（3）致闭幕词。

（4）全体起立，奏（唱）《国际歌》。

（5）宣布党代表大会闭幕。

备注：

1. 党员大会相比于党代表大会的程序要简单一些。党员大会没有党代表选举，不设主席团，由党委领导换届工作。党员大会一般可不召开预备会议，可采用党委召开所属党组织负责人会议，介绍大会筹备情况、确定大会日程等。

2. 因各党组织的情况不同，在召开党代表大会进行换届选举时，可按照党章和《中国共产党基层组织选举工作条例》开展工作，落实全面从严治党要求，守住"底线""红线"，并结合党组织实际，不搞"上下一般粗"，实事求是组织好选举的实施。

三、闭会阶段

1. 纪委第一次全体会议

纪委第一次全体会议选举纪委书记、副书记，选举结果报同级党的委员会通过。

2. 党委第一次全体会议

党委第一次全体会议主要有两项内容：一是选举产生书记、副书记；二是通过纪委第一次全体会议选举结果。

党委第一次全体会议的程序是：

（1）宣读上级党组织关于书记、副书记候选人建议名单的批复。

（2）推选监票人。

（3）发放选票。

（4）统计选票，宣布选举结果（当选的书记、副书记，其名单按照上级党组织批准的顺序排列）。

（5）通过纪委第一次全体会议选举结果。

3. 呈报选举结果

选出的委员，报上级党组织备案；常务委员会委员和书记、副书记，报有审批权限的上级党组织批准。如果党的组织关系在地方的，报属地上级党组织审批，同时抄报国有企业上级单位党组织。

纪律检查委员会选出的常务委员会委员和书记、副书记，经同级党的委员会通过后，报有审批权限的上级党组织批准。

示例 59 关于中国共产党××××公司第×次代表大会选举结果及分工的请示

××××党委（有审批权限的上级党组织）：

中国共产党××××公司第×次代表大会于××××年××月××日召开。大会应到会代表×××人，因事请假××人，实到会代表×××人。大会根据《中国共产党章程》和有关规定，经参会代表充分酝酿讨论，以差额选举、无记名投票的方式选举产生了××××公司第×届党委和纪委。××月××日，分别召开了××××公司第×届党委第一次全体会议和××××公司纪委第一次全体会议，选举产生了××××公司第×届党委书记、副书记和纪委书记、副书记。现将选举结果报告如下：

一、党委委员选举结果

发出党委委员选票×××张，收回×××张，有效票×××张。得票情况如下（按得票多少为序）：

×××（人名）×××票、×××（人名）×××票、×××（人名）×××票、×××（人名）×××票、×××（人名）×××票、×××（人名）×××票、×××（另选人）×××票。

根据大会选举办法和计票结果，当选委员如下（按姓氏笔画为序）：

×××、×××、×××、×××、×××、×××、×××。

二、纪委委员选举结果

发出纪委委员选票×××张，收回×××张，有效票×××张。得票情况如下（按得票多少为序）：

×××（人名）×××票、×××（人名）×××票、×××（人名）×××票、×××（人名）×××票、×××（人名）×××票、×××（人名）×××票、×××（另选人）×××票。

根据大会选举办法和计票结果，当选委员如下（按姓氏笔画为序）：

×××、×××、×××、×××、×××、×××、×××。

三、党委书记、副书记选举结果

××××年××月××日召开××××公司第×届党委第一次全体会议，发出党委书记、副书记选票××张，收回××张，有效票××张。得票情况如下：

党委书记候选人×××（人名）××票，党委副书记候选人×××

（人名）××票，党委副书记候选人×××（人名）××票。

根据选举结果，×××同志当选党委书记，×××同志、×××同志当选党委副书记。

四、纪委书记、副书记选举结果

××××年××月××日召开××××公司纪委第一次全体会议，发出纪委书记、副书记选票××张，收回××张，有效票××张。得票情况如下：

纪委书记候选人×××（人名）××票，纪委副书记候选人×××（人名）××票。

根据选举结果并经第×届党委第一次全体会议通过，×××同志当选纪委书记，×××同志当选纪委副书记。

妥否，请批示。

中共××××公司委员会

××××年××月××日

示例60　关于中国共产党××××公司第×次代表大会选举结果及分工的批复

××××党委：

你们《关于中国共产党××××公司第×次代表大会选举结果及分工的请示》（文号）收悉。经研究，批复如下：

一、同意中国共产党××××公司第×次代表大会选举结果。

二、同意×××、×××、×××（按姓氏笔画为序）等××名同志为中国共产党××××公司第×届委员会委员；同意×××同志为党委书记，×××、×××同志为党委副书记。

三、同意×××、×××、×××（按姓氏笔画为序）等×名同志为中国共产党××××公司纪律检查委员会委员；同意×××同志为纪委书记，×××、×××同志为纪委副书记。

特此批复。

中共××××委员会（上级党组织）

××××年××月××日

4. 材料归档

对大会的有关材料，要按规定分类整理、立卷归档，尤其是选票一定要保存好。

5. 做好大会总结

党委在大会结束后，要对整个换届选举工作进行全面总结。

6. 做好党代表常任制工作

按照相关规定，做好党代表常任制的各项工作。

第七节　干部工作

国有企业领导人员是党在经济领域的执政骨干，是治国理政复合型人才的重要来源，肩负着经营管理国有资产、实现保值增值的重要责任，要把这支队伍建好、用好、管好。国有企业领导人员必须做到对党忠诚、勇于创新、治企有方、兴企有为、清正廉洁。国有企业领导人员要坚定信念、任事担当，牢记自己的第一职责是为党工作，牢固树立政治意识、大局意识、核心意识、看齐意识，把爱党、忧党、兴党、护党落实到经营管理各项工作中。

一、好干部标准

好干部的标准，大的来说就是德才兼备。政治上靠得住、工作上有本事、作风上过得硬、人民群众信得过，是德才兼备的时代内涵。至于"好干部"的具体标准，习近平总书记予以概括：信念坚定、为民服务、勤政务实、敢于担当、清正廉洁。

信念坚定是好干部立身之本。信念坚定就是要坚定共产主义远大理想，真诚信仰马克思主义，矢志不渝为中国特色社会主义而奋斗，坚持党的基本理论、基本路线、基本纲领、基本经验、基本要求不动摇。理想信念是共产党人精神上的"钙"，理想信念坚定，骨头就硬；没有理想信念，或理想信念不坚定，精神上就会"缺钙"，就会得"软骨病"。牢记党的宗旨，挺起共产党人的精神脊梁，解决好世界观、人生观、价值观这个"总开关"问题，在大是大非面前旗帜鲜明，在风浪考验面前无所畏惧，在各种诱惑面前立场坚定，在关键时刻靠得住、信得过、能放心，自觉做习近平新时代中国特色社会主义思想的坚定信仰者和忠实实践者。

为民服务是好干部为政之道。为民服务就是要做人民公仆，忠诚于人民，以人民忧乐为忧乐，以人民甘苦为甘苦，全心全意为人民服务。始终要把人民放在心中最高的位置，尊重人民、崇敬人民，始终为人民利益和幸福而努力工作。始终坚持人民立场，坚持人民主体地位，虚心向人民学习，倾听人民呼声，汲取人民智慧，把人民拥护不拥护、赞成不赞成、高兴不高兴、答应不答应作为衡量一切工作得失的根本标准。

勤政务实是好干部履职之要。勤政务实就是要勤勉敬业、求真务实、真抓实干、精益求精，出实招、干实事、见实效，创造出经得起实践、人民、历史检验的实绩。善落实，以贯彻执行党的路线方针政策；善谋划，以确保政令畅通；善操作，以推动重点工作进展；善创新，以完成急难险重任务；善处理，以解决各种复杂矛盾。领导干部要加快知识更新、加强实践锻炼，使专业素养和工作能力跟上时代节拍，避免少知而迷、无知而乱，努力成为做好工作的行家里手。坚持求真务实，察真情、说实话，出真招、办实事，下真功、求实效，让埋头苦干、真抓实干的干部真正得到重用、充分施展才华，让作风漂浮、哗众取宠的干部无以表功、受到贬责。

敢于担当是好干部成事之基。敢于担当就是要坚持原则、认真负责，面对大是大非敢于亮剑，面对矛盾敢于迎难而上，面对危机敢于挺身而出，面对失误敢于承担责任，面对歪风邪气敢于坚决斗争。大事难事看担当，逆境顺境看襟度。担当就是责任，好干部必须有责任重于泰山的意识，坚持党的原则第一、党的事业第一、人民利益第一，敢于旗帜鲜明，敢于较真碰硬，对工作任劳任怨、尽心竭力、善始善终、善作善成。担当大小，体现着干部的胸怀、勇气、格调和能力，有多大担当才能干多大事业。干部要敢想、敢做、敢当，做新时代的劲草、真金。党组织要旗帜鲜明为敢于担当的干部担当，为敢于负责的干部负责。

清正廉洁是好干部正气之源。清正廉洁就是要敬畏权力、管好权力、慎用权力，守住自己的政治生命，保持拒腐蚀、永不沾的政治本色。清正廉洁是古往今来的政德之首。敬畏权力、慎用权力，按规则、按制度行使权力，把权力关进制度的笼子里，任何时候都不搞特权、不以权谋私。时刻自重自省自警自励，保持拒腐蚀、永不沾的政治本色，心存敬畏、手握戒尺，慎独慎微、勤于自省，遵守党纪国法，老老实实做人，踏踏实实干事。以德修身、以德立威、以德服众，是干部成长成才的重要因素。

二、二十字要求

习近平总书记对国有企业领导人员提出了"对党忠诚、勇于创新、治企有方、兴企有为、清正廉洁"的二十字要求，既是国企领导人员选用工作的根本遵循，也是国企领导人员履职尽责总要求。

对党忠诚，就是心中有党，信念坚定，自觉捍卫"两个确立"、做到"两个维护"。

勇于创新，就是敢为人先、勇于变革、锐意进取，善于推进企业技术创新、管理创新和商业模式创新，不断提升企业核心竞争力。

治企有方，就是善于把握市场规律和企业发展规律，懂经营、会管理、善决策、能执行。

兴企有为，就是勤奋敬业，求真务实，坚忍不拔，利用一切有利条件和积极因素最大限度创造经得起实践和历史检验的业绩。

清正廉洁，就是职业操守和个人品行良好，谨慎用权，严守底线，自觉做国有资产忠诚卫士。

二十字要求是优秀国有企业领导人员的本源特征，是选拔国有企业领导人员的基本标准。标准是共性的，岗位是具体的。要坚持依事择人、人岗相适，从事业需要出发，看谁更优秀、更合适，多考虑"该用谁"而不是"谁该用"，把真正优秀的人才选出来，把合适的企业领导人员放到合适的岗位上，把不符合条件的人挡在"门外"。

坚持用改革精神和严的标准推进国有企业领导班子思想政治建设，旗帜鲜明坚持和加强党的全面领导，坚持不懈用党的创新理论凝心铸魂，深入贯彻落实新时代党的组织路线，着力锻造政治素质好、发展业绩好、创新效能好、党建作用好、作风形象好的坚强领导集体。坚持严的基调不动摇，推动全面从严治党在国有企业落实落地，大力营造风清气正的政治生态。

理想信念的力量是很强大的，所以有"人生如歌，理想信念如调"的说法。没有调的歌，永远不能成为真正的歌，没有理想信念的人生，永远是没有意义的人生。生物学家曾经将跳蚤随意向地上一抛，它能从地面上跳起一米多高，但如果从一米高的地方放个盖子，这时跳蚤会跳起来，撞到盖子，而且是一再地撞到盖子。过一段时间后，拿掉盖子，就会发现，虽然跳蚤继续在跳，但已经不能跳到一米高以上了，直至结束生命也是如此。为什么呢？理由很简单，它们已经调节了自己跳的高度，而且适应了这种情况，不再改变。这就是跳蚤效应。其实人也一样，有什么样的理想信念和目标，就有什么样的人生。

"选对人、用好人是头等大事。"要通过严格的选任标准条件、科学有效的选人用人机制、风清气正的选人用人生态，真正把一大批高素质专业化的国有企业领导人员及时发现出来、合理使用起来，为国有企业改革发展提供坚强的组织保证。

三、党管干部

坚持党管干部原则，坚持德才兼备、以德为先，坚持五湖四海、任人唯贤，坚持好干部标准，坚持正确用人导向，统筹干部素质培养、知事识人、选拔任用、从严管理、正向激励体系建设，统筹领导班子和干部队伍建设，着力建设忠诚干净担当的高素质专业化干部队伍，着力锻造政治素质好、发展业绩好、创新效能好、党建作用好、作风形象好的坚强领导集体。

党管干部主要是管标准、管程序、管考察、管人选、管监督。具体到选人用人导向上，就是突出政治标准，坚持德才兼备、以德为先、五湖四海、任人唯贤，以用为主、公道正派，能者上、庸者下、劣者汰，建设忠实践行习近平新时代中国特色社会主义思想、坚定贯彻落实党中央决策部署、堪当时代重任的坚强领导集体，为以中国式现代化全面推进强国建设、民族复兴伟业提供有力组织保证。

国有企业党委要深化干部人事制度改革，鲜明树立选人用人正确导向，大力选拔政治过硬、敢于担当、锐意改革、实绩突出、清正廉洁的干部，着力解决干部乱作为、不作为、不敢为、不善为问题。树立和践行正确政绩观，健全有效防范和纠治政绩观偏差工作机制。落实"三个区分开来"，激励干部开拓进取、干事创业。推进领导干部能上能下常态化，加大调整不适宜担任现职干部力度。健全常态化培训特别是基本培训机制，强化专业训练和实践锻炼，全面提高干部现代化建设能力。完善和落实领导干部任期制，健全领导班子主要负责人变动交接制度。

1. 建立健全源头培养、跟踪培养、全程培养的素质培养体系

党的历史经验和现实发展都告诉我们，没有全党大学习，没有干部大培训，就没有事业大发展。干部教育培训是建设高素质干部队伍的先导性、基础性、战略性工程，在推进中国特色社会主义伟大事业和新时代党的建设新的伟大工程中具有不可替代的重要地位和作用。把深入学习贯彻习近平新时代中国特色社会主义思想作为主题主线，以坚定理想信念宗旨为根本，以提高政治能力为关键，以增强推进中国式现代化建设本领为重点，紧紧围绕新时代新征程党的使命任务，持续深化党的创新理论武装，强化政治训练，加强履职能力培训，深入推进干部教育培训体系改革创新，增强教育培训的时代性、系统性、针对性、有效性，高质量教育培训干部，高水平服务党和国家事业发展，为以中国式现代化全面推进中华民族伟大复兴提供思想政治保证和能力支撑。

国有企业相当县处级职务层次以上领导人员，每5年参加集中培训累计不少于3个月或550学时，其他管理人员每年参加集中培训累计不少于12天或90学时，每年参加网络自学累计不少于50学时。集中培训主要包括：经组织选调参加的脱产培训，参加党委理论学习中心组学习，经组织统一安排、在规定时限内参加并完成学习任务的网络专题培训，由组织安排采取线上、线下等方式在特定时间、特定地点参加的集中宣讲、专题讲座等。

我们党依靠学习创造了历史，更要依靠学习走向未来。持续抓好学习贯彻习近平新时代中国特色社会主义思想的深化、内化、转化工作，教育引导广大干部自觉做坚定信仰者、忠实实践者。坚持把政治训练贯穿干部成长全周期，推动干部不断提高政治判断力、政治领悟力、政治执行力，坚定拥护"两个确立"、坚决做到"两个维护"。大力抓好履

职能力培训，着力增强干部推动高质量发展本领、服务群众本领、防范化解风险本领。积极构建完善的干部教育培训体系，加强培训机构、师资、课程、教材建设，切实增强教育培训的时代性系统性针对性有效性。坚持从严治校、从严治教、从严治学，大力营造学习之风、朴素之风、清朗之风。

突出政治素质，注重分类分级，加强思想淬炼、政治历练、实践锻炼、专业训练，把思想理论武装、理想信念教育、知识结构改善、能力素质提升贯穿干部成长全过程。坚持干什么学什么、缺什么补什么，加强与岗位职责相匹配的通识教育培训，重点开展经济、政治、文化、社会、生态文明、党的建设、宪法和法律法规等知识学习培训，开展军事、国防、外交、统战、教育、科技和民族、宗教、财税、金融、统计、信访、保密、应急管理、城市建设、公共卫生、舆情应对、基层治理、反垄断、知识产权及身心健康等知识学习培训，引导干部及时填知识空白、补素质短板、强能力弱项。加强信息技术、人工智能、生物技术、新能源、新材料等新知识新技能学习培训，开阔干部视野。注重在基层一线和困难艰苦地区培养锻炼干部，增强斗争精神，提高治理能力，使广大干部政治素养、理论水平、专业能力、实践本领跟上时代发展步伐。

党的创新理论武装更加系统深入，用习近平新时代中国特色社会主义思想凝心铸魂取得显著成效，广大干部理想信念更加坚定、思想意志更加统一、行动步调更加一致，对党的创新理论更加笃信笃行，用以指导实践、推动工作更加自觉。政治训练更加扎实有效，广大干部党性更加坚强，作风更加过硬，政治判断力、政治领悟力、政治执行力不断提高，政治纪律和政治规矩意识进一步增强，自觉在政治立场、政治方向、政治原则、政治道路上同以习近平同志为核心的党中央保持高度一致。履职能力培训更加精准管用，广大干部贯彻新发展理念、构建新发展格局、推动高质量发展能力进一步提高，统筹发展和安全的能力不断提升，专业知识和人文综合素养更加完备。干部教育培训体系更加科学健全，培训内容更具时代性系统性，培训方法更具针对性有效性，培训保障更加坚实有力，培训制度更加规范完备，选育管用机制更加协同高效。

2. 建立健全日常考核、分类考核、近距离考核的知事识人体系

贯彻新发展理念，坚持正确政绩观，把区分优劣、奖优罚劣、激励担当、促进发展作为基本任务，优化考核内容和考核指标体系，完善考核方式方法，统筹开展平时考核、年度考核、专项考核、任期考核，全方位、多渠道了解干部，注意掌握干部在重大任务、重大斗争一线的表现。强化考核结果运用，把考核结果与干部选拔任用、教育培养、管理监督、激励约束、问责追责等结合起来，推动形成能者上、优者奖、庸者下、劣者汰的正确导向。

对党忠诚，是党员干部的首要政治品质。从我们党成立的那一天起，对党忠诚的政治品格就烙印在了党的旗帜上、融进了党员的血液里，成为党员必须履行的义务之一。采取有效管用的方式考察识别干部是否对党忠诚：用好日常了解这个识别干部的经常性办法，用好调研谈话这个考察干部的基本手段，用好核实甄别这个交换比较反复的重要途径，用好分析研判这个由表及里、去伪存真的工作环节，用好"凡提四必"这个防止"带病提拔"的必经程序，用好以事察人这个客观依据。

坚持全面、历史、辩证看干部。用人得当，就要坚持全面、历史、辩证看干部，注重一贯表现和全部工作。"全面看"就是要全方位地考核干部政绩，既看发展又看基础，既看显绩又看潜绩，把民生改善、社会进步、生态效益等指标和实绩作为重要考核内容。"历史看"就是不仅要看干部的一时一事，还要看干部的长期工作表现。不是一下子、经历一两件事、听几句口号就能解决的，要看长期表现，甚至看一辈子。"辩证看"就是在评价干部时坚持两点论和重点论。既看优点又看不足，既看功劳又看失误，既肯定成绩又指出不足。同时还要抓住本质，把握主流，当干部因敢抓敢管、敢闯敢试而遭遇挫折失误、受到非议

时，当干部埋头苦干、业绩突出却因风气不正而长期受到冷落和不公平对待时，当干部因不实举报受到委屈、被人误解时，组织上要为他们说公道话，为他们加油鼓劲、撑腰壮胆。

坚持功夫下在平时、关键时刻看干部。考察识别干部既把功夫下在平时，全方位、多渠道了解干部，又注重了解干部在完成急难险重任务、处理复杂问题、应对重大考验中的表现，既在小事上察德辨才，更在大事上看德识才。对干部的日常表现进行经常性了解考核，能够全面准确掌握干部情况，做到知根知底、知长知短。同时，重大关头、关键时刻更能够集中检验干部的政治素质、能力水平和工作作风，是识别、发现干部的重要契机。

坚持近距离接触、多角度考察干部。考察识别干部不能限于从外围了解干部，对干部的认识也不能停留在表面感觉和浅层印象上。深入干部的工作一线，通过实地了解干部做过什么事、管过什么事，做得怎么样、管得好不好，才能对干部有更加深入的认识，避免考察识别干部从抽象到抽象，凭感觉下结论。只有对干部近距离接触、多角度考察，多到基层干部群众中、多在乡语口碑中了解干部，才能客观真实掌握干部的第一手情况，使选出来的干部组织放心、群众满意、干部服气。"四观察四看"识人方法：观察干部对重大问题的思考，看其见识见解；观察干部对群众的感情，看其品质情怀；观察干部对待名利的态度，看其境界格局；观察干部处理复杂问题的过程和结果，看其能力水平。

坚持分类考核。根据不同区域、不同企业、不同类型、不同层次领导班子和领导干部的特点，建立各具特点的差异化考核，综合考虑评价维度、合理分配评价指标、细化量化评价标准，突出胜任能力评价和业绩贡献评价。增强考核的针对性和区分度，防止考核工作"一刀切""一锅煮"。对主要领导干部和班子成员、不同岗位的领导干部也应有不同的考核要求，不能搞"上下一般粗""左右一个样"。

3. 建立健全以德为先、任人唯贤、人事相宜的选拔任用体系

充分发挥党组织领导和把关作用，把政治标准放在首位，严把政治关、品行关、能力关、作风关、廉洁关。严格落实干部选拔任用的原则、条件、程序，严格执行干部任期、任职回避等制度，树立注重基层、注重实践、讲担当重担当的用人导向，提高干部考察质量，精准科学选人用人，切实把党和人民需要的好干部选出来用起来。加强干部选拔任用工作全程监督，营造风清气正的选人用人环境。拓宽选人用人视野，推进干部交流，综合运用挂职、交流等方式，加大对国家重大战略选派干部支持力度。注重关心关爱扎根艰苦一线、困难企业的干部尤其是青年干部，旗帜鲜明培养有理想、敢担当、能吃苦、肯奋斗的干部队伍。

4. 建立健全管思想、管工作、管作风、管纪律的从严管理体系

聚焦领导干部特别是主要领导，突出对干部做到"两个确立""两个维护"、遵守党章党规党纪和宪法法律法规、执行党的路线方针政策、贯彻落实党中央决策部署、遵守党内政治生活准则等情况的政治监督。坚持抓早抓小抓经常，加强日常管理和对履职尽责、担当作为的监督，推动广大干部严格按照制度履行职责、行使权力、开展工作。

经理层成员任期制和契约化管理，本质就是目标管理的延伸，核心还是在于责权利的匹配。任期制管理就是建立一种以时间为限制的机制，能不断保持国有企业负责人的压力和动力，审核审视国企负责人是否匹配企业现阶段所需任职要求。合理的机制配套能给企业带来更加符合企业发展需求的任职者，解决"终身制"带来的国企负责人能力不符、活力不足等诸多弊端。任期制打破了传统终身制的理念，用时间传导压力，用配套机制决定负责人的升降去留，切实实现管理干部"能上能下"机制。

契约化破除"大锅饭"。明确契约执行对象，基于岗位管理的每一个管理者或干部个体按岗位职责要求进行履职。契约化管理重

在契约管理的内容，重在落实经理层的职责和权限上。需以企业战略进行考核内容设定，基于行业情况、历史业绩进行考核目标约定，再结合岗位责任要求，落实到个体指标，最后落实个体职务考核。

坚持党管干部原则。党组织负责研究讨论相关工作方案和考核结果应用等重大事项。已建立董事会的企业，其控股股东及其党组织负责对相关工作方案进行审核把关；未建立董事会的企业，其控股股东及其党组织负责组织制定相关工作方案并进行审核把关，指导企业具体实施。

坚持现代企业制度改革方向。已建立董事会的企业，原则上由董事会授权董事长代表董事会与经理层各成员，分别签订岗位聘任协议和经营业绩责任书（年度和任期，下同）；未建立董事会的企业，原则上由其控股股东或派出的执行董事与经理层各成员分别签订岗位聘任协议和经营业绩责任书。董事会或控股股东可以授权总经理与其他经理层各成员分别签订经营业绩责任书。对于同时兼任多个企业经理层职务的，可以按照履职岗位分别确定签约主体。

5. 建立健全崇尚实干、带动担当、加油鼓劲的正向激励体系

全面从严治党的目的，是要通过明方向、立规矩、正风气、强免疫，营造积极健康、干事创业的政治生态和良好环境，而不是要把人管死，让人瞻前顾后、畏首畏尾，搞成暮气沉沉、无所作为的一潭死水。坚持严管和厚爱结合、激励和约束并重，加强对敢担当善作为干部的激励保护，以正确用人导向引领干事创业导向。注重在严峻复杂斗争中考察识别干部，为敢于善于斗争、敢于担当作为、敢抓善管不怕得罪人的干部撑腰鼓劲，看准的就要大胆使用。

牢牢把握按劳分配基本原则，科学制定激励措施，杜绝"大锅饭"，让真正想干事、能干事、干成事的干部，有获得感、成就感和荣誉感。如果不干事、不成事的风气"稳定"，那么优秀的、有本事的"老"员工都流失了，新来的能干的也会一个个被整走。正确对待、合理使用被问责和受处分干部，完善被诬告干部澄清正名制度，健全表彰

奖励制度，落实和完善干部工资、福利与保险制度，关心关爱干部身心健康，加大对基层干部特别是困难艰苦地区干部的政策倾斜力度，充分调动广大干部干事创业的积极性主动性创造性。

示例 61　对×××失实检举控告予以澄清的函

纪函〔　〕　号

对×××失实检举控告予以澄清的函

_____同志：

经_____（澄清机关）核查认定，关于你_____的检举控告失实，该问题线索予以了结。

特此澄清。

×××集团公司纪检监察组（纪委）
年　月　日

抄送：_____同志［澄清对象所在地区、部门、单位党委（党组织）主要负责人］

备注：

1. 根据《纪检监察机关检举控告工作规则》第五十条的规定制作，为纪检监察机关经核查认定检举控告失实，有必要予以澄清时使用。

2. 本函件根据需要可以抄送相关组织人事部门。

3. 使用当面澄清、会议澄清、通报澄清等方式的，应当同时使用书面澄清。

4. 对于具有党员身份的对象，均以集团公司纪检监察组（或单位纪委）名义发函。

5. 纪委监委派驻、派出机构开展澄清工作的，相关工作情况及时向派出其的纪委监委报告，并通报驻在单位党委（党组）主要负责人。

四、新担当新作为

一个有希望的民族，不能没有英雄；一个有前途的国家，不能没有先锋；一个有希望的企业，不能没有骨干。

企业发展得越快，阻力也会越大（飞行器的动压头原理）。遇到阻力、遇到难题怎么办？想干事的人永远在找办法，不想干事的人永远在找理由。世界上没有走不通的路，只有找不到路的人。

站在新时代新征程，党员领导干部都要始终保持"一命而偻，再命而伛，三命而俯"的敬畏之心，都要拿出一种时不我待的紧迫感和舍我其谁的使命感，都要有"不破楼兰终不还"的气概，都要挺起精神的脊梁，以永不懈怠的精神状态和一往无前的奋斗姿态，朝着强国建设、民族复兴伟业的目标奋勇前进。

从政治忠诚上教育干部主动担当。领导干部不担当，就是对党不忠诚。担当和斗争是一种精神，最需要的是无私的品格和无畏的勇气。无私者无畏，无畏者才能担当、能斗争。同革命先烈相比，我们的担当和斗争无非是多做一些工作，多解决一些棘手问题，多得罪几个人。担当和斗争是一种责任，敢于负责才叫真担当、真斗争。实现党的二十大描绘的宏伟蓝图，全面建设社会主义现代化国家、全面推进中华民族伟大复兴，不断实现人民对美好生活的向往，是新时代中国共产党人矢志不渝的奋斗目标。党的干部必须始终保持锐意进取、永不懈怠的精神状态，敢担当、善作为、作贡献。

从选拔任用上引导干部争相担当。坚持正确用人导向，以解决实际问题论能力，以高质量发展论业绩，以干成事论英雄，多搭台子、铺路

257

子、压担子，让大家都有干劲、有奔头、有希望。解决干与不干、干多干少、干好干坏一个样的问题，把敢不敢扛事、愿不愿做事、能不能干事作为识别干部、评判优劣、奖惩升降的重要标准，把干了什么事、干了多少事、干的事组织和群众认可不认可作为选拔干部的根本依据，大力选拔任用勇于担当作为、狠抓工作落实、工作实绩突出的干部。强化立足岗位真抓实干，做好自己的事情，人人都有人生出彩的机会、梦想成真的机会。

从教育培训上促使干部善于担当。干部干事创业，既要有担当之心，又要有担当之能。要加快干部知识更新、能力训、实践练，解决能力不足、本领恐慌问题，使干部在纷繁复杂的形势变化面前，正确认识发展趋势，准确把握机遇挑战，找到贯彻新发展理念，推进供给侧结构性改革，稳增长、促改革、调结构、惠民生、防风险、保稳定的好思路好办法。

从管理方式上推动干部敢于担当。要坚持压实责任、失责必究，但不能重"痕"不重"绩"，不能简单以留痕多少来评判工作好坏。要改进督查办法，控制督查总量和频次，规范抓落实的标准、回归抓落实的本意、提高抓落实的质量，把干部从一些无谓的事务中解脱出来，把基层从提供材料的忙乱中解放出来。问责也不能泛化滥用，动不动就签"责任状"、搞"一票否决"，甚至把问责作为推卸责任的"挡箭牌"。

从工作氛围上激励干部乐于担当。坚持正激励、负激励和自激励相结合，提振"精气神"、把握"时度效"、主动"闯创干"。组织上导向责任鲜明、泾渭分明，干部才有底气。要为负责者负责、为担当者担当、为干事者挡事。要在强化责任约束的同时，鼓励创新、宽容失误。按照"三个区分开来"的要求，合理划定容错界限，出于公心还是源于私利，是无心之失还是有心之过，是履行程序还是破坏规则，是遵纪守法还是违法乱纪，要为担当者担当，为负责者负责，为干事者撑腰。既要包容改革创新中的无意过失和探索性失误、错误，为勇于创新、敢想敢干的好干部保驾护航，也要及时发现和纠正干部的思想行为问题，积极"治病救人",坚决遏制国有企业干部队伍中出现"逆淘汰"现象。完善干部考核评价机制,建立激励机制和容错纠错机制,旗帜鲜明为那些敢于担当、踏实做事、不谋私利的干部撑腰鼓劲。做好"科学界错""多维纠错""体系防错":从政策、法律法规和行业规范角度,科学界定错误类别、性质和程度,划定红线和底线,建立"黑白名单",为纠错防错提供依据;建立一套多方参与、多主体协作的多维"纠错"体系,做到预防苗头和管控过程相结合,及时跟进督查;建立监督系统、构建监督平台、拓宽监督渠道,实现体系化"防错"。

五、企业家队伍

企业家是经济活动的重要主体。市场的活力来自于人,特别是来自于企业家和企业家精神。改革开放以来,一大批优秀企业家在市场竞争中迅速成长,一大批具有核心竞争力的企业不断涌现,为积累社会财富、创造就业岗位、促进经济社会发展、增强综合国力作出了重要贡献。企业家精神是第一批纳入中国共产党人精神谱系的伟大精神之一,即厚植爱国情怀、弘扬创新精神、坚持诚信守法、积极承担社会责任、不断拓宽国际视野。

国有企业优秀企业家身上,既有企业家的共同特质,又有国有企业领导人员的鲜明特征。国有企业的企业家是"国有"和"企业家"的有机结合,是"国"和"企"的统筹兼顾,是能够将国家需求和企业需求进行有效融合的领导与组织才能。是不是国有企业领导人就都是企业家?也不见得。有创新创业并创造了财富,能够创新、能够坚守、能够承担起责任的国企领导人,是企业家。企业家拥有社会所给予的机会,也有个人的特质。

国有企业的企业家是在国有经济、国有企业里重要的稀缺资源,要推动其成为创新发展的探索者、组织者、引领者。"国"字顶天,意味着要在遵纪守法、坚持党的领导前提下响应国家战略部署,承担政治责任和社会责任；"企"字立地，意味着要能满足市场需求，在激烈的市场环境和全球竞争格局中，勇挑经济责任，做强做优做大国有资本和国有企业。

1. 国有企业党委建好用好管好企业家队伍

国有企业党委要打造一支对党忠诚、勇于创新、治企有方、兴企有为、清正廉洁的企业家队伍，大力宣传优秀国有企业领导人员的先进事迹和突出贡献，营造尊重企业家价值、鼓励企业家创新、发挥企业家作用的浓厚社会氛围。

创新体制机制，优化企业家成长环境。引领企业家提高政治站位，激发服务党、服务国家、服务人民的担当精神。企业家要更好肩负起经营管理国有资产、实现保值增值的重要责任，做强做优做大国有企业，不断提高企业核心竞争力。进一步完善国有资产监管体制，落实董事会依法行使重大决策、选人用人、薪酬分配等权利，保障经理层经营自主权，健全经理层任期制和契约化管理。加强企业家正向激励，采取多种方式探索完善中长期激励机制，通过科学有效的激励机制激发企业家动力和活力。

关心爱护企业家，创造心无旁骛干事业的良好条件。坚持严管和厚爱相结合，在政治上、思想上、工作上、生活上真诚关爱，注重事业上感召、待遇上保障、心理上关怀，坚定企业家信心，稳定企业家预期，保障企业家人才健康成长、心无旁骛干事创业。

树立对企业家的正向激励导向。鼓励探索创新，支持担当作为，允许试错，宽容失误，营造尊重企业家价值、鼓励企业家创新、发挥企业家作用的舆论氛围。对国有企业家要以增强国有经济活力和竞争力为目标、在企业发展中大胆探索、锐意改革所出现的失误，只要不属于有令不行、有禁不止、不当谋利、主观故意、独断专行等情形者，要予以容错，为担当者担当、为负责者负责、为干事者撑腰。

2. 企业家要当模范

国有企业的企业家要有一腔忧、一肩责、一股劲，自觉做履行政治责任、经济责任、社会责任的模范。

增强爱国情怀。企业经营无国界，企业家有祖国。国有企业的企业家必须对国家、对民族怀有崇高使命感和强烈责任感，把企业发展同国家繁荣、民族兴盛、人民幸福紧密结合在一起，主动为国担当、为国分忧。企业家爱国有多种实现形式，但首先是办好一流企业，带领企业奋力拼搏、力争一流，实现质量更好、效益更高、竞争力更强、影响力更大的发展。

勇于创新。创新是引领发展的第一动力。国有企业家创新活动是推动企业创新发展的关键。创新就要敢于承担风险。敢为天下先是战胜风险挑战、实现高质量发展特别需要弘扬的品质。要做创新发展的探索者、组织者、引领者，勇于推动生产组织创新、技术创新、市场创新，重视技术研发和人力资本投入，有效调动员工创造力，努力把企业打造成为强大的创新主体。提升产业链供应链现代化水平，大力推动科技创新，加快关键核心技术攻关，打造未来发展新优势。

诚信守法。社会主义市场经济是信用经济、法治经济。法治意识、契约精神、守约观念是现代经济活动的重要意识规范，也是信用经济、法治经济的重要要求。国有企业的企业家要做诚信守法的表率，带动全社会道德素质和文明程度提升。

承担社会责任。社会是企业家施展才华的舞台。只有真诚回报社会、切实履行社会责任的企业家，才能真正得到社会认可，才是符合时代要求的企业家。关爱员工是企业家履行社会责任的一个重要方面，关心员工健康。

拓宽国际视野。有多大的视野，就有多大的胸怀。国有企业的企业家要立足中国，放眼世界，提高把握国际市场动向和需求特点的能力，提高把握国际规则能力，提高国际市场开拓能力，提高防范国际市场风险能力，更好利用国际国内两个市场、两种资源，带动企业在更高水平的对外开放中实现更好发展，促进国内国际双循环。坚持深化改革、扩大开放，加强科技领域开放合作，推动建设开放型世界经济，推动构建人类命运共同体。

做强做优做大国有企业，得有企业家带领着，得有企业家精神，需要企业家立足于实际又胸怀长远目标的实干。在机遇面前主动出击，不犹豫、不观望；在困难面前迎难而上，不推诿、不逃避；在风险面前积极应对，不畏缩、不躲闪。但是光有企业家还不行，还得点燃员工心中之火和调动员工信心，还得靠市场化改革，还得靠企业、经营者和员工之间的正相关利益关系。

第八节　干部选拔任用

领导干部选拔任用程序，主要包括动议、人选产生、考察、讨论决定、公示、任职管理、纪实等流程工作内容。

一、动议

根据工作需要，提出启动干部选拔任用工作的意见。动议环节一般不明确具体人选。一般由党委书记、行政正职、党委副书记、纪委书记、干部管理部门负责人共同研究人员。

工作程序：

（1）干部管理部门分析研判。综合有关方面建议和平时了解掌握的情况，对领导干部队伍进行研究。

（2）提出初步建议方案，选拔任用的职位、条件、范围、方式、程序等。

（3）酝酿形成正式工作方案。

（4）干部管理部门负责具体实施。

（5）审查政治面貌、海外亲属关系等。

示例 62　干部任免组织提名推荐表

干部任免组织提名推荐表

动议干部任免主要内容	根据工作需要，结合×××情况，拟对×××岗位进行调整。 推荐理由： 在近两年民主推荐中，推荐得票率在 30% 以上，符合干部（包括任职岗位）使用条件； 或已进入后备干部队伍并具备提任条件； 或其他推荐理由。 综上所述，拟推荐×××同志为×××××。			
干部管理部门意见	同意提名×××同志为×××××。 签字（盖章）：	时间：	年	月	日
单位党委意见	同意提名×××同志为×××××。 签字（盖章）：	时间：	年	月	日

二、人选产生

人选必须具备好干部标准和国有企业领导人员 20 字要求。

1. 人选产生的主要形式

（1）民主推荐：是指党委及其干部管理部门根据选拔任用干部的需要，按照规定的条件、范围、程序和要求，组织有关方面人员参加的推荐领导干部人选的活动。民主推荐得票率超过 30%，意见较为集中，且专业、年龄等符合任职要求的，可确定为考察人选。民主推荐包括会议推荐和个别谈话推荐，推荐结果在一定期限内有效。

组织上不要倡导干部当满票干部，组织部门在选拔过程中也不能唯票。《之江新语》中有一篇题为《不要引导领导干部当"满票干部"》的文章，该文指出：不能形成"唯票"的导向，不要引导领导干部当所谓的"满票干部"，否则就会引导干部当"老好人"，不敢得罪人甚至拉票、贿选。

（2）组织提名：干部管理部门和所在单位可以对符合干部（包括任职岗位）使用条件的人选进行组织提名，并出具正式推荐材料、提供推荐理由。

（3）竞争性选拔：分为公开选拔和竞争上岗。竞争上岗是指本单位或本系统内部符合资格条件人数较多，且人选提名意见不集中的，可进行竞争性选拔。公开选拔是指岗位出现空缺且单位内部没有合适人选的，特别是需要补充紧缺专业人才的，可进行社会公开竞聘。一般应发布岗位竞聘招聘通知，进行笔试、面试等环节，择优确定考察对象。

2. 确定初步考察对象

干部管理部门收到提名人选后，按照相关规定，对其任职资格和条件进行严格把关。符合任职资格和条件的，应当根据工作需要和干部德才条件，综合研判民主推荐、平时考核、年度考核、一贯表现和人岗相适等情况，充分酝酿，确定初步考察人选。

3. "四人小组"会议酝酿研究

干部管理部门综合分析研判，研究提出考察工作方案（含考察对象，一般应多于拟任职务人数），报分管领导和主要领导批准，递交"四人小组"会议酝酿研究。"四人小组"会议议事时，要在对不同的意见加以综合的基础上，进行科学分析，集中形成正确的意见。如经讨论酝酿后仍分歧较大的，一般应当缓议，经进一步交换意见后再进行研究。"四人小组"会议未通过的议题，不得提交党委会研究。

有下列情形之一的，不得列为考察对象：

（1）近三年年度考核结果中有被确定为基本称职及以下等次的。

（2）有跑官、拉票行为的。

（3）配偶已移居国（境）外，或者没有配偶，子女均已移居国（境）外的。

（4）受到组织处理或者党纪政纪处分影响使用的。

（5）个人档案严重造假的。

（6）虚报、漏报、瞒报个人重大事项，出现不宜任用情形的。

（7）其他原因不宜提拔的。

三、考察

考察领导职务拟任人选，必须依据干部选拔任用条件和不同领导职务的职责要求，全面考察其德、能、勤、绩、廉，严把政治关、品行关、能力关、作风关、廉洁关。

1. 考察内容

（1）突出政治标准，注重了解政治理论学习情况，深入考察政治忠诚、政治定力、政治担当、政治能力、政治自律等方面的情况。要把政治素质考察摆在重中之重。政治素质考察具体内容：对学习贯彻习近平新时代中国特色社会主义思想，是否学以致用、知行合一，防止学而不用、学而不信、学而不行；对捍卫"两个确立"，增强"四个意识"、坚定"四个自信"、做到"两个维护"，是否心口一致、表里如一，防止伪忠诚、假忠诚，"搞两面派、做两面人"；对习近平总书记重要指示批示和党中央决策部署是否不折不扣、创造性地贯彻落实，防止上有政策、下有对策、自行其是，搞变通、打折扣、耍小聪明、搞小动作；对本职工作、急难险重任务、重大风险考验，是否冲锋在前、亲力亲为、履职尽责、担当作为、敢于斗争，防止偷奸耍滑、敷衍塞责、得过且过、爱惜羽毛；对党的政治纪律和政治规矩、党内政治生活准则、中央八项规定及其实施细则精神，是否心存敬畏、坚决遵守，不越红线、不踩底线、不搞特权、严格自律，防止目无组织、目无纪律、投机取巧、拉帮结派、以权谋私；对民主集中制原则，是否严格执行，做到既充分发扬民主又善于正确集中，防止搞个人专断、搞"一言堂"。

（2）深入考察道德品行，加强对工作时间之外表现的考察，注重了解社会公德、职业道德、家庭美德、个人品德等方面的情况。

（3）强化专业素养考察，深入了解专业知识、专业能力、专业作风、专业精神等方面的情况。

（4）注重考察工作实绩，围绕贯彻落实党中央重大决策部署，统筹推进"五位一体"总体布局和协调推进"四个全面"战略布局，深入了解履行岗位职责、贯彻新发展理念、推动高质量发展取得的实际成效。

（5）加强作风考察，深入了解为民服务、求真务实、勤勉敬业、敢于担当、奋发有为，遵守中央八项规定精神，反对"四风"特别是纠治形式主义、官僚主义等情况。

（6）强化廉政情况考察，深入了解遵守廉洁自律有关规定，保持高尚情操和健康情趣，慎独慎微，秉公用权，清正廉洁，不谋私利，严格要求亲属和身边工作人员等情况。

（7）根据实际需要，针对不同层级、不同岗位考察对象，实行差异化考察，对党政正职人选，坚持更高标准、更严要求，突出把握政治方向、驾驭全局、抓班子带队伍等方面情况的考察。

2. 考察方法

个别谈话（主要形式）；发放征求意见表，民主测评，实地考察，查阅资料，专项调查，同考察对象面谈等。

在政治素质的考察上，要把干部的政治忠诚、政治定力、政治担当、政治能力、政治自律真正考察识别出来。

在政治素质的考察方法上：要用好日常了解这个识别干部的经常性办法，通过谈心谈话、工作调研、年度考核、民主生活会、集中教育、干部培训、大事难事等，考察干部的日常作为、现实表现。用好调研谈话这个考察干部的基本手段，深入谈、仔细问，力求谈深谈透谈到位。用好核实甄别这个交换比较反复的重要途径，对重要情况和问题没有了解透彻的、对人选评价意见有较大分歧的、对有些问题若明若暗的，要进一步调研，把情况搞实搞准。用好分析研判这个由表及里、去伪存真的工作环节，把专题调研情况与平时掌握的情况结合起来，把人选情况与班子情况结合起来，把当次的考察与巡视巡察、信访、审计、年度考核、参加培训和集中教育等情况结合起来，透过现象看本质。用好"凡提四必"这个防止"带病提拔"的必经程序，从干部人事档案审核、个人有关事项报告、征求纪检监察机关意见、线索具体的信访举报中，识别干部的忠诚干净担当，不放过有问题的干部，也不耽误没有问题的干部。用好以事察人这个客观依据，听其言、观其行、察其事、析其理，从事实、事例中，见人见事见思想见情怀见境界。

3. 考察范围

个别谈话和征求意见的范围一般为：

考察对象的上级部门有关领导，考察对象所在单位领导班子成员，以及近期（一年内）退出领导班子的老领导，考察对象所在单位部门和所属单位领导班子主要领导，所在工作部门的全体人员，其他有关人员等。

如拟任人选为外部单位公开招聘人员，考察对象除所在单位上级领导、部门人员、业务相关人员外，还需重点访谈组织人事部门，以明确离职原因、近三年考核结果、有无违规违纪行为、健康状况等情形。

4. 参与人员

由干部管理部门、组织部门和纪检部门组成考察组。考察前述相关部门人员时，该部门人员需"回避"。

考察组由两名以上成员组成。考察组负责人应当由思想政治素质好、具有较丰富工作经验并熟悉干部工作的人员担任。实行干部考察工作责任制。考察组必须坚持原则，公道正派，深入细致，如实反映考察情况和意见，对考察材料负责，履行干部选拔任用风气监督职责。

5. 工作步骤

选取考察访谈对象、进行谈话，做好考察记录、撰写考察材料，并签字署名、形成考察意见，与所在单位主要领导交换意见、所在单位党委纪委廉洁背书、向党委报告考察情况、会前征求意见等。

必须形成书面考察材料，建立考察文书档案。已经任职的，考察材料归入本人干部人事档案。考察材料必须写实，全面、准确、客观地反映考察对象的情况：德、能、勤、绩、廉方面的主要表现和主要特长、行为特征，主要缺点和不足，民主推荐、民主测评、考察谈话情况，审核干部人事档案、查核个人有关事项报告、听取纪检监察机关意见、核查信访举报等情况的结论。

上级党委管理的干部，其所在单位党委、纪委要对其廉洁自律、反对"四风"、遵守中央八项规定精神等情况作出结论性评价，党委书记、纪委书记要签字。

提交党委会讨论的干部选拔任用方案，需提前个别征求全体党委委员的意见，干部管理部门填写干部任免征求意见情况。

6. 考察结果应用

（1）谈话中存在反对其作为相应岗位人选，但反对人数未超过谈话人数5%，且反对意见不影响提拔使用的，由所在单位（部门）主要领导针对所提意见，提出是否作为拟任人选的建议。

（2）在考察过程中，应征求谈话人对考察对象担任职务的意见，出现以下情形之一的，需进行深入考察：谈话中反对其作为相应岗位人选超过5%，但未达到10%的；收到群众举报，线索清楚、内容具体需要进一步核实的；其他情况需要进一步核实的。

深入考察应针对考察中出现的问题进行深入调查，通过与人选直接上下级和一起工作的同事深入了解情况。如不影响使用的，在考察材料中说明情况；确实发现不宜作为拟任人选的，不应列为拟任人选。

（3）在考察过程中，出现以下情形之一的，不得确定为拟任人选：谈话中反对其作为相应岗位人选超过谈话人数总和10%的；发现廉洁自律方面问题，且查有实据的；其他不宜作为拟任人选的。

示例 63　考察谈话记录

考察谈话记录

谈话时间：＿＿＿＿年＿月＿日　谈话地点：＿＿＿＿＿＿＿＿＿

考察对象：＿＿＿＿＿

姓名：＿＿＿＿＿，＿＿＿＿＿年＿月出生，原所在单位：＿＿＿＿＿＿＿

现任职务：＿＿＿＿＿＿＿，拟任职务：＿＿＿＿＿＿＿

考察组成员：

1. 姓名：＿＿＿＿＿，单位：＿＿＿＿＿＿＿，职务：＿＿＿＿＿＿＿

2. 姓名：＿＿＿＿＿，单位：＿＿＿＿＿＿＿，职务：＿＿＿＿＿＿＿

3. 姓名：＿＿＿＿＿，单位：＿＿＿＿＿＿＿，职务：＿＿＿＿＿＿＿

谈话记录：

＿＿＿＿＿＿＿＿＿＿＿＿＿＿＿＿＿＿＿＿＿＿＿＿＿＿＿＿＿＿＿＿＿＿

＿＿＿＿＿＿＿＿＿＿＿＿＿＿＿＿＿＿＿＿＿＿＿＿＿＿＿＿＿＿＿＿＿＿

＿＿＿＿＿＿＿＿＿＿＿＿＿＿＿＿＿＿＿＿＿＿＿＿＿＿＿＿＿＿＿＿＿＿

＿＿＿＿＿＿＿＿＿＿＿＿＿＿＿＿＿＿＿＿＿＿＿＿＿＿＿＿＿＿＿＿＿＿

＿＿＿＿＿＿＿＿＿＿＿＿＿＿＿＿＿＿＿＿＿＿＿＿＿＿＿＿＿＿＿＿＿＿

＿＿＿＿＿＿＿＿＿＿＿＿＿＿＿＿＿＿＿＿＿＿＿＿＿＿＿＿＿＿＿＿＿＿

＿＿＿＿＿＿＿＿＿＿＿＿＿＿＿＿＿＿＿＿＿＿＿＿＿＿＿＿＿＿＿＿＿＿

示例64 考察材料

×××同志考察材料

一、基本情况

×××，×（性别），×族，××学历学位、××省××县人，××年××月出生，××××年×月参加工作，××××年×月加入中国共产党，现任×××。

二、主要简历

（从大学开始写起）

三、现实表现

德：该同志能够认真学习习近平新时代中国特色社会主义思想，具有较强的政治敏锐性，政治立场坚定……

能：该同志具有较强的综合管理能力、组织协调能力……

勤：该同志有较强的事业心、责任感，工作积极主动、勤奋敬业……

绩：该同志从事……

廉：该同志严格执行中央八项规定精神，自觉遵守廉洁自律各项规定……考察中没有廉洁自律方面的问题反映。

四、存在不足

五、测评情况

××××年××月××日，由××××、××××、××××等部门组成考察组，到×××单位对该同志进行了考察。本次考察与领导班子成员、部门中层、职工代表等共××人进行了谈话，××人表示同意该同志作为×××岗位拟任人选，××人反对，××人弃权。

考察组组长（签名）：＿＿＿＿＿＿

考察组成员（签名）：＿＿＿＿＿＿

××××年××月××日

示例 65 干部任免征求意见表

干部任免征求意见表

建议干部任免主要内容	根据工作需要，考虑××××情况，拟对×××部门×××岗位进行适当调整、增补。提拔、调整方案如下： 1. 建议免去×××的×××职务，聘任其为×××职务； 2. ××× 3. ××× 以上建议妥否，请党委会议决策。		
征求意见对象基本情况及表态意见	姓名		单位及职务	
	表态意见或建议	□同意 □不同意 □缓议 □其他意见（如下）： 时间： 年 月 日 记录人：		

四、讨论决定

干部管理部门根据干部拟任情况和干部管理权限，提请党委会议研究确定拟任人选。应当由党委集体讨论作出任免决定，或者决定提出推荐、提名的意见。属于上级党委（党组）管理的，本级党委可以提出选拔任用建议。

1. 会议决定

党委讨论决定干部任免事项，必须有三分之二以上成员到会，并保证与会成员有足够时间听取情况介绍、充分发表意见。与会成员对任免事项，应当逐一发表同意、不同意或者缓议等明确意见，党委主要负责人应当最后表态。在充分讨论的基础上，采取口头表决、举手表决或者无记名投票等方式进行表决。意见分歧较大时，暂缓进行表决。

党委有关干部任免的决定，需要复议的，应当经党委超过半数成员同意后方可进行。

有下列情形之一的，不得提交会议讨论：没有按照规定进行民主推荐、考察的；拟任人选所在单位党委对廉洁自律情况没有作出结论性意见的，或者纪检机关未反馈意见的，或者纪检机关有不同意见的；个人有关事项报告未查核或者经查核存疑尚未查清的；线索具体、有可查性的信访举报尚未调查清楚的；干部人事档案中身份、年龄、工龄、党龄、学历、经历等存疑尚未查清的；巡视巡察、审计等工作中发现重大问题尚未作出结论的；没有按照规定向上级报告或者报告后未经批复同意的干部任免事项；其他原因不宜提交会议讨论的。

2. 程序

党委讨论决定干部任免事项，应当按照下列程序进行：

（1）党委分管组织人事工作的副书记或者组织人事部门负责人，逐个介绍领导职务拟任人选的推荐、考察和任免理由等情况，其中涉及破格提拔等需要按照要求事先向上级组织人事部门报告的选拔任用有关工作事项，应当说明具体事由和征求上级组织人事部门意见的情况。

（2）参加会议人员进行充分讨论。

（3）进行表决，以党委应到会成员超过半数同意形成决定。

3. 报备

对拟破格提拔的人选在讨论决定前，必须报经上级组织人事部门同意。越级提拔或者不经过民主推荐列为破格提拔人选的，应当在考察前报告，经批复同意后方可进行。

需要报上级党委（党组）审批的拟提拔任职的干部，必须呈报党委请示，并附干部任免审批表、干部考察材料、本人干部人事档案和党委会议纪要、讨论记录、民主推荐情况等材料。上级组织人事部门对呈报的材料应当严格审查。

需要报上级备案的干部，应当按照规定及时向上级组织人事部门备案。

五、干部公示

1. 公示范围

（1）拟提拔担任国有企业所属单位领导职务的人选，在其拟任职的单位和国有企业本部范围内公示。

（2）在国有企业所属单位之间调任的，同时在原任职单位公示。

（3）拟提拔担任国有企业本部部门副职及以上职务（含相应层级业务职务）的人选，在国有企业本部和原任职单位进行公示。

（4）国有企业外部调入或招聘的人员，公示范围视具体情况确定。

2. 公示内容和时间

公示内容应当真实准确，便于监督，涉及破格提拔的还应当说明破格的具体情形和理由。公示内容一般包括公示对象的姓名、性别、出生年月、毕业学校及专业、学历及学位、政治面貌、现任职务、拟任职务。公示采取张榜公示、网上公示等方式，公示时间为不少于 5 个工作日。

3. 工作程序

（1）发布公示。

干部管理部门将公示内容以规定的方式，在规定时间和范围内进行公示，并公布联系人、联系电话及意见收集方式。

（2）收集意见。

公示期间，干部管理部门、纪检部门通过公示联系电话、意见箱

（指定地点）、信函或电子邮箱等形式，受理单位和个人反映的实际情况。并做好如下工作：设专人负责接待当面反映问题的来访；设置意见箱的，要定时对意见箱及周边环境进行检查，以保证意见得到充分反映；对单位和个人以书面和电话形式反映的问题登记建档。

（3）梳理、筛选反映的问题。

对单位或个人反映的问题进行梳理、筛选，明确需处理的问题：以单位名义对公示对象存在问题进行反映，加盖单位公章的；以个人名义对公示对象存在问题进行反映，署真实姓名、单位、联系地址和联系电话的；反映问题中涉及时间、地点、过程、证人等事实清楚或基本清楚的。

（4）调查核实。

对单位或个人实名反映的公示对象在德、能、勤、绩、廉等方面存在的问题，干部管理部门应会同纪检部门逐件进行调查核实，并向反映问题的单位或个人反馈调查核实结果；对不署真实姓名但反映问题线索具体、情节严重的，要进行调查核实；调查核实工作要深入细致，讲究方法，在此过程中干部管理部门要保护反映情况的群众，防止出现打击报复现象。

4. 公示结果应用

（1）拟任人选的公示期满后，对无任何反映意见的拟任人选，按照干部任职程序履行任职决定。

（2）对于有组织或个人反映意见的拟任人选，干部管理部门、纪检部门将公示期间反映问题的电话记录、信访举报件以及调查情况及结论，根据干部管理权限报党委，经党委认真复议后，按照以下原则决定予以任用、不予任用或暂缓任用。

经核实所反映问题失实或不存在的，及时予以任用；属于一般性缺点、不足，不影响提拔任用的，根据干部权限，由党委委托有关领导或干部管理部门领导与拟任干部谈话，指出存在的问题，督促其加以改正后，可按预定方案任用；对政治立场、思想品质、廉洁自律、工作能力等方面存在严重问题的，根据干部管理权限，经党委讨论复议后不予任用。对其中属于违纪违法的，要按《中国共产党纪律处分条例》等有关规定处理，或移交有关部门办理；反映问题性质比较严重，一时难以查实但又不能轻易否定的，根据干部管理权限，经党委讨论后作出暂缓任用决定。暂缓任用的时间一般不超过三个月。三个月内仍未查实的，由被公示对象本人和所在单位对有关情况作出书面说明，经纪检部门确认后，由干部管理部门报请党委再次讨论决定是否任用。

5. 工作要求

（1）干部管理部门要严格遵守工作纪律，认真负责，实事求是，客观公正，保证各个环节的工作质量，干部监督管理部门有关人员存在以下问题的，对有关责任人给予严肃处理。经调查核实，凡因组织实施者违反纪律，对反映的经梳理、筛选、明确需处理的问题避而不报或隐报者，给领导干部选拔任用工作造成不良影响的；经调查核实，凡因组织实施者违反纪律或工作失误导致个人反映的问题扩散，而对拟任干部造成不良影响的。

（2）对于故意捏造事实诬陷他人的，经查实后，对诬告者给予严肃处理。

六、任职管理

1. 双重管理干部

双重管理干部的任免，主管方应当事先征求协管方意见。征求意见一般采用书面形式进行。协管方自收到主管方意见之日起一个月内未予答复的，视为同意。双方意见不一致时，正职的任免报上级党委组织人事部门协调，副职的任免由主管方决定。

2. 回避制度

实行干部任职回避制度。任职回避的亲属关系为：凡有夫妻关系，夫妻双方的近亲属关系（包括父母、子女、同胞兄弟姐妹）和特定关系人，以及儿女姻亲关系（包括子女的配偶及其父母）的干部，不得在同一领导班子中任职。企业领导干部的上述亲属和特定关系人不得担任本单位办公室、人力资源、财务、组织、审计、纪检部门和领导干部本人主管的部门领导职务，特殊情况需经上级主管单位批准。

领导班子成员与其存在近亲属关系的人员，原则上不宜在同一法人单位工作。自然原因在同一单位（或部门），其中一方提任为本单位（或本部门）领导后，另一方应调整到与其不存在回避关系的工作岗位。

领导干部的配偶和子女进入所属单位工作或提任前，本人须按照干部管理权限向上级干部管理部门进行书面报告。

各级领导干部在讨论涉及本人和亲属及特定关系人的有关问题时，本人必须回避。

3. 试用期制度

试用期一般为一年。试用期满后，经考核胜任现职的，正式任职；不胜任的，免去试任职务，一般按照试任前职级或者职务层次安排工作。

4. 任职谈话制度

对决定任用的干部，由党委指定专人同本人谈话，肯定成绩，指出不足，提出要求和需要注意的问题。一般在形成任职文件后进行谈话。

5. 印发任职文件

按照干部管理权限，印发任职文件，任职文件时间自党委会决定之日起。

七、纪实

干部选拔任用纪实，是指国有企业在选拔任用领导干部工作中，以书面的形式，完整、准确记录干部选拔任用工作过程中各个重要环节，直观反映各个环节的决策过程。主要记录领导干部选拔任用有关程序、履行的时间和简要情况。一般应包括以下内容：动议、人选产生、确定考察对象、考察、沟通、会议讨论、公示、征求协管部门意见、任职等情况。

1. 重要情况记录

干部选拔任用纪实，对一些重要情况还需进一步记录，主要包括：

（1）民主推荐得票排名不靠前，不符合资格条件，或者廉洁自律方面存在影响任用情形的，但仍被提拔使用的。

（2）在干部考察和任前公示期间信访举报调查情况及结论。

（3）考察期间，群众已有反映，但考察组一时难以核实的。

（4）考察组、干部管理部门、国有企业党委在酝酿、讨论或决定等有关干部任用事项时意见不一致的。

（5）破格提拔和越级提拔任职的。

（6）受纪律处分的干部处分期满或撤销处分后重新提拔任用的。

（7）超职数配备干部的。

（8）征求纪检部门意见过程中需要说明的。

（9）需经选举产生或由股东会、董事会聘任的干部未通过的。

（10）提拔领导干部的配偶、子女及其他直系亲属的。

（11）双重管理的领导干部任免时与协管部门意见不一致的。

（12）要求提拔本人近亲属，指令提拔身边工作人员的。

（13）拉票、跑官要官的。

（14）阻挠、制止对选人用人问题调查核实和依规依纪处理的。

2. 纪实表填写要求

（1）领导干部选拔任用工作纪实实行一人一表，一事一记。

（2）按照干部管理权限，由干部管理部门工作人员填写。

（3）根据领导干部任用工作程序的进展，及时在相应栏目作记录；对重要事项，要分阶段、分环节逐条填写情况，详细、真实地记录时间、地点、事由、结果。

（4）记录要措辞准确，字迹清楚，客观真实，并由记录人、审核人签字。

（5）在选拔任用工作完成后，干部管理部门负责完整记录选拔任用人选的《纪实表》，由部门主要领导审核签字。

（6）各级领导干部要重视干部选拔任用纪实工作，支持记录人员实事求是地做好记录工作。

（7）参与干部选拔任用工作的有关部门和人员，要积极主动提供各种应当记录的情况和信息，保证记录人员能够及时准确地记录有关情况。

（8）记录人员要坚持原则，认真负责，客观公正地做好记录，确保纪实工作质量。

3. 纪实表应用

纪实结果要作为领导干部选拔任用工作责任追究的基本依据之一。对不按规定程序和要求选拔任用干部造成失察失误的，应按照有关规定，根据纪实结果认定具体责任人，实施责任追究。

4. 纪实材料归档要求

要认真做好干部选拔任用工作纪实材料的规范管理。《纪实表》以及在干部选拔任用过程中形成的民主推荐（竞聘）材料、干部考察材料、主要问题的调查材料、征求意见有关材料、讨论干部任用会议记录和其他反映干部选拔任用情况的材料，要认真收集和整理归档，形成选拔任用干部"一人一册"的干部选拔任用档案。对拟提拔和调整任用的干部在选用过程中因故没有提拔或者调整的，所形成的记录材料也要按规定整理归档。

加强对领导干部选拔任用工作纪实制度执行情况的检查。把执行纪实制度的情况作为干部选拔任用工作监督检查的一项重要内容。对提供虚假情况或做虚假记录的，一经查实，要严格追究有关责任人的责任。

第九节　人才工作

功以才成，业由才广。人才难得，轻视不得，耽误不得。

人才是实现民族振兴、赢得国际竞争主动的战略资源。综合国力竞争说到底是人才竞争。人才是衡量一个国家综合国力的重要指标。人才是自主创新的关键，顶尖人才具有不可替代性。国家发展靠人才，民族振兴靠人才，国有企业高质量发展的第一资源和核心要素是人才。

一、党管人才

党管人才是党的组织制度的重要组成部分，是人才工作沿着正确方向前进的根本保证。党管人才就是党要领导实施人才强国战略、推进高水平科技自立自强，加强对人才工作的政治引领，全方位支持人才、帮助人才，千方百计造就人才、成就人才，以识才的慧眼、爱才的诚意、用才的胆识、容才的雅量、聚才的良方，着力把党内和党外、国内和国外各方面优秀人才集聚到党和人民的伟大奋斗中来，努力建设一支规模宏大、结构合理、素质优良的人才队伍。

党管人才主要是管宏观、管政策、管协调、管服务，包括规划人才发展战略，制定并落实人才发展重大政策，协调各方面力量形成共同参与和推动人才工作的整体合力，为各类人才干事创业、实现价值提供良好服务等。

党委应当加强对本单位人才工作的领导，落实人才强企战略，形成党委统一领导，组织人事部门牵头抓总，有关部门各司其职、密切配合，用人单位发挥主体作用、社会力量广泛参与的党管人才工作格局。

二、人才引领发展

人才是创新的第一资源，人才资源是国际竞争中的重要力量和显著优势。创新驱动本质上是人才驱动，立足新发展阶段、贯彻新发展理念、构建新发展格局、推动高质量发展，必须把人才资源开发放在最优先位置，大力建设战略人才力量，着力夯实创新发展人才基础。

做好人才工作，必须具备战略眼光、系统思维。硬实力、软实力，归根到底要靠人才实力；全部科技史都证明，谁拥有了一流创新人才、拥有了一流科学家，谁就能在科技创新中占据优势。坚持"四个面向"（面向世界科技前沿、面向经济主战场、面向国家重大需求、面向人民生命健康），根据国家发展急迫需要和长远需求，敢于提出新理论、开辟新领域、探索新路径，多出战略性、关键性重大科技成果，不断攻克"卡脖子"关键核心技术，不断向科学技术广度和深度进军。

实践出真知，基层是沃土，各类杰出人才的成长都遵循这个规律。

三、培养引进用好人才

人才工作，基础在培养，难点也在培养。党委要实施人才强企战略，坚持常抓不懈，立体开发，建立多级梯形人才队伍，使适用之才源流不断、常用不竭。

坚定人才培养自信。造就一流科技领军人才和创新团队，培养具有国际竞争力的青年科技人才后备军，用好用活人才，大胆使用青年人才，激发创新活力，放开视野选人才、不拘一格用人才。大力培养使用战略科学家，在国家重大科技任务担纲领衔者中，发现具有深厚科学素养、长期奋战在科研第一线，视野开阔，前瞻性判断力、跨学科理解能力、大兵团作战组织领导能力强的科学家。坚持长远眼光，有意识地发现和培养更多具有战略科学家潜质的高层次复合型人才。打造大批一流科技领军人才和创新团队，围绕国家重点领域、重点产业，组织产学研协同攻关，在重大科研任务中培养人才。优化领军人才发现机制和项目团队遴选机制，加快"卡脖子"关键核心技术突破。

推进人才发展体制机制改革。加快建立以创新价值、能力、贡献为导向的人才评价体系。基础前沿研究突出原创导向，社会公益性研究突出需求导向，应用技术开发和成果转化评价突出市场导向，形成并实施有利于科技人才潜心研究和创新的评价体系。破除人才培养、使用、评价、服务、支持、激励等方面的体制机制障碍，破除"四唯"现象，向用人主体授权，为人才松绑，加快形成有利于人才成长的培养机制、有利于人尽其才的使用机制、有利于人才各展其能的激励机制、有利于人才脱颖而出的竞争机制，把人才从科研管理的各种形式主义、官僚主义的束缚中解放出来。完善科技人才评价机制，强化正向激励。

培养造就大批德才兼备的工程师。工程师是推动工程科技造福人类、创造未来的重要力量，是国家战略人才力量的重要组成部分。进一步加大工程技术人才自主培养力度，不断提高工程师的社会地位，创造成才建功条件，营造见贤思齐、埋头苦干、攻坚克难、创新争先的浓厚氛围，建设规模宏大的卓越工程师队伍。企业要把培养卓越工程师环节前移，同高校一起设计培养目标、制定培养方案、实施培养过程，实行校企"双导师制"，实现产学研深度融合，解决工程技术人才培养与生产实践脱节的突出问题，建设一支爱党报国、敬业奉献、具有突出技术创新能力、善于解决复杂工程问题的工程师队伍。工程技术人员要永远把党和人民放在心中最高位置，永远把敬业奉献融入血脉，永远把追求卓越作为标杆，永远把团结协作作为法宝，坚定科技报国、为民造福理想，勇于突破关键核心技术，锻造精品工程，推动发展新质生产力，加快实现高水平科技自立自强，服务高质量发展。

聚天下英才而用之。国有企业要实行更加积极、更加开放、更加有效的人才引进政策，用好全球创新资源，精准引进急需紧缺人才，形成具有吸引力和国际竞争力的人才制度体系，加快建设世界重要人才中心和创新高地。人才对外开放是双向的，不仅要"引进来"，还要"走出去"，采取多种方式开辟人才走出去培养的新路子，使人才培养渠道多元化，储备更多人才。

用好用活各类人才。对待急需紧缺的特殊人才，要有特殊政策，不求全责备，不论资排辈，不都用一把尺子衡量，要"不拘一格降人才"，让有真才实学的人才英雄有用武之地。建立以信任为基础的人才使用机制，允许失败、宽容失败，完善科学家本位的科研组织体系，完善科研任务"揭榜挂帅""赛马"制度，实行目标导向的"军令状"制度，鼓励科技领军人才挂帅出征。大力弘扬劳模精神、劳动精神、工匠精神，健全技能人才培养、使用、评价、激励制度，打造一支爱党报国、敬业奉献、技艺精湛、素质优良、规模宏大、结构合理的高技能人才队伍。要为各类人才搭建干事创业的平台，构建充分体现知识、技术等创新要素价值的收益分配机制，让事业激励人才，让人才成就事业。

营造识才纳才聚才的良好生态。党委要处处体现出思人之苦、谅人之难、容人之量、成人之善。国有企业党委和领导干部要有强烈的人才意识，不断锤炼"伯乐"本领，寻觅人才求贤若渴，发现人才如获至宝，多翻一翻"石头"，多看一看"石头"下面的小树苗和"草"，当好新时代的"伯乐"。积极营造尊重人才、爱护人才、服务人才的社会环境，公正平等、竞争择优的制度环境，待遇适当、保障有力的生活环境，为人才心无旁骛钻研业务创造良好条件，营造鼓励大胆创新、勇于创新、包容创新的良好氛围。通过技术分红、成果奖励、股权激励等加大创新激励力度。加大先进典型宣传力度，在全社会推动形成尊重人才的风尚。在新时代新征程上，各行各业都涌现出更多一辈子选择一件事、一辈子专注一件事、一辈子成就一件事的典范。

示例 66 人才九条

1983 年 3 月 29 日，《河北日报》头版头条刊发了一篇新闻报道——《树立新时期的用人观点，招贤纳士，博揽群才 正定县为有志之士敞开大门》。

1982 年 3 月至 1985 年 5 月，习近平同志先后任河北省正定县委副书记、书记。新闻记叙的是他在正定工作期间，推出广招贤才的"人才九条"，为当地发展破局开路，为当时正定的发展注入了生机和活力。内用、外招、上请、下挖、近补、远育，这是引才育才用才的"十二字真经"。

40 年后的今天，"人才九条"仍具有重大的现实意义。

"人才九条"的全称是《树立新时期的用人观点，广招贤才的九条措施》。内容如下：

一、热烈欢迎我县所需的外地各种科技人员来正定帮助发展县、社、队企业。对搞成的每个项目，只要产品有销路，其利润由双方商定比例分成，或给一次性总付酬。贡献突出者，县委、县政府将予以记功、记大功、晋级、晋职。在农村的家属户口优先转吃商品粮，并给家属、子女安排适当工作。

对我县技术人才更应充分重视,发挥其专长。对有发明创造、作出突出贡献者,其待遇和招聘外地技术人才同等对待。

二、大胆起用和广泛接受各种人才。其中包括出身不好,社会关系复杂,过去犯过错误已经改正的;曾当作"资本主义"典型批判至今仍不被重视的;由于社会上的偏见,使其科研工作遭受压制的;没有学历而自学成才的。

三、千方百计为人才的调动提供方便。凡需要调入我县者,组织、人事、劳动部门要积极予以办理,若一时办不齐手续,可先来后办,原工资照发,粮食定量不变(全部细粮),工龄连续计算,今后根据贡献大小另行确定工资数额;对不能调入我县工作者,可短期应聘或兼任我县某方面的经济技术顾问。

四、愿为全国各地技术人员提供试制新产品、推广新技术所需要的工作、生活条件。新产品一旦被本县采用,即付重奖;收到经济效益后,利润按比例分成或给一次性总付酬。同时也允许研究项目失败,不追究责任,工资报酬、往返车费照付。

五、调入的人才,由县委、县政府统一安排使用,出现问题,县委、县政府领导亲自加以解决。

六、兴建"人才楼""招贤馆",积极为调入人才解决住房。设立人才服务处,对人才统一管理。对我县和国家有突出贡献者,配备助手、车辆,做到搬煤到屋、送粮到户,解决生活上的后顾之忧。各部门都要按照省委文件精神,积极落实知识分子政策,为我县中级以上知识分子和自学成才者,提供良好的工作条件和生活条件。

七、成立人才技术开发公司,吸收人才,接受新产品、新技术;对科研人员和自学成才者正在业余研究的有前途的科研项目,若愿意给予本公司,而又被本县所采纳者,将尽力协助解决经费困难。对本县技术干部要合理使用,充分发挥其特长。

八、积极鼓励、扶持城乡团体和个人自筹资金和外地大、中专院校签订教学、代培合同，定向培养人才。教授、学者、工程师及有技术专长者应聘来县讲学，指导企业经营管理，车接车送，热情接待，并发津贴费。

九、实行人才流动。调入本县的科技人员来去自由。本人一旦感到自己的技术专长不能有效发挥时，可以申请调到所向往单位，县委、县政府不加阻拦，并给予提供出走方便。

四、科学家精神

科学家精神是科技工作者在长期科学实践中积累的宝贵精神财富，被纳入第一批中国共产党人精神谱系的伟大精神。科学家精神是胸怀祖国、服务人民的爱国精神，勇攀高峰、敢为人先的创新精神，追求真理、严谨治学的求实精神，淡泊名利、潜心研究的奉献精神，集智攻关、团结协作的协同精神，甘为人梯、奖掖后学的育人精神。

党委要加强对各方面人才的政治引领和政治吸纳，大力弘扬科学家精神，引导广大人才爱党报国、敬业奉献、服务人民。广大人才要继承和发扬老一辈科学家胸怀祖国、服务人民的优秀品质，心怀"国之大者"，为国分忧、为国解难、为国尽责。赋予科学家更大技术路线决定权、更大经费支配权、更大资源调度权，充分释放科学家才华和能量。完善科学家本位的科研组织体系，完善科研任务"揭榜挂帅""赛马"制度，实行目标导向的"军令状"制度，鼓励科技领军人才挂帅出征。培养使用战略科学家，支持青年科技人才挑大梁、担重任，不断壮大科技领军人才队伍和一流创新团队。坚持党委联系服务专家制度，完善领导干部直接联系服务人才工作机制，及时听取人才的意见建议，关心人才的工作生活。

五、青年科技人才

坚持党对新时代青年科技人才工作的全面领导，用党的初心使命感召青年科技人才，激励引导青年科技人才大力弘扬科学家精神，传承"两弹一星"精神，继承和发扬老一代科学家科技报国的优秀品质，坚持"四个面向"，坚定敢为人先的创新自信，坚守科研诚信、科技伦理、学术规范，担当作为、求实创新、潜心研究，在实现高水平科技自立自强和建设科技强国、人才强国实践中建功立业，在以中国式现代化全面推进中华民族伟大复兴进程中奉献青春和智慧。

引导支持青年科技人才服务高质量发展。鼓励青年科技人才深入经济社会发展实践，结合实际需求凝练科学问题，开展原始创新、技术攻关、成果转化，把论文写在祖国大地上。支持青年科技人才在国家重大科技任务中"挑大梁""当主角"。国家科技创新基地要大力培养使用青年科技人才，积极推进科研项目负责人及科研骨干队伍年轻化，推动重要科研岗位更多由青年科技人才担任。加大基本科研业务费对职业早期青年科技人才稳定支持力度，引导青年科技人才聚焦国家战略需求，开展前沿科学问题研究。

更好发挥青年科技人才决策咨询作用。国有企业及其所属科研院所等各类创新主体，积极推荐活跃在科研一线、负责任讲信誉的高水平青年科技人才进入国家科技评审专家库。支持青年科技人才多层次参与学会组织治理运营。

提升科研单位人才自主评价能力。国有企业要根据职责使命，遵循科研活动规律和人才成长规律，建立和完善青年科技人才评价机制，创新评价方式，科学设置评价考核周期，减少考核频次，开展分类评价，完善并落实优秀青年科技人才职称职务破格晋升机制。坚决破除"四唯"和数"帽子"倾向，正确看待和运用论文指标，形成既发挥高质量论文价值，又坚决反对单纯以论文数量论英雄的氛围。合理设置机构评价标准，不把论文数量和人才称号作为机构评价指标，避免层层分解为青年科技人才的考核评价指标。

减轻青年科技人才非科研负担。杜绝不必要的应酬活动，保证科研岗位青年科技人才参与非学术事务性活动每周不超过1天、每周80%以上的工作时间用于科研学术活动。原则上不得借调一线科研人员从事非科研工作。

加强对青年科技人才工作的组织领导。党委要把青年科技人才工作作为战略性工作，纳入人才队伍建设总体部署，建立多元化投入保障机制和常态化联系青年科技人才机制，抓好政策落实，为青年科技人才加快成长和更好发挥作用创造良好条件。用人单位要落实培育造就拔尖创新人才的主体责任，制定完善青年科技人才培养计划，加强青年科技人才专业技术培训，做到政治上充分信任、思想上主动引导、工作上创造条件、生活上关心照顾，全面提升青年科技人才队伍思想政治素质和科技创新能力。采取适当方式提高职业早期青年科技人才薪酬待遇，绩效工资和科技成果转化收益等向作出突出贡献的青年科技人才倾斜。加强对青年科技人才的关怀爱护，保障青年科技人才休息休假，定期组织医疗体检、心理咨询活动，探索建立学术休假制度，营造宽松和谐的科研文化环境。重视并创造条件帮助青年科技人才解决子女入托入学、住房等方面的困难。

六、高技能人才

作为国家战略科技力量和我国人才队伍的重要组成部分，技能人才特别是高技能人才，是连接技术创新与生产实践最核心最基础的劳动要素，也是支撑中国制造、中国创造不可或缺的重要力量，对巩固和发展工人阶级先进性，加快建设现代化产业体系、增强国家核心竞争力和科技创新能力，推动高质量发展具有重要意义。

加强新时代高技能人才队伍建设。深入实施新时代人才强国战略，以服务发展、稳定就业为导向，大力弘扬劳模精神、劳动精神、工匠精神，健全技能人才培养、使用、评价、激励制度，构建党委领导、政府主导、政策支持、企业主体、社会参与的高技能人才工作体系，打造一支爱党报国、敬业奉献、技艺精湛、素质优良、规模宏大、结构合理的高技能人才队伍。到"十四五"时期末，高技能人才制度政策更加健全、培养体系更加完善、岗位使用更加合理、评价机制更加科学、激励保障更加有力，尊重技能尊重劳动的社会氛围更加浓厚，技能人才规模不断壮大、素质稳步提升、结构持续优化、收入稳定增加。

加大高技能人才培养力度。国有企业要把高技能人才培养纳入企业发展总体规划和年度计划，依托企业培训中心、产教融合实训基地、高技能人才培训基地、公共实训基地、技能大师工作室、劳模和工匠人才创新工作室等，大力培养高技能人才。将高技能人才培养规划的制定和实施情况纳入考核评价体系。深化产教融合、校企合作，开展订单式培养、套餐制培训。完善项目制培养模式，针对不同类别不同群体高技能人才实施差异化培养项目。鼓励通过名师带徒、技能研修、岗位练兵、技能竞赛、技术交流等形式，开放式培训高技能人才。建立技能人才继续教育制度，定期组织开展研修交流活动，促进技能人才知识更新与技术创新、工艺改造、产业优化升级要求相适应。围绕国家重大战略、重大工程、重大项目、重点产业对高技能人才的需求，实施高技能领军人才培育计划，加大急需紧缺高技能人才培养力度。

完善技能导向的使用制度。国有企业可设立技能津贴、班组长津贴、带徒津贴等，支持鼓励高技能人才在岗位上发挥技能、管理班组、带徒传技。建立高技能领军人才"揭榜领题"，以及参与重大生产决策、重大技术革新和技术攻关项目的制度。实行"技师+工程师"等团队合作模式，在科研和技术攻关中发挥高技能人才创新能力。注重青年高技能人才选用。完善技能要素参与分配制度，引导企业建立健全基于岗位价值、能力素质和业绩贡献的技能人才薪酬分配制度，实现多劳者多得、技高者多得，促进人力资源优化配置。国有企业在工资分配上要发挥向技能人才倾斜的示范作用。用人单位在聘的高技能人才在学习进修、岗位聘任、职务晋升、工资福利等方面，分别比照相应层级专业技术人员享受同等待遇。完善科技成果转化收益分享机制，对在技术革新或技术攻关中作出突出贡献的高技能人才给予奖励。高技能人才可实行年薪制、协议工资制，企业可对作出突出贡献的优秀高技能人才实行特岗特酬，鼓励符合条件的企业积极运用中长期激励工具，加大对高技能人才的激励力度。完善技能人才稳才留才引才机制。

建立健全技能人才职业技能等级制度和多元化评价机制。提高技能人才地位和待遇，增强社会对技能人才的认同，鼓励带动更多人学习技能、投身技能、提升技能。拓宽技能人才职业发展通道，职业发展不断走向多元化、专业化。打破学历、资历、年龄、比例等限制，对技能高超、业绩突出的一线职工，可直接认定高级工以上职业技能等级。对解决重大工艺技术难题和重大质量问题、技术创新成果获得省部级以上奖项、"师带徒"业绩突出的高技能人才，可破格晋升职业技能等级。广泛深入开展职业技能竞赛，鼓励企业对竞赛获奖选手建立与岗位使用及薪酬待遇挂钩的长效激励机制。

建立健全高技能人才表彰激励机制。积极推荐高技能人才享受政府特殊津贴，对符合条件的高技能人才按规定授予五一劳动奖章、青年五四奖章、青年岗位能手、三八红旗手、巾帼建功标兵等荣誉，提高全社会对技能人才的认可认同。加强对技能人才的政治引领和政治吸纳，注重做好党委（党组）联系服务高技能人才工作。提高高技能人才在职工代表大会中的比例，支持高技能人才参与企业管理。选拔推荐优秀高技能人才到工会、共青团、妇联等群团组织挂职或兼职。建立高技能人才休假疗养制度。大力宣传技能人才的作用和贡献，营造重视、关心、尊重高技能人才的社会氛围，形成劳动光荣、技能宝贵、创造伟大的时代风尚。

示例 67　某集团公司持续推进"16266"重大人才工程

　　某集团公司作为科技人才密集的中央大型企业，牢固树立人才引领发展的战略地位，不断深化改革，创新人才激励的体制机制，持续实施推进"16266"重大人才工程，即培养和造就 100 名具有企业家素养的高层次职业化经营管理人才，600 名具有攻关能力的高级专业技术带头人和领军人才，200 名技能带头人，600 名具有市场开拓能力和能打赢市场仗的市场营销骨干，60 个创新团队。

　　重点以院士工程为牵引，以集团公司首席科学家、首席专家为支撑，加强系统整机设备、元器件、基础材料、制造工艺以及关键元器件、信息安全、集成电路先期技术开发基础研究等"核高基"领域具有国际水平的高端专业技术领军人才梯队建设；结合重大工程项目组建一批成长型高科技创新团队，探索建立"大师—项目—团队"一体化人才培养模式，加速推进创新团队建设，加快创新人才培养；拓展人才成长渠道，全方面激励优秀人才的使命感、责任感、荣誉感；建立完善薪酬分配机制，让优秀科技创新人才得到合理回报，释放各类人才创新活力。

第十节　发展党员工作

　　党员是党的肌体的细胞和党的活动的主体。发展党员工作是党的建设一项经常性重要工作，是新时代党的建设新的伟大工程的一项基础工程，是党员队伍建设的重要组成部分。

一、工作原则

十六字总要求：控制总量、优化结构、提高质量、发挥作用。

三个坚持：坚持党章规定的党员标准，把政治标准放在首位；坚持慎重发展、均衡发展、有领导、有计划地进行；坚持入党自愿原则、个别吸收、成熟一个发展一个的原则。

一个禁止：禁止突击发展。

一个反对：反对关门主义。

二、工作要求

优化党员队伍结构。发展党员工作应注意考虑发展对象的年龄、学历、性别、民族以及分布、职业构成等情况。应当重点发展科研生产经营管理一线业务骨干、产业工人、技术能手，特别是代表性人物、先进模范人物、科技领军人才、青年科技骨干、大国工匠、高技能人才入党，做到关键岗位、艰苦岗位有党员，动态调整解决空白班组问题。注重将科研生产和经营管理骨干培养成党员，将党员培养成科研生产和经营管理骨干，充分发挥党员在推进强国建设、民族复兴伟业中的先锋模范作用。

保持党员队伍适度规模。按照慎重发展、均衡发展的要求，积极稳妥地对发展党员数量和结构进行调控，保持青年党员队伍适度规模。建立发展党员工作定期分析和指导检查制度，及时发现和研究解决发展党员工作中存在的苗头性、倾向性问题，防止突击发展、长期不发展、发展数量大起大落等现象。

三、党员条件

年满十八岁的中国工人、农民、军人、知识分子和其他社会阶层的先进分子，承认党的纲领和章程，愿意参加党的一个组织并在其中积极工作、执行党的决议和按期交纳党费的，可以申请加入中国共产党。

中国共产党党员是中国工人阶级的有共产主义觉悟的先锋战士。

中国共产党党员必须全心全意为人民服务，不惜牺牲个人的一切，为实现共产主义奋斗终身。

中国共产党党员永远是劳动人民的普通一员。除了法律和政策规定范围内的个人利益和工作职权以外，所有共产党员都不得谋求任何私利和特权。

四、发展党员流程

发展党员一般分为申请入党、入党积极分子、发展对象、预备党员、预备转正五个阶段 25 个步骤。

1. 申请入党

（1）向生活、工作地党组织递交《入党申请书》，向党组织表明入党动机、个人经历、现实表现和今后努力的方向。

（2）收到申请 1 个月内，党组织派人谈话，对个人情况进行了解。

2. 入党积极分子的确定和培养教育

（3）推荐和确定入党积极分子。

（4）报上级党委备案。

（5）指定 1—2 名培养联系人。

（6）入党积极分子的教育和考察（每半年考察 1 次）。

3. 发展对象的确定和考察

（7）确定发展对象。

（8）发展对象报上级党委备案。

（9）确定 2 名入党介绍人（必须是正式党员）。

（10）政治审查。

（11）进行短期集中培训（不少于 3 天或 24 学时）。

4. 预备党员的接收

（12）支部委员会审查。

（13）上级党委预审。

（14）填写《中国共产党入党志愿书》。

（15）支部党员大会讨论接收预备党员。

（16）上级党委派人谈话。

（17）党委审批预备党员（应当在三个月内审批，如遇特殊情况可适当延长审批时间，但不得超过 6 个月）。

（18）报上一级党委组织部门备案。

5. 预备党员的教育考察和转正

（19）将预备党员编入党支部和党小组。

（20）举行入党宣誓。

（21）对预备党员的教育和考察（1 年）。

（22）预备党员提出转正申请。

（23）支部党员大会讨论预备党员转正。

（24）报上级党委审批。

（25）入党材料归档。

五、关键环节

严把发展党员政治标准，对那些政治上不合格、想混入党内捞好处的人，一个都不能要。注重从青年和产业工人、知识分子等中发展党员，不断巩固党的阶级基础和群众基础。疏通党员队伍出口，对那些丧失党员条件的及时进行组织处置，对那些道德败坏、蜕化变质的坚决清除出党，促使广大党员按党的标准严格要求自己，始终保持党员队伍的先进性和纯洁性。

1. 做好入党积极分子的确定和培养教育管理

党组织应当把好入党申请书是否由本人书写和提交，是否向党组织表达自己真实意愿，入党动机、态度、认识是否明确等。入党积极分子不能由党组织个别负责人指定，党组织讨论研究的情况要作详细文字记录。党组织指定1—2名正式党员作为入党积极分子的培养联系人，对他们进行培养教育。每半年对入党积极分子进行一次考察，并填写《入党积极分子培养考察登记表》，记录其主要表现、接受教育培训和参加党内活动情况，作出考察结论。

2. 严格把控发展对象的确定和考察

入党积极分子应经过党组织1年以上的培养、教育和考察，基本完成规定的教育内容，基本具备党员条件的入党积极分子就可以召开支委会确定为发展对象。党组织指定入党介绍人，由2名正式党员作为介绍人，一般由培养联系人担任。需要进行政治审查的范围主要有3个类型：由所在单位党组织对发展对象本人进行政治审查（主要是对党的理论和路线、方针、政策的态度，政治历史和在重大政治斗争中的表现，遵纪守法和遵守社会公德情况）；本人直系亲属，主要政审其父母、配偶的政治情况，如与本人不在同一单位，必须要进行函调或外调；与本人关系密切的社会关系，包括岳父母（公婆）、舅舅、姨姨、姑姑、伯伯、叔叔等亲戚，一般情况下，主要政审其岳父母（公婆）、舅父母的政治情况，同本人没有或很少联系、影响不大的直系亲属，可不列入政审范围。政治审查函调或外调材料必须由被政审对象所在单位党支部出具，加盖党组织公章。由党组织形成结论性政治审查材料，并附本人直系亲属和社会关系的函调或外调材料。

3. 严把预备党员接收审批

这是最为关键的环节。党组织对发展对象的培养、教育、考察、政审、培训、公示等情况进行严格审查；经支部委员会集体讨论认为合格后，将所有材料报具有审批权限的基层党委预审；基层党委根据需要听取纪检等相关部门的意见；审查结果以书面形式通知党支部，并向审查合格的发展对象发放《入党志愿书》。预审不合格的，不予发放《入党志愿书》。上级党组织指派专人谈话，应安排在支部大会讨论通过其为预备党员后，上级党委审批之前。上级党委审批预备党员必须经过集体讨论、表决决定；必须审议发展对象是否具备条件、入党手续是否完备；必须在3个月内进行审批（遇特殊情况可延长，但不能超过6个月）；党委及时将审批意见填写在《入党志愿书》上。

4. 严把预备党员转正

预备党员的预备期为1年。一般在预备期满前1个月本人主动向所在党组织提出转为正式党员的书面申请。预备党员不能提前转正。对转入的预备党员，在其预备期满时，如认为有必要，可推迟讨论其转正问题，推迟时间不超过6个月。党小组提出意见，党支部征求党员和群众的意见，支部委员会对预备党员考察等情况进行综合审查，党支部党员大会讨论表决预备党员转正。具有审批权限的基层党委对党支部上报的预备党员转正决议，应当在3个月内召开党委会议审批。预备党员转正后，党支部应当将《入党志愿书》、入党申请书、政治审查材料、转正申请书和培养教育考察材料等交上级党委，存入本人人事档案。无人事档案的，建立党员档案，由所在党委保存。

5. 强化发展党员工作责任追究制

上级党组织对不坚持标准、不履行程序和培养考察失职、审查把关不严的党组织及其负责人、直接责任人要进行批评教育，情节严重的给予纪律处分。对违反规定吸收入党的，一律不予承认。在实践中，入党积极分子、发展对象和预备党员的思想汇报，易出一些低层次问题，可将思想汇报在支部党员内进行传阅。

第十一节　党员教育管理

党员教育管理是党的建设基础性经常性工作。坚持全覆盖、全方位、全周期，严格管理标准，延伸管理链条，落实管理责任，摸清党员情况，把每个党员都及时纳入党组织管理。党组织应当加强党员教育管理，提高党员队伍建设质量，保持党员队伍的先进性和纯洁性，引导党员坚定共产主义远大理想和中国特色社会主义共同理想，深刻领悟"两个确立"的决定性意义，增强"四个意识"、坚定"四个自信"、做到"两个维护"，增强党性，提高素质，认真履行义务，正确行使权利，充分发挥先锋模范作用。

一、工作原则

党员教育管理工作坚持马克思列宁主义、毛泽东思想、邓小平理论、"三个代表"重要思想、科学发展观，全面贯彻习近平新时代中国特色社会主义思想，落实新时代党的建设总要求和新时代党的组织路线，坚持教育、管理、监督、服务相结合，不断增强党员教育管理针对性和有效性，努力建设政治合格、执行纪律合格、品德合格、发挥作用合格的党员队伍。

遵循以下原则：坚持党要管党、全面从严治党，将严的要求落实到党员教育管理工作全过程和各方面，党员领导干部带头接受教育管理；坚持以党的政治建设为统领，突出党性教育和政治理论教育，引导党员遵守党章党规党纪，不忘初心、牢记使命；坚持围绕中心、服务大局，注重党员教育管理质量和实效，保证党的理论和路线方针政策、党中央决策部署贯彻落实；坚持从实际出发，加强分类指导，尊重党员主体地位，充分发挥党支部直接教育、管理、监督党员作用。

二、党支部基本任务

加强政治理论教育，突出党的创新理论学习，组织党员学习党的基本理论、基本路线、基本方略，学习马克思主义基本原理和党的基本知识，引导党员坚定理想信念，增强党性修养，努力掌握并自觉运用马克思主义立场观点方法。

突出政治教育和政治训练，严格党内政治生活锻炼，教育党员旗帜鲜明讲政治，提高政治觉悟和政治能力，严守政治纪律和政治规矩，永葆共产党人政治本色，做到"四个服从"，在思想上政治上行动上同以习近平同志为核心的党中央保持高度一致。

强化党章党规党纪教育，引导党员牢记入党誓词，坚持合格党员标准，自觉遵守党的纪律，带头践行社会主义核心价值观，培养高尚道德情操，培育良好思想作风、学风、工作作风、生活作风和家风。加强宪法法律法规教育，引导党员尊法学法守法用法。

加强党的宗旨教育，引导党员践行全心全意为人民服务的根本宗旨，贯彻党的群众路线，提高群众工作本领，密切联系服务群众。

进行革命传统教育，引导党员学习党史、新中国史、改革开放史、社会主义发展史和中华优秀传统文化，铭记党的奋斗历程，弘扬党的优良传统，传承红色基因，践行共产党人价值观，激发爱国主义热情。

开展形势政策教育，围绕贯彻执行党和国家重大决策、推进落实重大任务，宣讲党的路线方针政策，解读世情国情党情，回应党员关注的问题，引导党员正确认识形势，把思想和行动统一到党中央要求上来。

注重知识技能教育，根据党员岗位职责要求和工作需要，组织引导党员学习掌握业务知识、科技知识、实用技术等，帮助党员提高综合素质和履职能力，增强服务本领。

三、主要内容

聚焦基本任务。根据《中国共产党党员教育管理工作条例》，适应新时代党员队伍建设需要，突出政治功能，切实抓好习近平新时代中国特色社会主义思想教育培训，全面落实政治理论教育、政治教育和政治训练、党章党规党纪教育、党的宗旨教育、革命传统教育、形势政策教育、知识技能教育7个方面基本任务，把党性教育和理想信念教育贯穿始终，以坚持和完善中国特色社会主义制度、推进国家治理体系和治理能力现代化为目标，对党员进行系统教育培训。

把学习贯彻习近平新时代中国特色社会主义思想作为首要政治任务。要将习近平新时代中国特色社会主义思想学习教育摆在党员教育培训最突出位置，每年制订学习计划，列出必读书目和篇目，明确学习要求，结合党员日常教育管理认真抓好落实。党员教育培训机构要将习近平新时代中国特色社会主义思想作为主课，全面纳入教学计划和教学布局。党员要把习近平新时代中国特色社会主义思想作为必修课，读原著、学原文、悟原理，深刻理解习近平新时代中国特色社会主义思想的重大意义、科学体系、丰富内涵、精神实质、实践要求，掌握贯穿其中的马克思主义立场观点方法，增强政治自觉、理论自信、情感融入，做到真学真懂真信真用。

围绕中心工作。着眼统筹推进"五位一体"总体布局和协调推进

"四个全面"战略布局，紧扣党和国家重大决策部署、重要会议活动、重要时间节点，有针对性地开展党员教育培训。结合主题教育，重点加强党的创新理论、理想信念、政治纪律和政治规矩等教育培训；围绕贯彻落实新发展理念等，重点加强党的路线方针政策、世情国情党情、总体国家安全观等教育培训；聚焦形势任务，重点加强党史、新中国史、党的优良传统、中华优秀传统文化、社会主义核心价值观、爱国主义等教育培训，引导党员把思想和行动统一到党中央决策部署上来，始终保持奋斗精神和革命精神，敢于斗争、善于斗争，在时代大潮中建功立业。

体现领域和群体特点。在国有企业，重点围绕加强党对国有企业的领导、深化国有企业改革、实现国有资产保值增值，开展党员教育培训。对基层党组织书记，重点开展党的创新理论、党建工作实务、群众工作、基层治理等教育培训，努力建设一支守信念、讲奉献、有本领、重品行的基层党组织带头人队伍。对新党员，重点开展党的基本知识、党性党风党纪、党的优良传统等教育培训，强化思想入党，提升他们的政治觉悟和理论素养。对青年党员，要进行系统理论教育和严格党性锻炼，引导他们传承红色基因、培养奋斗精神、练就过硬本领。对流动党员，重点开展党员意识、组织观念、纪律规矩等教育培训，引导他们主动接受党组织的教育管理，自觉参加组织生活，充分发挥作用。

四、方式方法

完善组织形式。坚持集中培训、集体学习、个人自学和组织生活、实践锻炼有机结合，增强党员教育培训工作的规范性、针对性、系统性。要结合实际，研究确定重点项目、对象和专题，开展党员集中培训。党组织要通过理论学习中心组学习、"三会一课"、主题党日等，抓实集体学习。党员领导干部要定期为基层党员讲党课。引导党员根据自身实际和工作需要，利用业余时间开展自学。坚持民主生活会和组织生活会、民主评议党员、谈心谈话等制度，认真开展批评和自我批评，咬耳扯袖、红脸出汗，让党的组织生活真正起到教育提高党员的作用。通过设岗定责、承诺践诺，引导党员立足岗位、创先争优。鼓励和引导党员参与结对帮扶、志愿服务等，为党员搭建实践锻炼平台。注重心理疏导和人文关怀，帮助解决实际问题，增强党员政治荣誉感、组织归属感。

丰富教学方式。突出实战实效，强化实践导向、问题导向、效果导向，把准教育培训需求，加强教育培训设计，选优配强师资，综合运用多种方式方法开展实战化教育培训。灵活运用讲授式、研讨式、模拟式、互动式、观摩式、体验式等教学方法，探索"课堂+基地"实训模式，增强教育培训的吸引力感染力。坚持"干而论道"，注重邀请领导干部、专家学者、基层干部、先进典型等授课，让懂政策的人讲政策、有经验的人谈经验、会方法的人教方法。紧贴业务实操，加强案例培训，选好用好各条战线各个领域各个行业的生动鲜活案例。运用情景模拟、桌面推演、工作复盘等方法，让党员干部在仿真情境中学习如何处理问题、化解矛盾、防范风险。开展典型教育，引导党员学习重大先进典型和身边榜样，运用反面教材加强警示教育。组织党员就近就便到红色基地学习、重温入党誓词、过"政治生日"。基层党组织应当把党史学习教育纳入年度工作计划，通过"三会一课"、主题党日等形式开展党史学习教育，每年至少组织1次以党史为主要内容的学习或者主题党日。

创新运用信息化手段。推动党员教育信息化平台一体化建设，完善学用功能，构建更为便捷高效的网络学习阵地。用好"学习强国"学习平台、"共产党员"教育平台等载体。坚持线上线下相结合，探索适应信息化发展趋势和受众特点的教育培训有效方式，注重运用大数据对党员学习情况进行动态分析，精准推送教育内容，引导党员主动学网用网。

健全培训制度。完善需求调研制度，通过问卷调查、谈心谈话、走访调研、大数据分析等方式，精准掌握党员学习需求和参训意愿。坚持集中轮训制度，党委每年就党员集中轮训工作作出安排，分期分批组织实施；组织基层党组织书记每年至少参加1次集中轮训，对新任基层党组织书记一般应在半年内进行任职培训；预备党员在预备期内和转正后1年内一般要各参加1次由上级党组织组织的集中培训。落实学时制度，党员每年参加集中培训和集体学习时间一般不少于32学时，基层党组织书记和班子成员每年参加集中培训和集体学习时间不少于56学时、至少参加1次集中培训。党员领导干部除执行干部教育培训有关规定外，要带头参加所在单位的党员教育培训。

五、三会一课

党支部应当运用"三会一课"制度，对党员进行经常性的教育管理。党员应当按期参加党员大会、党小组会和上党课，进行学习交流，汇报思想、工作等情况。一般情况卜，党支部每季度召开1次党员大会，每月召开1次党支部委员会，每月召开1次党小组会。党员领导干部应当参加双重组织生活。

"三会一课"应当突出政治学习和教育，突出党性锻炼，结合党员思想和工作实际，确定主题和具体方式，做到形式多样、严格认真、氛围庄重。要有党支部记录本、党支部委员会记录本、党小组记录本，明确专人做好记录。

党员领导干部应当定期参加党员大会、党小组会和上党课。党课应当针对党员思想和工作实际，回应普遍关心的问题，注重身边人讲身边事，增强吸引力感染力。党员领导干部应当定期为基层党员讲党课，党委书记每年至少讲1次党课。

六、组织生活会

党支部每年至少召开 1 次组织生活会，一般安排在第四季度，也可以根据工作需要随时召开。组织生活会一般以党支部党员大会、党支部委员会会议或者党小组会形式召开。组织生活会应当确定主题，会前认真学习，谈心谈话，听取意见；会上查摆问题，开展批评和自我批评，明确整改方向；会后制定整改措施，逐一整改落实。

基层党委要对党支部召开组织生活会，作出具体安排，明确专人负责，对党支部进行指导。党委组织部门要统筹组织督导力量，深入基层一线，指导督促基层党组织特别是党支部书记明确工作要求、掌握方法程序，扎实开展工作。

党员领导干部应当以普通党员身份参加所在党支部（党小组）组织生活会，过好双重组织生活。

七、民主评议党员

党支部一般每年开展 1 次民主评议党员，组织党员对照合格党员标准、对照入党誓词，联系个人实际进行党性分析。党支部召开党员大会，按照个人自评、党员互评、民主测评的程序，组织党员进行评议。党员人数较多的党支部，个人自评和党员互评可以在党小组范围内进行。党支部委员会会议或者党员大会根据评议情况和党员日常表现情况，提出评定意见。预备党员参加民主评议，但不评定等次。

民主评议党员可以结合组织生活会一并进行。实践中，可以将民主评议党支部工作一并开展。

八、主题党日

党支部每月相对固定 1 天开展主题党日，组织党员集中学习、过组织生活、进行民主议事和志愿服务等。主题党日开展前，党支部应当认真研究确定主题和内容；开展后，应当抓好议定事项的组织落实。

主题党日以党支部为基本单位，参加对象为支部全体党员。开展主题党日活动时，由党支部书记主持，支部书记确因事不能主持的，可委托党支部副书记主持。会前要做好签到等工作，党员因事、因病不能参加的要履行请假手续，并要自学补课。主题党日时，党支部在党员活动室要悬挂或摆放党旗，每名党员应佩戴党员徽章。主题党日前，党支部要召开支委会，专题研究活动方案，提前 2—3 天通知全体党员根据当月主题做好准备。

主题党日主要内容有：

（1）特色实践，党支部在完成党章党规学习任务的基础上，可以增加业务知识、实用技能、法律法规、文化科技等内容；在活动方式上，可结合企业生产、经营情况，组织党员为企业发展献计献策、群众关切、研究解决群众反映强烈的突出问题、帮扶困难职工等方式丰富活动形式。

（2）重温誓词，坚定"不忘初心、牢记使命"的崇高信念。

（3）诵读党章，促使党员树立党章意识，自觉用党章规范自己言行。

（4）集中学习，学习习近平新时代中国特色社会主义思想和习近平总书记重要讲话、重要指示批示精神，学习上级文件精神等。

（5）民主议事，组织党员对涉及支部重大决策、重点工作和涉及群众切身利益的事项进行民主讨论，让党员参与民主决策。

（6）民主监督，公开党员群众普遍关心的党务、财务等内容，接受党内外监督。

九、党员突击队

党组织应当到阵地最前沿，看得见"炮火"，听得见"炮声"，紧密结合企业生产经营开展工作，才能有效组织党员干部作表率、打头阵、挑大梁，充分发挥党员的先锋模范作用。

国有企业党委广泛开展党员突击队建设工作，有助于促进改革发展和科研生产经营任务完成，充分发挥党员先锋模范作用。以党员为主体，根据工作需要，把高层次人才和高技能人才聚拢在党组织的周围，让人人都有成长成才、脱颖而出的通道，各类人才都有施展才华的广阔天地。如某集团公司把坚持党的领导、加强党的建设，作为立企强企的"根"与"魂"，创新实施党建"铸心"工程，围绕解决关键核心技术领域"卡脖子"问题，先后组建 2700 余支"铸心"新长征党员突击队，将党组织的政治优势、组织优势汇聚成事业发展优势，探索出一条党建引领的新路。

实践证明，"让听得见炮声的人呼唤炮火"，既是对基层的信任和尊重，也是一种科学高效的工作方法。设立党员责任区、党员示范岗、党员突击队、党员服务队等形式，引导党员干在实处、走在前列，创先争优、攻坚克难，争当生产经营的能手、创新创业的模范、提高效益的标兵、服务群众的先锋，做到平常时候看得出来、关键时刻站得出来、危急关头豁得出来。在观望炮火、倾听炮声中觅得战机，在遇到困难时施以援助，不断激励真抓实干、担当作为。

突出顶层策划。党委全面谋划加强党员突击队建设工作，将党员突击队建设工作列入年度工作计划，列入党委重要工作日程。明确重点任务、申报程序、工作机制和资源保障，推行授旗授牌、誓师动员等组建仪式。要激励党员突击队员创新创业，让人人都有成长成才、脱颖而出的通道，让各类人才都有施展才华的广阔天地，早出成果、多出成果、出好成果、出大成果。建立党委领导联系党员突击队机制，层层压实责任。各级党组织将加强党员突击队建设列入年度重点工作和专项计划。

健全工作机制。将加强党员突击队建设作为一项常态化工作开展，深度融入科研生产经营管理工作，以钉钉子精神落细、落小、落实，努力破解重点、难点问题，持之以恒抓出效果、见到实效。组建跨领域、跨单位、跨型号、跨专业的党员突击队，强力推进资源共享、能力协同，发挥各自优势，实现强强联合。推动资源要素高效流通，在人才选拔、经费使用、考核评价、激励保障等方面交互贯通，在选题立项、人员配置、科研管理等方面赋予党员突击队更多自主权，鼓励打破行政壁垒、区域壁垒、市场壁垒，释放创新潜能。

加强带头人建设。注重选拔政治素质好、创新能力强、善于组织协调的党员担任负责人。把突击攻关任务作为党员干部践行初心使命、体现责任担当的"助推器"，在科研生产经营一线磨炼意志品质。表现突出的党员突击队，在重要会议上颁发奖牌、奖状进行表彰。作出突出贡献的党员，优先予以推荐重用，及时选拔使用经过实践考验的优秀年轻干部。

强化闭环管理。建立健全动态管理服务体系，形成上下联动、横向协同工作格局。党委把各层级党员突击队建设作为基层联系点重要内容和落实"一岗双责"的重要抓手。党委组织部门和相关业务部门协同指导，统筹考虑突击工作短期任务和中长期任务，制订工作计划和措施，建立党员突击队负责人监督考核机制，加强动态跟踪、服务指导。任务完成情况列入督查督办，纳入党组织书记例会点评和述职评议考核，层层压实责任，形成闭环管理，力争早出成果、多出成果、出好成果、出大成果。

注重传承创新。各单位党委要结合党员突击队建设，继续开展好"党员项目攻关团队""党员岗位无差错""党员责任区""党员先锋岗""党员示范岗""党员创新创效""党员志愿服务"等，加大工作创新力度，创新活动载体，教育引导广大党员在推动企业高质量发展中作表率、当先锋，发挥主力军、排头兵作用。及时总结党员突击队建设过程中的好经验、好做法，大力挖掘典型事例、典型人物，多形式、多渠道广泛宣传先进事迹，形成良好的舆论导向和氛围。

示例68　"十百千"党员突击队建设

××××党委开展新时代新征程
"十百千"党员突击队建设工作方案

为深入学习贯彻习近平新时代中国特色社会主义思想和党的二十大精神，各级党组织要最大限度地把党员干部职工的智慧和力量凝聚起来，激发党员干部职工的积极性、主动性、创造性和事业心、责任心，充分发挥广大党员先锋模范作用，促进××××战略目标实现，按照上级党委统一部署，××××党委研究制定新时代新征程党员突击队建设工作方案如下：

一、总体要求

（一）指导思想

坚定不移贯彻习近平新时代中国特色社会主义思想和党的二十大精神，牢记习近平总书记建设"科技强国""质量强国""航天强国""人才强国"嘱托，坚定不移贯彻公司转型升级发展战略，推进党建工作与科研生产经营深度融合，着力加强党员突击队建设，凝聚人才、发现人才、培养人才、锻炼人才，打造攻坚克难中坚力量，为建成世界一流企业提供坚强保证。

（二）基本原则

突出政治建设。党员突击队建设要把党的政治建设摆在首位，以坚定理想、信念、情怀和使命感、责任感为根基，激发创新创业活力，确保想干事、能干事、干成事。

融入发展战略。党员突击队建设要与发展战略目标紧密结合，与推动本单位转型升级、二次创业紧密融合。

聚焦重点难点。突击任务要聚焦单位改革发展中的重点、难点工作，努力破解最核心、最重要、最迫切的问题，大力推动企业创新。

统筹协调推进。统筹考虑突击工作短期任务和中长期任务，结合单位实际，研究制定突击工作目标方向、工作计划，细化措施，有序推进，确保实效。

鼓励协同联合。鼓励组建跨领域、跨单位、跨专业的党员突击队，强化内外合作、推进项目协同，构建合作共赢的良好生态。

二、工作目标

紧紧围绕企业战略目标的实现，建设"十百千"（集团层面10个左右、二级单位层面100个左右、三级单位层面1000个左右）有代表性和一定影响力，并在"急难险重新"任务中发挥中坚作用的党员突击队，打造一支理想信念情怀和使命感责任感坚定的党员骨干队伍，为实现强国建设、民族复兴伟业作出应有贡献。

三、主要措施

（一）突击队申报重点领域

各单位党委要围绕落实公司发展战略，在推进国家重大工程、重大任务和重点领域等方面组建党员突击队，切实增强公司核心竞争力。要大力推动跨界创新和跨单位合作，鼓励跨单位、跨体制开展技术创新、商业模式创新、管理创新。鼓励组建跨领域、跨单位、跨专业党员突击队，强力推进资源共享、能力协同，发挥各自优势，实现强强联合。多单位协同组建的党员突击队，一般由项目牵头单位党组织负责。

（二）做好思想发动

引导党员突击队成员充分认识工作的紧迫性，号召党员在突击队工作过程中充分发挥先锋模范作用，积极主动参与到突击攻关工作中去。做好以上率下，建立党委委员联系党员突击队机制，领导干部要主动融入，充分发挥表率作用。做好督促指导，各单位党委要深入一线指导党员突击队工作的开展，现场协调解决问题，为突击工作提供必要的人力物力财力支持。注重发挥专家作用，更加注重开放协同，积极组织技术专家、管理专家等指导突击、攻关任务。加强交流合作，鼓励党员突击队之间、队员之间的创新想法，切实激发创新活力，释放创新潜能，适时组织开展学习交流活动。

（三）突击队人员要求

在组建党员突击队过程中，各单位党委要注重选拔政治素质好、创新能力强、善于组织协调的党员担任负责人；加强对党员突击队负责人的指导、监督和考核，压实第一责任人职责，确保突击、攻关工作见实效。突击队负责人要细化分解任务目标，制订具体工作计划和措施。

突击队应以党员为主，也可根据工作需要适当吸收职工群众加入，党员比例一般不低于50%。突击队员要增强狠抓落实本领，坚持说实话、谋实事、出实招、求实效，把雷厉风行和久久为功有机结合起来，坚持"急难险重新"任务抢在前、干在先，勇于攻坚克难，用实际行动践行党员承诺，全力以赴推进任务完成。

示例 69　党员突击队申报表

单位名称							
党员突击队名称							
人数				其中党员人数			
突击队负责人	姓名	性别	政治面貌	出生年月	单位及职务		职称
突击队情况简介	(200 字以内)						
工作目标							
主要措施及时间节点	(500 字以内)						
所在单位党组织意见							
	负责人签字： 　　　　　　　年　月　日						

续表

上级单位党组织意见	
	负责人签字： 年　月　日

示例70　关于命名××××公司党员突击队的决定

所属各单位党委：

　　在××××公司党委的正确领导下，各级党组织和广大党员干部职工深入学习贯彻习近平新时代中国特色社会主义思想和党的二十大精神，牢记习近平总书记建设"科技强国""质量强国""航天强国""人才强国"嘱托，紧紧围绕公司发展战略，一以贯之抓战略、抓队伍、抓基层、抓基础、抓党建，聚焦改革发展中的重点、难点工作，广泛开展党员突击队建设，扎实推动党建工作与科研生产经营工作深度融合。

　　为进一步激发基层党建创新活力，充分发挥党员先锋模范作用，经各单位推荐和公司审核、评选，党委研究决定，命名××××党员突击队、××××党员突击队等××个团队为××××公司级党员突击队。

　　各级党组织要高度重视，为党员突击队做好资源保障，及时总结党员突击队建设过程中的好经验、好做法，多形式、多渠道广泛宣传先进典型，为公司发展提供坚强保证。

　　附件：××××公司党员突击队名单

××××公司党委

××××年××月××日

附件：××××公司党员突击队名单

一、××××党员突击队

（一）组建单位

牵头单位：××××。

（二）人员规模

突击队成员××人，其中党员人数××名。

（三）队长

×××　××××（职务）

（四）基本情况

××××党员突击队主要从事××××工作。

突击攻关任务：

1. ××××

2. ××××

（五）工作目标

拟取得××××目标。

（六）工作计划和主要措施

1. ××××

2. ××××

（七）标志性成果及完成节点

1. ××××

2. ××××

十、党费管理

交纳党费是党员应尽的义务，也是党员增强党性观念的基本体现。党费收缴、使用和管理，是党的基层组织建设和党员队伍建设中的一项重要工作，也是加强党员教育管理的一项重要内容。根据党章和有关文件精神，应规范党费收缴、使用和管理工作。

国有企业各级党委要把党费收缴、使用和管理的情况作为党务公开的一项重要内容，认真做好党费收支情况公示工作。党委应当在党员大会或者党的代表大会上，向大会报告（或书面报告）党费收缴、使用和管理情况，接受党员或者党的代表大会代表的审议和监督。

（1）基层党组织应定期对所属单位党组织党费收缴、使用和管理情况进行检查，对发现的问题要及时纠正。工作实践中，可以对党费收缴、使用和管理情况，按照一定周期开展专项审计，对发现的问题及时进行整改。

（2）基层党组织应每年向上级党组织提交本年度党费收缴、使用和管理情况书面报告。报告内容为：本年度党费收缴、使用和结存的数额；党费开支的主要项目；党费收缴、使用和管理工作中的经验、做法、存在的问题及改进的意见和建议等。

（3）基层党组织应当每年向党员公布一次党费收缴情况。党费由党委组织部门代党委统一管理，党费工作的业务管理和财务管理应当分开，党费的业务管理工作由各级党委组织部门承办，财务管理由党委组织部门内设财务机构或同级党委的财务机构代办。党委组织部门要加强对党费管理工作人员的培训，提高其政治素质和业务水平。党费管理工作人员必须先培训后上岗。党费管理人员变动时，要严格按照党费管理的有关规定和财务制度办好交接手续。

使用党费要严格履行使用审批手续，应当坚持统筹安排、量入为出、收支平衡、略有结余的原则，精细合理使用党费。使用党费要向基层特别是向有困难的基层党组织倾斜。党费使用要严格遵守上级有关规定。对违反党费收缴、使用和管理规定的，依据《中国共产党纪律处分条例》及有关规定严肃处理，触犯刑律的依法处理。

示例71 党费收支情况报告

一、党费收入情况

××××年，××××党委党费收入总计××××元。主要包括：所属基层党组织按比例上交党费××××元；上级拨来××××元；党费利息收入××××元。

二、党费支出情况

××××年，××××党委党费支出总计××××元。其中：

1. 上缴上级党组织支出××××元。

2. 慰问生活困难党员支出××××元。

3. 开展党的重要活动和重要会议支出××××元。

4. 党员教育等支出××××元，其中开展××××活动支出××××元，购买党员教育资料等支出××××元。

5. 其他支出××××元。

示例72 ××××党组织活动申请单

党组织名称	××××党组织		
活动名称		活动地点	
参加人数	其中党员人数：		
组织形式	集体组织		
活动时间	从××××年××月××日至××××年××月××日		
开支总额	元		
开支明细			
交通费	金额：		
伙食费	金额：		
住宿费	金额：		
师资费	金额： 标准： 讲课人数： 人		

续表

资料费	金额：	报销时附明细，并加盖公章。
门票费	金额：	标准：　　　人数：　　　人
讲解费	金额：	
会议费	金额：	
培训费	金额：	
其他支出	金额：	
党支部意见	党支部书记签字： （盖章） 　　　　年　月　日	党委意见 　　党委书记签字： 　　　　（盖章） 　　　　年　月　日

十一、党籍管理

党员经党支部党员大会通过、基层党委审批接收的预备党员，自通过之日起，即取得党籍。对因私出国并在国外长期定居的党员，出国学习研究超过5年仍未返回的党员，一般予以停止党籍。停止党籍的决定由保留其组织关系的党组织按照有关规定作出。

对与党组织失去联系6个月以上、通过各种方式查找仍然没有取得联系的党员，予以停止党籍。停止党籍的决定由所在党支部或者上级党组织按照有关规定作出。停止党籍2年后确实无法取得联系的，按照自行脱党予以除名。对停止党籍的党员，符合条件的，可以按照规定程序恢复党籍。对劝其退党、劝而不退除名、自行脱党除名、退党除名、开除党籍的，原则上不能恢复党籍，符合条件的可以重新入党。

要注意的是，党籍与党龄的区别。党龄是指党员成为正式党员后的全部时间，表示一个党员在党内生活和工作的实际经历。一般情况下，党员的党龄从预备期满转为正式党员之日算起。被延长预备期的党员，其党龄从延长预备期满转为正式党员之日算起。受留党察看处分党员，在其恢复党员权利后，留党察看期间的党龄连续计算。出国留学的党员返回后，经党组织审查恢复党组织生活的，其党龄可以连续计算。因自行脱党、劝告退党、要求退党等原因，而出党或被开除党籍的人重新入党后，其党龄从重新入党后，转为正式党员之日算起，以前一段的党龄不能计算在内。

十二、党员组织关系管理

每个党员都必须编入党的一个支部、小组或者其他特定组织。有固定工作单位并且单位已经建立党组织的党员，一般编入其所在单位党组织。没有固定工作单位，或者单位未建立党组织的党员，一般编入其经常居住地或者公共就业和人才服务机构、园区、楼宇等党组织。

（1）党员组织关系是指党员对党的基层组织的隶属关系。转移和接收党员组织关系的凭证主要包括中国共产党党员组织关系介绍信、党员证明信和流动党员活动证等。党员工作单位、经常居住地发生变动的，或者外出学习、工作、生活6个月以上并且地点相对固定的，应当转移组织关系。具有审批预备党员权限的基层党委，可以在全国范围直接相互转移和接收党员组织关系。

（2）及时办理党员组织关系。在党员离开本单位时应当尽快办理党员的组织关系转移手续，特别是调离本单位的党员的组织关系，应该在其人事关系办理的同时，及时将组织关系转移给党员所去的党组织，以便于党员组织生活的连续性。接收的新党员应及时编入支部进行教育和管理。组织关系的有效期限：转往本企业所在的地区的7—15天，转往外省市的一般不超过30天。对组织关系转出但尚未被接收的党员，原所在党组织仍然负有管理责任。

（3）组织关系介绍信要求书写准确。介绍信中内容要清晰、完整、准确，要逐项填写，不得有空白。组织关系介绍信落款和骑缝处必须加盖基层党委公章，不得使用党委组织部、党委办公室、党群工作部等印章。特别是党员所去单位要明确。

一份介绍信，可同时转接多名党员。但要在党员姓名后，附加带小括号的大写数字，表明结转党员的数量，并附党员名单、加盖党委公章。填写介绍信要使用碳素钢笔或签字笔，如内容有更改，应在更改的地方加盖党委公章。

（4）组织关系一般应由党员本人亲自办理转移手续。党员严格遵守组织关系转移的严肃性，注意时间节点和党费交纳的自觉、按时、足额原则。如无正当理由延误转移日期的，应对党员本人进行批评教育，并按照规定退回原单位党委重新办理，否则不可接受其组织关系。

（5）党组织接收党员组织关系时，如有必要，可以采取适当方式查核党员档案。接收单位党组织一般应于1个月内将组织关系回执联邮寄或传真给转出党组织，严格落实回执制度，避免出现"口袋党员"。党组织不得无故拒转、拒接党员组织关系。

（6）组织关系的存根由各级党委组织部门长期保存。

十三、党员监督

党组织应当通过严格组织生活、听取群众意见、检查党员工作等多种方式，监督党员遵守党章党规党纪特别是政治纪律和政治规矩情况，遵守宪法法律法规和道德规范情况，参加组织生活情况，履行党员义务、联系服务群众、发挥先锋模范作用情况等。

发现党员有思想、工作、生活、作风和纪律方面苗头性倾向性问题的，以及群众对其有不良反映的，党组织负责人应当及时进行提醒谈话，抓早抓小、防微杜渐。

十四、党员组织处置

党的先进性和纯洁性要靠千千万万党员的先进性和纯洁性来体现。不合格党员组织处置，是党员队伍建设的一项基础性工作。要坚持严的标准和实的措施，立足教育、转化提高，及时、严肃开展不合格党员组织处置工作。

1. 适用情形

限期改正。党章规定，党员缺乏革命意志，不履行党员义务，不符合党员条件，党的支部应当对其进行教育，要求限期改正。主要包括：理想信念不坚定、缺乏革命意志、党性意识淡薄，过分计较个人得失，讲功利不讲理想、讲私欲不讲信仰，但本人能够正确认识错误、愿意接受教育管理并且决心改正的；信仰宗教；工作消极懈怠，不发挥先锋模范作用，与群众关系紧张，但本人能够正确认识错误、愿意接受教育管理并且决心改正的；组织观念、纪律意识不强，不按照规定参加党的组织生活、不按时足额交纳党费；与党组织失去联系6个月以上、2年以内，经查找已取得联系，失去联系期间无违纪违法行为的；党内法规规定的其他应当给予限期改正处置的情形等。限期改正时间不超过1年。对给予限期改正处置的党员应当采取帮助教育措施。

劝其退党。党章规定，党组织要求党员限期改正，经教育仍无转变，应当劝其退党。主要包括：为了达到个人目的以退党相要挟，经教育不改的；限期改正期满后仍无转变的；党内法规规定的其他应当给予劝其退党处置的情形等。

除名。党员具有下列情形之一的，按照规定程序给予除名处置。主要包括：理想信念缺失、政治立场动摇，对党不忠诚不老实，背弃党的初心使命，已经丧失党员条件；没有正当理由，连续6个月不参加党的组织生活，或者不交纳党费，或者不做党所分配的工作；因与党组织失去联系被停止党籍，2 年后确实无法取得联系；受到劝其退党处置、本人坚持不退等。

实践中，要把握政策要求，严格履行程序，全面准确查核问题，客观公正作出处置决定。坚持从实际出发，区分主观客观，具有下列情形之一的，可以不予处置，主要包括：因党员所在党组织不健全或者软弱涣散、组织生活不正常，党员无法正常参加组织生活、履行党员义务的，以及党员受客观条件制约，一时无法完成党组织所分配的工作，在短期内或者某项工作中不能发挥作用的，可以不予处置。

2. 处置程序

党员有限期改正、劝其退党和除名所列情形之一的，由党支部委员会研究提出启动组织处置的意见，并报基层党委事前备案后，按照调查核实、提出拟处置意见、预审、形成决议、审批和宣布等 5 个程序进行处置。

同时，需要特别关注的是，对退党除名、自行脱党除名程序，以及对县处级以上党员领导干部、流动党员的组织处置程序，有一些特殊的规定。

被处置党员对处置结果有不同意见的，按照有关规定提出申诉。党组织按照规定进行复议、复查，并给予负责的答复。对于需要纠正的处置决议，应当重新作出决定，由重新作出决定的党组织，报其上级党组织审批后，在一定范围内宣布；对于无正当理由反复申诉的，有关党组织应当书面通知本人不再受理申诉，并在适当范围内宣布。

3. 工作责任

县级及以上党委组织部门履行统筹协调和组织实施的职责，加强政策指导、审核把关与督促落实，定期对组织处置工作进行抽查复核。国有企业基层党委要履行直接领导责任，督促所属党支部按照规定开展组织处置并全程指导；党支部履行主体责任，严格按照规定程序，做好组织处置各个环节工作，确保处置结果经得起历史检验。

搞好制度衔接，处理好组织处置同党纪处分的关系。对违犯党纪的党员，按照《中国共产党纪律处分条例》等党内法规给予党纪处分。鉴于组织处置与党纪处分各有侧重、各司其职，违犯党纪的党员受到党纪处分的，不因同一问题再进行组织处置。

十五、流动党员管理

流动党员是指由于就业或居住地变化等原因，在较长时间内无法正常参加正式组织关系所在党组织活动的党员。

1. 基本要求

流动党员要认真履行党员义务，正确行使党员权利，在流入地参加党的日常组织生活，在正式组织关系所在党组织参加选举等重要活动，自觉接受流出地和流入地党组织的教育和管理，发挥先锋模范作用。

（1）外出前，应向所在党支部报告外出事由、时间、地点及联系方式，领取《流动党员活动证》。

（2）凭《流动党员活动证》及时到流入地党组织报到，积极参加党的组织生活，按规定交纳党费，完成党组织交给的任务。流动党员原则上应当按月交纳党费，因外出地点变动频繁等原因按月交纳确有困难的，可以按季交纳。

（3）主动与流出地党组织保持联系，每年至少向流出地党组织汇报一次外出期间思想、工作和参加党的组织生活情况。外出地点、就业单位、居住地和联系方式等发生变化时，应及时向流出地党组织和有关党组织报告。

（4）外出返回后，及时将《流动党员活动证》交给流出地党组织查验，如实向党组织汇报外出期间的情况。

2. 主要原则

（1）坚持以流入地党组织为主、流出地和流入地党组织共同管理。

构建流出地与流入地党组织密切配合、有机衔接的流动党员管理机制。

（2）坚持区别情况、动态管理。根据流动党员的分布状况、职业特点和居住地点等情况，采取单位管理、行业管理和社区管理等多种方式，努力做到党员流动到哪里，党组织的管理就覆盖到哪里。

（3）坚持教育、管理与服务相结合。强化服务意识，寓教育、管理于服务之中，增强流动党员的党性观念、组织观念和光荣感、归属感与责任感。

3. 流出地党组织的主要责任

流出地党组织要了解掌握外出流动党员情况，加强与流入地党组织的联系，配合流入地党组织共同做好流动党员外出期间的教育管理工作。

（1）在党员外出前进行教育并提出要求，按规定登记并发放《流动党员活动证》。

（2）掌握外出党员的流动去向、外出时间、地点和联系方式等情况。

（3）了解党员外出后的思想、就业和生活等情况，及时向外出流动党员通报党组织的重要情况，通知外出流动党员按规定参加党内选举等重要活动。

（4）外出流动党员返回后，认真查验《流动党员活动证》等有关材料，及时了解党员外出期间的表现和参加党的组织生活情况。

（5）了解预备党员外出期间的表现，按规定做好预备党员转正工作。

4. 流入地党组织的主要责任

流入地党组织对流动党员管理负有主要责任，要加强与流出地党组织的联系，把流动党员纳入本地党员教育管理的整体工作中。

（1）认真查验《流动党员活动证》，做好外来流动党员身份确认工作。

（2）加强对外来流动党员的经常性教育和管理，将外来流动党员编入党的一个基层组织，组织他们参加党的组织生活。

（3）关心外来流动党员，为他们的就业、学习和生活提供必要帮助。

（4）在《流动党员活动证》上如实填写党员参加组织生活、交纳党费等情况，及时将外来流动党员的重要情况反馈给流出地党组织。

（5）做好外来流动人员中预备党员的教育和管理工作。

十六、党内统计

党内统计是党的组织工作中一项经常性的重要工作，也是一种特定形式的党内监督和调查研究工作。党内统计工作在党委领导下，由组织部门统一部署，实行条块结合、分级负责的管理体制。上级党委组织部门对下级统计填报、汇总单位的党内统计工作负有监督和指导责任。

党内统计以党员的正式组织关系和党组织的隶属关系为依据。发展新党员、预备党员转正、党员和入党积极分子培训、民主评议党员以及党员出党和党员受纪律处分情况等，由负责发展、组织培训、评议或处理的单位统计。党内统计工作要做到：制表简明、适用、科学，统计准确、真实、完整，报送及时、安全、手续规范，分析依据充分、观点鲜明、有意见和建议。

党委组织部门必须保证党内统计报表上报时间的统一性和统计数据的真实性、完整性。党内统计报表的填报原则和统计口径等，以中央组织部编制的《中国共产党党内统计年报表统计指标编制说明》为准。在汇总上报前，必须对统计数据进行认真、细致、全面的技术审核和逻辑审核，防止和减少差错。对统计以及数据分析中的一些重要情况和问题，应附必要说明。

党委应建立完善台账和基本信息数据库，及时更新信息，每年开展党内统计工作，保证数据准确、及时。加强对党内统计资料的综合整理和分析研究工作，研究统计数据，确定调研和分析题目，形成高质量的综合或专题分析报告。

第十二节　党支部工作

党支部是党的组织基础，是党在社会基层单位中的战斗堡垒，是党的全部工作和战斗力的基础，担负直接教育党员、管理党员、监督党员和组织群众、宣传群众、凝聚群众、服务群众的职责。

一、党支部建设体系

国有企业党委应当弘扬"支部建在连上"光荣传统，把党支部建设作为最重要的基本建设，定期研究讨论、加强领导指导，落实党要管党、全面从严治党要求，切实履行主体责任，推进党支部标准化规范化建设，不断强化政治功能、组织功能，巩固党长期执政的组织基础。要深入分析和把握企业基层党建工作规律和特点，对党支部建设要素进行系统整合和全面协同，构建基层党支部建设体系。以提升组织力为重点，将党支部建设体系的工作目标和主线、工作格局、工作任务、工作重点等，按照系统工程和矩阵管理方法，落细落小成"路线表""任务书""施工图"和"验收单"。通过系统化赋能和组织力提升，推动基层党组织全面进步、全面过硬。

党委要认真贯彻落实《中国共产党支部工作条例（试行）》，每年至少专题研究 1 次党支部建设工作。党委书记应当带头建立党支部工作联系点，带头深入基层调查研究，发现和解决问题，总结推广经验。着力加强基础工作、基本制度、基本能力建设，严格执行党内组织生活制度、党代会代表任期制、基层党组织按期换届、党费管理等基本组织制度，健全经常性指导推动机制，规范和加强党员教育管理，做好发展党员工作，建好用好全国党员管理信息系统。

示例 73 某公司党支部建设体系图

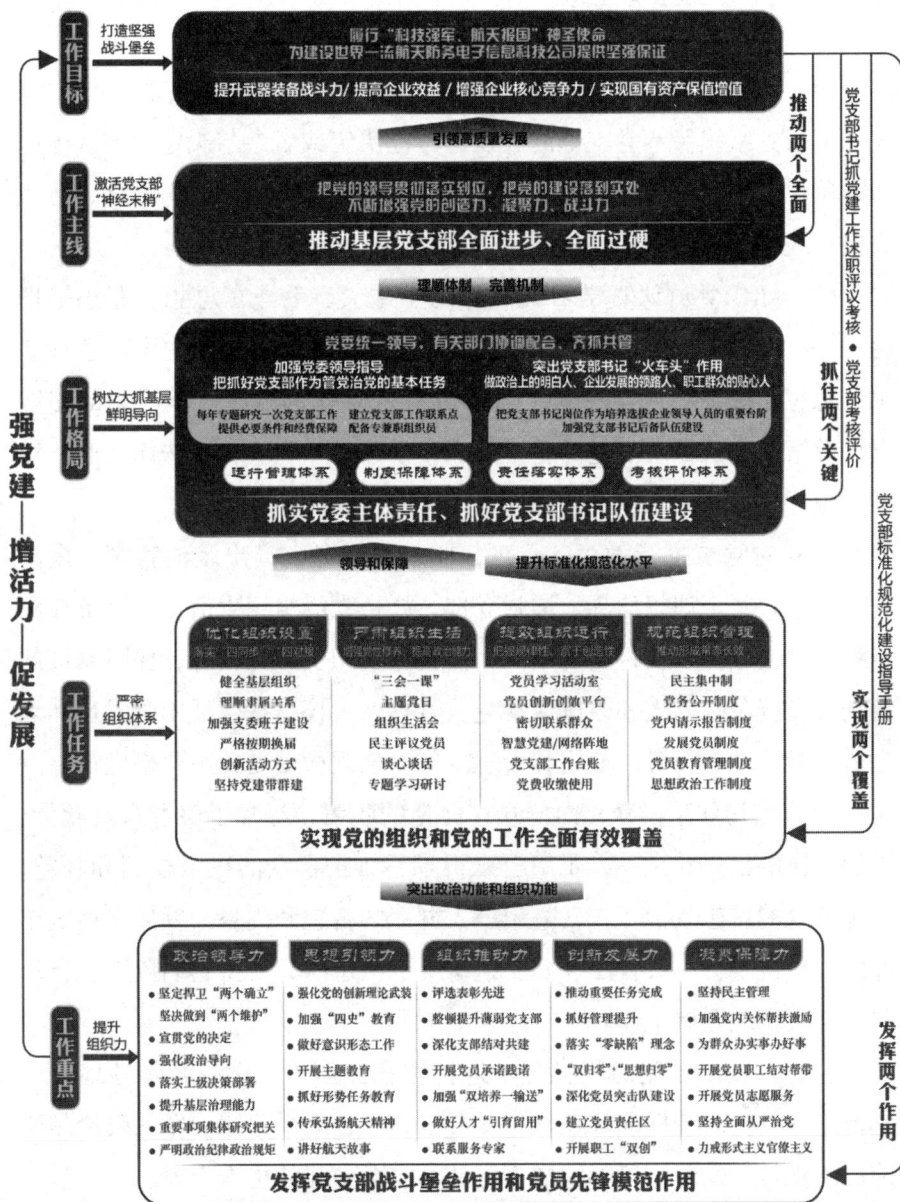

二、党支部基本任务

（1）宣传和贯彻落实党的理论和路线方针政策，宣传和执行党中央、上级党组织及本党支部的决议。讨论决定或者参与决定本地区本部门本单位重要事项，充分发挥党员先锋模范作用，团结组织群众，努力完成本地区本部门本单位所担负的任务。

（2）组织党员认真学习马克思列宁主义、毛泽东思想、邓小平理论、"三个代表"重要思想、科学发展观、习近平新时代中国特色社会主义思想，推进"两学一做"学习教育常态化制度化，学习党的路线方针政策和决议，学习党的基本知识，学习科学、文化、法律和业务知识。做好思想政治工作和意识形态工作。

（3）对党员进行教育、管理、监督和服务，突出政治教育，提高党员素质，坚定理想信念，增强党性，严格党的组织生活，开展批评和自我批评，维护和执行党的纪律，监督党员切实履行义务，保障党员的权利不受侵犯。加强和改进流动党员管理。关怀帮扶生活困难党员和老党员。做好党费收缴、使用和管理工作。依规稳妥处置不合格党员。

（4）密切联系群众，向群众宣传党的政策，经常了解群众对党员、党的工作的批评和意见，了解群众诉求，维护群众的正当权利和利益，做好群众的思想政治工作，凝聚广大群众的智慧和力量。领导本地区本部门本单位工会、共青团、妇女组织等群团组织，支持它们依照各自章程独立负责地开展工作。

（5）对要求入党的积极分子进行教育和培养，做好经常性地发展党员工作，把政治标准放在首位，严格程序、严肃纪律，发展政治品质纯洁的党员。发现、培养和推荐党员、群众中间的优秀人才。

（6）监督党员干部和其他任何工作人员严格遵守国家法律法规，严格遵守国家的财政经济法规和人事制度，不得侵占国家、集体和群众的利益。

（7）实事求是对党的建设、党的工作提出意见建议，及时向上级党组织报告重要情况。教育党员、群众自觉抵制不良倾向，坚决同各种违纪违法行为作斗争。

（8）按照规定，向党员、群众通报党的工作情况，公开党内有关事务。

国有企业中的党支部，承担的重点任务是：保证监督党和国家方针政策的贯彻执行，围绕企业生产经营开展工作，按规定参与企业重大问题的决策，服务改革发展、凝聚职工群众、建设企业文化，创造一流业绩。

三、党支部换届工作

基层党委要建立健全党支部（党总支）按期换届提醒督促机制。根据党组织隶属关系和干部管理权限，上级党组织对任期届满的党支部，一般提前6个月以发函或者电话通知等形式，提醒做好换届准备。对需要延期或者提前换届的，应当认真审核、从严把关，延长或者提前期限一般不超过1年。

党支部的成立，一般由基层单位提出申请，基层党委召开会议研究决定并批复，批复时间一般不超过1个月。基层党委审批同意后，基层单位召开党员大会选举产生党支部委员会或者不设委员会的党支部书记、副书记。批复和选举结果由基层党委报上级党委组织部门备案。根据工作需要，上级党委可以直接作出在基层单位成立党支部的决定。

对任期届满、应当换届的基层党总支、党支部，上级党组织要提前深入了解情况、逐一分析研判，重点分析掌握班子结构及配备情况、班子成员思想状况及履职情况、党组织设置方式和党员队伍状况等。对暂无党组织书记合适人选或班子不健全的基层党组织，要按照干部管理权限，提前把班子调整配备好；对软弱涣散基层党组织，要先整顿再换届；对党组织设置不合适或隶属关系不顺的基层党组织，要先行作出适当调整；对党员分散或流动党员较多、达不到换届选举规定人数的基层党组织，要指导做好思想发动和组织引导工作，为按期进行换届创造条件。

示例74　关于××党支部委员会进行换届选举的请示

××党委：

中共××支部委员会于××年×月由党员大会选举产生，现已任期届满。根据《中国共产党章程》和《中国共产党基层组织选举工作条例》的有关规定，现就××党支部委员会拟召开党员大会进行换届选举工作请示如下。

一、党员大会时间、地点

××年×月×日，××会议室

二、党员大会的主要议程

1. 听取和审议本届党支部委员会工作报告；
2. 选举产生新一届党支部委员会。

三、支委会组成及候选人预备人选

党支部现有党员××名，其中正式党员××名，预备党员××名。新一届党支部委员会拟由×人组成，其中书记1人。拟提委员候选人×名，差额比例按照不低于20%确定。

经党支部委员会提议，征求党员群众意见，拟提名×××、×××、×××、×××、×××等×名同志为新一届党支部委员会委员候选人预备人选，×××同志为党支部书记候选人预备人选。

四、选举办法

党支部委员会委员采用无记名投票方式和差额选举办法，在党员大会上选举产生。党支部书记采用无记名投票方式，在新一届党支部委员会第一次会议上等额选举产生，并进行委员分工。

以上请示妥否，请批示。

附：新一届党支部委员候选人预备人选名单及简历

中共×××支部委员会

××××年×月×日

示例75　同意××党支部委员会进行换届选举的批复

××党支部：

你支部《关于召开党员大会进行党支部委员会换届选举的请示》收悉。经研究，批复如下：

一、同意党支部于××年×月×日召开支部党员大会进行换届选举。

二、同意新一届党支部委员会由×名委员组成，其中设书记1名。

三、原则同意你们关于党员大会主要议程和选举办法的意见。

四、同意×××、×××、×××、×××、×××（按姓氏笔画为序）等×位同志为新一届党支部委员会委员候选人预备人选，其中差额1人；×××同志为支部书记候选人预备人选。

请按照《中国共产党章程》和《中国共产党基层组织选举工作条例》的有关规定，向党员大会报告候选人预备人选酝酿产生的情况，提请大会讨论，根据多数党员的意见确定正式候选人后，提交党员大会采用无记名投票方式差额选举产生新一届支部委员会。新一届支部委员会采用无记名投票方式等额选举产生书记，并进行委员分工。

请将选举结果于党员大会后5日内报党委审批。

特此批复。

中共××××委员会

××××年××月××日

示例76 关于××党支部委员会换届选举结果的报告

××党委：

我支部于××××年××月××日召开党员大会，应到正式党员×名，因事因病请假×名，实到正式党员×名。大会以无记名投票方式，选举产生了新一届党支部委员会。

选举结果如下：×××（×票）、×××（×票）、×××（×票）、×××（×票）、×××（×票）。

按得票情况，×××、×××、×××、×××等×位同志当选为新一届党支部委员。新一届党支部委员会选举×××同志（×票）为党支部书记。

其他委员分工如下：×××同志为组织委员，×××同志为宣传委员，×××为纪检委员。

特此报告，请批复。

中共×××支部委员会

××××年××月××日

示例77 关于同意××党支部委员会换届选举结果的批复

××党支部：

你支部报来的《关于××党支部委员会换届选举结果的报告》收悉。经××党委研究同意，现批复如下：

中共×××支部委员会由×××、×××、×××、×××等×位同志组成，其中×××同志为党支部书记。

特此批复。

中共××××委员会

××××年××月××日

四、党支部工作考核评价

国有企业党委要高度重视党支部建设，切实树立大抓基层鲜明导向，不断完善考核评价工作，全面、准确、客观反映党支部工作情况，确保取得实效。

1. 基本原则

坚持突出政治功能。着眼于永葆党的先进性和纯洁性，宣传和贯彻落实党的理论和路线方针政策，宣传和执行党中央、上级党组织的决议，确保基层党支部干有方向、评有依据。

坚持突出强基固本与改革创新。着力加强基础工作、基本制度、基本能力建设，不断提高党的建设质量。既考核基层党支部基础工作的标准化、规范化，又要根据面临的新情况新问题大力推进改革创新，用新的思路、举措和办法解决新的矛盾和问题，不断推动基层党支部全面进步、全面过硬。

坚持突出实效与简便易行。突出党支部抓重大任务落实，注重科研生产经营任务完成和攻坚克难情况、党员职工群众是否满意等。考核指标设置力求少而精，力戒形式主义、官僚主义。

2. 党支部工作考核评价内容

政治领导力。坚持把党的政治建设摆在首位，深刻认识"两个确立"的决定性意义，增强"四个意识"、坚定"四个自信"、做到"两个维护"，切实把讲政治的要求落实到具体工作中，在思想上政治上行动上同以习近平同志为核心的党中央保持高度一致。落实党支部工作主体责任，党支部书记承担第一责任，党支部委员职责明确、分工负责。严格落实请示报告制度。不断提高党支部建设质量，形成"一支部一特色"。扎实开展党内主题教育和专项工作，落实党建重点任务。

思想引领力。深入学习习近平新时代中国特色社会主义思想和党的二十大精神，学习党的路线方针政策和决议，学习党的基本知识，学习科学、文化、法律和业务知识等，突出政治教育，提高党员群众素质。做好意识形态工作。加强爱国主义教育。做好形势任务教育。开展形式多样的精神文明创建活动，职工精神面貌积极向上。积极开展新闻宣传工作，弘扬主旋律、传播正能量、凝聚精气神。

组织推动力。党支部组织设置合理，任期届满按期换届。坚持民主集中制，发扬党内民主，尊重党员主体地位。落实党支部"4111"要求（每年至少开展4次专题学习研讨、1次党课、1次组织生活会、1次民主评议，下同），"三会一课"、主题党日、组织生活会、民主评议党员、谈心谈话等党的组织生活制度落实到位。加强党员队伍建设，对党员进行教育、管理、监督和服务。教育和培养入党积极分子，做好经常性地发展党员工作。发现、培养和推荐党员、群众中间的优秀人才，激发创新创造活力。落实党内关怀帮扶机制。做好党费收缴、党务公开工作。运用互联网技术和信息化手段，提升党员教育信息化水平。

创新发展力。党支部工作与科研生产经营工作相融合，在推动重大工程建设、完成急难险重新任务、破解科研生产经营难题、落实提质增效和转型升级等方面积极作为，充分发挥党支部战斗堡垒和党员先锋模范作用。改革创新推进有力，积极推进技术创新、商业模式创新、管理创新等。紧密围绕中心任务创新活动载体，扎实开展党员突击队、党员先锋岗、党员责任区和党员创新创效等，有效调动党员群众的积极性、主动性、创造性。

凝聚保障力。密切联系群众，经常了解群众对党员、党的工作的批评和意见，了解群众诉求，维护群众的正当利益。关注思想动态，做好思想政治保障工作，凝聚党员群众的智慧和力量。深化作风建设，认真贯彻落实中央八项规定及其实施细则精神，持之以恒反对"四风"。扎实推进党风廉政建设，教育引导党员群众自觉抵制不良倾向，坚决同各种违纪违法行为作斗争。坚持党建带工建、党建带团建，支持工会、共青团等群众组织依照各自章程独立负责地开展工作。重视党支部活动阵地建设，健全基础台账管理，合规使用活动经费。

创新进步加分。鼓励党支部工作创新进步，从党支部开展特色亮点工作、获得表彰奖励以及创新发展等方面，设置创新进步加分项，激发党支部的积极性、主动性和创造性。主要包括：党支部结合实际开展富有特色、卓有成效的党建工作，或者紧密与中心工作融合实施党建工作创新举措，取得群众满意、上级认可、成效显著的实绩；针对党支部工作薄弱环节，通过采取集中整改提升措施，取得突破性进步；党支部通过自身努力，因党建工作创新进步成绩显著，获得上级党组织表彰奖励等。

3. 党支部工作考核评价方法

党支部考核评价坚持定量考核和定性评价相结合，同时设置创新进步加分项。各单位党委可根据不同类型党支部特点以及承担的任务，突出关键要素优化考核内容。

定量考核。重点从党支部政治领导力、思想引领力、组织推动力、创新发展力、凝聚保障力5个方面作用发挥情况，细化明确具体要求进行考核。定量考核侧重党支部基础工作，重点考核"做没做"。

定性评价。重点从党支部推动企业改革创新发展作用发挥、年度重点工作完成情况和工作质量成效等进行评价。定性评价侧重考核党支部工作效果，重点考核"好不好"，由任务完成情况评价、组织认可度和群众满意度测评等组成。

创新进步加分。在定量考核和定性评价的基础上，创新进步加分一般不超过5分。

定量考核和定性评价的权重，各单位可结合实际确定。实践中，如果党支部基础比较薄弱的，定量考核的权重要大一些；如果基础比较规范了，则要突出定性评价。

4. 考核评价结果确定

党支部考核评价周期为一个自然年度，每年组织开展一次，可结合党支部书记抓党建述职评议工作统筹开展。

考核实施。党委可由组织部门牵头或组建考核组，查阅文件资料，核查任务完成情况，开展组织认可度和群众满意度测评，并结合党支部日常工作情况，进行全面考核评价。

确定结果。党支部考核评价结果应由党委会审议确定。考核评价结果一般分为"优秀""良好""一般""较差"等，原则上优秀党支部比例不超过本单位党支部总数的30%，确保优秀党支部的先进性和代表性。

降级事项。发生下列情形之一的，应对该党支部考核评价实行降级处理：未严格执行上级党组织决策部署要求，或执行有严重偏差，造成不良影响或后果的；党支部的党员群众出现严重违纪违法案件的；出现群体性不稳定事件、重大负面舆情或意识形态重大问题；党支部的党员群众组织、参与邪教活动的；发生失泄密事件、重大质量问题、安全事故等，造成重大损失或不良影响的，以及发生其他严重事项的。

5. 考核评价结果应用

党支部考核评价结果应在一定范围内通报，并与干部考核、评优、选拔使用等挂钩。考核评价结果为"良好"以上（含）的，党支部和党支部书记方可推荐参评上级"两优一先"表彰；考核评价结果为"较差"的，由上级党组织对党支部进行通报批评，并对党支部书记进行约谈。连续两年考核评价结果为"较差"的，应对党支部书记予以调整或免职。

第六章 作风建设

党的作风就是党的形象，关系人心向背，关系执政党的生死存亡。作风建设永远在路上。习近平总书记关于加强作风建设特别是深入落实中央八项规定精神、坚持不懈纠正"四风"的重要论述，深化了对马克思主义执政党作风建设的规律性认识，赋予了新的时代内涵，为新形势下加强和改进党的作风建设提供了基本遵循和行动指南。只有高质量抓好党的作风建设，才能保持党同人民群众的血肉联系，广泛凝聚人民群众推动经济社会发展的智慧和力量。

第一节 群众路线

党的十八大以来，我们党先后开展一系列集

中学习教育，一个重要目的就是教育引导全党牢记中国共产党是什么、要干什么这个根本问题，始终保持党同人民群众的血肉联系。作风问题核心是党同人民群众的关系问题。加强作风建设，必须紧紧围绕保持党同人民群众的血肉联系，增强群众观念和群众感情，不断厚植党执政的群众基础。群众路线是党的生命线和根本工作路线，是党永葆青春活力和战斗力的重要传家宝。

一、走好群众路线

党的群众路线就是一切为了群众，一切依靠群众，从群众中来，到群众中去，把党的正确主张变为群众的自觉行动。群众路线是我们党根据党的性质和马克思主义认识论创造的一种科学领导方法和工作方法，是党的生命线和根本工作路线，是我们的事业不断取得胜利的重要法宝，是我们党不断焕发生机和活力，永葆先进性的力量源泉。

贯彻党的群众路线，首先要对群众有感情，真正把自己当作群众的一员、把群众的事当作自己的事。

"四下基层"是习近平同志在福建宁德工作时大力倡导，并身体力行形成的工作方法和工作制度。

"宣传党的路线、方针、政策下基层"，从"声边"到"身边"，生动体现了始终聚力于民的独特优势。

"调查研究下基层"，化"脚力"为"能力"，生动体现了始终问计于民的科学方法。

"信访接待下基层"，变"坐诊"为"出诊"，生动体现了始终心系于民的真挚情怀。

"现场办公下基层"，从"机关会场"到"基层现场"，生动体现了始终取信于民的务实品格。

当年，习近平同志带领宁德党政机关干部发动群众、组织群众、依靠群众，为群众排忧解难，推动改革开放和经济社会发展，以实际行动密切同人民群众的血肉联系，为党员干部践行党的群众路线树立了光辉典范。

坚持群众路线，核心的问题是要始终保持同人民群众的血肉联系，一刻也不脱离群众。密切联系群众是党的性质和宗旨的体现。要从政治的高度深刻认识密切联系群众的重要性，任何时候任何情况下，与人民群众同呼吸共命运的立场不能变，全心全意为人民服务的宗旨不能忘，坚信群众是真正英雄的历史唯物主义观点不能丢。人民群众身处实践最前沿，对实践变化感知最敏感、感受最深切，也最聪慧。

现在，群众工作对象更加多元，群众诉求更加多样，群众工作环境更加复杂。互联网是做好新时代群众工作的重要阵地，也是重要手段。要学网、懂网、用网，经常上网看看，了解群众所思所愿，收集好想法好建议，积极回应网民关切，做好解疑释惑工作。这就要求我们深入研究和准确把握新形势下群众工作的特点和规律，改进群众工作方法，提高群众工作水平。

党委要弘扬党的光荣传统和优良作风，促进党员干部特别是领导干部带头深入调查研究，扑下身子干实事、谋实招、求实效。谋划发展，最了解实际情况的，是职工群众；推动改革，最大的依靠力量，也是职工群众。无论遇到任何困难和挑战，只要有职工群众支持和参与，就没有克服不了的困难，就没有越不过去的坎，就没有完成不了的任务。不能闭门造车、坐而论道、流于空想，要走到人民群众中间，很多百思不得其解的问题，就能豁然开朗、找到解决的答案。

二、纠治"四风"

党委要坚持以严的主基调强化正风肃纪，锲而不舍落实中央八项规定精神，抓住"关键少数"以上率下，持续深化纠治"四风"，重点纠治形式主义、官僚主义，坚决破除特权思想和特权行为。

形式主义背后是功利主义、实用主义作祟，政绩观错位、责任心缺失。官僚主义背后是官本位思想，严重脱离实际、脱离群众。"痕迹管理"比较普遍，但重"痕"不重"绩"，留"绩"不留"心"，检查考核名目繁多，频率过高，多头重复；"文山会海"有所反弹，既占用大量时间、耗费大量精力，又助长了形式主义、官僚主义。基层有人形象地称之为"上面千条线、下面一根针""上面千把锤、下面一根针""上面千把刀、下面一颗头"。

国有企业党委要突出思想政治引领，进一步树牢正确政绩观，引导党员、干部把为民造福作为最重要的政绩，多做打基础、利长远、出实效、创实绩的事。抓住重点难点，加强统筹协调，严格责任要求，切实解决突出问题，巩固精简文件会议、统筹规范督查检查考核等工作成果，确保不反弹回潮。激励干部担当作为，着力整治"躺平""官僚习气"等行为，树立重实干、重实绩、重担当的考核导向。提升治理效能，统筹推进党建引领基层治理，不断夯实减负工作基础。增强系统观念，坚持综合施策，围绕健全制度法规、加强宣传引导持续发力。

国有企业党委要坚决扛起这一重大政治责任，把纠治形式主义、官僚主义作为作风建设的重点任务，摆在重要位置来抓，科学精准靶向整治，动真碰硬、务求实效，以"抓铁有痕、踏石留印"的劲头严抓不放、常抓不懈。各级机关和领导干部要真正做到以上率下，在推进落实中带好头、作示范。要以践行"两个维护"的实际行动，更加坚定不移加强作风建设，通过深化拓展整治形式主义为基层减负，不断激励广大党员、干部积极担当作为、敢于善于斗争，进一步密切党同人民群众的血肉联系，为胜利推进强国建设、民族复兴的历史伟业提供坚强作风保障。

国有企业党委要强化真抓实干，必须把"真"和"实"作为生命线。务实功、出实招、求实效，善作善成，坚决杜绝口号式、表态式、包装式落实的做法。要求实，把调查研究作为开展工作的先导，使作出的决策部署都是建立在对实际情况的真实掌握和集思广益的基础上，确保政策对路、措施对症、方法对头。要务实，不定不切实际的目标、不开不解决问题的会、不发没有实质内容的文、不做"只留痕不留绩"的事，坚决反对形式主义、官僚主义。要落实，把实际工作成效作为检验好坏的基本标准，强化过程管控、结果导向，一件一件抓到底，以"功成不必在我""功成必定有我"的精神境界，创造出经得起历史、实践和人民检验的业绩。对当务之急，要立说立行、紧抓快办，不能慢慢吞吞、拖拖拉拉。对长期任务，要保持战略定力和耐心，坚持一张蓝图绘到底，滴水穿石，久久为功。

国有企业纪委要对风腐一体问题深挖细查，健全风腐同查的工作机制。强化系统观念，把握"四风"与腐败风腐同源、风腐一体特征，对风腐问题一体推进、一体纠治，提升作风建设治理效能。不正之风滋生掩藏腐败，腐败行为助长不正之风。坚持从政治上看、从政治上抓，准确把握风腐同源、由风变腐、风腐一体的特征，坚持风腐同查、纪法同施，以严明纪律一体推进纠治"四风"和惩治腐败，推动作风建设向纵深发展。坚持问题导向，紧盯风腐交织突出问题，一个节点一个节点坚守，持续释放全面从严、一严到底的强烈信号，防止风腐问题成风成势。深化以案促改、以案促治，紧盯查处的作风和腐败案件，深入查找普遍性、反复性问题出现的背后成因，推动完善制度机制。把反"四风"和反腐败统筹起来，落实到党风政风监督、巡视巡察、监督检查、审查调查等各项工作中，一体谋划和纠治，坚决防治由风及腐、风腐一体问题。健全风腐同查同治工作机制，既"由风查腐"又"由腐纠风"。

三、研究群众工作特点

基层是干事的根基，人民是创业的动力。只有真正了解并把握住基层，才能把握住干事创业的大局、大势和方向，从而拥有能干事的机遇和舞台；只有真正融入并赢得群众，才能赢得干事创业的动力、优势和前途，从而拥有干成事的依靠与力量。

党委要及时研判舆情动态，准确把握职工群众心理情绪，尽量满足职工群众的合理诉求，把暖民心、顺民意的工作做到群众心坎上。要把党的优良传统和新技术新手段结合起来，走好网上群众路线，提高做好群众工作的本领。落实好领导干部定期接待职工来访、同干部职工谈心、职工满意度测评等制度，解决职工群众关心的热点、难点问题，对职工群众反映的问题及时提出处理意见。

四、联系群众方法

方向要锚定。做群众工作，要把准政治方向，始终站稳人民立场。从群众中来、到群众中去，迈进群众的门槛容易，走进群众的心坎不易。党委要把群众呼声作为第一信号，多听群众怎么说，问政于民、问计于民、问需于民，想人民之所想，行人民之所嘱，让广大人民群众共享高质量发展成果。多问群众怎么看，遇事不避、见事不绕，想群众所想，急群众所急，找到群众需求点，绘出最大同心圆，奏出为民办事最强音。

感情要深厚。做群众工作必须坚守为民初心，厚植为民情怀，增进群众感情。建立和完善民意调查等制度，利用传统媒体和互联网等各种渠道了解社情民意，倾听群众呼声，密切党群干群关系。领导干部要用心用情、排忧解难，做好百姓贴心人。说百姓话、办百姓事，"把屁股端端地坐在老百姓的这一面"，在身挨身坐、心贴心聊的深入交流中，真诚倾听群众呼声、真实反映群众愿望、真情关心群众疾苦，始终同人民群众站在一起、想在一起、干在一起。要甘当"小学生"，向群众求教、向人民问策，学习借鉴人民群众的"真知识""金点子"，更好地察民情、聚民智、汇民力，把党的正确主张变为群众的自觉行动。

落实要迅速。民生无小事，枝叶总关情。要将"快"的要求贯穿群众工作全过程，努力做到民有所呼、我有所应，民有所盼、我有所为。及时把上级要求与群众实际需要对接起来，带动群众、凝聚群众。

基层党组织应畅通党员联系渠道，保证党员和基层党组织的意见、建议能够及时、顺畅、真实地反映到上级党组织，上级党组织的答复和处理情况及时反馈到下级党组织和有关党员，做到下情及时上达，上情及时下达。实践中，每年至少要开展一次职工思想状况调查分析。

效果要实诚。办好一件实事，温暖一片人心。为群众做实事、办好事、解难事，关键在真抓实干、落到实处。群众急难愁盼的事，就是我们要努力做好的事，提升群众工作的针对性和精准度。用心用情用力想办法破解难题，以"一竿子插到底"的决心，从小事办起、把难事办好，助力解决群众最关心、最直接、最现实的利益问题，把群众工作做到群众心坎上，让百姓真切感受到发展变化，获得实惠。

第二节　调查研究

调查研究是我们党的传家宝。调查研究是谋事之基、成事之道，没有调查就没有发言权，没有调查就没有决策权。正确的决策离不开调查研究，正确的贯彻落实同样也离不开调查研究。调查研究是获得真知灼见的源头活水，是做好工作的基本功。

进入新时代，以习近平同志为核心的党中央高度重视调查研究工作，把调查研究作为我们党科学决策的重要依据、联系群众的重要途径、做好工作的重要方法、改进作风的重要环节，在全党大兴调查研究。党的十八大后出台的中央八项规定，第一条就是"改进调查研究"。

一、总体要求

坚持以习近平新时代中国特色社会主义思想为指导，全面贯彻落实党的二十大精神，紧紧围绕党的理论和路线方针政策、党中央重大决策部署的贯彻执行，大力弘扬党的光荣传统和优良作风，突出问题导向和目标导向，促进广大党员干部特别是领导干部带头深入调查研究，不断深化对党的创新理论的认识和把握，善于运用党的创新理论研究新情况、解决新问题、总结新经验、探索新规律，扑下身子干实事、谋实招、求实效，使调查研究工作同中心工作和决策需要紧密结合起来，更好为科学决策服务，为提高党的执政能力和领导水平服务，为完成新时代新征程的使命任务服务。

必须坚持党的群众路线，从群众中来、到群众中去，增进同人民群众的感情，真诚倾听群众呼声、真实反映群众愿望、真情关心群众疾苦，自觉向群众学习、向实践学习，从人民的创造性实践中获得正确认识，把党的正确主张变为群众的自觉行动。

必须坚持实事求是，坚守党性原则，一切从实际出发，理论联系实际，听真话、察实情，坚持真理、修正错误，有一是一、有二是二，既报喜又报忧，不唯书、不唯上、只唯实。

必须坚持问题导向，增强问题意识，敢于正视问题、善于发现问题、精准分析问题，以解决问题为根本目的，真正把情况摸清、把问题找准、把对策提实，不断提出真正解决问题的新思路新办法，把推动问题整改贯穿始终，一环紧着一环拧，一锤接着一锤敲，积小胜为大胜。着力构建狠抓问题整改的监督闭环机制，从"解剖一个问题"到"解决一类问题"，切实取得净化政治生态、消除风险隐患、促进良性发展的全局性、长期性效果。需要提醒的是，坚持问题导向，并不是为了找问题而找问题，也不是要把问题清单列得整齐、摆得高高。

必须坚持"凡事皆有解"的"有解思维"，发扬斗争精神，增强斗争本领，勇于涉险滩、破难题，敢于接"烫手山芋"，善于啃"硬骨头"，知难而进、迎难而上，扑下身子摸实情，撸起袖子干实事，千方百计解民忧、纾民困、暖民心，把调查研究成果转化为推进工作、战胜困难的实际成效。

必须坚持系统观念，深入实际、深入基层、深入群众调查了解情况，不为一时一事所惑，不为风险挑战所惧，明发展大势，谋长远之计，下好先手棋，打好主动仗，把握好全局和局部、当前和长远、宏观和微观、主要矛盾和次要矛盾、特殊和一般的关系，前瞻性思考、全局性谋划、整体性推进各项事业。

二、调研内容

紧紧围绕全面贯彻落实党的二十大精神、推动高质量发展，直奔问题去，实行问题大梳理、难题大排查，着力打通贯彻执行中的堵点淤点难点。各级党委要立足职能职责，围绕做好事关全局的战略性调研、破解复杂难题的对策性调研、新时代新情况的前瞻性调研、重大工作项目的跟踪性调研、典型案例的解剖式调研、推动落实的督查式调研，突出重点、直击要害，结合实际确定调研内容。

（1）贯彻落实党中央决策部署和习近平总书记对国有企业、本领域工作重要指示批示精神的主要情况和重点问题。

（2）贯彻新发展理念、服务和构建新发展格局、推动高质量发展中的重大问题，推进高水平科技自立自强，深化供给侧结构性改革、建设现代化产业体系，助力推进乡村振兴中的主要情况和重点问题。

（3）统筹发展和安全，确保粮食、能源、产业链供应链、生产、食品药品等安全，防范化解重大经济金融风险中的主要情况和重点问题。

（4）全面深化改革开放中的重大问题，重要领域和关键环节改革、推进高水平对外开放中的主要情况和重点问题。

（5）意识形态领域面临的挑战，推进文化自信自强、建设社会主义文化强国和新闻舆论引导、网络综合治理中的主要情况和重点问题。

（6）推进共同富裕、增进民生福祉中的重大问题，巩固拓展脱贫攻坚成果、做好定点帮扶、助力乡村振兴，提升获得感幸福感安全感、建设美好生活中的主要情况和重点问题。

（7）最关心最直接最现实的利益问题，特别解决群众急难愁盼的具体问题。

（8）牢固树立和践行绿水青山就是金山银山理念方面的差距和不足，推进美丽中国建设、保护生态环境中的主要情况和重点问题。

（9）维护社会稳定中的重大问题。

（10）全面从严治党中的重大问题，落实党的领导弱化虚化淡化、党组织政治功能和组织功能不够强，干事创业精气神不足、不担当不作为，应对"黑天鹅""灰犀牛"事件和防范化解风险能力不强，形式主义、官僚主义，特权思想和特权行为等重点问题。

（11）本单位长期未解决的老大难问题。

三、方法步骤

开展调查研究，可采取以下步骤。

提高认识。要深入学习领会习近平总书记关于调查研究的重要论述，学习习近平总书记关于本地区本部门本领域的重要讲话和重要指示批示精神，继承和发扬老一辈革命家深入基层调查研究的优良作风，增强做好调查研究的思想自觉、政治自觉、行动自觉。

制定方案。围绕调研内容，结合实际，广泛听取各方面意见，研究制定调查研究的具体方案，明确调研的项目课题、方式方法和工作要求等，统筹安排、合理确定调研的时间、地点、人员。党委班子成员把调研重点放在基层单位，原则上每年到各联系点调研1—2次。

开展调研。针对相关领域或工作中最突出的难点问题进行专项调研，更多聚焦问题、聚焦市场需求、聚焦重点任务、聚焦科研生产经营发展。坚持因地制宜，综合运用座谈访谈、随机走访、问卷调查、专家调查、抽样调查、统计分析等方式，充分运用互联网、大数据等现代信息技术开展调查研究，提高科学性和实效性。要深入基层单位，掌握实情、把脉问诊，问计于群众、问计于实践。转换角色、走进群众，了解群众的烦心事操心事揪心事，发现和查找工作中的差距不足。结合典型案例，分析问题、剖析原因，举一反三采取改进措施。

深化研究。全面梳理汇总调研情况，运用习近平新时代中国特色社会主义思想的世界观、方法论和贯穿其中的立场观点方法，进行深入分析、充分论证和科学决策。特别是对那些具有普遍性和制度性的问题、涉及改革发展稳定的深层次关键性问题，以及难题积案、顽瘴痼疾等，要研究透彻、找准根源和症结。

解决问题。对调研中反映和发现的问题，逐一梳理形成问题清单、责任清单、任务清单，逐一列出解决措施、责任单位、责任人和完成时限。对短期能够解决的，立行立改、马上就办。对一时难以解决、需要持续推进的，明确目标，做到问题不解决不松劲、解决不彻底不放手。

督查回访。党委要建立调研成果转化运用清单，加强对调研课题完成情况、问题解决情况的督查督办和跟踪问效；领导干部要定期对调研对象和解决问题等事项进行回访，注意发现和解决新的问题。

四、调研五字诀

知屋漏者在宇下，知政失者在草野。调查研究是洞察大势的"望远镜"，是破解难题的"金钥匙"，是科学决策的"地基桩"，是改进作风的"磨刀石"。

调查研究要加大研究力度，提高研究水平，防止调查多研究少、情况多分析少，提出的对策建议不解决实际问题。坚持从政治上研究和把握问题，注重把党中央精神和决策部署结合起来思考、分析问题，透过现象看本质，形成针对性、指导性、操作性强的意见和建议，做到凡是该掌握的情况就掌握清楚，凡是该研究的问题就研究透彻，确保决策科学、执行有效。

调查研究务求"深、实、细、准、效"。

"深"，就是要深入群众，深入基层，善于与工人、知识分子等交朋友，到厂矿、车间、研究室、试验场等去解决问题。调查研究要深入实际、深入基层、深入群众，多层次、多方位、多渠道地调查了解情况，掌握实情、把脉问诊，问计于群众、问计于实践。调查研究的落脚点是落实工作，解决问题，不能只调不研，不解决问题。

"实"，就是作风要实，做到轻车简从，简化公务接待，真正做到听实话、摸实情、办实事。在调查研究中能不能、敢不敢实事求是，是党性问题，是调查研究的重要价值遵循。调查研究要增强问题意识，既要到工作做得好的单位总结经验，更要多到困难比较多、矛盾比较集中的单位了解情况、研究问题、指导工作，把工作中的矛盾、短板、弱项搞清楚。要选真题、听实话、察实情、收实效，有效指导调查研究的各个环节。

"细"，就是要认真听取各方面的意见，深入分析问题，掌握全面情况。做到严谨和周全，在决策之前细谋划、实施之中细分工巧合作、经验教训细总结，既能解剖麻雀，又能放眼全局。落脚到掌握事物的全面情况，提升信息资料的全面性、调查对象的代表性及方法的科学性、分析的透彻性。调查研究过程中要同干部职工面对面交流、心与心沟通，既摸清综合情况又了解典型案例，既听干部意见又听群众意见，既了解成绩经验又发现问题不足，真正把各方面情况摸清吃透。

"准"，就是要善于分析矛盾、发现问题，透过现象看本质，把握规律性的东西。既要准确把握全貌，又要分析出问题的本质与规律。通过准确全面深入地把握真相与全貌，将特殊性认识上升到一般性认识，提炼出规律，找到工作推进、问题破解之道。调研对象单位必须反映真实情况，不得弄虚作假，不得编假情况、造假数字，不得要求干部职工统一口径"背台词"。调研现场要真实，不得为迎接调研装修布置、增添设备、改变环境，不得设计所谓"经典调研线路"，不得安排有关人员当"群众演员"。

"效"，就是提出解决问题的办法要切实可行，制定的政策措施要有较强操作性，做到出实招，见实效。凸显效果导向，不断提出真正解决问题的新思路新办法，有效解决面临的重大问题、发展难题，切实把调研成果转化为解决问题、改进工作的实际举措。要在调查研究中增强学习研究能力、改革创新能力、群众工作能力，提高决策、执行、监督水平。做好调研信息、成果的充分交流、沟通、共享。

实践中，调查研究可分为综合调研和专题调研。综合调研要全面掌握情况，统筹推动全局性工作；专题调研要增强针对性，精准发力推进具体业务工作。两种调研方式要结合起来，做到有的放矢。

第三节　谈心谈话

谈心谈话是发扬党内民主、增进党内团结、推动党的事业健康发展的有效途径和形式，是了解党员、关心党员、爱护党员、联系群众的重要手段。在党员遇到困难、发生矛盾、出现失误、存在问题、提拔使用等情况时进行谈话，是发扬党内民主、增进党内团结的重要活动。

一、范围对象

在党委班子成员间、党委书记与党委班子成员间、党委书记与所属党总支、支部书记间、党委班子成员与分管部门支部成员间、领导干部与约其谈心谈话的党员间，开展谈心谈话活动。

各级党委班子成员、所属部门单位或内设机构领导干部中出现以下情况时，党委书记必须及时约谈：

（1）工作变动，主要是指按照管理权限，在领导干部离任、退任或岗位职务发生变化、调整情况时必谈。

（2）不良反映，主要是指在党员、群众中出现有关党员干部不良反映情况时必谈。

（3）履职不力，主要是指履行岗位职责不到位、执行上级部署不坚决、推进各项工作不得力，工作进度滞后、任务完成不理想时必谈。

（4）违规违纪，主要是指出现违规违纪行为，被上级通报批评或受到组织处置、纪律处分时必谈。

（5）遇挫遇难，主要是指工作中出现重大失误，特别是加强队伍建设、推进重点攻坚任务中遇到困难时必谈。

（6）生活困难，主要是指党员干部自身或家庭成员生活遇到困难、发生变故，思想、情绪出现波动时必谈。

（7）精神不振，主要是指在工作中精神萎靡、干劲不足、状态不佳、作风不实、组织纪律散漫时必谈。

（8）出现矛盾，主要是指在党员干部之间存在矛盾纠纷或重大意见分歧，团结协作可能会受到影响时必谈。

二、主要内容

谈心谈话要按照"见人见事见思想"的原则，不以一般性沟通代替谈心谈话、不以谈具体性事务代替思想沟通、不以谈自己代替谈对方，可突出以下四个方面的内容：

（1）征求意见，谈心谈话时每位党员要毫不隐瞒地亮明自身问题，并虚心诚恳地征求对方对自己的批评意见，多方面听取和分析自己的缺点。

（2）诚勉提醒，本着对同志负责的态度，真心实意指出对方存在的不足和问题，坦诚地提出意见建议，帮助同志改进提高。

（3）交流思想，谈话中要深入沟通交流，不拐弯抹角，不遮遮掩掩，对存在的分歧深入交换意见。

（4）党组织书记与班子成员、与党员群众谈心谈话时，要注重了解对方思想、工作、作风、生活等各方面情况，对发现的实际困难主动给予帮助。

三、方式方法

谈心谈话采用个别谈话与集体谈话相结合的方法进行，一般采取"一对一、面对面"的方式深入沟通交流，涉及共性谈话问题时，可采取"一对多"的方式，进行集体谈话。

谈心谈话一般每年不少于一次，可安排在党员领导干部民主生活会前进行。

四、组织实施

党组织要认真制定谈心谈话方案，各级党员领导干部要主动与其他同志谈心，谈心谈话开展情况可纳入各级党建工作目标考核，确保工作成效。

示例78 谈心谈话记录表

谈话人：

序号	谈话对象	谈话时间	谈话地点	谈话主要内容
1				
2				
3				

续表

序号	谈话对象	谈话时间	谈话地点	谈话主要内容
4				
5				
6				

第四节　党内关怀帮扶

开展党内关怀帮扶，坚持严管和厚爱结合、激励和约束并重，着力增强党员党的意识和宗旨意识，教育引导党员不忘初心、牢记使命，吃苦在前，享受在后，全心全意为人民服务；必须热情关怀帮扶党员，不断激发党员履职尽责、担当作为的内生动力。要注重从政治上激励、工作上支持、待遇上保障、心理上关怀。

一、政治思想关怀

强化党的科学理论武装。要坚持用习近平新时代中国特色社会主义思想武装头脑、指导实践、推动工作，全面贯彻落实党的二十大精神和习近平总书记重要指示批示，引导广大党员捍卫"两个确立"，增强"四个意识"、坚定"四个自信"、做到"两个维护"。要加强政治理论教育、纪律作风教育、形势政策教育、革命传统教育。要严格党内政治生活，加强日常教育管理监督，教育引导党员珍视党员身份，积极参加党的活动，自觉加强党性锻炼，不断提高政治思想觉悟，树立正确的世界观、人生观、价值观。注重创新学习形式，充分发挥党建平台等学习阵地作用，推动党员形成善于学习的浓厚氛围。

完善党员激励措施。按照有关规定，对作出贡献、表现突出的党员通过授予荣誉称号、表彰奖励和表扬等形式进行褒奖。坚持定期开展"两优一先"等评选表彰，各级党委可邀请受到表彰的先进代表参加重要活动。探索以先进典型名义命名工作团队、工作室、生产班组等。在"七一"党的生日、党员入党纪念日等，党组织可采取重温入党誓词等政治仪式，推动党员将政治信仰融入情感之中、内心深处。党龄达到50年、一贯表现良好的党员，按照上级党组织安排，颁发"光荣在党50年"纪念章。

健全党组织联系党员机制。健全党员领导干部直接联系党员制度，党员领导干部应当积极接受党员约谈。在党员接转组织关系、获得荣誉表彰等时，党组织应当派人与其谈心谈话，给予鼓励鞭策。党组织要主动关心犯过错误、受到处理或者处分的党员，教育帮助他们改正错误，放下包袱，积极工作。

二、工作生活关怀

积极为党员成长成才创造条件。党委应当组织党员参加各类提升专业化能力和知识技能培训，鼓励支持党员参加脱产培训、网络培训、在职学历学位教育等多种形式的教育培训，引导和帮助党员完善履行岗位职责必备的基本知识体系和技术技能，为党员职业发展创造良好条件。积极为党员成长成才搭建舞台，将党员培养成本领域、本行业、本专业的骨干人才。

关心关怀党员身心健康。发挥思想政治工作优势，加强对党员思想、工作、生活状况的了解，主动帮助解决后顾之忧。要及时了解掌握党员身患严重疾病、遭遇重大挫折、遭受家庭重大变故等情况，对于遭受严重心理创伤的党员，帮助协调相关专业机构开展心理疏导和治疗。

三、关怀帮扶重点对象

做好因公殉职、牺牲党员家庭和因公伤残党员关怀帮扶。党委要主动关心关爱因公殉职、牺牲党员的家庭和因公伤残党员，要逐户逐人建档立卡，掌握其父母和配偶、子女的经济来源，以及养老就医、入学就业等情况，明确专人联系，定期跟踪走访，帮助解决实际问题。对于生活困难尤其是需要赡养老人、抚养未成年子女的，基层党委应加强联系，协调帮助解决实际困难。

做好老党员关怀帮扶。党委要敬重关爱老党员，按照规定范围，通过情况通报会、座谈会等形式及时向老党员传达党的路线方针政策、上级党组织的决议和有关文件精神及单位发展情况等，注意听取他们的意见建议。热情为老党员提供学习教育、文体活动、健康咨询、心理慰藉等服务。党组织要经常上门看望重病、高龄、失能等特殊困难的老党员，并通过党员义工、志愿服务、结对帮扶等方式给予关心照顾。

做好生活困难党员关怀帮扶。党委要摸底排查掌握生活困难党员情况，建立生活困难党员信息库，通过社会保障、党内互助等方式帮助协调解决实际困难。坚持组织开展"送温暖、献爱心"和元旦春节等重大节日、"七一"走访慰问等活动，为生活困难党员提供多种形式的帮助。党组织要关心因参加重大任务、专项工作导致生活困难的，或者其家庭成员遭遇突发情况的党员，及时派人上门看望慰问，帮助解决具体问题。

做好基层一线党员干部关怀帮扶。党委要树立重视基层、支持基层、关爱基层的鲜明导向，关心和支持长期工作在偏远困难地区和单位、外场、驻外机构等一线党员干部，宣传奉献事迹，褒奖先进典型。

加大培养选拔奋战在科研生产经营一线的党员干部力度。对异地交流、挂职和对口支援的党员干部，按照有关政策规定，落实交流干部工作和生活保障相关措施。

示例 79　某集团公司的"员工能量"

某集团公司坚持以人为本，把员工看作企业改革发展的主体，为员工提供足够的发展机会和广泛的参与空间，通过爱护"员工能量"、凝聚"员工能量"、引领"员工能量"和提升"员工能量"等途径，来激发"员工能量"。

激发能量的主要路径是：通过"关爱员工"，来转化党的群众优势，爱护"员工能量"；通过加强队伍建设，来转化党的组织优势，凝聚"员工能量"；通过参与企业重大决策和战略规划，来转化党的领导优势，引领"员工能量"；通过思想政治工作引领，来转化中国共产党人的精神谱系优势，提升"员工能量"。

针对员工需求，来解决好员工最关心最直接最现实的问题，实现企业和员工共同发展。对刚参加工作的年轻员工，就像对待自己的孩子一样，关心他们住得怎么样，生活上有什么不方便的地方；对中年员工像对待自己的兄弟姐妹，关心他们的孩子上学问题、工作上有没有困难；对退休的员工像对待自己的父母一样，关心他们的退休生活。

第五节　党务公开

党务公开是指党的组织将其实施党的领导活动、加强党的建设工作的有关事务，按规定在党内或者向党外公开，使广大党员更好地了解和参与党内事务。国有企业党委应本着坚持正确方向、发扬民主、积极稳妥和依规依法的原则，建立健全党务公开的保密审查、风险评估、信息发布、政策解读、舆论引导、舆情分析、应急处置等工作机制。

一、内容范围

国有企业党委贯彻落实党的基本理论、基本路线、基本方略情况，领导经济社会发展情况，落实全面从严治党责任、加强党的建设情况，以及党委职能、机构等情况，除涉及党和国家秘密不得公开或者依照有关规定不宜公开的事项外，一般应当公开。党务公开不得危及政治安全特别是政权安全、制度安全，以及经济安全、军事安全、文化安全、社会安全、国土安全和国民安全等。

党委公开内容主要包括：

（1）学习贯彻习近平新时代中国特色社会主义思想和党中央、国务院决策部署，捍卫"两个确立"，增强"四个意识"、坚定"四个自信"、做到"两个维护"情况。

（2）发挥领导作用，把方向、管大局、保落实，研究深化企业改革发展和党的建设整体工作部署和重大改革举措以及推进落实情况。

（3）坚持党的全面领导，加强党的建设，落实党建工作责任制，履行全面从严治党主体责任情况。

（4）党委职能和机构设置情况。

（5）党委重要会议、活动情况。

（6）党委直接管理的领导人员人事任免情况。

（7）党风廉政建设和反腐败工作。

（8）其他应公开的党务。

党委应当根据党务公开内容和范围编制党务公开目录，并根据职责任务要求动态调整。党务公开目录报上级党组织备案，并按照规定进行公开。

二、公开程序

凡列入党务公开目录的事项，党委可按照以下程序及时主动公开：

（1）提出。党委有关部门研究提出党务公开方案，拟订公开的内容、范围、时间、方式等。

（2）审核。党委有关部门进行保密审查，并从必要性、准确性等方面进行审核。

（3）审批。党委依照职权对党务公开方案进行审批，超出职权范围的按程序报批。

（4）实施。党委有关部门按照经批准的方案实施党务公开。

三、公开方式

既可采取召开会议、制发文件、编发简报、在办公平台发布等方式公开，也可根据需要采取发布公告、召开新闻发布会、接受采访，在报刊、广播、电视、企业官网和官方微博微信、公开栏发布等方式公开。

党委应将党务公开工作情况纳入向上一级组织报告工作或者抓党建工作专题报告的重要内容。党委应当将党务公开工作情况作为履行全面从严治党政治责任的重要内容，对下级组织及其主要负责人进行考核。党委应当每年向有关党员和群众通报党务公开情况，并纳入党员民主评议范围，主动听取群众意见。党委应当建立健全党务公开工作督查机制，开展经常性检查和专项督查，专项督查可以与党风廉政建设责任制检查考核、党建工作考核等相结合。督查情况应当在适当范围通报。

基层单位可设党务公开监督员，加强对日常公开工作的监督。

示例 80　党务公开目录

一、学习贯彻党中央、国务院和上级党组织决策部署

1. 学习贯彻习近平新时代中国特色社会主义思想和习近平总书记重要指示批示

2. 传达学习贯彻党中央、国务院及国资委党委重大决策部署和重要会议文件精神

二、企业改革发展和党的建设

1. 企业改革发展整体工作部署和重大改革举措及推进落实情况

2. 党的建设整体工作部署和重大改革举措及推进落实情况

三、履行全面从严治党主体责任

1. 落实党建工作责任制

2. 部署推动党内主题教育和重要专项工作

3. 严格干部队伍日常监督和管理

4. 建立健全党建规章制度

四、党委职能和机构设置

1. 党委职能和机构设置

2. 党委领导职责分工

3. 相关工作规则

五、党委重要会议、活动

1. 以党委名义召开的重大会议或组织的重要活动

2. 党委中心组学习、民主生活会

六、重要人事任免

1. 国有企业党委直接管理的领导人员人事任免

2. 人事工作规章制度

七、党风廉政建设和反腐败工作

1. 落实"两个责任",加强党内监督
2. 加强作风建设,反对"四风",贯彻落实中央八项规定及其实施细则精神成果
3. 廉政文化建设和党性教育、警示教育活动
4. 纪律处分和典型案件通报曝光

第六节　统战工作

统一战线是中国共产党凝聚人心、汇聚力量的政治优势和战略方针,是夺取革命、建设、改革事业胜利的重要法宝,是增强党的阶级基础、扩大党的群众基础、巩固党的执政地位的重要法宝,是全面建设社会主义现代化国家、实现中华民族伟大复兴的重要法宝。

一、统战工作范围

国有企业中的民主党派成员、无党派人士、党外知识分子、少数民族人士、宗教界人士、非公有制经济人士、新的社会阶层人士、出国和归国留学人员、香港同胞、澳门同胞、台湾同胞及其在大陆的亲属、华侨、归侨及侨眷、其他需要联系和团结的人员。重点是做好具有高级职称的党外专家、技术骨干、各级党外人大代表、政协委员、民主党派基层组织和统战团体的负责人,企业董事会、监事会及经营管理层中的党外人士或非公有制经济人士等方面代表人士的工作。

二、党委统战职责

国有企业党委对本单位统一战线工作负主体责任，主要职责有：

（1）贯彻落实党中央以及上级党委（党组）关于统一战线工作的决策部署和工作要求，指导和督促检查下级党组织做好统一战线工作，重视加强基层统一战线工作。

（2）定期研究统一战线重大问题、部署重要工作，每年向党中央或者上一级党委（党组）报告统一战线工作情况。

（3）按照权限制定统一战线工作相关党内法规、规范性文件和重要政策，并组织实施。

（4）组织开展统一战线理论方针政策的学习、研究、宣传和教育，把统一战线理论方针政策纳入党委理论学习中心组学习内容和党校教学内容，把统一战线工作纳入宣传工作计划。

（5）做好本单位统一战线工作，加强统战干部、人才队伍建设。

（6）发现、培养、使用、管理党外代表人士，健全领导干部与党外代表人士联谊交友制度。

三、统战工作机制

加强党对统一战线工作的集中统一领导，确保党在统一战线工作中总揽全局、协调各方，保证统一战线工作始终沿着正确政治方向前进。

国有企业构建党委统一领导、统战部门牵头协调、有关方面各负其责的大统战工作格局。各级党委（党组）主要负责人为本单位统一战线工作第一责任人。党委（党组）领导班子成员应当带头学习、宣传和贯彻落实统一战线理论方针政策和法律法规，带头参加统一战线重要活动，带头广交深交党外朋友。统一战线工作任务重的大型国有企业党委（党组）明确机构和人员负责统一战线工作。统一战线工作任务重

的其他单位党组（党委）明确相关机构负责统一战线工作。企业党委
实行常委制的，同级党委常委中应有同志分管统战工作；实行委员制
的，应有同级党委委员分管统战工作。

第七节　群团工作

群团事业是党的事业的重要组成部分，党的群团工作是党治国理政
的一项经常性、基础性工作，是党组织动员广大人民群众为完成党的中
心任务而奋斗的重要法宝。

一、增强"三性"

保持和增强党的群团工作的政治性。政治性是群团组织的灵魂，是
第一位的。保持和增强党的群团工作的政治性，关键是群团组织必须自
觉坚持中国共产党的领导。坚持党的领导，是做好党的群团工作的根本
保证，是必须坚持的正确政治方向，也是党的群团工作的优良传统。群
团组织要始终把自己置于党的领导之下，在思想上政治上行动上始终同
以习近平同志为核心的党中央保持高度一致，自觉维护党中央权威，坚
决贯彻党的意志和主张，严守政治纪律和政治规矩，经得住各种风浪考
验，在大是大非问题面前立场坚定、旗帜鲜明，在关键时刻敢于冲锋陷
阵、发声亮剑。

党的群团工作的政治性，主要体现在工会、共青团等群团组织要承
担起引导群众听党话、跟党走的政治任务，为夯实党执政的阶级基础和
群众基础作出贡献上。这是群团组织同一般社会组织的根本区别，也是
衡量群团组织工作做得好不好的政治标准。

做好党的群团工作，必须毫不动摇坚持中国特色社会主义群团发展
道路，全面把握"六个坚持"的基本要求和"三统一"的基本特征。

"六个坚持"是指坚持党对群团工作的统一领导，坚持发挥桥梁和纽带作用，坚持围绕中心、服务大局，坚持服务群众的工作生命线，坚持与时俱进、改革创新，坚持依法依章程独立自主开展工作。"三统一"是指群团自觉接受党的领导、团结服务所联系的群众、依法依章程开展工作相统一。

切实保持和增强群团组织的先进性。工会、共青团等群团组织是党直接领导的群众组织，承担着组织动员广大人民群众为完成党的中心任务而共同奋斗的重大责任。

工会肩负着引领工人阶级跟党走、使之成为党最坚实最可靠的阶级基础的使命。共青团是先进青年的群团组织，是党的助手和后备军。保持和增强群团组织的先进性，必须牢牢把握为实现中华民族伟大复兴中国梦而奋斗的时代主题，紧紧围绕党和国家工作大局，组织动员广大人民群众走在时代前列，在改革发展稳定第一线建功立业。必须始终站在党和人民的立场上，坚持为党分忧、为民谋利，把思想政治工作贯穿所开展的各种活动，多做组织群众、宣传群众、教育群众、引导群众的工作，多做统一思想、凝聚人心、化解矛盾、增进感情、激发动力的工作。

切实保持和增强群团组织的群众性。群众性是群团组织的根本特点。离开了群众性，群团组织就容易走向官僚化、空壳化。群团组织开展工作和活动要以群众为中心，让群众当主角，而不能让群众当配角、当观众。群众心里没有群团组织，不积极参与群团组织活动，或者群团组织覆盖面越来越窄，那就等于削弱了做党的群团工作的基础。

保持和增强群团组织的群众性，必须克服重"精英"轻"草根"的倾向，更多关注、关心、关爱普通群众。必须健全组织特别是基层组织，组织是群团凝聚群众的阵地，群团基层组织处在群众工作第一线。必须健全联系群众的长效机制，密切联系群众是群团组织建设的永恒主题，群团干部特别是领导机关干部要深入基层、深入群众，多一些真诚、少一些套路，争当全心全意为人民服务宗旨的忠实践行者、党的群众路线的坚定执行者、党的群众工作的行家里手。必须坚持眼睛向下、面向基层，重心下移，力量配备、服务资源向基层倾斜，更好适应基层工作和群众工作需要。基层群团组织要立足自身挖掘潜能，善于借船出海、借梯登高，把神经末梢搞敏感，把毛细血管搞畅通。群团组织要更多把普通群众中的优秀人物纳入组织，多一点"下里巴人"，少一点"阳春白雪"，拥有广泛性和代表性。

二、工会工作要求

工会组织必须全面地、有效地将坚持党的领导，贯彻落实到工会工作全过程和各方面。坚定维护以习近平同志为核心的党中央权威和集中统一领导，始终在思想上政治上行动上同以习近平同志为核心的党中央保持高度一致。坚持不懈用习近平新时代中国特色社会主义思想凝心铸魂，持续推动理论武装走深走实，不断增强学习践行党的创新理论的思想自觉和行动自觉。牢记"国之大者"，找准工会工作与党的中心任务的结合点、切入点、着力点，推动党中央决策部署在工会系统落实落地。加强思想政治引领，做好职工思想政治工作，教育引导广大职工坚定不移听党话、跟党走，确保工人阶级始终是我们党最坚实最可靠的阶级基础。

工会组织要把广大职工群众紧密团结在党的周围，为实现党的中心任务而团结奋斗。围绕贯彻新发展理念、构建新发展格局、推动高质量发展，广泛深入开展各种形式的劳动和技能竞赛，激发广大职工的劳动热情、创造潜能，在各行各业各个领域充分发挥主力军作用。大力弘扬劳模精神、劳动精神、工匠精神，发挥好劳模工匠示范引领作用，激励广大职工在辛勤劳动、诚实劳动、创造性劳动中成就梦想。围绕深入实施科教兴国战略、人才强国战略、创新驱动发展战略，深化产业工人队伍建设改革，加快建设一支知识型、技能型、创新型产业工人大军，培养造就更多大国工匠和高技能人才。

工会组织要推动共同富裕取得更为明显的实质性进展。工会作为职工利益的代表者和维护者，要认真履行维权服务基本职责，着力解决关系职工群众切身利益的实际问题。加强企事业单位民主管理，畅通职工诉求表达渠道，引导职工依法维护自身权益，推动构建和谐劳动关系。

工会组织要牢固树立大抓基层的鲜明导向。深化工会改革和建设，夯实基层基础，激发基层活力，不断增强基层工会的引领力、组织力、服务力。健全已有的组织基础，扩大工会组织覆盖面。创新工作方式，努力为职工群众提供精准、贴心的服务。工会干部要践行党的群众路线，深入调查研究，及时了解职工所思所想所盼，不断增强服务职工本领，真心实意为职工说话办事。

国有企业各级党委要加强对工会和工会工作的领导。选好配强工会领导班子，热情关心和严格要求工会干部，重视培养和使用工会干部。注重发挥工会组织作用，及时研究职工群众和工会工作遇到的重要问题，支持工会创造性开展工作。

三、共青团工作要求

国有企业各级党委要坚持党管青年工作原则，加强对共青团工作的领导和支持，建立和完善在党的领导下各部门齐抓共管青年发展事业的工作格局，支持共青团创造性开展工作。各级领导干部要倾注热忱做青年朋友的知心人、青年群众的引路人。

共青团要把党的中心任务作为中国青年运动和青年工作的主题和方向。共青团作为党的助手和后备军，必须紧紧围绕党的二十大确定的新时代新征程党的中心任务来开展工作，把住方向，奋发有为。共青团要把牢新时代青年工作的主题，最广泛地把青年团结起来、组织起来、动员起来，激励广大青年增强历史责任感和使命感，激发强国有我的青春激情，在强国建设、民族复兴伟业中勇当先锋队、突击队。

共青团要着力加强对广大青年的政治引领。青年人有理想、敢担当、能吃苦、肯奋斗，中国青年才会有力量，党和国家事业发展才能充满希望。加强对广大青年的理想信念教育，引导广大青年树立共产主义远大理想，坚定中国特色社会主义共同理想，坚定听党话、跟党走的政治信念，在强国建设、民族复兴的历史潮流中确立正确的人生目标，为一生的奋斗奠定基石。共青团要把加强对广大团员和青年的政治引领摆在首位，努力培养社会主义建设者和接班人，源源不断为党输送健康有活力的新鲜血液。要抓好面向广大团员和青年的主题教育，引导团员和青年认真学习领会习近平新时代中国特色社会主义思想，努力掌握这一科学思想的世界观和方法论，善于运用贯穿其中的立场观点方法分析问题，提高对党的基本理论、基本路线、基本方略的领悟力。

共青团要坚持围绕中心、服务大局。主动对接国家重大战略和重大任务，组织动员广大青年立足本职岗位，积极投身中国式现代化建设，在科技创新、乡村振兴、绿色发展、社会服务等各领域各方面工作中争当排头兵和生力军，展现青春的朝气锐气。

共青团要顺应全面从严治党的要求，全面从严管团治团。坚持问题导向，敢于刀刃向内，纵深推进团的改革，坚定不移走好中国特色社会主义群团发展道路，不断保持和增强政治性、先进性、群众性，不断提高团组织的引领力、组织力、服务力。坚持夯实基层的鲜明导向，不断扩大团组织的覆盖面，提升青年群众工作能力。团干部要倍加珍惜为党做青年工作的宝贵机会，不断提升政治能力、理论素养、群众工作本领，心无旁骛干好本职工作，用实打实的业绩赢得党的信任、赢得社会尊重、赢得青年口碑。

无数成功的事实表明，青年时代选择吃苦等于选择了收获，选择奉献等于选择了高尚。青年时期多经历一些摔打、挫折、考验，有利于走好一生的路。

示例 81　青年工作会上的致辞

鲜衣怒马少年时，不负韶华行且知

——在某公司第一次青年工作会上的致辞

各位代表，青年朋友们，同志们：

公司第一次青年工作会，今天隆重开幕了！受党委委托，向大会召开表示热烈的祝贺！向关心支持公司青年和共青团工作的上级领导、各兄弟单位领导，表示衷心感谢！向各位代表、团员青年、团干部致以诚挚的问候！

一代青年有一代青年的使命，一代青年有一代青年的责任。150 年前，120 名中国少年带着"师夷长技以制夷"的救国梦想，赴美留学。120 年前，梁启超写下《少年中国说》，发出"少年智则国智，少年富则国富，少年强则国强，少年独立则国独立"的时代召唤。100 年前，五四运动发出"外争主权，内除国贼"的呼喊。新中国成立之初，党中央作出了发展"两弹一星"的重大决策，1956 年国防部五院正式成立，揭开了发展中国导弹技术的序幕，奠定了中国航天事业的基础。

党的十八大以来，以习近平同志为核心的党中央高度重视航天事业发展。习近平总书记指出，发展航天事业，建设航天强国，是我们不懈追求的航天梦。航天发展，发展航天。作为航天发展的青年，发展航天事业，使命光荣、责无旁贷。

航天是强国建设之根本、民族复兴之基石。建设航天强国，是实现人生理想、报效国家民族、创造人间奇迹的乐土。爱国情怀是牵引无数航天人奉献青春、相伴终生的灵魂指引，对国家的热爱、对事业的追求相融合，是每一位航天人毕生的幸运，更是难舍的情怀，也正是这种赤诚的爱国之心，铸就了航天事业的辉煌。航天事业犹如一首永不谢幕的交响乐曲，将献身航天事业的拳拳赤子之心汇聚在一起，永远闪耀着奋斗之光、希望之光。

新时代呼唤着航天精英。使命因艰巨而光荣，人生因奋斗而精彩。青年时代选择吃苦，等于选择了收获；选择奉献，等于选择了高尚。小确幸固然可爱，但那应是青年人在大展拳脚后的中场休息。青年时期多经历一点摔打、挫折、考验，有利于走好一生的路。与时代并肩前行，小我融入国家大我、个人志向融入国家需求、人生价值追求融入国家前途命运，矢志不渝朝着崇高理想奋进。

新时代的航天发展，提供激扬青春、开拓人生、建设国家、奉献社会的广阔舞台。聚焦国家重大战略，瞄准国家重点需求，投身航天强国建设，为国"砺剑"，是青年激发潜能、升华人生的最佳选择。在应对重大挑战、抵御重大风险、提升核心竞争力、增强核心功能中，更好推动上市公司高质量发展，把光荣和梦想写在历史深处。

新时代的航天发展"砺剑"青年，正立于创造历史的前沿，未来光明、前途无限。青春拥有无限的活力和远大的前程，肩负着实现航天梦的伟大使命。当一个组织拥有一种活力，一群奋斗者充满一种精神时，几乎没有不可战胜的困难。想干事的人永远在找办法，不想干事的人永远在找理由。世上没有走不通的路，只有找不到路的人。练就过硬本领，锤炼品德修为，拥有开放的格局和胸怀、站在山巅看世界的能力，时时处处都有扑面而来的才华横溢。

人生路漫漫，弹指一挥间。身处如潮如歌的新时代，航天发展"砺剑"青年，要牢记习近平总书记的嘱托，立志做有理想、敢担当、能吃苦、肯奋斗的新时代好青年，为强国建设、民族复兴挺膺担当。在打造高质量的旗舰型龙头上市公司中，听党话、跟党走，既仰望星空，更脚踏实地，少一分浮躁，多一分认真；少一点好高骛远，多一点真抓实干；少一些急于求成的焦虑，多一些久久为功的坚守，把岗位当责任，把工作当使命，创造无愧于时代、无愧于人民、无愧于历史的新的青春业绩，焕发出更加绚丽的青春光彩。

鲜衣怒马少年时，不负韶华行且知。

国为重、家为轻，科学最重、名利最轻，是航天人的人生信条。

与诸位共勉！

四、群团工作内容

党委要坚持"党建带工建""党建带团建"，把党的要求贯彻落实到工会和团的建设之中，纳入党的建设总体规划，同部署同检查同总结。切实担负起对本单位工会和共青团等群众组织的领导责任，指导工会组织职工参加民主管理和民主监督，保障职工的合法权益；定期听取工会和共青团的工作汇报，讨论研究群众工作和青年工作的重要问题，发挥群众组织联系广大职工的桥梁纽带作用和团员青年的生力军作用。

主要工作内容有：

（1）把政治引领摆在首位。认真学习领会习近平新时代中国特色社会主义思想，努力掌握这一科学思想的世界观和方法论，善于运用贯穿其中的立场观点方法分析问题，提高对党的基本理论、基本路线、基本方略的领悟力。加强理想信念教育，引导树立共产主义远大理想，坚定中国特色社会主义共同理想，坚定听党话、跟党走的政治信念。努力培养社会主义建设者和接班人，源源不断为党输送健康有活力的新鲜血液。

（2）加强党对群团工作的领导和支持，明确分管群团工作的党委领导，形成党委统一领导、党政齐抓共管、部门各负其责、群团履职尽责工作格局。同级群团组织机构设置、调整、撤销、换届及主要负责人配备等重要事项，党委应当研究决定。党委每年至少 1 次听取群团工作汇报，定期研究群团工作。

（3）坚持围绕中心、服务大局，主动对接国家重大战略和重大任务，组织动员广大职工群众立足本职岗位，积极投身中国式现代化建设，在推动企业改革发展中建功立业。加强"劳模工作室""大国工匠""先进班组"等建设，大力开展创新创效活动，促进职工提高技术技能。

（4）加强职工民主管理，健全以职工代表大会为基本形式的民主管理制度，完善职工董事、职工监事制度，落实职工群众的知情权、参与权、表达权和监督权。凡是企业改制方案均应向职代会通报，涉及职工切身利益重大问题必须经职代会审议通过。

（5）关心关爱职工，依法依规维护职工合法权益，组织开展丰富多彩的群众性文体活动。

（6）加强青年工作，关注青年职工成长成才，发现和培养青年中的优秀人才，推荐他们进入更重要的科研生产工作岗位。青年研发人员要立志高远、脚踏实地，一步一步往前走，以十年磨一剑的韧劲，以"一辈子办成一件事"的执着，攻关高精尖技术，成就有价值的人生。

（7）创新开展群团组织的特色活动。

（8）按规定设置群团组织机构，保障工作经费。

（9）把群团建设纳入党建工作总体部署，纳入本单位党建工作考核评价体系。

示例 82　关于开展第一届青年创新大赛的通知

所属各单位团组织：

为深入学习贯彻习近平新时代中国特色社会主义思想，贯彻落实团十九大和团十九届二中全会部署，按照上级团委有关通知要求，进一步推进实施创新驱动发展战略和人才强企战略，搭建青年创新交流展示平台，激发广大青年的创造活力与创新热情，在推动高质量发展中贡献青春力量，公司团委组织开展第一届青年创新大赛。现将有关事项通知如下：

一、大赛主题

青春放飞梦想　创新成就未来

二、参赛要求

（一）参赛对象

公司全级次单位40周岁（1984年1月1日及以后出生）及以下青年。

（二）参赛方式

可以个人或团队（一般不超过5人）申报参赛，如申报项目属团队完成的，参与完成人中35周岁（1989年1月1日及以后出生）及以下青年的比例一般不低于50%。

（三）项目类型

1. 创新类：已形成科技创新、管理创新成果，并得到实际应用的项目。具体细分为科研生产类、经营管理类。

2. 创意类：正在构思或有初步研究，尚未形成应用创新成果的项目（具有较好前景的"新思路、新想法、新点子"，不要求项目已形成产品或产品原型，尤其是战略性新兴产业和未来产业）。

三、征集方向

参赛项目要按照公司发展目标，聚焦主责主业，围绕科技创新和产业发展重大战略需求，立足科研生产经营管理实际面临的技术难点和需求痛点，形成一批重要成果或提出解决方案。要突出青年原创，突出技术创新、管理创新，突出实用实效、创新创意，原则上为近三年以来青年科技创新项目。

四、大赛安排

（一）报名时间

报名截止时间：××月××日

（二）比赛程序

1.《第一届青年创新大赛项目申报书》（以下简称《项目申报书》，见附件 1）是本次大赛评审的基本技术文件和主要依据。

2. 参赛个人或团队填写《项目申报书》，并加盖本单位公章。

3. 由各单位团组织开展青年创新大赛参评项目的征集评选工作，并择优推荐申报。

4. 公司将对各单位的参赛项目进行初审、评审、发布。

五、奖项设置

本次大赛按照项目分类，根据参赛项目数量和质量，最终评选出一等奖、二等奖、三等奖，颁发奖杯和证书。其中，一等奖不超过 10%，二等奖不超过 20%，三等奖不超过 30%。

六、评审标准

（一）评定指标

本次大赛奖励等级综合评定指标及权重包括：

1. 技术、理论、方法自主创新程度，难易复杂程度（35%）。

2. 军事、社会、经济等综合效益（25%）。

3. 成熟性、完备性和可靠性（20%）。

4. 应用、转化情况与效果，科学技术价值、推动科技进步的作用（20%）。

（二）参赛人员

本次大赛主要完成人是对该项目的完成做出创造性贡献的下列人员：

1. 新理论、新概念、新方法的提出者。

2. 产品、工艺、材料等新技术的发明者。

3. 创造性方案、创新点的提出者。

4. 新产品的设计者。

5. 关键技术问题、技术难点的实际解决者。

6. 科技成果转化（产业化）项目的主要实施者。

7. 科技管理工作与经营管理工作的重要推动者。

8. 具有较好前景的"新思路、新想法、新点子"的提出者。

七、有关要求

（一）开展第一届青年创新大赛，是青年创新创效的重要内容，是凝聚青年人才、发现青年人才、培养青年人才、锻炼青年人才的重要载体，是打造攻坚克难中坚力量的重要途径。各单位要高度重视，切实以青年创新大赛为契机，充分发挥广大青年的创新优势，为推动公司高质量发展贡献青春力量。

（二）已获得上一级奖励的项目不参加比赛评选。申报项目权属必须清楚，各申报单位做好严格把关。如出现权属纠纷，由申报人及申报单位承担责任。

（三）青年创新大赛申报项目须经过所属单位审查，并提供书面鉴定意见。鼓励跨单位联合申报，以牵头单位审查为主。

（四）所属各单位团组织要认真组织好第一届青年创新大赛的申报工作，于截止时间前向公司团委报送申报书纸质材料（一式二份）及 PDF 电子版、汇总表，过期申报不予受理。

（五）申报数量要求：每单位不少于 5 项。

共青团×××公司委员会

年　月　日

附件1

第一届青年创新大赛项目申报书

项目名称							
申报单位							
主要完成人		出生年月		学历学位		职务职称	
参与完成人		出生年月		学历学位		职务职称	
		出生年月		学历学位		职务职称	
		出生年月		学历学位		职务职称	
项目类型	创新类□（科研生产类□经营管理类□） 创意类□						
项目简介 （可包含项目背景与来源，主要创新、创意内容，知识产权及转化情况，技术经济指标，国内外情况，经济效益以及应用推广情况等内容。1500字以内，仿宋GB2312，四号字体，1倍行距，可另附页）							
推荐单位意见： 印章： 年 月 日							
评审结果： 印章： 年 月 日							

第八节　美好生活

人民对美好生活的向往，就是党的奋斗目标。这从根本上回答了"为什么人的问题"，是立党为公、执政为民的生动体现。民之所忧，我必念之；民之所盼，我必行之。"人民至上"成为响亮的新时代强音。共产党人必须牢记，为民造福是最大政绩：哪里有人民需要，哪里就能做出好事实事，哪里就能创造业绩；业绩好不好，要看群众实际感受，由群众来评判。

一、厚植为民情怀

江山就是人民，人民就是江山。打江山、守江山，守的是人民的心。中国共产党来自人民、植根人民、服务人民，除了国家、民族、人民的利益，没有任何自己的特殊利益。党的理论就是为了人民的理论，党的路线就是为了人民的路线，党的实践就是为了人民的实践。其实，人心就是最大的政治，是最好的一杆秤。

心无百姓莫为"官"。坚持以人民为中心的发展思想，坚持全心全意依靠职工群众，走好新时代党的群众路线，做到发展为了职工群众、发展依靠职工群众、发展成果与职工群众共享，共创共建共享美好生活。与职工群众保持一种鱼水情感，绝不是抽象概念、空洞口号，必须落实到具体事情上，察民情、聚民智、解民忧，让职工群众真正感受到实惠、感受到温暖。热切回应职工群众对美好生活的新期待，更多地落脚于群众的获得感、幸福感、安全感，即不断满足多样化、多层次、多方面的精神文化需求，获得感、幸福感、安全感更加充实、更有保障、更可持续。

人民群众身处实践最前沿，对实践变化感知最敏感、感受最深切，也最聪慧，只要来到基层、走到人民群众中去，很多百思不得其解的问题就能豁然开朗、找到答案。坐办公室里都是问题，走进基层就都是办法。各项工作实践要走好群众路线，广泛倾听人民群众的声音，不能闭门造车、坐而论道、流于空想，更不能脱离群众的实际感受和诉求意愿，一厢情愿地任性蛮干。自觉问计于民、问需于民，从群众的真知灼见中获取理论创新和实践创新灵感，从群众的急难愁盼中找到工作的着力点和突破口，从群众的喜怒哀乐中检视我们的工作。

总之，党委要竭诚服务职工，格外关心关注职工，犹如春风拂面般的温暖；维护职工权益，增进职工福祉，犹如春雨绵绵般的润泽；搭建职工成长平台，创造无愧于时代的精彩人生，犹如春光明媚般的希望。

二、造福职工群众

"以民为本，吾党所向。民族复兴，百年担当。摆脱贫困，全面小康。惠此中华，以利四方。"

这32字铭文，镌刻在中国共产党历史展览馆三楼第九展厅的"小康宝鼎"上。

这32字铭文，记录了中国共产党带领中华民族所创造的彪炳史册的人间奇迹，也呼应了两千年前《诗经·大雅》里的句子："民亦劳止，汔可小康。惠此中国，以绥四方。"

中国脱贫攻坚取得全面胜利，这是人类历史上规模最大、力度最强、惠及人口最多的脱贫攻坚战，凸显了"全体人民共同富裕"的目标和理想。我们党推动经济社会发展，归根结底是要实现全体人民共同富裕。实现全体人民共同富裕，这是中国特色社会主义制度的本质决定的，也是传承五千年中华文明的深厚文化基因。

中国式现代化与共同富裕之间存在着深刻的内在联系，共同富裕是中国式现代化的本质特征，决定了对共同富裕的追求将贯穿整个中国式现代化的全过程。在中国式现代化进程中逐步实现全体人民共同富裕，既是基于中国国情和历史发展的要求，也是在中西方现代化模式比较中区别于西方现代化的显著标志。

追求美好生活是永恒的主题，是永远的进行时。人实现自身的发展，不仅需要在物质生活上得到满足，还需要在更高层次的精神生活上得到满足，这种需要的丰富性是人的本质的具体体现。努力推动物质富足精神富有，促进人的全面发展和精神世界日益丰盈，企业的精神动力更加充沛。做好本职工作就是一种进步，勇于担当就是一种能力，学会包容就是一种美德，相互欣赏就是一种幸福。各美其美，美人之美，美美与共，天下大同。

推进任何一项重大改革，都要站稳人民立场。人民群众不仅是浩瀚的力量之海，也是浩瀚的智慧之海。企业谋划改革思路、制定改革举措，都要从职工利益出发，使职工充分享有改革发展成果，真正做到有梦想、有地位、受尊重。加大工资总额的差异化管理力度，强化"业绩升、薪酬升，业绩降、薪酬降"的收入分配理念，切实打破分配的平均主义，与人才市场薪酬水平对标，拉开收入差距，向关键核心岗位倾斜，向高层次科研骨干、管理骨干、高技能人才倾斜。整合多方合理利益诉求，使用中长期股权激励，实现技术人员、管理骨干和公司在发展方向、价值取向、利益趋向上高度一致，做到风险共担、价值共享、合作共赢。

真抓才能攻坚克难，实干才能梦想成真。共同富裕是社会主义的本质要求，是中国式现代化的重要特征，坚持以人民为中心的发展思想，在高质量发展中促进共同富裕。国有企业只有大力发展生产力，才能进一步改进生产方式，提高劳动生产率，为社会创造更多财富。增强问题意识，善于从繁杂问题中把握事物的规律性、从苗头问题中发现事物的趋势性、从偶然问题中认识事物的必然性，把情况摸清、问题找准、对策提实。从实际出发谋划事业和工作，善于把握事物本质、发展规律、工作关键、政策尺度，增强工作的科学性、预见性、主动性、创造性，牢牢把握发展主动权，形成共促高质量发展的强大合力。

　　唯有胸怀大爱、情系百姓，方能凝聚力量、开创未来。心有所想，才能行有所动。心为民所牵，才能权为民所用、情为民所系、利为民所谋。实现好、维护好、发展好最广大人民根本利益，紧紧抓住最关心最直接最现实的利益问题，尽力而为、量力而行。以百姓之心为心，深入群众、深入基层，了解职工群众在想什么、想要什么，采取更多惠民生、暖民心举措。主动服务基层、服务员工，把职工冷暖放在心头，把解决思想问题同解决实际问题结合起来，多做雪中送炭的工作，真正把好事做实，把实事做好。什么是好事实事，要从群众切身需要来考量，不能主观臆断，不能简单化、片面化。紧密联系、经常深入、紧紧依靠职工群众，尊重职工群众主体地位和基层首创精神，真心拜人民群众为师，诚心向人民群众学习，虚心向人民群众求教，向广大人民群众学方法、学经验，聚合众力、融合众智，凝聚人民群众的智慧力量，更好地干事创业，更好地推动基层建设全面进步、全面过硬。

第七章　纪律建设和反腐败工作

党的纪律是党的各级组织和全体党员必须遵守的行为规则，是维护党的统一、完成党的任务的保证。纪律是管党治党的"戒尺"，也是党员干部约束自身行为的标准和遵循。党组织必须严格执行和维护党的纪律，共产党员必须自觉接受党的纪律的约束。只有高质量抓好党的纪律建设和反腐败斗争，才能营造和维护经济社会发展的良好政治生态，增强人民群众对经济社会发展的信心。

第一节　党的纪律

坚持严的主基调不动摇，提高纪律建设的政治性、时代性、针对性。引导党员干部学纪、知纪、明纪、守纪，督促树立正确权力观，公正用权、依法用权、为民用权、廉洁用权。

一、主要内容

党的纪律主要包括政治纪律、组织纪律、廉洁纪律、群众纪律、工作纪律、生活纪律。坚持惩前毖后、治病救人，执纪必严、违纪必究，抓早抓小、防微杜渐，按照错误性质和情节轻重，给予批评教育、责令检查、诫勉直至纪律处分。

运用监督执纪"四种形态"，让"红红脸、出出汗"成为常态，党纪处分、组织调整成为管党治党的重要手段，严重违纪、严重触犯刑律的党员必须开除党籍。

二、政治纪律

政治纪律是最重要、最根本、最关键的纪律，遵守党的政治纪律是遵守党的全部纪律的基础。在党的全部纪律中，政治纪律和政治规矩是打头的、管总的。政治纪律和政治规矩是相辅相成的，政治纪律是成文的规矩，一些经过实践检验、约定俗成且行之有效的政治规矩是不成文的纪律，各级党组织和党员都必须一并遵守。

抓住严肃政治纪律和政治规矩这个纲，把严肃其他纪律带起来，是管党治党的治本之策。党的团结统一，党的创造力、凝聚力、战斗力，党的先进性、纯洁性，党的自我净化、自我完善、自我革新、自我提高的能力，都要靠政治纪律和政治规矩来保证。

三、治本之策

国有企业党委要抓好党的建设，履行主体责任，完善党的自我革命制度规范体系，把党要管党、从严治党落到实处。全面从严治党，重在加强纪律建设。一是健全完善制度，以党章为根本遵循，本着于法周延、于事有效的原则，制定新的规章制度，完善已有制度，废止不适宜制度，健全党内规则体系，扎紧党规党纪的笼子。二是深入开展纪律教育，加强学习宣传教育，使党员干部增强纪律意识，把党章党规党纪刻印在心上，形成尊崇党章、遵守党纪的良好习惯。三是狠抓执纪监督，以纪律为尺子衡量党员干部的行为，对违纪问题发现一起就查处一起，提高纪律执行力，维护纪律严肃性。四是养成纪律习惯，严格按党章标准要求自己，知边界、明底线，将他律要求转化为内在追求，党员干部特别是领导干部自觉以身作则，发挥表率作用。

国有企业党委要加强党风廉政建设和反腐败工作，把纪律和规矩挺在前面，持之以恒落实中央八项规定精神，抓好巡视巡察发现问题的整改，严肃查处侵吞国有资产、利益输送等问题。加强对国有企业领导人员的党性教育、宗旨教育、警示教育，严明政治纪律和政治规矩，不断提高思想政治素质、增强党性修养。以党内监督为主导，突出监督重点，强化对关键岗位、重要人员特别是"一把手"的监督管理，完善"三重一大"决策监督机制，严格日常管理，整合监督力量，促进各类监督贯通协调，形成监督合力，让权力在阳光下运行。监督合力是企业经营风险和廉洁风险的"防火墙"，是价值创造的"护城河"。

第二节　党风廉政建设

一、基本要求

腐败是危害党的生命力和战斗力的最大毒瘤，反腐败是最彻底的自我革命，反腐败斗争永远在路上。只要存在腐败问题产生的土壤和条件，反腐败斗争就一刻不能停，必须永远吹冲锋号。对反腐败斗争的新情况新动向要有清醒认识，对腐败问题产生的土壤和条件要有清醒认识，以永远在路上的坚韧和执着，坚持不敢腐、不能腐、不想腐一体推进，惩治震慑、制度约束、提高觉悟一体发力，同时发力、同向发力、综合发力，坚决打赢反腐败斗争攻坚战持久战。

以零容忍态度反腐惩恶，更加有力遏制增量，更加有效清除存量，坚决查处政治问题和经济问题交织的腐败，坚决防止领导干部成为利益集团和权势团体的代言人、代理人，坚决治理政商勾连破坏政治生态和经济发展环境问题，绝不姑息。

深化整治权力集中、资金密集、资源富集领域的腐败，坚决惩治群众身边的"蝇贪"，严肃查处领导干部配偶、子女及其配偶等亲属和身边工作人员利用影响力谋私贪腐问题，坚持受贿行贿一起查，惩治新型腐败和隐性腐败。

加强新时代廉洁文化建设，教育引导广大党员、干部增强不想腐的自觉，清清白白做人、干干净净做事，使严厉惩治、规范权力、教育引导紧密结合、协调联动，不断取得更多制度性成果和更大治理效能。

二、党委主体责任

国有企业党委要切实履行领导责任，自觉、全面地履行党风廉政建设工作领导者、执行者、推动者职责，让领导干部受警醒、明底线、知敬畏。主要责任是：

（1）统一领导企业党风廉政建设工作，对所属单位党风廉政建设负全面领导责任。强化担当意识，带头履行主体责任，牢固树立不抓党风廉政建设就是严重失职的意识。

（2）把党风廉政建设和反腐败工作纳入企业改革发展和党建工作总体布局，制订目标任务和工作计划，进行责任分解，落实责任单位和部门。每年召开专题会议对企业党风廉政建设工作进行分析研究，检查考核，推动工作落实。

（3）领导、组织并支持纪委依纪依法切实履行监督责任，有效发挥保障监督作用。

（4）督促所属各级党组织切实担负起主体责任，层层抓实。

（5）每年定期向上级党组织报告履行主体责任、推进党风廉政建设和反腐败工作情况，及时请示报告涉及反腐倡廉建设的重要情况和问题，落实上级有关精神和要求。

三、党委书记第一责任人职责

党委书记要切实履行党风廉政建设第一责任人职责。主要责任是：

（1）及时组织传达学习中央和上级对党风廉政建设的部署和要求，结合企业实际组织贯彻落实的具体措施，切实做到部署到位、检查和落实到位并带头执行。

（2）定期组织党委中心组学习党风廉政建设法规制度，提高廉洁从业、遵纪守法意识。

（3）主动了解保障监督体系运行、巡视监督、重大案件查办等党风廉政建设工作进展情况，做到重要工作直接部署、重大问题直接过问、重点环节直接协调、重要案件直接督办。

（4）对班子成员加强党风廉政日常教育、管理和监督，发现苗头性问题及时提醒告诫，对落实责任不到位的要及时提醒、批评、纠正；自觉接受班子成员、干部职工群众和纪检监察机构的监督。

四、党委委员"一岗双责"

党委成员根据工作职责分工和所联系单位，落实"一岗双责"，既要抓好工作，又要带好队伍，对职责范围内的党风廉政建设负领导责任人。主要责任是：

（1）要定期研究、分析、布置、检查和报告分管业务范围内的党风廉政建设情况，做到业务工作管到哪里，党风廉政建设就落实到哪里。

（2）要加强对分管部门、联系单位领导班子和领导干部的教育、管理和监督，防止各业务工作领域廉洁风险和违法违纪问题发生。

（3）认真贯彻执行《党委联系基层制度》，深入联系单位调研，要将了解和掌握领导班子和领导干部党风廉政建设情况作为一项重要内容，对有关情况及时向党委汇报。

（4）切实贯彻执行好上级和公司信访工作有关制度，认真处理群众来信来访，切实解决职工群众反映强烈的问题。

五、纪委监督责任

国有企业纪委是党内监督的专责机关，履行监督执纪问责职责。协助党委推进全面从严治党、加强党风建设和组织协调反腐败工作，精准运用监督执纪"四种形态"，坚决惩治和预防腐败。各级纪委监委派驻企业的纪检监察机构根据授权履行纪检、监察职责，代表上级纪委监委对企业党委（党组）实行监督，督促推动国有企业党委（党组）落实全面从严治党主体责任。

国有企业纪委发挥监督作用，聚焦主责主业，完善监督制度，履行监督职责。开展党风廉政建设监督责任过程中，须明确职责定位，聚焦中心任务，按照转职能、转方式、转作风的要求，切实履行好监督执纪问责的职能。加强组织协调，积极协助党委加强党风廉政建设和组织协调反腐败工作，落实好下级纪委向上级纪委报告工作制度。要在企业内部建立完善的监督责任体系，避免出现责任遗漏和责任重复的情况发生，责任监督执行效果会更加优化。在国有企业内部建立科学的监督体系，构建科学完善的监督体制，把握好党风廉政建设的方向。加强对权力集中、资金密集、资源富集、资产聚集的重点部门、重点岗位和重点决策环节的监督。

第三节　党内监督

党的执政地位，决定了党内监督在党和国家各种监督形式中是最基本的、第一位的。只有以党内监督带动其他监督、完善监督体系，才能为全面从严治党提供有力的制度保障。

党内监督是指监督主体依据党章党规党纪，在组织内部通过检查、督促、评价、揭露、举报、处理等方式作用于监督客体，以保证监督客体的行为在任何情况下都不违背党的纪律的一种客观有序的活动。要尊崇党章，依规治党，坚持党内监督和人民群众监督相结合，增强党在长期执政条件下自我净化、自我完善、自我革新、自我提高能力，确保党始终成为中国特色社会主义事业的坚强领导核心。

各级党组织应当把信任激励同严格监督结合起来，促使党的领导干部做到有权必有责、有责要担当、用权受监督、失责必追究。党内监督没有禁区、没有例外。信任不能代替监督。党内监督必须贯彻民主集中制，依规依纪进行，强化自上而下的组织监督，改进自下而上的民主监督，发挥同级相互监督作用。坚持惩前毖后、治病救人，抓早抓小、防微杜渐。

一、党内监督任务

党内监督的任务是确保党章党规党纪在全党有效执行，维护党的团结统一，重点解决党的领导弱化、党的建设缺失、全面从严治党不力，党的观念淡漠、组织涣散、纪律松弛，管党治党宽松软问题，保证党的组织充分履行职能、发挥核心作用，保证全体党员发挥先锋模范作用，保证党的领导干部忠诚干净担当。

党内监督的主要内容是：遵守党章党规，坚定理想信念，践行党的宗旨，模范遵守宪法法律情况；维护党中央集中统一领导，牢固树立政治意识、大局意识、核心意识、看齐意识，贯彻落实党的理论和路线方针政策，确保全党令行禁止情况；坚持民主集中制，严肃党内政治生活，贯彻党员个人服从党的组织，少数服从多数，下级组织服从上级组织，全党各个组织和全体党员服从党的全国代表大会和中央委员会原则情况；落实全面从严治党责任，严明党的纪律特别是政治纪律和政治规矩，推进党风廉政建设和反腐败工作情况；落实中央八项规定精神，加强作风建设，密切联系群众，巩固党的执政基础情况；坚持党的干部标准，树立正确选人用人导向，执行干部选拔任用工作规定情况；廉洁自律、秉公用权情况；完成党中央和上级党组织部署的任务情况。

工作实践中，党中央决策部署涉及各方面，有的是战略指引、有的是具体要求，有的是方向性的、有的是阶段性的。这决定了开展监督时，需要重点做好下面几方面：一是"监督什么"，要对党中央作出的决策部署认真梳理细化，避免大而化之、缺项漏项。二是"监督谁"，要真正做到见人见事，事要具体、事有人办。三是"谁来监督"，要认真完善"分级分类、责任到人"的监督网络，推动一级盯一级，层层传导压力。四是"监督效果"，要搞清楚"落实了没有、落实成效如何"，多到基层一线听实话、察实情，听取基层一线党员干部职工的意见建议，做好工作效果评估。

二、党委的监督

党委在党内监督中负主体责任，书记是第一责任人，党委委员在职责范围内履行监督职责。

党委履行以下监督职责：领导本单位党内监督工作，组织实施各项监督制度，抓好督促检查；加强对同级纪委和所辖范围内纪律检查工作的领导，检查其监督执纪问责工作情况；对党委委员，同级纪委、党的工作部门和直接领导的党组织领导班子及其成员进行监督；对上级党委、纪委工作提出意见和建议，开展监督。

国有企业党组织要结合改革发展实际，推进政治监督具体化、精准化、常态化。聚焦重点领域和"关键少数"，抓住重点、聚焦关键，紧紧盯住重点人和重点事，聚焦重点岗位、重点领域、重要工作、重要环节，胸怀"两个大局"，紧扣"国之大者"，做到党中央关心什么、强调什么，政治监督就重点监督什么。将政治监督的重点放在是否全面贯彻落实新发展理念、着力推动高质量发展、主动服务和构建新发展格局等战略部署，是否将党的二十大提出的全面从严治党、深化国资国企改革、加快国有经济布局优化和结构调整、完善中国特色现代企业制度、提升企业核心竞争力、推动国有资本和国有企业做强做优做大、加快建设世界一流企业的重点任务和措施落实落地，是否将国有企业的政治责任、经济责任和社会责任担当起来。及时解决"七个有之"问题，及时发现有令不行、有禁不止，做选择、搞变通、打折扣，只顾局部而不顾大局，只顾企业利益而不顾行业进步和国家发展，切实打通在贯彻执行中的堵点、淤点、难点，确保不偏向、不变通、不走样。

同时，还要聚焦"关键少数"精准发力，从党员领导干部责任落实情况看政治态度、政治立场、政治担当，从落实进度看作风能力，从落实成效看有无偏差走样，督促广大党员领导干部发扬真抓实干作风、提高攻坚克难能力，推动广大党员领导干部深刻领悟"两个确立"的决定性意义，增强"四个意识"、坚定"四个自信"、做到"两个维护"，以强有力的政治监督确保党中央决策部署落地见效。

党的工作部门应当严格执行各项监督制度，加强职责范围内党内监督工作，既加强对本单位的内部监督，又强化对本系统的日常监督。

三、纪委的监督

党的各级纪律检查委员会是党内监督专责机关。主要任务是：维护党的章程和其他党内法规，检查党的路线、方针、政策和决议的执行情况，协助党的委员会推进全面从严治党、加强党风建设和组织协调反腐败工作，推动完善党和国家监督体系。

党的各级纪律检查委员会的职责是监督、执纪、问责，要经常对党员进行遵守纪律的教育，作出关于维护党纪的决定；对党的组织和党员领导干部履行职责、行使权力进行监督，受理处置党员群众检举举报，开展谈话提醒、约谈函询；检查和处理党的组织和党员违反党的章程和其他党内法规的比较重要或复杂的案件，决定或取消对这些案件中的党员的处分；进行问责或提出责任追究的建议；受理党员的控告和申诉；保障党员的权利。

纪委承担下列具体任务：加强对同级党委特别是党委委员、党的工作部门和直接领导的党组织、党的领导干部履行职责、行使权力情况的监督；落实纪律检查工作双重领导体制，执纪审查工作以上级纪委领导为主，线索处置和执纪审查情况在向同级党委报告的同时向上级纪委报告，各级纪委书记、副书记的提名和考察以上级纪委会同组织部门为主；强化上级纪委对下级纪委的领导，纪委发现同级党委主要领导干部的问题，可以直接向上级纪委报告；下级纪委至少每半年向上级纪委报告1次工作，每年向上级纪委进行述职。

各级纪律检查委员会要把处理特别重要或复杂的案件中的问题和处理的结果，向同级党的委员会报告。党的基层纪律检查委员会要同时向上级纪律检查委员会报告。发现同级党的委员会委员有违犯党的纪律的行为，可以先进行初步核实，如果需要立案检查的，应当在向同级党的委员会报告的同时向上一级纪律检查委员会报告；涉及常务委员的（如果党委不设常务委员会，是上一级管理的党委委员，同此），报告上一级纪律检查委员会，由上一级纪律检查委员会进行初步核实，需要审查的，由上一级纪律检查委员会报它的同级党的委员会批准。

上级纪律检查委员会有权检查下级纪律检查委员会的工作，并且有权批准和改变下级纪律检查委员会对于案件所作的决定。如果所要改变的该下级纪律检查委员会的决定，已经得到它的同级党的委员会的批准，这种改变必须经过它的上一级党的委员会批准。

党的基层纪律检查委员会如果对同级党的委员会处理案件的决定有不同意见，可以请求上一级纪律检查委员会予以复查；如果发现同级党的委员会或它的成员有违犯党的纪律的情况，在同级党的委员会不给予解决或不给予正确解决的时候，有权向上级纪律检查委员会提出申诉，请求协助处理。

纪律检查机关必须把维护党的政治纪律和政治规矩放在首位，坚决纠正和查处上有政策、下有对策，有令不行、有禁不止，口是心非、阳奉阴违，搞团团伙伙、拉帮结派，欺骗组织、对抗组织等行为。

示例 83　委托谈话函

纪函〔　〕　号

委托谈话函

＿＿＿＿＿同志：

根据《中国共产党纪律检查机关监督执纪工作规则》第二十八条之规定，经×××集团公司纪检监察组（纪委）研究，委托你与＿＿＿＿＿同志谈话核实以下问题：

一、·····························

二、·····························

三、·····························

请在收到函件后 15 个工作日内，与＿＿＿＿＿同志进行谈话，并记录谈话情况。请于谈话结束后 5 个工作日内，将谈话情况径寄×××集团公司纪检监察组（纪委）。必要时，附被谈话人的书面说明。

联系人：　　　联系方式：

×××集团公司纪检监察组（纪委）

年　月　日

备注：

1. 根据《中国共产党纪律检查机关监督执纪工作规则》第二十八条的规定制作，为纪检监察机关委托被谈话人所在党委（党组织）主要负责人进行谈话时使用。

2. 对于具有党员身份的对象，均以集团公司纪检监察组（或单位纪委）名义发函。

示例84　委托审查函

纪函〔　〕　　号

委托审查函

_____：

因办理_____案件需要，根据有关规定，现委托你单位协助采取_____措施，收集_____的证据材料，并提供给_____。

联系人：　　　　联系方式：

附件：相关措施文书

×××集团公司纪检监察组（纪委）
年　月　日

备注：根据《纪检监察机关（机构）在监督检查审查调查工作中开展协作配合的指导意见（试行）》第二条的规定制作，为纪检机关监督执纪采取措施，委托其他纪检机关协助收集证据材料时使用。

示例85　关于请作出书面说明的函

纪函〔　〕　　号

关于请作出书面说明的函

_____：

根据《中国共产党纪律检查机关监督执纪工作规则》等有关

规定，经×××集团公司纪检监察组领导同志（纪委书记）批准，请你（党组织）就反映的以下问题（见附件1），按照书面说明的有关要求（见附件2）如实作出说明。

请在收到函件后15个工作日内，将说明材料报_____同志审阅签名，并通过机要径寄（径送）集团公司纪检监察组（单位纪委）。

联系人：　　　　联系方式：

附件：1. 反映×××同志（党组织）问题摘要

　　　2. 关于书面说明的有关要求

×××集团公司纪检监察组（纪委）

年　月　日

抄送：_____同志（该人员所在党组织主要负责人）。党委（党组织）主要负责人本人或者党委（党组织）作说明的，不再抄送该党委（党组织）。

备注：

1. 根据《中国共产党党内监督条例》第三十一条、《中国共产党纪律检查委员会工作条例》第三十六条第四款和《中国共产党纪律检查机关监督执纪工作规则》第二十九条的规定制作，为纪检监察机关要求被反映人（党组织）就反映的问题如实作出说明时使用。

2. 对于具有党员身份的对象，均以集团公司纪检监察组（或单位纪委）名义发函。

附件1

反映×××同志（党组织）问题摘要

1. ×××××××××××××××××××××××××××××××××××××。

2. ×××××××××××××××××××××××××××××××××××××。

3. ×××××××××××××××××××××××××××××××××××××。

附件2

关于书面说明的有关要求

根据《中国共产党党内监督条例》《中国共产党纪律检查机关监督执纪工作规则》等有关规定，现提出如下要求：

1. 被反映人（党组织）要如实作出说明；如今后查明未如实作出说明的，被反映人（党组织）要承担相应责任。

2. 书面说明材料应由被反映人（党组织主要负责人）亲笔书写并签名；因故不便亲笔书写而打印的书面说明材料及附件，每页均应有本人签名，有修改处亦应签名。

3. 被反映人的个人书面说明材料，应由所在党委（党组织）主要负责人签名。党委（党组织）主要负责人本人作出说明或者所作说明涉及党委（党组织）主要负责人的，不在此列。

4. 被反映人（党组织）应在收到函件后15个工作日内，将书面说明材料寄出；因特殊情况不能如期完成的，应及时说明理由。

示例86　反馈函询了结情况函

纪函〔　〕　号

反馈函询了结情况函

————：

　　　年　月　日，我纪检监察组（纪委）函请你就有关问题反映作出书面说明（纪函〔　〕　号）。　年　月　日，收到你报来的书面说明材料。

　　经研究，我纪检监察组（纪委）对你所作出的说明予以采信，函询问题予以了结。

×××集团公司纪检监察组（纪委）
年　月　日

抄送：_____同志（该人员所在党委（党组织）主要负责人）。

备注：

1. 根据《中国共产党纪律检查机关监督执纪工作规则》第三十条规定制作，为纪检监察机关向有关个人反馈函询了结情况时使用。

2. 对于具有党员身份的对象，均以集团公司纪检监察组（或单位纪委）名义发函。

示例87　移送有关党组织处理函

纪函〔　〕　号

移送有关党组织处理函

_____：

根据《中国共产党纪律检查机关监督执纪工作规则》第三十五条之规定，现将_____移送你们处理。请将处理结果径寄×××集团公司纪检监察组（纪委）。

联系人：　　　联系方式：

附件：相关材料　　件　　页

×××集团公司纪检监察组（纪委）
年　月　日

备注：

1. 根据《中国共产党纪律检查机关监督执纪工作规则》第三十五条的规定制作，为纪检监察机关发现被核查人存在一定违纪问题，但不需要给予党纪处分的，按照规定报批后，移送有关党组织按程序办理时使用。

2. 对于具有党员身份的对象，均以集团公司纪检监察组（或单位纪委）名义发函。

四、基层组织的监督

党的基层组织应当发挥战斗堡垒作用，履行下列监督职责：严格党的组织生活，开展批评和自我批评，监督党员切实履行义务，保障党员权利不受侵犯；了解党员、群众对党的工作和党的领导干部的批评和意见，定期向上级党组织反映情况，提出意见和建议；维护和执行党的纪律，发现党员、干部违反纪律问题及时教育或者处理，问题严重的应当向上级党组织报告。

五、党员的监督

党员应当本着对党和人民事业高度负责的态度，积极行使党员权利，履行下列监督义务：加强对党的领导干部的民主监督，及时向党组织反映群众意见和诉求；在党的会议上有根据地批评党的任何组织和任何党员，揭露和纠正工作中存在的缺点和问题；参加党组织开展的评议领导干部活动，勇于触及矛盾问题、指出缺点错误，对错误言行敢于较真、敢于斗争；向党负责地揭发、检举党的任何组织和任何党员违纪违法的事实，坚决反对一切派别活动和小集团活动，同腐败现象作坚决斗争。

六、对"一把手"和领导班子的监督

党的委员会是党执政兴国的指挥部，"一把手"是党的事业发展的领头雁，在捍卫"两个确立"、增强"四个意识"、坚定"四个自信"、做到"两个维护"上必须作表率、打头阵。党委要充分认识加强对"一把手"和领导班子监督的极端重要性和现实紧迫性，强化上级党组织监督，做实做细同级监督，推动党员领导干部增强政治意识，不断提高政治判断力、政治领悟力、政治执行力，自觉践行忠诚干净担当，带头维护党中央权威和集中统一领导，确保全党步调一致向前进。

1. 加强对"一把手"的监督

把对"一把手"的监督作为重中之重，强化监督检查。"一把手"被赋予重要权力，担负着管党治党重要政治责任，必须以强有力的监督促使其做到位高不擅权、权重不谋私。党委、纪检机关、党的工作机关要突出对"一把手"的监督，将"一把手"作为开展日常监督、专项督查等的重点，让"一把手"时刻感受到用权受监督，坚决不能让其成为"一霸手"。

"一把手"要以身作则，自觉接受监督。加强党组织自上而下的监督，上级"一把手"必须抓好下级"一把手"。上级"一把手"要将监督下级"一把手"情况作为每年述职的重点内容；对下级新任职"一把手"应当开展任职谈话；同下级"一把手"定期开展监督谈话，对存在苗头性、倾向性问题的进行批评教育，对存在轻微违纪问题的及时予以诫勉。严格执行全面从严治党责任制度，落实"一把手"第一责任人职责。纪检机关应当通过抓好组织实施和督促检查、提出整改建议等方式，推动第一责任人切实履行职责。贯彻执行民主集中制，完善"三重一大"决策监督机制。党委（党组）、纪检机关、组织部门要加强对下级党委（党组）"一把手"贯彻执行民主集中制情况的监督检查，防止出现搞一言堂甚至家长制问题。纪委书记发现"一把手"违反决策程序的问题，应当及时提出意见，对纠正不力的要向上级纪检机关反映。巡视巡察工作要紧盯"一把手"，及时发现问题。巡视巡察谈话应当将"一把手"工作、生活情况作为必谈内容，对反映的重要问题深入了解。巡视巡察报告应当将"一把手"履行第一责任人职责和廉洁自律情况单独列出，提出明确意见和整改要求。及时掌握对"一把手"的反映，建立健全述责述廉制度。开展下级"一把手"在上级党委会扩大会议上述责述廉、接受评议工作，述责述廉报告在一定范围内公开。

2. 加强同级领导班子监督

加强领导班子成员相互监督，认真开展批评和自我批评。发挥领导班子近距离常态化监督优势，提高发现和解决自身问题的能力。坚持集体领导制度，严格按规则和程序办事。健全党委领导班子权力运行制约机制，合理分解、科学配置权力。坚决防止以专题会议代替党委会议作出决策，坚决防止以党委集体决策名义集体违规，绝不允许领导班子成员将分管工作、分管领域变成不受集体领导和监督的"私人领地"。督促领导班子其他成员履行"一岗双责"，抓好职责范围内管党治党工作。党委（党组）要制订落实全面从严治党主体责任年度计划，分解工作任务。"一把手"要定期听取领导班子其他成员履行管党治党责任的情况汇报，发现责任落实不到位的及时约谈。纪委应当向同级党委领导班子其他成员通报其分管部门和单位领导干部遵守党章党规、廉洁自律等情况，推动领导班子其他成员抓好分管部门和单位的党风廉政建设工作。严格执行领导干部插手干预重大事项记录制度，发现问题及时报告。建立健全政治生态分析研判机制，形成党风廉政建设情况报告。完善纪委书记谈话提醒制度，如实报告领导班子成员履职尽责和廉洁自律情况。

3. 加强对下级领导班子的监督

落实上级党组织对下级党组织的监督责任，把管理和监督寓于实施领导的全过程。把制度的笼子扎得更紧更牢，推进监督工作规范化。规范领导干部家属从业行为，推动构建亲清政商关系。加强上级党组织对下级单位领导班子民主生活会的指导，提高民主生活会质量。强化选人用人的组织把关，落实干部考察考核制度。定期分析研判信访举报情况，对群众反映多的领导干部及时敲响警钟。推动问题整改常态化，完善纪检监察建议制度。

4. 加强监督工作领导

加强党委对监督工作的领导，完善党内监督体系。党委必须坚决落实党中央关于全面从严治党的决策部署，领导好本单位党内监督工作，抓好督促检查。以党内监督为主导，贯通各类监督。发挥纪委专责机关作用，增强监督实效。坚持顶层设计和基层创新相结合，积极探索创新，及时总结经验，不断增强监督针对性、有效性。

示例 88 ××公司保障监督体系建设

为深入贯彻全面从严治党战略方针，推动健全全面从严治党体系，根据中央党风廉政建设和反腐败工作总体部署，紧密结合公司实际，全面建立"事前预防、事中控制、事后问责"三道防线，坚持纪在法前、警示为先，树立纪律底线意识，让咬耳扯袖、红脸出汗成为保障监督工作常态。

1. 第一道防线——事前预防

通过开展教育学习，强化各单位（部门）依法经营、依规治企意识并落实监督责任，提高党员领导干部遵规守纪意识，深入了解国家法律法规、党规党纪、上级规定和企业要求，并模范遵守执行。

（1）抓思想引领，提高党员领导干部纪律和规矩意识。以学习贯彻习近平新时代中国特色社会主义思想和党的二十大精神、党的十八大以来中央纪委历次全会精神为主要内容，认真开展理论学习和理想信念教育，认真学习贯彻党章党规党纪，不断提高各级党组织全面从严治党能力，强化党员领导干部纪律和规矩意识，促进规范用权、按章办事、遵纪守法、廉洁从业。

（2）抓认识转变，确保"两个责任"和"一岗双责"意识深入人心。进一步加强各级党组织落实党风廉政建设"两个责任"的宣传教育和贯彻执行，明确各级领导干部"一岗双责"要求和业务部门"一职双责"职能，在抓好分管或负责领域日常管理工作的同时，还必须担负业务监督主责，切实落实对分管单位、部门和人员队伍的监督责任，真正做到"两手抓、两手硬"。

（3）抓制度学习，增强领导干部依法经营、依规治企自觉性。建立学习长效机制，及时学、深入学、经常学，坚决防止"一阵风"。同时，结合上级巡视巡察反馈问题整改和拉网式大检查，做好本单位规章制度与上级要求的一致性对接，不断建立健全和修订完善相关规章制度并认真组织学习贯彻，努力做到"把权力关进制度的笼子"，确保各级领导人员对经营管理活动中应遵循的法律法规、纪律规定、规章制度、工作要求以及决策权限等都有清晰的认识，建立规范行权履职的自觉性。

2. 第二道防线——事中控制

通过各业务部门、组织机构和企业派出人员等的协同配合、监督检查，及时发现所属单位发生或潜在的警示事项，通过亮黄牌、红牌的方式，进行提醒、警示，督促整改，达到红红脸、出出汗的目的，防止小问题发展为大错误、违规问题发展为违纪违法问题。涉嫌严重违规、触犯党纪政纪的问题，在亮牌警示的同时，移交相关部门依规依纪严肃处理；涉嫌违法的问题，在亮牌警示的同时，移交司法机关处理。

（1）建立保障监督警示事项"负面清单"及警示事项"参考判例库"。按照"业务谁主管、监督谁负责"的原则，各业务部门对本业务领域的监督工作负主责。建立保障监督警示事项负面清单和警示事项参考判例库并动态更新，各业务监督主责部门和各单位应依据（但不限于）负面清单和参考判例，分别对本业务领域相关单位和人员贯彻执行相关规章制度、企业工作部署及要求、落实党风廉政建设责任和要求等情况进行有效监督。

（2）建立保障监督警示事项报告制度。一是建立警示事项月度、季度报告制度。各业务部门特别是与监督工作密切相关的巡视、审计、信访举报、董事监事、干部监督、风险管理、财务管理、投资管理、招投标管理、合同管理、质量管理、安全管理、舆情监控、民主监督等归口管理部门，每月及每季度分别向保监办报告本月和本季度发现的问题及部门处理意见。当月或当季度未发现问题的，实行"零"报告。二是建立所属单位警示事项季度报告制度。各单位应每季度重点对照（但不限于）负面清单和参考判例进行自查，并每季度向保监办报告自查结果。未发现问题的，实行"零"报告。同时，各单位也要对所属单位保障监督事项定期报告制度提出明确要求，切实畅通发现并报告问题渠道。三是用好内部巡察工作成果。对党委巡察组在巡察中发现的、尚未达到严重违规或违反党纪政纪的问题，业务监督主责部门应及时向保监办提出亮牌处理意见，并督促限时整改。

（3）及时提出处理建议。各业务监督主责部门应根据有关规定和制度，重点（但不限于）对负面清单和参考判例中的事项进行监督，及时提出黄牌、红牌警示建议。具体判定标准如下：

黄牌警示判定标准：尚未发现触犯党纪政纪或法律法规，情节较轻，但同类或同一问题多次、重复发生，造成较大损失或影响的。尚未发现触犯党纪政纪或法律法规，情节较重，造成较大损失或影响的。

红牌警示判定标准：尚未发现触犯党纪政纪或法律法规，情节较重，但同类或同一问题多次、重复发生，造成重大损失或影响的。尚未发现触犯党纪政纪或法律法规，情节严重，造成重大损失或影响的。给予黄牌警示后，未按规定时限要求整改或整改不到位的。涉嫌触犯国家法律法规或党纪政纪规定的，给予红牌警示，同时，依法依纪依规转入责任追究和处理程序。

（4）严格执行亮牌警示程序。保障监督亮牌警示是一件政策性、原则性很强的工作，必须本着对党、对事业、对单位、对干部高度负责的态度，做到严肃认真、事实清楚、依据充分、程序严密、定性准确、处理恰当，严格执行以下程序：

①业务监督主责部门或相关单位按要求向保监办报送发现的警示事项和亮牌建议。

②保监办对报送的警示事项及亮牌建议提出审核意见，对不够亮牌标准的事项，退回相关单位或部门，按原业务渠道进行处理。

③保监委召开会议，对亮牌建议和保监办审核意见进行审议，审议意见提交党委审定。

④保监委根据党委审定意见，印发亮牌警示通知并责令限期整改。同时，督促相关业务部门对被警示单位整改工作进行指导和监督检查。

⑤对于在规定的时限内不认真整改或整改不到位，需再次给予亮牌警示的，仍需执行以上程序。

3. 第三道防线——事后问责

坚持有责必问、违纪必究，严格执行亮牌警示不影响、不替代党纪政纪处分和组织处理的要求，坚决把纪律和规矩挺在前面。对亮牌警示事项中存在的违规违纪问题，移交有关部门依规依纪处理；涉嫌违法的问题，移交司法机关处理。切实发挥问责处理的警示和震慑作用。

（1）问责处理原则

对于亮牌警示事项中涉嫌违法的，移交司法机关按照国家法律法规进行处理。

对于亮牌警示事项中涉嫌违反党纪政纪的，移交相关部门进行调查核实，并按照《中国共产党纪律处分条例》《中央企业资产损失责任追究暂行办法》《中央企业贯彻落实〈国有企业领导人员廉洁从业若干规定〉实施办法》以及企业行政处分相关规定等，给予相应的党纪、政纪处分。

对于亮牌警示事项中虽未违反党纪政纪，但情节恶劣，造成重大损失或影响的，有关部门可依照上级和企业有关规定，给予相应的组织处理或经济问责。如：提醒谈话、函询、诫勉谈话、通报批评、经济处罚、考核降级、职务调整、岗位禁入等。

对于事实暂时不详细、不完整，但可能事关重大、问题严重的，保监委可向党委建议启动对涉事单位的专项巡视，待事实清楚后，移交有关部门启动问责程序。

（2）问责对象

被亮牌事项的责任人。

对亮牌事项负有监督管理责任，而未能正常、正确履行监督管理责任的部门负责人和岗位人员。

同时，坚持纪严于法，做到有责必问、违纪必究，严防以亮牌警示代替党纪政纪处分和组织处理，对严重违规、涉嫌违纪甚至违法的问题，坚决移交有关部门严肃处理，为干部履职安全、企业经营安全提供有力保障。

第四节　巡视监督

巡视制度是"党之利器、国之利器"。巡视工作是上级党组织对下级党组织履行党的领导职能责任的政治监督，根本任务是坚决维护习近平总书记党中央的核心、全党的核心地位，坚决维护以习近平同志为核心的党中央权威和集中统一领导。巡视工作坚持发现问题、形成震慑，推动改革、促进发展的方针。

巡视工作就是要发现和反映问题，既是治标之举，也是治本之策。中央企业党委（党组）可以实行巡视制度，其他国有企业党组织需要开展巡察工作的，应当通过上级党委（党组）巡视工作领导小组报党委（党组）批准。开展巡视工作的党组织承担巡视工作的主体责任。

一、机构设置

国有企业党委可设立巡视工作领导小组，下设办公室，为其日常办事机构。党委设立巡视组，承担巡视任务。巡视组向巡视工作领导小组负责并报告工作。

1. 巡视工作领导小组

向党委负责并报告工作，组长一般由党委书记担任，副组长由党委副书记、纪委书记担任，成员包括相关部门的主要负责人。

领导小组的主要职责有：贯彻落实党中央决策部署和同级党组织工作要求；研究提出巡视工作规划、年度计划和阶段任务安排，组织实施巡视全覆盖；听取巡视工作领导小组办公室、巡视组工作汇报；向同级党组织报告巡视工作情况；在同级党组织领导下，组织开展巡视反馈、通报和移交工作，督促推动有关责任主体落实巡视整改和成果运用责任；指导下级党组织巡视巡察工作；推动巡视监督与其他监督贯通协调；推进巡视干部队伍建设，对巡视组进行管理和监督；研究处理巡视工作其他重要事项。

2. 巡视工作领导小组办公室

领导小组办公室可以单独设立，也可以与内设机构合署办公，应当配备相应专职人员，承担巡视工作领导小组日常工作。

领导小组办公室的主要职责有：贯彻落实党中央决策部署和同级党组织及其巡视工作领导小组的工作要求，对有关决定事项进行督办；向巡视工作领导小组报告工作情况和重要事项；统筹、协调、指导、保障巡视组开展工作；负责巡视整改和成果运用的统筹协调、跟踪督促、汇总报告；负责对下级巡视巡察机构进行指导；负责协调有关机关、部门协助、支持巡视工作，推动建立巡视监督与其他监督贯通协调的具体机制；负责巡视工作理论研究、政策调研、制度建设、信息化建设等工作；配合有关部门加强对巡视干部的教育、培训、考核、管理和监督；负责巡视工作领导小组办公室和巡视组党建工作；办理巡视工作领导小组交办的其他事项。

3. 巡视组

巡视组分别设组长、副组长、巡视专员和其他职位。巡视组组长、副组长的具体人选根据每次巡视任务确定并授权。巡视组应当按照民主集中制原则研究讨论决定重大事项。组长全面负责本组工作，副组长协助组长开展工作。

巡视组的主要职责有：根据同级党组织及其巡视工作领导小组的部署要求开展巡视；向巡视工作领导小组报告巡视情况，提出意见建议；向被巡视党组织反馈巡视意见，向纪检监察机关、组织部门和有关单位移交巡视发现的问题和问题线索，参与推动巡视整改和成果运用；对巡视组干部进行日常教育、管理和监督；办理巡视工作领导小组交办的其他事项。

二、巡视对象和内容

巡视对象包括：企业总部（本部）各党组织、各部门主要负责人。所属单位党委（党组织）领导班子及其成员，所属单位下延一级党组织领导班子及其主要负责人。党委需要巡视的其他对象。

巡视工作条例明确，巡视工作应当紧盯权力和责任加强政治监督，严明政治纪律和政治规矩，重点检查下列情况：落实党的理论和路线方针政策、党中央重大决策部署特别是贯彻习近平总书记重要讲话和重要指示批示精神的情况，执行党章和其他党内法规、履行职能责任的情况，落实意识形态工作责任制的情况；落实全面从严治党主体责任和监督责任、推进党风廉政建设和反腐败斗争的情况，领导干部树立和践行正确政绩观、加强作风建设、落实中央八项规定及其实施细则精神、廉洁自律的情况；落实新时代党的组织路线，贯彻执行民主集中制，加强领导班子和干部人才队伍建设、基层党组织和党员队伍建设的情况；落实巡视监督以及审计、财会、统计等其他监督发现问题整改的情况；开展巡视工作的党组织要求了解的其他情况。

巡视工作应当加强对被巡视党组织主要负责人的监督，重点检查其对党忠诚、履行全面从严治党第一责任人责任、依规依法履职用权、担当作为、廉洁自律等情况，对反映的重要问题进行深入了解，形成专题材料。

实践中，国有企业党委巡视主要内容为：巡视对象执行党章和其他党内法规，遵守党的纪律，落实全面从严治党主体责任和监督责任等情况进行监督，着力发现党的领导弱化、党的建设缺失、全面从严治党不力，党的观念淡漠、组织涣散、纪律松弛，管党治党宽松软问题。重点检查贯彻落实党的理论和路线方针政策以及党中央重大决策部署情况，突出对学习贯彻党的二十大精神情况的监督，了解坚持和加强党对国有企业的全面领导、建立中国特色现代企业制度，履行主责主业、增强核心功能，巩固深化国企改革、提高国企核心竞争力，统筹发展和安全、防范化解重大风险等情况；检查落实全面从严治党主体责任和监督责任情况，突出对"一把手"和领导班子的监督，深入查找国企领域腐败问题；检查落实新时代党的组织路线情况，突出对领导班子和干部队伍建设、选人用人和党建工作的监督；检查巡视发现问题整改落实和成果运用情况，突出对履行整改责任的监督。对审计、财会、统计等其他监督发现问题的整改落实情况等。

巡察工作应当坚守政治监督定位，聚焦党中央决策部署在基层落实情况、群众身边不正之风和腐败问题、基层党组织和党员队伍建设、巡察整改和成果运用等加强监督检查。

三、巡视重点

党的二十大以来，习近平总书记和党中央从推进党的自我革命、全面从严治党的战略高度，对巡视工作作出一系列新部署，引领新时代巡视工作持续发力、纵深推进。

要深入学习贯彻习近平总书记重要讲话精神，进一步聚焦重点，勇于亮剑，精准监督，不断提高巡视震慑力和针对性。坚持政治巡视定位，把"两个维护"作为根本任务，紧盯权力和责任，紧盯"一把手"和领导班子，紧盯群众反映强烈的问题，推进政治监督具体化、精准化、常态化。

准确把握"两个维护"要体现在履职担当上的重要要求，深入查找被巡视党组织履行职能责任中存在的偏差，督促被巡视党组织把主责主业扛在肩上、落实在行动上。准确把握高质量发展要牢牢守住安全底线的重要要求，深入查找重大风险隐患，督促被巡视党组织有效防范化解风险，层层筑牢安全防线。准确把握管党治党要将严的基调一贯到底的重要要求，深入查找落实全面从严治党战略部署方面的突出问题，推动国企领域全面从严治党向纵深发展。准确把握加强班子建设要抓住"一把手"这个关键的重要要求，着力加强对"一把手"的监督，通过抓好"关键少数"带动"绝大多数"。准确把握发挥巡视利剑作用要在整改上较真碰硬的重要要求，推动落实整改主体责任、监督责任，确保巡视整改取得实实在在的成效。

四、工作程序和方式

推进巡视工作向纵深发展，高质量推进巡视全覆盖，创新组织方式。

（1）巡视组在进驻被巡视单位前，根据工作需要，应当听取同级纪检监察机关和组织、宣传、统战、保密、审计、财务、统计、信访等部门关于被巡视党组织领导班子及其成员的有关情况通报。

（2）巡视组根据被巡视单位的具体情况制定巡视方案，由巡视办报巡视工作领导小组批准后实施。

（3）巡视办应根据常规巡视和专项巡视不同要求，以书面方式向被巡视单位发出通知，并协调安排巡视组进驻有关事宜。原则上常规巡视提前5个工作日，专项巡视提前3个工作日通知被巡视单位。

（4）被巡视单位在接到巡视通知后，应明确责任领导和联络人员，协调安排巡视工作有关事宜，提供必要的工作条件，营造自觉接受监督、干部职工参与，有利于发现和解决问题的良好氛围。

（5）巡视组进驻被巡视单位后，要及时向被巡视单位领导班子说明巡视的目的和任务，开展巡视工作的计划安排和要求，并就相关工作进行沟通。

（6）巡视组应依靠被巡视单位党组织开展工作。被巡视单位应按要求公布巡视工作的监督范围、时间安排、工作方式和联系方式等有关情况。

（7）巡视组开展现场巡视。巡视组对反映被巡视党组织领导班子及其成员的重要问题和问题线索，应当进行深入了解。

（8）巡视组应严格执行请示报告制度，对巡视工作中的重要情况和重大问题及时向巡视工作领导小组请示报告。

（9）巡视期间，巡视组依靠被巡视党组织开展工作，不干预被巡视党组织的正常工作，不履行执纪审查的职责。对干部群众反映强烈、明显违反政策规定并属于被巡视党组织职权范围、能够及时解决的问题，巡视组应当按程序督促被巡视党组织立行立改。对反映集中的党员、干部涉嫌违纪违法的问题线索，巡视组可以按程序移交有关纪检监察机关及时处置。

（10）巡视组对了解的重要情况和问题，应当形成巡视报告；对普遍性、倾向性问题和体制机制等方面的重大问题，可以形成专题报告。

巡视组对巡视报告、专题报告等反映的问题，应当制作底稿。巡视组对巡视报告反映的重要问题、提出的整改建议，应当按规定与被巡视党组织主要负责人进行沟通、听取其意见；对巡视报告反映的重要政策性问题，可以与有关职能部门进行沟通、听取其意见。

（11）经同级党组织同意后，巡视工作领导小组应当及时组织向被巡视党组织领导班子及其主要负责人分别反馈巡视情况，指出问题，有针对性地提出整改意见。根据同级党组织及其巡视工作领导小组要求，巡视工作领导小组办公室将巡视的有关情况通报有关职能部门及其分管领导。对巡视发现的问题和反映党员、干部涉嫌违纪违法的问题线索，巡视工作领导小组办公室和巡视组依据干部管理权限和职责分工，按程序分别移交纪检监察机关、组织部门或者有关单位。对巡视发现的普遍性、倾向性问题和体制机制等方面的重大问题，可以采取制发巡视建议书或者其他适当方式，向有关职能部门提出加强监管、健全制度、深化改革等意见建议。

（12）被巡视单位收到反馈意见后，应当及时研究制定整改方案，明确具体整改措施，建立"三个清单"（问题清单、任务清单、责任清单）并认真抓好整改。被巡视单位自反馈意见之日起6个月内，向巡视办报送整改情况报告，并将整改情况在一定范围内公布，接受职工群众监督。

（13）巡视办负责将被巡视单位整改方案和整改情况进行及时通报。

示例89　巡视组巡视主要工作方式

巡视组开展现场巡视时，采取下列方式了解情况：

（一）听取被巡视党组织的工作汇报和有关机关、部门的专题汇报。

（二）与被巡视党组织领导班子成员和其他干部群众进行个别

谈话。个别谈话时，巡视组工作人员一般不少于2人，并由专人负责记录。特殊情况需要与有关人员单独谈话，须经巡视组组长批准。

（三）受理反映被巡视党组织领导班子及其成员和下一级党组织领导班子主要负责人问题的来信、来电、来访等。在被巡视单位适当位置设立专门意见箱，由巡视组指定专人负责意见箱的管理。公开巡视组电话、信箱等联系方式，做好反映被巡视单位领导班子及其成员，及其他方面问题的来信、来电、来访等的登记、接待和记录等工作，重要问题应及时报告。

（四）抽查核实领导干部报告个人有关事项的情况。

（五）向有关知情人询问情况。

（六）调阅、复制有关文件、档案、会议记录等资料。

（七）召开座谈会。

（八）列席有关会议。

（九）进行民主测评、问卷调查。

（十）下沉调研了解情况。以适当方式对被巡视单位的下属单位或者部门进行走访调查，深入了解有关情况。

（十一）开展专项检查。对反映被巡视单位党组织领导班子及其成员的重要问题，经巡视工作领导小组同意后，可制定具体方案，由2人或以上进行专项核查。

（十二）提请有关单位予以协助。对专业性较强或者特别重要问题的了解，可以商请有关职能部门予以协助。

（十三）开展巡视工作的党组织批准的其他方式。

五、巡视整改和成果运用

巡视发现问题的目的是解决问题，发现问题不解决，比不巡视的效果还坏。做好巡视"后半篇文章",在强化巡视整改上见真章、求实效,压实整改责任,完善整改机制,综合用好巡视成果,深化标本兼治,推动改革、促进发展。

被巡视党组织承担巡视整改主体责任,应当把整改作为履行管党治党责任、推动高质量发展的重要抓手,融入日常工作、融入深化改革、融入全面从严治党、融入领导班子和干部队伍建设。党组织主要负责人承担巡视整改第一责任人责任,领导班子其他成员承担"一岗双责"。党组织主要负责人和领导班子其他成员有调整的,应当做好巡视整改交接工作,持续落实整改责任。

被巡视党组织应当自收到巡视反馈意见之日起,组织开展为期6个月的集中整改:(1)研究制定巡视整改方案,建立问题清单、任务清单、责任清单,明确责任人、整改措施和时限;(2)召开领导班子巡视整改专题民主生活会;(3)全面抓好巡视反馈问题的整改落实;(4)认真处置巡视移交的问题线索以及群众反映的信访事项;(5)对巡视反馈的问题举一反三,健全制度、补齐短板、堵塞漏洞;(6)向开展巡视工作的党组织的同级纪检监察机关、组织部门、巡视工作领导小组办公室报送集中整改进展情况报告。

集中整改结束后,被巡视党组织应当建立常态化、长效化整改工作机制,对尚未解决的问题持续抓好整改落实,根据工作实际适时报告后续整改情况。

同时做好巡视移交和督查整改:

(1)巡视报告经党委批准后7个工作日内,巡视办对巡视发现的问题线索,按照归口管理、各司其职的原则进行分类梳理,并移交相关企业部门。

(2)相关部门收到巡视移交的问题线索后,应当优先启动办理程序,在巡视问题线索移交后30日内(党委另行明确时限的除外),将巡视问题线索处置意见以书面方式向巡视办反馈。牵头部门可根据实际工作需要和业务关联性指定配合部门,配合部门须给予积极协助。各部门要遵守组织纪律和工作纪律，严格控制巡视问题知悉范围。

（3）巡视办对巡视问题线索处置意见进行审核汇总后形成报告，报巡视工作领导小组批准后，报党委会议审定。

（4）企业有关部门应当按照规定时限，将办理情况和结果以书面方式反馈巡视办。

（5）巡视组应当会同巡视办负责相关事项的督办、催办，促进被巡视单位对反馈意见的整改落实。

（6）巡视组可根据实际情况，通过回访、听取汇报等方式跟踪了解被巡视单位的整改落实情况。回访工作结束时，巡视组应向巡视工作领导小组报告回访情况。

（7）巡视组应当会同巡视办组织做好巡视整改情况的后评价工作，及时收集、汇总业务主管部门对被巡视单位整改工作的后评价意见，同时运用访谈、问卷调查、民主测评等方式针对巡视整改情况开展调查，汇总形成的调查结果，连同业务主管部门将评价意见向巡视工作领导小组报告。

针对被巡视单位整改工作不重视、不到位、不彻底、没完成，或有新的问题发生的，巡视组会同巡视办要根据院党委要求，跟踪监督被巡视单位有效整改，对触发警示条件的，启动保障监督体系亮牌警示程序。

（8）巡视结果和被巡视单位整改情况将作为对领导班子和领导干部考核评价、选拔任用、奖励惩处和调整岗位、降职、免职等组织处理的重要依据。

六、巡视要求

实践证明，巡视是发现和推动解决问题的有效方式，要持续发力、纵深推进，以更加奋发有为的精神状态、更加科学务实的举措推动政治巡视深化发展，督促被巡视党组织认真履行职能责任，以实际行动坚定拥护"两个确立"、坚决做到"两个维护"。国有企业党委要落实全面从严治党要求，严肃党内政治生活，净化党内政治生态，加强党内监督，规范巡视工作，发挥政治巡视利剑作用，加强巡视整改和成果运用，把巡视利剑磨得更光更亮，勇于亮剑，始终做到利剑高悬、震慑常在。

把加强理论武装摆在首要位置，巩固拓展主题教育成果，始终保持巡视工作正确政治方向。坚守政治巡视职能定位，严守职责边界，坚持实事求是，依规依纪依法开展巡视。坚持系统观念，充分发挥巡视综合监督作用，加强与纪检监察机关和组织、审计、财政、统计、信访等部门的协作配合，增强监督合力。深入分析影响制约企业高质量发展的共性问题、深层次问题，进一步推动标本兼治。落实教育整顿要求，严明纪律作风，切实加强巡视队伍建设，以彻底的自我革命精神锻造巡视铁军。

第五节　审计监督

审计是党和国家监督体系的重要组成部分，是推动国家治理体系和治理能力现代化的重要力量。审计在强国建设、民族复兴新征程上，担负重要使命，要立足经济监督定位，聚焦主责主业，更好发挥审计在推进党的自我革命中的独特作用。

一、审计要求

做好新时代新征程审计工作，总的要求是在构建集中统一、全面覆盖、权威高效的审计监督体系，更好发挥审计监督作用上聚焦发力。要如臂使指，增强审计的政治属性和政治功能，把党中央部署把握准、领会透、落实好。要如影随形，对所有管理使用公共资金、国有资产、国有资源的单位和部门的审计监督权无一遗漏、无一例外，形成常态化、动态化震慑，让审计对象感到审计像影子一样时时在身边，时时有"头顶三尺有监督，不畏人知畏审计"的自觉。要如雷贯耳，坚持依法审计，做实研究型审计，发扬斗争精神，增强斗争本领，牢固树立"有问题没发现是失职、发现问题不报告是渎职"的意识，敢于较真碰硬，打造经济监督的"特种部队"；同时做好与其他监督的贯通协同，形成监督合力。

加强党对审计工作的全面领导，国有企业内部审计机构向党组织、董事会负责并报告审计工作。国有企业党委要切实扛起政治责任，提高对审计工作的领导力。主要负责同志要亲自抓、亲自管，充分发挥审计委员会牵头抓总、统筹协调作用。完善党的领导融入公司治理的运行机制，落实董事会及审计委员会对内部审计工作的监管责任，强化对内部审计重大工作的顶层设计、统筹协调和督促落实。强化上级审计机关对下级审计机关的领导，加快建立健全国有企业国有资本审计监督体系和制度，确保对国企国资应审尽审、凡审必严、严肃问责，从制度上堵塞漏洞，确保国有资产安全。

二、审计内容

1. 实现对国有资本实时和长效监控

坚持有利于国有资产保值增值、有利于提高国有经济竞争力、有利于放大国有资本功能的方针，聚焦国有企业、国有资本、境外国有资产以及企业领导人员履行经济责任情况，实行国有企业国有资本审计监督全覆盖，建立完善对企业国有资本的经常性审计制度，促进党和国家方针政策、重大部署在国有企业贯彻执行。顺应国有资本管理体制改革，针对三个层次的不同主体，审计出资人政策落实情况及国有资本投资运营公司资本运营效率，重点对其出资责任的履行情况和出资人审批事项的制度流程进行审计，评价国有资本配置效率。

2. 国有企业审计重点

聚焦高质量发展首要任务，加大对重大项目、重大战略、重大举措落实落地情况的监督力度。拓宽领导干部经济责任审计，以财务收支为基础，结合贯彻落实习近平总书记重要指示批示精神、党中央国务院重大决策部署情况、"三重一大"决策制度建立健全执行情况、企业改革发展情况，强化对企业的经营目标完成情况、研发投入及技术储备、社会责任的履行等受托责任开展审计，考察国有企业领导干部能否有效推动高质量发展。加强项目投资后评价，提高项目论证水平和投资效益。关注企业境外资产的管理和安全问题，积极推进实施"走出去"战略和"一带一路"建设，探索对境外分支机构和重大事项进行境外现场核查等，包括评价投资业务的合法合规、项目经济上和技术上的可行性、项目合同及执行情况、企业投资的经济性和效益性、核清投资业务债权债务等，加大国有企业对外投资审计力度。

3. 加强事前、事中、事后监管。

健全五年轮审、经常性审计和专项审计制度。坚持科技强审，深度挖掘数据，包括业务数据和管理数据，外部数据和内部数据，结构化数据和非结构化数据，通过系统权限授予，对国有企业发生的大额、异常的交易事件或数据进行实时监控，解决审计的"时滞"问题。对挖掘到的数据通过分布式处理系统、数据可视化操作，进行深度分析。加强对内部审计工作的指导和监督，调动内部审计和社会审计的力量，增强审计监督合力，推动国有企业建立健全风险为导向、预防为主，防治结合的内审工作流程，对可能出现的问题做到提前识别、预警。同时借力外部审计，切实提升审计效率。全面从严治党治审，传承审计光荣传统和优良作风，强化为国履职、为民尽责情怀，塑造职业精神，着力培养审计人员"能查、能说、能写"能力，建设忠诚干净担当的高素质专业化审计干部队伍，打造经济监督"特种部队"。

三、审计成果运用

审计整改"下半篇文章"与审计揭示问题"上半篇文章"同样重要，必须一体推进。建立健全审计问题整改质量保证体系，促进审计整改制度化、标准化、规范化。坚决做实研究型审计，沿着"政治—政策—项目—资金"研究立项、谋划实施，沿着"资金—项目—政策—政治"分析提炼、提出建议，做到一条主线双向贯通、首尾循环、正反可逆，提升审计监督的精准性、有效性。健全重大审计事项报告机制。健全审计监督与纪检监察、巡视巡察、组织人事和法律、风控、内控、财务等贯通协同机制，加强信息通报和交流、问题线索移送和协查等工作机制，推动在深化审计成果运用上相向而行、同向发力。把督促审计整改作为日常监督的重要抓手，将审计结果作为干部考核、任免、奖惩的重要参考，紧盯反复出现、经常发生的问题开展专项整治，对重大问题要盯住不放、一追到底，适时开展整改回头看，多杀"回马枪"。对整改不力、敷衍整改、虚假整改的，要严肃问责。对审计发现并移送的问题线索，查办决不能不了了之，也不能搞"高高举起、轻轻放下"，必须查个水落石出，做到件件有回音。

第六节　问责工作

国有企业党委要落实全面管党治党政治责任，规范和强化党的问责工作，督促各级党组织、党的领导干部负责守责尽责，践行忠诚干净担当，用好问责利器。

一、基本原则

问责工作应当坚持以下原则：

(1) 依规依纪、实事求是。

(2) 失责必问、问责必严。

(3) 权责一致、错责相当。

(4) 严管和厚爱结合、激励和约束并重。

(5) 惩前毖后、治病救人。

(6) 集体决定、分清责任。

二、问责主体及职责

党委应当履行全面从严治党主体责任，加强对本单位问责工作的领导，追究在党的建设、党的事业中失职失责党组织和党的领导干部的主体责任、监督责任、领导责任。

纪委应当履行监督专责，协助同级党委开展问责工作。

党的工作机关应当依据职能履行监督职责，实施本机关本系统本领域的问责工作。

三、问责对象及责任

问责对象是党组织、党的领导干部，重点是党委、党的工作机关及其领导成员，纪委及其领导成员。

问责应当分清责任。党组织领导班子在职责范围内负有全面领导责任，领导班子主要负责人和直接主管的班子成员在职责范围内承担主要领导责任，参与决策和工作的班子成员在职责范围内承担重要领导责任。

对党组织问责的，应当同时对该党组织中负有责任的领导班子成员进行问责。

党组织和党的领导干部应当坚持把自己摆进去、把职责摆进去、把工作摆进去，注重从自身找问题、查原因，勇于担当、敢于负责，不得向下级党组织和干部推卸责任。

四、问责情形

党组织、党的领导干部违反党章和其他党内法规，不履行或者不正确履行职责，有下列情形之一的，应当予以问责：

（1）党的领导弱化，"四个意识"不强，"两个维护"不力，党的基本理论、基本路线、基本方略没有得到有效贯彻执行，在贯彻新发展理念，推进企业高质量发展中出现重大偏差和失误，给党的事业和人民利益造成严重损失，产生恶劣影响的。

（2）党的政治建设抓得不实，在重大原则问题上未能同党中央保持一致，贯彻落实党的路线方针政策和执行党中央重大决策部署不力，不遵守重大事项请示报告制度，有令不行、有禁不止，阳奉阴违、欺上瞒下，团团伙伙、拉帮结派问题突出，党内政治生活不严肃不健康，党的政治建设工作责任制落实不到位，造成严重后果或者恶劣影响的。

（3）党的思想建设缺失，党性教育特别是理想信念宗旨教育流于形式，意识形态工作责任制落实不到位，造成严重后果或者恶劣影响的。

（4）党的组织建设薄弱，党建工作责任制不落实，严重违反民主集中制原则，不执行领导班子议事决策规则，民主生活会、"三会一课"等党的组织生活制度不执行，领导干部报告个人有关事项制度执行不力，党组织软弱涣散，违规选拔任用干部等问题突出，造成恶劣影响的。

（5）党的作风建设松懈，落实中央八项规定及其实施细则精神不力，"四风"问题得不到有效整治，形式主义、官僚主义问题突出，执行党中央决策部署表态多调门高、行动少落实差，脱离实际、脱离群众，拖沓敷衍、推诿扯皮，造成严重后果的。

（6）党的纪律建设抓得不严，党的政治纪律、组织纪律、廉洁纪律、群众纪律、工作纪律、生活纪律不力，导致违规违纪行为多发，造成恶劣影响的。

（7）推进党风廉政建设和反腐败斗争不坚决、不扎实，削减存量、遏制增量不力，特别是对不收敛、不收手，问题线索反映集中、群众反映强烈，政治问题和经济问题交织的腐败案件放任不管，造成恶劣影响的。

（8）全面从严治党主体责任、监督责任落实不到位，监督制约不力，好人主义盛行，不负责、不担当，党内监督乏力，该发现的问题没有发现，发现问题不报告不处置，领导巡视工作不力，落实巡视整改要求走过场、不到位，该问责不问责，造成严重后果的。

（9）履行管理、监督职责不力，职责范围内发生重特大生产安全事故、群体性事件或者发生其他严重事故、事件，造成重大损失或者恶劣影响的；

（10）在生态环境保护、食品药品安全等涉及人民群众最关心最直接最现实的利益问题上不作为、乱作为、慢作为、假作为，损害和侵占群众利益问题得不到整治，群众身边腐败和作风问题严重，造成恶劣影响的；

（11）其他应当问责的失职失责情形。

五、问责方式

针对问责对象的不同，分为两种情况：

1. 对党组织的问责

根据危害程度以及具体情况，可以采取以下方式：

（1）检查。责令作出书面检查并切实整改。

（2）通报。责令整改，并在一定范围内通报。

（3）改组。对失职失责，严重违犯党的纪律、本身又不能纠正的，应当予以改组。

2. 对领导干部的问责

根据危害程度以及具体情况，可以采取以下方式：

（1）通报。进行严肃批评，责令作出书面检查、切实整改，并在一定范围内通报。

（2）诫勉。以谈话或者书面方式进行诫勉。

（3）组织调整或者组织处理。对失职失责、危害较重，不适宜担任现职的，应当根据情况采取停职检查、调整职务、责令辞职、免职、降职等措施。

（4）纪律处分。对失职失责、危害严重，应当给予纪律处分的，依照《中国共产党纪律处分条例》追究纪律责任。

六、问责调查

需要进行问责调查的，有管理权限的党委、纪委应当经主要负责人审批，及时启动问责调查程序。其中纪委对同级党委直接领导的党组织及其主要负责人启动问责调查，应当报同级党委主要负责人批准。应当启动问责调查未及时启动的，上级党组织应当责令有管理权限的党组织启动。根据问题性质或者工作需要，上级党组织可以直接启动问责调查，也可以指定其他党组织启动。对被立案审查的党组织、党的领导干部问责的，不再另行启动问责调查程序。

启动问责调查后，应当组成调查组，依规依纪依法开展调查。要查明党组织、党的领导干部失职失责问题，综合考虑主客观因素，正确区分贯彻执行党中央或者上级决策部署过程中出现的执行不当、执行不力、不执行等不同情况，精准提出处理意见，做到事实清楚、证据确凿、依据充分、责任分明、程序合规、处理恰当，防止问责不力或者问责泛化、简单化。

查明调查对象失职失责问题后，调查组应当撰写事实材料。事实材料要与调查对象见面，听取其陈述和申辩，并记录在案；对合理意见，应当予以采纳。调查对象应当在事实材料上签署意见，对签署不同意见或者拒不签署意见的，调查组应当作出说明或者注明情况。调查工作结束后，调查组应当集体讨论，形成调查报告，列明调查对象基本情况、调查依据、调查过程，问责事实，调查对象的态度、认识及其申辩，处理意见以及依据，由调查组组长以及有关人员签名后，履行审批手续。

七、其他情形

有下列情形之一的，可以不予问责或者免予问责：（1）在推进改革中因缺乏经验、先行先试出现的失误，尚无明确限制的探索性试验中的失误，为推动发展的无意过失。（2）在集体决策中对错误决策提出明确反对意见或者保留意见的。（3）在决策实施中已经履职尽责，但因不可抗力、难以预见等因素造成损失的。

有下列情形之一，可以从轻或者减轻问责：（1）及时采取补救措施，有效挽回损失或者消除不良影响的。（2）积极配合问责调查工作，主动承担责任的。（3）党内法规规定的其他从轻、减轻情形。

有下列情形之一，应当从重或者加重问责：（1）对党中央、上级党组织三令五申的指示要求，不执行或者执行不力的。（2）在接受问责调查和处理中，不如实报告情况，敷衍塞责、推卸责任，或者唆使、默许有关部门和人员弄虚作假，阻扰问责工作的。（3）党内法规规定的其他从重、加重情形。

问责决定作出后，发现问责事实认定不清楚、证据不确凿、依据不充分、责任不清晰、程序不合规、处理不恰当，或者存在其他不应当问责、不精准问责情况的，应当及时予以纠正。必要时，上级党组织可以直接纠正或者责令作出问责决定的党组织予以纠正。

第七节　纪律处分

对党员的纪律处分，必须经过支部大会讨论决定，报党的基层委员会批准；如果涉及的问题比较重要或复杂，或给党员以开除党籍的处分，应分别不同情况，报县级或县级以上党的纪律检查委员会审查批准。在特殊情况下，县级和县级以上各级党的委员会和纪律检查委员会有权直接决定给党员以纪律处分。

对党员的纪律处分有五种：警告、严重警告、撤销党内职务、留党察看和开除党籍。党组织对党员作出处分决定，应当实事求是地查清事实。处分决定所依据的事实材料和处分决定必须同本人见面，听取本人说明情况和申辩。如果本人对处分决定不服，可以提出申诉，有关党组织必须负责处理或者迅速转递，不得扣压。对于确属坚持错误意见和无理要求的人，要给予批评教育。

一、警告

警告，是指党组织和党的纪检机关对违纪党员提出告诫，指出其行为的危害性，促使其认识错误，引起警觉，防止再犯此类错误的一种党纪处分。它是最轻的一种党纪处分，适用于错误较轻，但必须给予党纪处分的违纪党员。

二、严重警告

严重警告，是指党组织和党的纪检机关对违纪党员提出严重告诫，指出其行为的危害性，责令其认识错误，不得再犯此类错误的一种党纪处分。它是重于警告的一种党纪处分，适用于所犯错误比较严重的违纪党员。

三、撤销党内职务

撤销党内职务，是指撤销受处分党员的由党内选举或者组织任命担任的党组织及其工作部门的领导职务。这是重于严重警告的党纪处分，是党内的重处分之一。它适用于严重违犯党的纪律并且担任党内领导职务的党员。

四、留党察看

留党察看，是指党组织和党的纪检机关对于那些严重违犯党的纪律，但尚未完全丧失共产党员条件的党员，在作出开除其党籍处分决定之前，给予一定的考察期限，敦促其彻底改正错误的一种党纪处分。这是党纪处分中仅低于开除党籍的一种重处分。它适用于严重违犯党的纪律，但尚未完全丧失共产党员条件的违纪党员。留党察看时间最长不超过两年。党员在留党察看期间没有表决权、选举权和被选举权。党员经过留党察看，确已改正错误的，应当恢复其党员的权利；坚持错误不改的，应当开除党籍。

五、开除党籍

开除党籍，是指党组织和党的纪检机关对严重违犯党的纪律，已丧失共产党员条件的党员，取消其党籍。将其开除出党的组织的一种党纪处分。这是党内的最高纪律处分。受到开除党籍处分的党员，其党内职务自然撤销，同时应当建议党外组织撤销其党外职务。各级党组织在决定或批准开除党员党籍的时候，应当全面研究有关材料和意见，采取十分慎重的态度。

第八节　一体推进三不腐

腐败的本质是权力滥用。面对依然严峻复杂的形势，反腐败绝对不能回头、不能松懈、不能慈悲，必须永远吹冲锋号。要持续盯住"七个有之"问题，把严惩政商勾连的腐败作为攻坚战重中之重，坚决打击以权力为依托的资本逐利行为，坚决防止各种利益集团、权势团体向政治领域渗透。深化整治金融、国企、能源、医药和基建工程等权力集中、资金密集、资源富集领域的腐败，清理风险隐患。惩治"蝇贪蚁腐"，让群众有更多获得感。

一、三不腐内涵

坚持不敢腐、不能腐、不想腐一体推进，同时发力、同向发力、综合发力，是反腐败斗争的基本方针和新时代全面从严治党的重要方略。"三不腐"是相互依存、相互促进的有机整体，是全面从严治党的应有之义，是制度治党、依规治党的必然要求，是实现治理体系和治理能力现代化的重要举措，必须统筹联动，增强整体效果。

不敢腐侧重于惩治和威慑，坚持什么问题突出就重点解决什么问题，让意欲腐败者在带电的高压线面前不敢越雷池半步，坚决遏制蔓延势头。"不敢"是前提，要以严格的执纪执法增强制度刚性，让党员干部从害怕被查处的"不敢"，走向敬畏党和人民、敬畏党纪国法的"不敢"。

不能腐侧重于制约和监督，扎紧制度笼子，让胆敢腐败者在严格监督中无机可乘。"不能"是关键，要科学配置权力，加强重点领域监督机制改革和制度建设，推动形成不断完备的制度体系、严格有效的监督体系。在提高制度建设的科学化水平上下功夫，重点是要把权力关进制度的笼子里，基础是要分析把握不同行业、不同企业的廉洁风险规律，关键是要充分运用好科技化、信息化手段。在强化落实上下工夫，企业党委（党组）、纪委（纪检监察组）要落实"两个责任"，持之以恒抓好"不能腐"的体制机制，按照"全不全""行不行""力不力""新不新""顺不顺"的要求，进一步梳理完善制度，增强制度的执行力，维护制度的严肃性，让制度真正"带电"、管用。

不想腐侧重于教育和引导，着眼于产生问题的深层次原因，对症下药、综合施策，让人从思想源头上消除贪腐之念。"不想"是根本，靠加强理想信念教育，靠提高党性觉悟，靠涵养廉洁文化，夯实不忘初心、牢记使命的思想根基。有的人总认为马克思主义太旧了、共产主义太远了、社会主义太长了，权力才是硬的、票子才是实的、享受才是真的。对这些错误言行，必须坚决厘清和反对。

二、落实三不腐

坚持系统谋划、多措并举、标本兼治，实行思想教育、管理监督、严厉惩处共同发力，推动全面从严治党向纵深发展。突出加强对各级"一把手"的监督，加大国有企业反腐败力度，深入纠治"四风"，深化以案促改、以案促治，一体推进不敢腐、不能腐、不想腐，营造风清气正的良好政治生态。

二十届中央第一轮巡视反馈，严肃指出了国有企业领域存在的突出问题。有的落实党中央决策部署不到位，对肩负的职责使命认识不深刻，履职担当有差距；有的统筹发展和安全不到位，风险意识不强，防控机制不够健全；有的落实管党治党责任不到位，压力传导层层递减，贯彻严的基调不力，"一把手"等关键岗位廉洁风险比较突出，"靠企吃企"问题多发，"四风"问题突出，违反中央八项规定精神问题仍有发生；有的领导班子、干部人才队伍建设存在薄弱环节，基层党组织政治功能有待加强。

二十届中央第二轮巡视了 27 家中管企业、6 家职能部门党委（党组），反馈严肃指出了被巡视党组织存在的问题。有的推动高质量发展有差距，聚焦主业发展不够，科技创新能力不强，对下属企业管控不到位，防范化解风险不够有力；有的履行全面从严治党责任不到位，一些关键岗位、重点领域廉洁风险突出，违反中央八项规定精神问题时有发生；有的领导班子和干部人才队伍建设存在短板，基层党组织建设比较薄弱。

新时代新征程反腐败斗争，必须在铲除腐败问题产生的土壤和条件上持续发力、纵深推进。总的要求是，坚持一体推进不敢腐、不能腐、不想腐，深化标本兼治、系统施治，不断拓展反腐败斗争深度广度，对症下药、精准施治、多措并举，让反复发作的老问题逐渐减少，让新出现的问题难以蔓延，推动防范和治理腐败问题常态化、长效化。

国有企业党组织要用好"全周期管理"。坚持标本兼治、系统施治，"惩、治、防"一体联动，在不敢腐上持续加压、在不能腐上深化拓展、在不想腐上巩固提升，营造风清气正的干事创业氛围。强化"不敢"这个前提，紧盯工程建设、项目采购、投资担保等重点领域和关键环节，精准研判未来廉洁风险，严肃查办党员干部违纪违规行为持续形成强大震慑。细化"不能"这个关键，梳理本企业可能存在的廉洁合规风险点，不断完善工作流程，持续扎紧制度笼子，有效防范廉洁风险。深化"不想"这个根本，加强廉洁教育，深化警示教育，筑牢思想堤坝，努力从思想源头上消除贪腐。

国有企业党组织要巩固反腐败斗争的胜利成果。加强对权力运行的制约，特别是对"一把手"和领导班子的监督，及时查找体制机制问题和制度漏洞，通过改革和制度创新切断利益输送链条。加强重点领域专项整治，坚决整治权力集中、资金密集、资源富集领域和岗位的腐败，持续开展靠企吃企专项整治，加大跨国（境）腐败治理力度，一体推进不敢腐、不能腐、不想腐。强化企业内部流程控制，健全对关键岗位和重要人员的权力约束。突出监督重点，全面梳理廉洁风险点，完善廉洁风险防控机制，重点关注重大投资、兼并重组、改革改制、产权转让、招标投标等重点领域和关键环节，堵塞制度和程序等漏洞。发挥政治巡视利剑作用，持续深化政治巡视工作，统筹常规巡视、专项巡视、机动式巡视和"回头看"，做好巡视整改"后半篇文章"，综合运用巡视成果，实现巡视工作常态化。

国有企业党组织要强化全案意识。强化从案件源头到末梢的全流程、全要素、全方位管控，注重案件前后和关联案件的串联分析，推动各项措施在政策取向上相互配合、在实施过程中相互促进、在工作成效上相得益彰。协同推进以案促改、以案促建、以案促治，健全监督检查、审查调查、巡视巡察、制度建设、宣传教育衔接机制，构建从案件查办到促进治理的工作闭环。更加注重全面从严、综合施策，把一体推进"三不腐"的要求，落实到纠治"四风"、追责问责、巡视巡察、自身建设等各方面，形成叠加效应、综合效能。

国有企业党组织要完善廉政教育机制。创新教育培训方式，将正风肃纪反腐统筹起来，做好以案促改工作，发挥典型案例剖析警示教育作用，不断系紧廉洁从业的"扣了"。牢记清廉是福、贪欲是祸的道理，经常对照党的理论和路线方针政策、对照党章党规党纪、对照初心使命，看清一些事情该不该做、能不能干，守住拒腐防变的防线。把监督、查办、整改、治理贯通起来，把一体推进"三不腐"与净化政治生态、优化发展环境、激发担当作为结合起来。把不敢腐的强大震慑效能、不能腐的刚性制度约束、不想腐的思想教育优势融于一体，推动反腐败斗争从个案清除、重点惩治向系统整治、全域治理提升转变。

第八章　制度建设

　　加强党内法规制度建设是全面从严治党的长远之策、根本之策，要把依规治党当作管党治党基本方式。加强党内法规制度建设是全面从严治党的长远之策、根本之策。党的十八大以来，党中央坚持制度治党、依规治党，努力构建系统完备、科学规范、运行有效的制度体系，不断完善党的自我革命制度规范体系，把全面从严治党提升到一个新的水平。

　　国有企业党委要将制度建设贯穿党的各项建设，扎细扎密扎牢制度的笼子，以党章为根本，以民主集中制为核心，与时俱进完善党内规章制度体系，增强法规权威性和执行力，形成坚持真理、修正错误，发现问题、纠正偏差的机制，为新时代党的建设提供根本性、全局性、稳定性、长期性保障。

第一节　全面从严治党体系

全面从严治党要靠思想教育，更要靠制度保障。党的十八大以来，以习近平同志为核心的党中央坚持思想建党和制度治党同向发力，注重党内法规同国家法律衔接协调，与时俱进完善党章，聚焦加强党的领导和党的建设推进制度创新，形成比较完善的党内法规体系，搭建起党和国家监督体系的"四梁八柱"，把权力关进制度的笼子。坚定不移推进全面从严治党，取得一系列理论创新、实践创新、制度创新成果，构建起全面从严治党体系，开辟了百年大党自我革命新境界。

同时也要看到，党面临的"四大考验""四种危险"将长期存在，全面从严治党永远在路上，党的自我革命永远在路上。经过全面从严治党的革命性锻造，各方面制度更加成熟定型，形成了中国共产党之治、中国之治的独特优势，为新时代党的建设提供了根本性、全局性、稳定性、长期性保障。全党必须永葆"赶考"的清醒和坚定，以健全全面从严治党体系为有效途径，不断把新时代党的建设新的伟大工程推向前进。

一、三个更加突出

我们党是在马克思主义建党学说指导下、按照民主集中制原则建立起来的世界最大政党，在世界上人口最多的国家长期执政，历史久、人数多、规模大，既有办大事、建伟业的巨大优势，也面临治党治国的特殊难题。解决大党独有难题，必然是一个长期而艰巨的过程，这就决定了全面从严治党永远在路上，党的自我革命永远在路上。

各级党组织一定要站在事关党长期执政、国家长治久安、人民幸福安康的高度，把全面从严治党作为党的长期战略、永恒课题，始终坚持问题导向，保持战略定力，发扬彻底的自我革命精神，永远吹冲锋号，把严的基调、严的措施、严的氛围长期坚持下去，把党的伟大自我革命进行到底。

全面从严治党体系是一个内涵丰富、功能完备、科学规范、运行高效的动态系统。健全这个体系，需要坚持制度治党、依规治党，更加突出党的各方面建设有机衔接、联动集成、协同协调，更加突出体制机制的健全完善和法规制度的科学有效，更加突出运用治理的理念、系统的观念、辩证的思维管党治党建设党。

二、四个全

全面从严治党体系贯穿党的政治建设、思想建设、组织建设、作风建设、纪律建设、制度建设和反腐败斗争等党的建设各方面，涵盖思想从严、监督从严、执纪从严、治吏从严、作风从严、反腐从严各环节。

新时代党的建设是以党的政治建设为统领、党的各项建设同向发力综合发力的系统工程，必须以习近平总书记关于党的建设的重要思想、关于党的自我革命的重要思想为根本遵循，坚持和加强党的全面领导和党中央集中统一领导，贯彻落实新时代党的建设总要求，用系统思维、科学方法推进管党治党内容全涵盖、对象全覆盖、责任全链条、制度全贯通，进一步健全要素齐全、功能完备、科学规范、运行高效的全面从严治党体系。

坚持内容上全涵盖。党的建设推进到哪里，全面从严治党体系就要构建到哪里，无论党的政治建设、思想建设、组织建设、作风建设、纪律建设，还是制度建设、反腐败斗争，都要自觉贯彻全面从严治党战略方针，不能把全面从严治党局限于正风、肃纪、反腐。

坚持对象上全覆盖。面向党的各级组织和全体党员，做到管全党、治全党，重点是抓好"关键少数"，管好党员领导干部特别是高级干部、"一把手"，在管党治党上没有特殊党员、不留任何死角和空白。

坚持责任上全链条。压实各级党委（党组）全面从严治党主体责任、各级纪委的监督责任，推动各级党委（党组）书记扛起第一责任人责任、领导班子其他成员切实担负"一岗双责"，让每名党员、干部行使应有权利、履行应尽责任，做到权责对等、失责必问，压力层层传导，责任环环相扣，切实增强管党治党的责任感使命感，巩固发展全党动手一起抓的良好局面。

坚持制度上全贯通。把制度建设要求体现到全面从严治党全过程、各方面、各层级，以党章为根本，以民主集中制为核心，不断完善党内法规制度体系，增强党内法规权威性和执行力，用制度促进全面从严治党体系贯通、联动，真正实现制度治党、依规治党。

坚持制度治党、依规治党是全面从严治党的有效方式。全面从严治党是一个系统工程，需要进行顶层设计，深入探索规律，使制定的规划和政策体系体现时代性、把握规律性、富于创造性，做到远近结合、上下贯通、内容协调。对许多前沿实践、未知领域，需要结合具体实际，在实践中大胆探索，寻求有效解决新矛盾新问题的思路和办法，努力创造可复制、可推广的新鲜经验，不能刻舟求剑、守株待兔。

建立完善覆盖党的建设方方面面的制度体系，工作重点是：健全以党的政治建设为统领，全面推进党的各方面建设的体制机制；健全党管干部、选贤任能制度，治国理政要在用人；完善和落实党内政治生活制度规定；健全解决党自身问题的长效机制；完善和落实全面从严治党责任制度。

健全上下贯通、执行有力的组织体系。坚持党中央权威和集中统一领导，完善党中央重大决策部署落实机制，确保党中央政令畅通、令行禁止。坚持和完善党建工作领导体制和组织管理体制，形成一级抓一级、抓好本级带下级、大抓基层强基础的工作格局，推动各层级各领域党组织全面过硬。大力推进党建引领基层治理，持续整顿软弱涣散基层党组织。创新党组织设置和活动方式。善于运用互联网技术和信息化手段开展党建工作，努力实现党的组织和党的工作线下线上全覆盖。

健全固本培元、凝心铸魂的教育体系。必须抓好思想建设这个基础，坚持不懈推进党的创新理论武装，持之以恒加强党性教育。坚持经常性教育和集中性教育、理论武装和实践运用、强党性和增本领相结合，健全落实以学铸魂、以学增智、以学正风、以学促干长效机制。以党纪学习教育为契机，引导党员、干部把增强党性、严守纪律、砥砺作风贯通起来，融入日常、化为习惯。

健全精准发力、标本兼治的监管体系。必须坚持党性党风党纪一起抓、治病强身相结合，改进党员管理机制，完善从严管理监督干部机制，健全正风肃纪常态化机制，完善一体推进不敢腐、不能腐、不想腐工作机制。坚持党的自我监督和人民监督相结合，促进各类监督贯通协调，健全党统一领导、全面覆盖、权威高效的监督体系。着力抓好政治监督、领导班子特别是"一把手"监督、"三重一大"事项监督，以及权力集中、资金密集、资源富集等重点领域的监督，切实让特权现象和腐败问题无所遁形。

健全科学完备、有效管用的制度体系。必须加强系统集成，使制度建设与管党治党需要相适应、与党的各项建设相配套，全方位织密制度的笼子。深化党内法规制度建设改革，做好顶层设计、查漏补缺、提质增效文章，面向实践需要，及时将好经验好做法上升为制度，着力提高制度执行力，推动全面从严治党在法规制度轨道上向纵深发展。

要健全主体明确、要求清晰的责任体系。必须分层分类建立健全责任体系，推动各级党组织和广大党员、干部知责、担责、履责。明确党委（党组）全面从严治党主体责任，明确各级纪委的监督责任，明确党委（党组）书记第一责任人责任，明确领导班子成员的管党治党责任，明确党员、干部的具体责任。健全精准科学的问责机制，层层传导压力，以责任主体到位、责任要求到位、考核问责到位，推动管党治党责任落实到位。

第二节　遵守党章

党章是党的根本大法，是党的总章程，也是党的纪律、规矩的总源头，加强纪律建设必须回到源头，从遵守和维护党章入手。认真学习党章、严格遵守党章，是加强党的建设的一项基础性经常性工作，也是每一名党员应尽的义务和庄严责任。

一、全面掌握党章内容

党章集中体现了党的性质和宗旨、党的理论和路线方针政策、党的重要主张，规定了党的重要制度和机制体制，是全党必须共同遵守的根本行为规范。在国有企业各级党组织的全部活动中，都要坚持引导广大党员干部自觉学习党章、遵守党章、贯彻党章、维护党章，自觉加强党性修养，增强党的意识、宗旨意识、执政意识、大局意识、责任意识，做到为党分忧、为国尽责、为民奉献。

国有企业党组织要把党章学习教育作为经常性工作来抓，通过日常学习、专题培训等形式，组织党员学习党章，并把学习党章作为各级党校的必备课程。党组织每年至少组织开展1次集中学习党章。学习党章是全体党员的基本功，不仅要原原本本学、反反复复学，做到知其然，而且要联系实际学、深入思考学，做到知其所以然。党员领导干部要把学习党章作为必修课，自觉学习党章、遵守党章、贯彻党章、维护党章，真正使党章内化于心、外化于行。

二、严格遵守党章规定

全面从严治党首先要尊崇党章。牢固树立党章意识，真正把党章作为加强党性修养的根本标准，作为指导党的工作、党内活动、党的建设的根本依据，把党章各项规定落实到行动上、落实到各项事业中。凡是党章规定党员必须做到的，领导干部要首先做到；凡是党章规定党员不能做的，领导干部要带头不做。领导干部要把学习党章作为必修课，走上新的领导岗位的同志要把学习党章作为第一课，带头遵守党章各项规定。

各级党委和纪委要首先加强对维护党章、执行党的路线方针政策和决议情况的监督检查，对党章意识不强、不按党章规定办事的，要及时提醒，对严重违反党章规定的行为要坚决纠正，共同维护党章的权威性和严肃性，确保党的集中统一，保证党中央政令畅通。

党章的内容非常丰富，学习党章、遵守党章是一辈子的事。学习党章、遵守党章的最高境界（也是最高标准），就是做到时时刻刻心中有党、心中有民、心中有责、心中有戒。

第三节　自我革命

经过百年奋斗特别是党的十八大以来在推进全面从严治党的伟大实践中，我们党不断进行实践探索和理论思考，在毛泽东同志当年给出"让人民来监督政府"的第一个答案基础上，给出了如何跳出治乱兴衰历史周期率的第二个答案，这就是不断推进党的自我革命。全面从严治党是新时代党的自我革命的伟大实践，反腐败是最彻底的自我革命。坚持自我革命，确保党不变质、不变色、不变味。

一、自我革命内涵

党的十八大以来，习近平总书记带领全党以前所未有的决心力度推进全面从严治党，创造性提出一系列具有原创性、标志性的新理念新思想新战略，形成习近平总书记关于党的自我革命的重要思想，指引百年大党开辟了自我革命的新境界。这是我们党坚持"两个结合"推进理论创新取得的新成果，是习近平新时代中国特色社会主义思想的新篇章，标志着我们党对马克思主义政党建设规律、共产党执政规律的认识达到新高度。

这一重要思想深刻回答了我们党"为什么要自我革命"的重大问题，指明了确保全党永葆初心、担当使命的根本任务；深刻回答了我们党"为什么能自我革命"的重大问题，坚定了全党用好"第二个答案"、解决大党独有难题的信心决心；深刻回答了我们党"怎样推进自我革命"的重大问题，展现了党永葆生机活力、走好新的赶考之路的光明前景。

在深入推进党的自我革命实践中需要把握好九个问题，即推进自我革命"九个以"的实践要求：以坚持党中央集中统一领导为根本保证，以引领伟大社会革命为根本目的，以习近平新时代中国特色社会主义思想为根本遵循，以跳出历史周期率为战略目标，以解决大党独有难题为主攻方向，以健全全面从严治党体系为有效途径，以锻造坚强组织、建设过硬队伍为重要着力点，以正风肃纪反腐为重要抓手，以自我监督和人民监督相结合为强大动力。

勇于自我革命是中国共产党区别于其他政党的显著标志，是我们党最鲜明的品格。党的十八大以来，以习近平同志为核心的党中央，以前所未有的勇气和定力全面从严治党，打了一套自我净化、自我完善、自我革新、自我提高的制度规范体系。党面临的"四大考验""四种危险"将长期存在，必须时刻保持解决大党独有难题的清醒和坚定，健全全面从严治党体系，全面推进党的自我净化、自我完善、自我革新、自我提高，不断以党的自我革命引领社会革命。

自我净化，就是要过滤杂质、清除毒素、割除毒瘤，教育引导全党坚定理想信念宗旨，自觉抵御各种腐朽思想侵蚀，提高政治免疫力，同时聚焦突出问题，自觉向体内病灶开刀，清除一切侵蚀党的健康肌体的毒素。

自我完善，就是要修复肌体、健全机制、丰富功能，着眼于加强党的长期执政能力建设，着力补短板、强弱项，不断构建系统完备、科学规范、运行有效的制度体系，完善决策科学、执行坚决、监督有力的权力运行机制。

自我革新，就是要与时俱进、自我超越，善于调动全党积极性、主动性、创造性，坚决破除一切不合时宜的思想观念和体制机制弊端，通过改革和制度创新压缩腐败现象生存空间和滋生土壤，营造风清气正的政治生态。

自我提高，就是要有新本领、新境界，永不僵化、永不停滞，在学习实践中砥砺品格、增长才干，全面增强执政本领，不断提升政治境界、思想境界、道德境界，永葆党的生机活力。

"四个自我"形成了依靠党自身力量发现问题、纠正偏差、推动创新、实现执政能力整体性提升的良性循环。只要我们始终不忘党的性质宗旨，勇于直面自身存在的问题，以刮骨疗毒的决心和意志消除一切损害党的先进性和纯洁性的因素，就能形成党长期执政条件下实现"四个自我"的有效途径。

二、勇于自我革命

党的二十大报告中提出，完善党的自我革命制度规范体系。党的自我革命已经成为新时代党的建设的基础概念和基础理论。国有企业怎么进行党的自我革命，形成国有企业党的自我革命的体系，开启了新的课题。

国有企业是中国特色社会主义的重要物质基础和政治基础，是党进行伟大自我革命的依靠力量和重要领域。以自我革命精神推进全面从严治党，表明推进新时代党的建设开始向全面从严治党这一伟大实践聚焦，力度、深度、难度前所未有。

国有企业党组织要对习近平总书记强调的"四个任重道远"做到

心中有数，在任何时候、任何情况下都不能放松对腐败的警惕，始终保持党风廉政建设和反腐败无穷期的战略定力，决不能滋生已经严到位、严到底的厌倦情绪，决不能滋生松口气、歇歇脚的消极心态，必须持之以恒推进全面从严治党，以党的自我革命引领社会革命。坚持解放思想、实事求是、与时俱进、守正创新，不断进行实践探索和理论创新，不断深化对党的自我革命的规律性认识，把党的自我革命的思路举措搞得更加严密，把每条战线、每个环节的自我革命抓具体、抓深入。

国有企业党委要切实发挥领导作用，坚持构建自我净化、自我完善、自我革新、自我提高的"大监督"制度规范体系，为推进伟大自我革命提供制度保障。自觉用自我革命的镂刀雕刻自己、用党性党纪的尺规要求自己，带头严守纪律规矩，坚决反对特权思想和特权行为，决不做破格、越规、逾矩的事。既需要有一种刀刃向内、自我革命的气概和勇气，更需要下狠手、刀刀割向病灶的实际行动，以自我革命的精神，加强国有企业党风廉政建设，为国有企业改革发展注入强大动力。

国有企业纪委要发扬彻底的自我革命精神，充分发挥监督保障执行、促进完善发展作用，坚定不移推进国有企业全面从严治党，一体推进不敢腐、不能腐、不想腐，把反腐败这场最彻底的自我革命进行到底，努力取得更多制度性成果和更大治理成效。

第四节　应知应会清单

建立健全领导干部应知应会党内法规和国家法律清单制度，对于推动领导干部带头尊规学规守规用规、带头尊法学法守法用法具有重要意义。领导干部这个"关键少数"，要牢固树立党章意识，更加自觉地学习党内法规，用党章党规党纪约束自己的一言一行；牢固树立宪法法律至上、法律面前人人平等、权由法定、权依法使等基本法治观念，做到在法治之下想问题、作决策、办事情。

一、清单内容

习近平法治思想。把学习掌握习近平法治思想作为重要必修课程，深入系统学习习近平同志《论坚持全面依法治国》《习近平关于全面依法治国论述摘编》《习近平关于依规治党论述摘编》，学习《习近平法治思想学习纲要》《习近平法治思想学习问答》，吃透基本精神、把握核心要义、明确工作要求。

党内法规。认真学习党章，中国共产党纪律检查委员会工作条例、党组工作条例、组织工作条例、支部工作条例（试行）、党政领导干部选拔任用工作条例、推进领导干部能上能下规定等党的组织法规，宣传工作条例、统一战线工作条例、政治协商工作条例、中国共产党领导国家安全工作条例、信访工作条例等党的领导法规，关于新形势下党内政治生活的若干准则、中国共产党廉洁自律准则、重大事项请示报告条例、中央八项规定及其实施细则、党委（党组）落实全面从严治党主体责任规定、党委（党组）理论学习中心组学习规则等党的自身建设法规，中国共产党党内监督条例、巡视工作条例、党政领导干部考核工作条例、问责条例、纪律处分条例、党员权利保障条例、组织处理规定（试行）、党内法规执行责任制规定（试行）、纪律检查机关监督执纪工作规则等党的监督保障法规。

国家法律。突出学习宪法，坚持把宪法学习摆在领导干部学法的首要位置；聚焦民法典的核心要义和重点问题，认真学习民法典；学习总体国家安全观和国家安全法、刑法、突发事件应对法等。适应立足新发展阶段、贯彻新发展理念、构建新发展格局需要，深入学习有关平等保护、公平竞争、激发市场主体活力、防范风险的法律法规，深入学习知识产权保护、科技成果转化等方面与推动高质量发展密切相关的法律法规。根据工作需要，学习其他民事法律。

在上述三方面应知应会清单基础上，各单位各部门要建立专业清单。专业清单应为与本单位本部门业务职能密切相关，助力领导干部在分管领域内依法正确履职的法律法规政策和党内法规内容。领导干部要坚持学习与履行岗位职责密切相关的法律法规，坚持干什么学什么、缺什么补什么，有针对性地加强与履职相关法律法规的学习，切实提高依法办事能力。

二、清单制定与运用

清单的制定。各单位各部门要从实际出发，区分不同层级、不同岗位，准确理解把握应知应会要求，抓住关键、突出重点，充分考虑工作需要和学习效果，分级分类、合理编制应知应会党内法规和国家法律清单，提升学习的精准性、科学性、实效性。建立健全清单动态调整机制，一般每年调整一次，于当年第一季度完成调整。党中央对学习贯彻新制定修订的党内法规和国家法律作出部署安排的，要及时将有关党内法规和国家法律纳入清单，认真组织领导干部进行学习。

清单的运用。把领导干部应知应会党内法规和国家法律学习纳入干部教育体系。主要负责人要带头学习掌握应知应会党内法规和国家法律，充分发挥示范作用。把应知应会党内法规和国家法律纳入各级党委（党组）理论学习中心组学习内容，纳入各级党校教学内容和领导干部任职培训、在职培训的必修课程，确保培训课时数量和培训质量。结合清单内容，开展法治教育和警示教育。落实并完善有关领导干部年终述法制度，用好领导干部在线学法平台，推动学法用法常态化、规范化。加强督促检查评估，进一步把领导干部学法用法情况纳入考核评价干部内容，列入党建考核指标，推动考核结果运用，增强学法用法示范效应。

第五节　制度备案

国有企业党委加强党内法规和规范性文件备案工作，可以保证党内法规和规范性文件同党章和党的理论、路线、方针、政策相一致，同宪法和法律相一致，维护党内法规制度体系的统一性和权威性。

一、备案范围

党委制定的规章制度和党内规范性文件，应当报送备案。规范性文件指党组织在履行职责过程中形成的具有普遍约束力、在一定时期内可以反复适用的文件。

下列文件不属于备案范围：

（1）人事调整、内部机构设置、表彰决定方面的文件。

（2）请示、报告、会议活动通知、会议纪要、领导讲话、情况通报、工作要点、工作总结、工作制度和工作方案。

（3）其他不具有普遍约束力、不可反复适用的文件。

备案审查工作应当遵循下列原则：

（1）有件必备，凡属备案审查范围的都应当及时报备，不得瞒报、漏报、迟报。

（2）有备必审，对报备的党内法规和规范性文件应当及时、严格审查，不得备而不审。

（3）有错必纠，对审查中发现的问题应当按照规定作出处理，不得打折扣、搞变通。

二、备案审查

应当报备的党内规章制度和规范性文件，自发布之日起 30 日内由制定机关报备。未按照规定时限报备的，审查机关应当责令其限期补报。报备时，应当提交 1 份备案报告、正式文本和备案说明。

党委办公室负责报备文件的备案审查工作，确保实现"有件必备、有备必审、有错必纠"。对符合形式审查要求的报备文件，从政治性、合法合规性、合理性和规范性方面进行审查：

（1）是否同党章和党的理论、路线、方针、政策相抵触。

（2）是否同宪法和法律不一致。

（3）是否同上位党内法规和规范性文件相抵触。

（4）是否同中央和上级决策部署相抵触。

（5）是否同地方性法规不一致。

（6）是否同其他同位党内规范性文件对同一事项的规定相冲突。

（7）规定的内容是否存在明显不当。

（8）是否符合制定权限和程序。

三、备案处理

审查机关应当根据不同情形，对报备的党内规章制度和规范性文件，作出相应处理决定，并督促报备党组织及时办理。

对审查中没有发现问题的党内规章制度和规范性文件，审查机关应当直接予以备案通过，并及时反馈。发现已经备案通过的党内规章制度和规范性文件存在问题的，可以重新启动审查程序。

没有原则性问题，但存在下列情形之一，可以予以备案通过，并提出建议：

（1）有关规定基本合法合规，但需要在执行中把握好尺度的。

（2）有关规定实施后上级精神发生变化或者新的改革措施即将出台。

（3）有关方面提出的意见建议具有较高参考价值的。

（4）其他需要提出建议的情形。

没有原则性问题，但存在名称使用、体例格式、文字表述等不规范情形的，可以予以备案通过，并将相关情况告知报备党组织。

没有原则性问题，但存在下列情形之一，可以予以备案通过，并进行书面提醒：

（1）有关政治表述不够规范的。

（2）有关规定在执行中可能产生偏差或者引起误解的。

（3）有关规定不够合理的。

（4）制定程序不规范的。

（5）不符合精简文件、改进文风要求的。

（6）其他需要提醒的情形。

存在下列情形之一，应当不予备案通过，并要求进行纠正：

（1）违背党章、党的理论和路线方针政策的。

（2）违反宪法和法律的。

（3）同上位党内法规和规范性文件相抵触的。

（4）明显不合理的。

（5）不符合制定权限的。

（6）其他需要纠正的情形。

对未发现问题的党内法规和规范性文件，审查机关一般在 30 日内完成审查处理工作。备案审查工作有关资料应当及时存档备查。

四、备案要求

每年年初，各基层单位党委应将上一年度党委发布的文件目录，报送上级党委（党组）备查。在报备文件核查中，发现存在漏报、不一致等情况的，应要求报送机构核实后及时补报、补正，并作出相应处理。定期对备案审查工作情况进行分析研究，并撰写工作报告。应做好备案材料等的归档管理。

示例 90　××党委关于××××办法备案的报告

××××党委（党组）办公室：

现将××××党委于××××年××月××日印发的××××及其说明，报请××××上级党组织备案。

××××党委于××××年××月××日印发《××××》，现就该办法的制定情况作以下说明：

一、制定目的和依据

为贯彻落实××××党委关于深化全面从严治党有关要求，进一步加强××××工作……

二、主要内容

《××××》共分×章，第一章××××，第二章××××，第三章××××，××××。

三、起草过程和征求意见情况

根据《中国共产党章程》及党内有关规定……

四、审议和签发情况

《××××》已经党委会议审议通过，××××党委书记签发后印发文件。

中共××××委员会

××××年××月××日

第六节　制度执行

制度的生命力在于执行。不长牙齿的制度就是"纸老虎""稻草人"，有了制度没有严格执行，制度设计得再缜密，也会"法令滋彰，盗贼多有"，产生"破窗效应"。

一、制度完善

制度不在多，在于精，在于务实管用。本着于法周延、于事有效的原则，制定完善规章制度。抓好制度的废改立工作，清除过时制度，堵塞制度漏洞，填补制度空当，使党的建设制度真正管用、好用、够用。制度制定要广泛听取党员干部意见，增加对制度的认同。搞好配套衔接，做到彼此呼应，增强整体功能。把坚定制度自信和不断改革创新统一起来，在坚持根本政治制度、基本政治制度的基础上，不断推进制度体系完善和发展。

二、制度执行力

制定制度很重要，更重要的是抓落实，九分气力要花在抓落实上面。党委要把严格执行全面从严治党制度作为党建工作的经常性任务，摆在突出位置，加强组织领导，加大制度学习、宣传、教育力度，督促各级党组织严格执行制度，推动党员干部严格遵守制度，自觉用制度规范自己的工作和言行。

制度执行到人到事，做到用制度管权管事管人。坚持制度执行人人平等，执行制度没有例外，不留"暗门"，不开"天窗"，维护制度的严肃性和权威性，使制度成为硬约束。

健全制度执行机制，加强经常性检查督办，发现制度执行方面的问题，要紧盯不放，及时督促整改落实。把执行全面从严治党制度情况作为评判全面从严治党责任是否落实的重要标准，压实执行制度的领导责任。

第七节　党委常用公文写法

公文是党组织实施领导、履行职能、处理公务的具有特定效力和规范体式的文书，是传达贯彻党和国家的方针政策，公布规章制度，指导、布置和商洽工作，请示和答复问题，报告、通报和交流情况等的重要工具。

一、请示

请示，是指下级组织向上级组织请求对某项工作、问题作出指示，对某事予以审核批准时使用的一种请求性公文，请示可分为解决某种问题的请示、请求批准某种事项的请示。

请示具有以下特点：

（1）请示事项一般时间性较强。请示的事项一般都是急需明确和解决的，否则会影响正常工作，因此时间性强。

（2）应一事一请示。

（3）一般主送一个上级组织，不能多头主送，如需同时送其他组织，应当用抄送形式，但不得在请示的同时又抄送下级机关。

（4）应按隶属关系逐级请示，一般情况不得越级请示，如确需越级请示，应同时抄报直接主管部门。

请示的写法：请示一般由标题、主送单位、正文、请示单位、日期五部分组成。请示的正文，主要由请示的原因、内容、要求三部分组成，请示时应将理由陈述充分，提出的解决方案应具体，切实可行。

请示的注意事项除其特点中所述之外，还应注意请示与报告的区别，切忌用报告代请示行文；请求的内容若涉及其他部门或地区时，在正常情况下应事先进行协商，必要时还可联合行文，如有关方面意见不一致，应如实在请示中反映出来；另外请求批准规章制度的，应附规章制度的内容；请示处理问题的，本单位应先明确表态；正式印发请示送上级组织时，应在文头注明签发人姓名。

二、批复

批复，是用于答复下级组织请示事项的公文。批复必须有针对性地一文一批复，请示要求解决什么问题，批复就答复什么问题。

批复具有以下特点：

（1）行文具有被动性。以下级的请示为前提，先有请示，后有批复，被动行文。

（2）内容具有针对性。批复事项必须针对请示内容来答复，而不能另找与请示内容不相关的话题。因此批复的内容必须明确、简洁，以利于下级组织贯彻执行。

（3）效用的权威性。批复表示的是上级组织的结论性意见，下级组织对上级组织的答复必须认真贯彻执行，不得违背，批复的效用在这方面类似命令、决定，带有很强的权威性。

（4）态度的明确性。批复的内容要具体明确，不能有模棱两可的语言，使请示单位明确如何处理。

批复的写法：批复一般由标题、主送机关、正文、落款构成。

标题的写法最常见的是完全式的标题，即由发文机关、事由和文种构成。也有的批复只写事由和文种。

主送单位一般只有一个，是报送请示的下级机关。批复不能越级行文，当所请示的上级组织不能答复下级组织的问题，而需要向更上一级组织转报"请示"时，更上一级组织所作批复的主送单位不应是原请示单位，而是"转报单位"。如果批复的内容同时涉及其他单位，则要采用抄送的形式送达。

正文包括批复引语、批复意见和批复要求三部分。批复引语要点出批复对象，一般称收到某文，或某文收悉。要写明是对于何时、何号、关于何事的请示的答复。批复意见是针对请示中提出的问题所作的答复和指示，意思要明确，语气要适当，同意什么、不同意什么，以及注意事项等都要写清楚。批复要求是从上级组织的角度，提出的一些补充性意见，或是表明希望、提出号召。如果同意，可写要求；不同意，亦可提供其他解决办法。

落款写在批复正文右下方，署成文日期（根据情况加盖公章）。

三、报告

报告适用于报告工作、反映情况、提出建议或答复询问等。

报告具有以下特点：

（1）内容的汇报性。下级向上级或业务主管部门汇报工作，让上级掌握基本情况并及时对自己的工作进行指导。

（2）语言的陈述性。因为报告具有汇报性，是向上级讲述做了什么工作，或工作是怎样做的，有什么情况、经验、体会，存在什么问题，今后有什么打算，对领导有什么意见、建议，所以行文上一般都使用叙述方法，即陈述其事，而不是像请示那样采用祈使、请求等。

（3）行文的单向性。报告是下级机关向上级机关行文，是为上级机关进行宏观领导提供依据，一般不需要受文机关的批复，属于单向行文。

（4）成文的事后性。多数报告都是在事情做完或发生后，向上级机关作出汇报，是事后或事中行文。

（5）双向的沟通性。报告虽不需批复，却是下级机关以此取得上级机关的支持与指导的桥梁；同时上级机关也能通过报告获得信息，了解下情，报告成为上级机关决策指导和协调工作的依据。

报告的写法：

（1）标题，包括事由和公文名称。

（2）主送机关，发文单位的直接上级领导机关。

（3）正文，从内容方面看，报告有关情况的，应有情况、说明、结论三部分，其中情况部分不能省略；报告意见的，应有依据、说明、设想三部分，其中意见设想不能省去。

（4）结尾，可展望、预测，亦可省略，但结语不能省。

四、决定

决定是领导机关发出的，带有制约、规范、指导作用的下行文。决定适用于：对重要事项或者重大行动作出安排，奖惩有关单位及人员；变更或者撤销下级机关不适当的决定事项。决定一经作出，就不容改变，必须照办。所以，作决定时必须十分慎重。

决定分为知照性决定和指挥性决定两大类。知照性决定常见的有：表彰决定、处分决定、机构设置决定、人事安排决定、发布法规性事项或对某一具体事项作出安排的决定等。指挥性决定是对于重要事项或者重大行动作出安排的决定。常见的有规定性决定、规范性决定、指导性决定、指示性决定、处理重大问题的决定和安排重要行动的决定等。

决定的写法：

（1）标题。一般有两种构成形式：一种是由发文机关、事由、文种构成；另一种是由事由、文种构成。

（2）正文。正文的结构一般由三部分组成。

开头部分简要交代决定的缘由、目的、根据；主体部分主要写决定的内容，落实决定的要求和措施；结尾部分用于提出希望、要求或执行说明。

（3）附件。有附件的决定，应当于正文之后、发文机关署名之前注明附件的名称或依据，并将附件附在主件之后。

（4）作出决定单位的名称（加盖公章）和作出决定的日期。

五、简报

简报是传递某方面信息的简短内部小报，是具有汇报性、交流性和指导性特点的简短、灵活、快捷的书面形式。具有简、精、快、新、实、活和连续性等特点。常见的简报有三种：一是会议简报，主要反映会议交流、进展情况；二是情况简报，反映人们关注的问题，供上级组织参考；三是工作简报，报告重大问题的处理情况以及工作动态、经验或问题等。

简报的特点：

（1）内容专业性强。一般由有关单位、部门主办，专业性十分明显。由主办单位组织专人撰写，传递该项工作的各种信息，包括情况、经验、问题和对策等，能使大家了解工作的进展情况。

（2）篇幅特别简短。简报的语言必须简明精练。

（3）限于内部交流。一般在编报单位管辖范围内交流，不宜任意扩大阅读范围。

简报的写法：

（1）注意主题集中。一稿一事，不贪大求全，也可以将可写的几个主题，各写一期简报分期介绍，一期一个重点。

（2）注意精选材料。简报应围绕主题精心挑选典型事例。凡是能够表现主题的材料，都要注意加以精选；凡是与主题无关的材料坚决舍弃，使简报的主题充分而明确地表现出来，而内容更加简洁。

（3）注意既要求简，又要写清，是在说明问题的前提下求简。

六、工作计划

党委工作计划是党委根据形势任务对一定时期的工作进行安排部署的实用性文种。党委工作计划可分为年度计划、季度计划、专题计划等。

党委工作计划的写法：

（1）计划的名称。即计划的标题，应准确反映单位名称、计划种类、有效期等。

（2）情况分析。作为制订计划的根据，情况分析中应对上一阶段工作的进展情况、优缺点、经验教训、各项条件进行阐述。

（3）工作任务和要求。作为制订计划的原因和出发点，应对工作任务的目的、要求、指标等进行阐述。

（4）工作方法和步骤。作为计划实施的方法和步骤，应明确责任分工、时间期限、考核方法等，以便于后续计划完成后的检查。

党委工作计划的要求：

（1）计划要符合党的路线、方针、政策及党组织的自身实际情况。

（2）要有针对性和可行性，制定的指标要符合现阶段的工作要求，既要积极推进，也要稳妥可靠、切实可行。

（3）要明确责任分工，计划内容要全面具体，可检查、可量化。

（4）要明确计划执行中的保障条件。

七、工作总结

党委工作总结是通过回顾和分析一段时间或某个专项工作的开展情况，把取得的成绩和存在的缺点与问题，以及经验教训，用书面形式表达出来的一种公文。譬如，年度党建工作情况总结。

党委工作总结的写法：

（1）总结的名称通常要反映单位名称、总结的类型、时间期限等。

（2）基本情况。应对党委一定时期的情况进行概述，包括时间、工作内容、进展情况、现状等。

（3）成绩和缺点。应对工作过程中取得的成绩进行肯定，同时指出问题和不足。

（4）经验和教训。对实践中取得的经验和教训进行分析、研究，提高到理性认识，作为今后的借鉴。

（5）存在的问题和下一步工作打算。对于有待解决的问题，应明确提出并制定解决的方法、措施和意见，并对预期工作进行计划安排。

党委工作总结的要求：

（1）要注意掌握全面情况和进程，防止以偏概全，应如实反映情况。

（2）对于成绩不夸大，对于缺点问题不掩饰。

（3）科学分析整个工作情况，从中找到规律性的知识。

（4）文字要简明扼要，材料组织要适当，分清主次，条理清楚。

八、思想状况分析报告

思想状况分析是在调查研究的基础上，对所在单位、部门党员群众的思想状况进行分析后形成的文字报告。思想动态分析报告可分为两种：一类是综合性的思想动态分析材料；另一类是专项题目或典型调查的分析材料。

思想状况分析报告的写法：

（1）标题。一般应准确概括三个方面的含义，即人物、问题、思想动态的种类。

（2）内容。一般分为三部分：一是前言或导语，即把调查分析材料的时间、地点、人物、问题内容写清楚；二是思想动态内容部分，要将不同层面的人对各种问题的看法、反映，按问题、性质分别概括清楚；三是研究分析意见部分，主要是在调查研究的基础上，对上述思想动态作出定性定量的分析。

思想状况分析报告的要求：

（1）要深入基层、深入群众，通过广泛了解和接触，掌握第一手材料。

（2）要实事求是，防止片面性。在调查了解过程中，尽量掌握党员群众的真实思想情况。

（3）要进行定性定量分析，作出科学、准确判断。定性分析出正确合理的意见和模糊错误的意见，定量分析出比例、数量等。

九、干部考察材料

干部考察材料是决定干部使用的重要依据，质量高低直接影响对干部的评价，关系到识人用人的精准度和公信度。

干部考察材料是公文的一种，指组织人事部门和人员在干部考察工作告一段落后，经分析综合整理而成的对领导班子和领导干部的德能勤绩廉等方面综合性评价材料。有以下一些特点：

（1）考察材料必须建立在实事求是地深入考察基础上，对评价对象的鉴别和评价，要与考察对象实际情况相一致，引用的数字、事例要准确无误，符合客观事实，而不是凭主观想象虚构而成。

（2）形成材料过程中，对考察对象的评价不能带任何个人感情色彩或倾向意图，要保持一种中立态度，否则就会给决策造成失误。

（3）文字的写实性，多采用写实或白描方法，用简短的语言，真实形象地勾勒考察对象的特点、本质、性格，做到形神兼备。

（4）根据组织需要，可对考察对象分为无任用考察和任用考察，在客观记叙中表现出思想倾向。对拟提拔使用的，要突出实绩和特长；对后备干部，要突出基本素质和潜能；对主要领导，要突出政治能力和驾驭全局能力等。

（5）文字表述上要简明扼要，按照规定格式和规定内容加以文字表述。

严格把握考察标准，是形成精准、权威考察材料的基础和前提：

（1）严格政治标准。在国有企业任何领域选拔任用领导干部，都要坚持把政治标准放在第一位。政治关不过，其他都不过关。

（2）严肃谈话氛围。要正心正言，创造严肃氛围问答政治素质表现情况，把考察谈话当作一次开展政治教育的机会。

（3）严密谈话口径。考察组每位成员都需对考察对象应达到的政治标准，以及党中央在该领域的决策部署做到心中有数、问有所出。

（4）严谨求证内容。考察谈话时，应以口径为准绳，以言行事实为目标，不断追问求证。与考察对象谈话的"四看法"：一看考察对象"知道不知道"应知应会的基本理论知识点，如果这些都回答不上来，很难说一个干部政治素质好；二看考察对象"理解不理解"基本理论要义，能否结合自身实际和所在企业具体情况，作出和中央精神一致的回答；三看考察对象"执行不执行"中央对其所从事行业和工作领域的决策部署，抓落实情况如何；四看考察对象所谈内容"可信不可信"，通过与其他谈话人员介绍的情况进行比较印证，去伪存真。

如何做到精准考察，破解"千人一面"呢？按照习近平总书记提出的好干部标准和国有企业领导人员"对党忠诚、勇于创新、治企有方、兴企有为、清正廉洁"20字要求，练就"火眼金睛"，做到选贤任能、用当其时，知人善任、人尽其才，把好干部及时发现出来、合理使用起来：

（1）多听广看，掌握大量的第一手材料。谈话对象要广泛，尽量多听取意见；凡涉及考察对象的文字材料，比如工作总结、人事档案、各时期考察材料等资料要力争看到。

（2）深究细谈，不凭空下结论。深入了解考察对象的具体事例、观点，仔细追问谈话中发现的关键细节。不断挖掘最有代表性、最能说明问题、最具人格特征的典型事例，最能反映成绩和特点的典型数据、工作成果，把"样子"画准。

（3）综合分析，把"里子"压实。考察中了解到的第一手材料和情况，要由表及里、由此及彼、去粗取精、去伪存真地进行全盘的思考分析，精心提炼观点，挖掘典型事例，得出有价值的判断。动笔前考虑先写什么、后写什么、分几部分来写，行文要有层次性。

（4）文字精当，中性平实。用平实的语言、中立的态度、翔实的事例，来描述考察对象，不唯上、不唯听、只唯实。遣词造句、文字表述精练准确，力求以最少的文字，表达最为丰富的内容，最好能用形象语言予以概括考察对象的显著特点。作出的每一个判断，都要有充足的理由，让人信服。

（5）敢写慎断，忠诚"交卷"。本着对党、对人民、对本人、对历史负责的态度，客观地反映考察对象的差异性，为党组织选人用人提供翔实可信的依据。尤其是要花精力去思考、去捕捉、去提炼群众反映强烈的，而又确实存在的缺点和不足表述出来，据实写明、分清主次，既不求全责备，也不避重就轻，更不能简单化、小丑化。

十、党委对照检查材料

召开党员领导干部民主生活会时，都需要作党委班子对照检查材料。

对照检查材料的开头部分，主要说明按照中央和上级要求，围绕本次民主生活会主题，学习情况、征求意见、谈心谈话等总体情况，对自身存在的问题进行查摆、剖析产生问题的原因，并提出今后的努力方向和改进措施。

对照检查材料的正文，一般包括以下内容：

（1）上一次民主生活会整改措施落实情况，包括负责承担班子的整改和个人的整改情况。

（2）存在的突出问题及具体表现。

（3）产生问题的原因分析。

（4）今年的努力方向及改进措施。

对照检查材料的起草和撰写，一般有以下要求：

（1）开门见山，直奔主题，重点突出，内容实在，不谈成绩，只讲问题。

（2）通过自己找、群众提、上级点、互相帮、集体议，从工作问题中透视政治、作风、纪律等问题，从共性问题中查摆个性问题，从班子问题中认领个人问题，从身边问题中反思自己的问题。

（3）深刻剖析原因，真正把自己摆进去、把工作摆进去、把思想摆进去，往实里查，往深里剖，与事接茬，与人见面，做到见人见事见思想。

第九章　党委工作考核评价

党委和党员领导干部要始终保持全面从严治党的使命感和紧迫感，须臾不可忘记管党治党这个最根本的政治责任，把抓好党建作为最大的政绩，自上而下层层压实管党治党政治责任。要用好考核评价这个指挥棒，既报经济账、又报党建账，把党的建设考核同企业领导班子综合考评、经营业绩考核衔接起来，同企业领导人员任免、薪酬、奖惩挂起钩来，切实形成党委一体抓党建，书记带头抓党建，各有关部门齐抓共管、一级抓一级、层层抓落实的工作格局。

第一节　党委党建工作考核评价

不明确责任，不落实责任，不追究责任，从

严治党是做不到的。促进国有企业党建责任落实，关键要用好考核评价这个指挥棒。党委要认真开展党建工作考核评价，客观、公正、准确地反映本单位及所属单位党组织党建工作成效，把党建工作成效作为考核党委领导班子工作业绩的重要内容，考核结果与班子成员任免、薪酬和奖惩挂钩。

一、考核评价原则

党建工作考核要坚持以下原则：

（1）公开、公平、公正，实事求是。

（2）突出重点，简便易行，注重实效。

（3）加强统筹协调，坚持年度考核与常态化了解相结合，上级党组织、基层党组织与党员群众评价相结合，夯实基础工作与鼓励创新进步相结合。

（4）用好考核评价指挥棒，既报经济账、又报党建账，把党的建设考核同领导班子综合考评、经营业绩考核衔接，同领导人员任免、薪酬、奖惩挂钩。

二、组织机构及职责

党委要成立党建工作考核评价领导小组（简称考评领导小组），由党委领导和党委工作部门、办公室、人力资源、纪检（监察）等部门（机构）负责人组成。考评领导小组下设办公室（简称考评办公室），考评办公室设在党委工作部门。

考评领导小组工作职责：在党委领导下开展工作，请示报告党建工作考核评价重要事项；负责研究审议党建工作考核评价制度、计划、方案等，协调、部署相关工作；审议年度党建工作考核评价结果，并向党委报告；研究和决定党建工作考核评价其他相关事宜。

考评办公室工作职责：负责党建工作考核评价日常工作；组织制定党建工作考核评价相关制度、计划、方案等；牵头成立考核组，组织实施年度党建考核评价工作；研究提出年度党建工作考核评价结果建议；落实考评领导小组交办的工作。

三、考核评价内容

围绕增强政治功能和组织力，重点考核基层党组织"自身建设"和"发挥作用"等情况。

坚持以习近平新时代中国特色社会主义思想为指导，坚定拥护"两个确立"，坚决做到"两个维护"，以党的政治建设为统领，思想建党和制度治党同向发力，夯实基层基础，持续正风肃纪，不断提高党的建设质量，永葆党的先进性和纯洁性。"自身建设"情况，重点看坚持和加强党的全面领导，全面推进党的政治建设、思想建设、组织建设、作风建设、纪律建设，把制度建设贯穿其中，深入推进反腐败斗争等。

坚持党建工作与生产经营中心工作深度融合，把提高企业效益、增强企业竞争实力、实现国有资产保值增值作为国有企业党组织工作的出发点和落脚点，以企业改革发展成果检验党组织的工作和战斗力。"发挥作用"情况，重点看强化党的创新理论武装、落实党中央决策部署和上级党组织决定、发挥"三个作用"保证重点任务完成、推进全面从严治党、联系服务群众情况等，加强分析研判，作出定性评价。

同时可以设置创新进步加分项，对党建工作取得的重大创新、重大进步，给予奖励加分。

国有企业党委需要结合实际，制定具体的考核评价实施办法和细则。

四、考核评价方法

党建工作考核评价周期为一个自然年度，原则上每年只组织开展一次，结合领导班子和领导干部年度考核进行，与业务工作考核一并开展，一般安排在当年年底至次年一季度进行。除上级有明确要求外，一般不进行专项考核。通过巡视巡察了解掌握党建工作情况的单位，当年一般不再进行实地考核。

（1）被考核单位自评。被考核单位党委按照党建工作考核评价内容进行自评，结合本单位实际情况向上级党组织上报党建工作考核评价自评报告、自评打分结果、创新进步加分申报表和相关证明材料。各单位自评情况作为考核评价参考。为压实全面从严治党责任，也为提高自评的质量，具体考核工作实践中，可对自评时没有扣分（没有发现的问题），对该项予以双倍扣分。

（2）考核组评价。由考核组对被考核单位党建工作进行打分，并提出加分建议。

（3）组织认可度评价。由党委领导对被考核单位进行评价。

（4）群众满意度测评。由本单位党员群众代表对本单位党建工作进行民主测评。

（5）业务部门评分。由相关业务的归口管理部门结合日常工作指导掌握的情况，对被考核单位进行评价打分。

（6）考评得分计算。考评办公室根据各单位自评、考核组打分、组织认可度评价、群众满意度测评、业务部门评分、创新进步加分等情况，计算得出各单位党建工作考核评价总分。

确定考核结果，坚持抓两头带中间，划分先进、中间、后进，综合评价分为"优秀""良好""一般""较差"四个等次。原则上党建工作考核评价总分在所有被考核单位中排名前40%，且达到90分（含）以上，同时所在单位年度经营业绩考核结果达到"良好"（含）以上，具备评定为"优秀"的条件；党建工作考核评价总分达到80分（含）以上的单位，具备评定为"良好"的条件；党建工作考核评价总分70分（含）以上至80分的单位，考核结果可评定为"一般"；党建工作考核评价总分低于70分的单位，考核结果应评定为"较差"。

示例91　党建考核评价工作要求

党建工作考核评价政治性、政策性很强，考核组要提高思想认识，本着对组织负责、对岗位负责的态度，坚持"公开、公平、公正、实事求是""突出重点、简便易行、注重实效"的原则，做到"标准一致、尺度准确、程序规范"，从严从实开展考核工作。

一、坚持"公开"，做到标准透明

考核组成员要深入研究、吃透把准考评要求，对每一考核项为什么扣分、扣多少分，加分项的依据是什么、加多少分，做到胸中有数、标准透明。考核中有拿不准的问题要及时向考核组及本部业务部门反馈，组内把握不准的，及时提请考评办公室研究解决。重点关注以下三项事宜：对各单位在自评中已经扣分的项，予以认定；对各单位自评没有扣分，考核组通过日常掌握、现场考核发现的扣分项，在确认扣分依据和事实的基础上要双倍扣分；对各单位申报的加分项从严复核，提出加分意见。

二、坚持"公平"，做到尺度一致

考核组对负责的所有考核单位要做到"一个标准考到底、一把尺子量到底、一套程序走到底"，避免"宽严不一"导致产生评分差异。考评办公室应加强协调，对考核组遇到的问题及时研究解决，确保各个考核组尺度标准协调一致。根据工作需要，可视情召开中期交流，校准不同考核组之间的评分尺度。

三、坚持"公正"，做到奖罚分明

考核中既查找不足，也挖掘经验，对工作不到位的地方，依据

《考评办法》进行扣分；对特色鲜明、实效突出的创新做法，应在定性评价中给予充分体现。考核组要树立良好形象，严格落实中央八项规定及其实施细则精神，严格遵守政治纪律、组织纪律、工作纪律、保密纪律和廉洁纪律，严禁跑风漏气。对于私下打听考核组内部研议情况和审定结论，影响考核正常开展的，一经查实，对涉及的被考核单位进行降档处理，对相关人员也将严肃处理。

四、坚持"实事求是"，做到客观准确

考核组在评分过程中要坚持"以办法为标准，以事实为依据"，不带个人感情、避免先入为主，逐一检查被考核单位提供的证明材料，"一就是一、二就是二"，"有就是有、没有就是没有"，不搞变通，不打折扣，从严从实，担当负责。该扣分的要实事求是扣分，严禁打关系分、送人情分。坚决杜绝材料造假，对虚报、瞒报、谎报情况，一经查实、严肃处理。

五、坚持"突出重点"，做到有的放矢

考核组要高度重视预先研判，提前对每家单位自评报告、考评办公室提供的日常掌握情况等材料进行熟悉，对存在的问题进行提前研判，以便去现场考核时带着问题去，有的放矢，提高效率。在覆盖所有考核要点的基础上，要有重点地查阅各单位党建工作历史性资料。

六、坚持"简便易行"，做到"减负"当先

秉承"不兴伪事、不务虚功"，既要把各级党组织反对形式主义、官僚主义的情况，作为考核评价的重要内容，又要坚决杜绝考核工作本身的形式主义、官僚主义问题，把"减负"的要求贯穿考核工作全过程。必要的材料要查，但不拘泥于特定形式，对于企业实际工作情况，考核组通过交叉验证整体把握，一些能从侧面反映实际工作的信息也予以认可。

七、坚持"注重实效",做到以考促建

党建考核是对各单位党建工作的"问诊把脉",目的在于压实责任,推动工作。要以考核为契机,全面掌握各单位推进实施高质量党建体系重点任务的实际进展及成效,把鲜活经验带回来、把工作实效考出来、把存在问题摸清楚。在日常工作督促指导中,及时推广好经验好做法,帮助各单位深入思考、解决问题,推动党建工作提质增效、全面加强。

示例 92　党建工作考核评价考核组审定事项清单

考核单位：

	序号	具体问题	对应考核指标	扣分	备注
现场量化考核情况	1				
	2				
	3				
	4				
	5				
	6				
	7				
现场定性评价情况	评分分值	年度党建工作整体"画像" （包括亮点特色和存在的问题短板两个方面，500 字左右）			

考核组组长：　　　　　　　年　月　日

示例 93　党建工作组织认可度和群众满意度评价表

单位名称：　　　　　　评价时间：

序号	测评项目	工作要求	分值	评分
1	强化党的创新理论武装	推动学习贯彻习近平新时代中国特色社会主义思想往深里走、往心里走、往实里走，弘扬家国情怀、传承国有企业优良传统，牢记社会主义核心价值观和企业使命，不断增强理想、信念、情怀和使命感、责任感，切实把学习成果转化为推动社会主义现代化建设的生动实践。	20	
2	贯彻落实党中央决策部署和上级党组织决定	把捍卫"两个确立"，增强"四个意识"、坚定"四个自信"、做到"两个维护"作为最高政治原则，全面贯彻落实党中央决策部署和上级党组织决定，认真履行国有企业使命职责，深入践行新发展理念，推动企业高质量发展。	20	
3	充分发挥"三个作用"保证重点任务完成	突出政治功能和组织功能，党委充分发挥把方向、管大局、保落实的领导作用，党支部发挥战斗堡垒作用，党员发挥先锋模范作用，创新党建工作载体和方式方法，实现党建工作与生产经营中心工作深度融合，有力推进以责任书、责任令任务为代表的年度各项工作圆满完成。	20	
4	推进全面从严治党	坚持和加强党的领导，加强党的建设，认真履行管党治党责任，扎实开展主题教育，坚持严管和厚爱结合、激励和约束并重，引导党员干部职工以新时代新担当新作为践行初心使命。	20	
5	密切联系服务群众	着力践行以人民为中心的发展思想，关心群众，服务群众，积极回应基层关切，指导帮助基层单位破解改革发展稳定突出问题，及时解决职工群众急难愁盼问题，防止并坚决纠正损害职工群众利益行为，不断增强职工群众获得感、幸福感、安全感。	20	
总分			100	

您对该单位党建工作的其他意见（可另附纸）：

注：本表作为对各单位党建工作评价打分依据，每年可视具体情况做补充完善。

五、考核评价结果应用

在问准问实党建工作责任的同时，必须实事求是用好考核结果。如果有结果而不应用，产生的坏影响是还不如不做。英国教育家洛克提出过"洛克忠告"：规定应该少定，一旦定下之后，便得严格遵守。

党建工作考核评价结果与被考核单位党委委员和党员班子成员绩效年薪挂钩。党建工作年度考核结果与被考核单位领导班子和领导干部年度考核有机衔接、相互印证（一般占30%权重），作为领导干部选拔任用、培养教育和奖励惩戒的重要依据。与"两优一先"等综合类表彰挂钩。及时反馈被考核单位党建工作考核评价结果，并在一定范围内通报。

党建工作考核评价为"一般"和"较差"的，对该单位党组织进行通报批评，对党组织负责人进行约谈提醒、限期整改，触犯相关问责规定的对相关责任人依规实施问责。

实践中，特别要注意党建工作强者愈强、弱者愈弱的"马太效应"，每年的考核结果出现"固化"。俗话说，"一俊遮百丑"，好者啥都好，不好啥都不好；好者年年好，不好者年年不好。

压紧压实管党治党责任落实，持续从严落实党建责任，少做"锦上添花"，多做"雪中送炭"，推动基层党组织全面进步、全面过硬。以党建工作责任制考核为抓手，在深化提升党建工作效能上狠抓落实，有效建强骨干队伍，有效夯实基层基础，有效服务发展大局，切实增强核心功能、提高核心竞争力，充分发挥科技创新、产业控制、安全支撑作用，进一步夯实勇担时代重任的坚实基础。

第二节　党委书记抓基层党建工作述职评议考核

开展党委书记抓基层党建工作述职评议考核，必须坚持以习近平新时代中国特色社会主义思想为指导，把党的政治建设摆在首位，全面从严治党；坚持围绕中心、服务大局，推动基层党建与中心工作深度融合；坚持书记抓、抓书记，强化责任落实；坚持分类指导、务求实效，重在解决问题，坚决防止形式主义。

一、工作原则

（1）公开、公平、公正，实事求是。

（2）上级党组织评议、同级集体评议、党委书记互评和基层民主评议相结合。

（3）量化为主，定量与定性评价相结合。

（4）结合实际，强调责任，问题导向，注重实效。

二、机构职责

党委成立述职评议考核组，由党委领导和党委工作部门、办公室、人力资源、纪检（监察）等部门（机构）负责人组成。述职评议考核组可下设办公室（简称述职评议办公室），述职评议办公室一般设在党委工作部门。

述职评议考核组工作职责：在党委领导下开展工作，请示报告述职评议考核工作重要事项；负责研究审议述职评议考核办法、方案等，协调、部署相关工作；审议述职评议考核结果，并向党委汇报；研究和决定述职评议考核其他相关事宜。

述职评议办公室工作职责：负责承办述职评议考核办法、方案等起草工作；组织召开述职评议考核工作会议；研究提出年度述职评议考核结果建议；落实述职评议考核组交办的其他工作。

三、述职评议考核方法步骤

述职评议考核周期为一个自然年度，每年以党委会或党委扩大会的形式，组织开展一次，一般安排在当年年底或次年一季度进行。述职一般采取现场述职的方式进行。单位数量较多的，可采取现场述职和书面述职相结合的方式进行。

述职评议考核的主要工作，包括：做好梳理分析摸清情况；认真撰写述职报告；组织开好述职评议会议；严格综合考核；抓好整改落实等工作；等等。

四、述职评议考核重点内容

述职评议考核应聚焦坚持和加强党的全面领导，落实党中央和上级党组织关于基层党建工作部署要求，履行基层党建工作责任，以提升组织力为重点，突出政治功能。主要包括以下内容：

（1）推进基层党组织和广大党员、干部深入学习贯彻习近平新时代中国特色社会主义思想，认真落实习近平总书记重要指示批示精神和党中央重大决策部署，捍卫"两个确立"，增强"四个意识"、坚定"四个自信"、做到"两个维护"等情况。

（2）党委书记履行抓基层党建和全面从严治党工作第一责任人职责，推动党委履行抓基层党建工作主体责任、班子其他成员履行分管领域基层党建工作责任等情况。

（3）落实基层党建工作重点任务，加强各级领导班子建设、干部队伍和人才队伍建设，推进基层党组织建设，加强党支部建设和党员队伍建设，联系服务职工群众，强化党内规章制度建设等。

（4）紧紧围绕党和国家工作大局、本单位中心任务，充分发挥各级党委"把方向、管大局、保落实"领导作用、基层党支部战斗堡垒作用和党员先锋模范作用等情况。

（5）推动基层党组织落实党风廉政建设责任制、意识形态工作责任制、网络安全工作责任制等全面从严治党有关工作情况。

可结合实际，根据每年年初明确的基层党建工作重点任务，确定年度述职评议考核重点内容，注意考核上年度述职评议考核整改清单落实情况和巡视巡察反馈中涉及基层党建工作问题整改情况，着力解决突出问题，防止面面俱到、走过场。述职评议考核重点围绕贯彻落实全国国有企业党的建设工作会议精神，以提升组织力为重点，突出政治功能和组织功能，聚焦提高基层党建工作质量。

主要突出以下重点内容：学习贯彻习近平新时代中国特色社会主义思想和党的二十大精神情况，引导广大党员干部深刻领悟"两个确立"的决定性意义，增强"四个意识"、坚定"四个自信"、做到"两个维护"，贯彻落实党中央决策部署情况。突出落实全国国有企业党的建设工作会议任务情况，做好重点工作部署和落实措施，加大督导力度，坚持"四同步、四对接"要求，推动党建工作要求进章程，健全党组织议事决策机制等情况。突出提高基层党组织建设质量情况。落实基层党建工作重点任务，强化政治功能，推进党的基本组织、基本队伍、基本制度等建设，提升"两个覆盖"质量、带头人队伍建设质量、党组织活动质量、发展党员和党员教育管理质量、党组织引领的质量等情况。特别是基层党组织覆盖、按期换届、党务机构设置、党务人员配备和待遇落实、党务经费和活动场所保障等基层基础工作落实情况；健全党支部工作制度，严肃党的组织生活，落实"三会一课"制度，实施党支部书记集中轮训，开展主题党日活动等情况；围绕企业改革发展、完成重大任务，推动党建工作与科研生产经营深度融合，发挥党委领导作用、党支部战斗堡垒作用和党员先锋模范作用情况；加强宣传思想文化建设，关心关爱职工，不断提升职工幸福指数情况。突出履行基层党建工作责任情况。推动党建工作责任制、考核机制落实，特别是履行党委主体责任、党委书记第一责任、专职党委副书记直接责任、其他党员领导人员"一岗双责"情况，突出对党委书记履职尽责情况的考核。突出查找和解决问题情况。回应上年度查摆的问题整改情况，特别是上级单位巡视巡察、审计、考核反馈突出问题等整改落实情况，深入剖析工作中存在的形式主义、官僚主义等突出问题，提出进一步加强和改进工作的思路措施。

五、考核结果的运用

综合评价意见经党委研究后，向被评议考核人反馈考核结果，在一定范围内通报，并按照干部管理权限，由组织人事部门根据有关规定归入干部人事档案。考核结果将在一定范围内通报，并写入个人年度考核评价。按照干部人事档案材料规范管理要求，相关考核文件归入人事档案。

党委书记抓基层党建工作情况综合评价结果作为评价所在单位党建工作年度考核的重要依据。同时，作为领导干部选拔任用、培养教育和奖励奖惩的重要依据。各单位党委书记年度述职评议考核结果与企业党建工作考核评价结果挂钩。同时，作为领导人员选拔任用、教育培养、监督管理和激励保障的重要依据。

综合评价意见为"好"的单位党委书记年度考核才能确定为优秀（通过责任倒逼，强化党建工作，真正让责任落实不缺位）；"较好"及以上的单位党委书记方可推荐参评上一级党组织"一先两优"等综合类表彰。对综合评价意见为"一般""差"的单位党委书记，要进行约谈、限期整改，问题严重的要依据《中国共产党问责条例》严肃问责追责。

示例94　党委书记抓基层党建工作述职评议年度考核登记表

（　　　　年度）

单位：

姓名		性别		出生年月	
职务			任职时间		
党建工作情况	（需包含年度履职情况、存在问题、下一步工作措施三部分内容，1500字以内）				
综合评价意见	综合评价意见为"　　　　　　"。 盖章 年　月　日				
备注					

备注：此表归入干部人事档案。A4纸正反面打印。

示例95　党委书记抓基层党建工作述职评议表

（　　　　年度）

序号	单位	姓名	优点	不足	评价结果 （好、较好、一般、差）
1					
2					
3					
4					
5					
6					

示例 96 关于公布××××公司××××年党委书记抓基层党建工作述职
评议结果的通知

各公司党委：

为进一步推动党委履行党的建设主体责任，党委书记履行党的
建设第一责任，促进基层党建工作全面进步、全面过硬，根据
《××××公司党委书记抓基层党建工作述职评议考核办法》，公司完
成了××××年党委书记抓基层党建工作述职评议工作，考核结果已
经党委会审定，现将述职评议结果公布如下：

综合评价意见为"好"的党委书记：×××、×××、×××

综合评价意见为"较好"的党委书记：×××、×××、×××

综合评价意见为"一般"的党委书记：×××、×××、×××

各单位党委要认真学习贯彻习近平新时代中国特色社会主义思
想和党的二十大精神，认真落实全国国有企业党的建设工作会议精
神，深刻领悟"两个确立"的决定性意义，增强"四个意识"、坚
定"四个自信"、做到"两个维护"，坚定不移全面从严治党，开
启建设具有全球竞争力的世界一流企业新征程。

特此通知。

中共××××公司委员会

××××年××月××日

第三节　纪委书记考核评价

国有企业上级纪委（纪检监察组）对所属各单位纪委书记履职情
况进行考核评价。考核重点为纪委书记聚焦主责主业、年度履职情况，

引导和督促纪委书记坚守责任担当，更好履行监督执纪问责职责。

一、考核主要内容

考核必须把政治标准放在首位，切实加强党的政治建设，坚持和加强党的全面领导，准确把握政治监督定位，深刻领悟"两个确立"的决定性意义，增强"四个意识"、坚定"四个自信"、做到"两个维护"，严肃党内政治生活，防范各类政治安全风险隐患，全面净化本单位政治生态。

主要考核以下内容（根据年度工作要点和其他重点工作安排等进行动态调整）：

1. 开展监督情况

聚焦"国之大者"强化政治监督。健全政治监督具体化常态化制度机制，督促党组织及其成员践行"两个维护"，贯彻落实党中央路线方针政策、重大决策部署和习近平总书记重要指示批示精神，贯彻落实国家战略，深化国企改革，强化科技创新，推动科技自立自强，防范化解重大风险，严肃换届纪律风气，做强做优做大国有企业和国有资本等情况。开展专项监督检查、集中整治、专项治理等情况。

加强对"一把手"和领导班子成员的监督。监督检查同级党委领导班子成员特别是"一把手"、下级"一把手"和领导班子成员落实管党治党责任情况，贯彻执行民主集中制情况，监督下级党组织落实主体责任情况；发现班子成员包括"一把手"、下级"一把手"和领导班子成员履职尽责、廉洁自律等方面问题及时提醒纠正；监督班子成员履行"一岗双责"情况并"画像"评价，对本单位政治生态、党风廉政等情况进行综合分析，落实请示报告制度等情况。

做实做细日常监督。通过参加会议、查阅资料、实地调查、谈心谈话、听取汇报、廉政把关等方式发现问题并督促整改等情况；通过常态化监督检查，推动日常监督、巡视巡察、审计监督等发现问题整改落实情况。

健全监督体制机制。及时发现腐败问题和不正之风等情况；常态化运行党风廉政建设和反腐败协调小组机制，关注各类检查报告、审计报告，及时发现苗头性、倾向性问题，主动研判问题线索，常态化运行纪检监察与业务部门的信息沟通、问题会商和成果共享机制情况。

2. 执纪审查情况

核查处理上级纪委交办或转办的重要问题线索、巡视巡察移交的问题线索，参与重大案件审查调查的情况。对问题线索集中管理、动态更新、集体研究、及时处置、定期报告情况。依规依纪依法开展执纪审查工作，确保执纪审查安全，规范内部审理，保障和提高案件质量情况。依规依纪依法、精准有效运用监督执纪"四种形态"情况；落实"三个区分开来"要求，实践容错纠错、澄清正名，切实保护干部干事创业积极性主动性等情况。锲而不舍落实中央八项规定及其实施细则精神，驰而不息纠治"四风"，及时发现并查处相关问题情况。

3. 问责及处置情况

按照管理权限，作出问责决定或者提出问责建议情况。开展"一案双查"，倒逼主体责任、监督责任和领导责任落实情况。健全完善处分决定执行相关制度，加强监督检查，确保处分决定得到严格执行等情况。对党员的控告、申诉依规受理、办理等情况。依规依纪查处侵犯党员权利的行为等情况。开展对受到处分人员的教育回访，加强正面引导等情况。

4. 督促协调情况

推动党委准确把握本单位政治生态，召开党风廉政建设专题会议，与党委书记就作风建设、廉洁风险、问题线索等交换意见并提出建议情

况；定期分析研判本单位信访举报情况；报告或向有关党组织通报重要
事项情况；协助党委健全全面从严治党制度，督促和协助党委开展管党
治党有关专项工作等情况。督促党委抓好巡视巡察反馈问题整改；协助
党委做好本单位巡视巡察工作情况。开展党章党规党纪教育，强化警示
教育，推进廉洁文化建设情况。监督检查、审查调查等过程中，发现党
组织在党风廉政建设等方面存在的突出问题，制发纪律检查建议书，督
促指导举一反三、推动整改，加强以案促改等情况。督促检查下属单位
纪委（纪检机构）落实监督责任，把管党治党压力传导到基层情况。

5. 自身建设情况

深入学习贯彻习近平新时代中国特色社会主义思想，敢于善于斗
争，做到忠诚干净担当。加强本单位纪检组织建设和队伍建设。准确把
握"监督的监督"职责定位，推动本级及所属单位纪检机构持续深化
转职能、转方式、转作风情况。加强规范化、法治化、正规化建设，健
全工作制度，规范工作流程，依规依纪依法履行职责、行使权力、开展
工作情况。加强作风建设，严守政治纪律和政治规矩，深入开展调查研
究，密切联系群众；自觉接受最严格的约束和监督，坚决防治"灯下
黑"情况。抓班子带队伍，执行民主集中制，维护领导班子团结，加
强纪委自身党的建设以及个人廉洁自律等情况。

二、考核方式

考核采取纪委书记日常工作情况、年度述职考核以及领导班子年度
测评等相结合的方式进行，按照一定比例，加权确定考核评价分数。

日常工作考核评价主要侧重于纪委书记完成年度工作的基本情况及
成效，对各单位纪委书记的日常工作进行考核评价，并作为年度述职考
核的重要参考依据。

年度述职考核，主要侧重于纪委书记个人所做的工作及发挥的作

用，包括工作思路、工作亮点及工作效果等。年度述职考核通过召开纪委书记年度工作述职会，听取考核对象工作述职，结合日常工作考核，对考核对象履职情况进行打分，结果按相应权重汇总、排序。

三、结果应用

考核评价结果一般分为"优秀""称职""基本称职""不称职"四个等次。考核评价结果经纪委会议审议，并报同级党委审定。

考核评价结果作为对纪委书记选拔任用、教育培养、薪酬、监督管理和激励保障的重要依据。对考核评价为基本称职的纪委书记应进行批评教育或诫勉谈话，督促其改进工作；对考核评价为"不称职"或连续2年排名末位的纪委书记，必要时提出组织调整或者组织处理的建议。

参 考 文 献

1.《中国共产党章程》，北京：人民出版社，2022年。

2. 中央文献编辑委员会：《习近平著作选读》（第一卷、第二卷），北京：人民出版社，2022年。

3. 中共中央党史和文献研究院、中央学习贯彻习近平新时代中国特色社会主义思想领导小组办公室：《习近平新时代中国特色社会主义思想专题摘编》，北京：党建读物出版社、中央文献出版社，2022年。

4.《关于新形势下党内政治生活的若干准则》，北京：人民出版社，2016年。

5.《中国共产党廉洁自律准则》，北京：中国方正出版社，2015年。

6.《中国共产党党员教育管理工作条例》，北京：人民出版社，2019年。

7.《中国共产党重大事项请示报告条例》，北京：人民出版社，2019年。

8.《党政领导干部选拔任用工作条例》，北京：人民出版社，2019年。

9.《中国共产党党务公开条例（试行）》，北京：人民出版社，2017年。

10.《中国共产党支部工作条例（试行）》，北京：党建读物出版社，2018年。

11.《中国共产党纪律处分条例》，北京：中国方正出版社，2023年。

12.《中国共产党基层组织选举工作条例》，北京：人民出版社，2020年。

13.《中国共产党国有企业基层组织工作条例（试行）》，北京：人民出版社，2019年。

14.《中国共产党问责条例》，北京：人民出版社，2019年。

15.《中国共产党巡视工作条例》，北京：中国方正出版社，2024年。

16.《中国共产党统一战线工作条例》，北京：人民出版社，2021年。

17.《中共中央关于加强党的政治建设的意见》，北京：人民出版社，2019年。

18.《中国共产党党委（党组）理论学习中心组学习规则》，北京：中国法制出版社，2017年。

19.《中国共产党纪律检查机关监督执纪工作规则》，北京：中国方正出版社，2019年。

20.《中共中央组织部、国务院国资委党委负责人就修订印发〈中央企业领导人员管理规定〉答记者问》，《人民日报》2018年9月30日。

21.《中国共产党党内法规和规范性文件备案审查规定》，北京：人民出版社，2019年。

22.《关于进一步激励广大干部新时代新担当新作为的意见》，北京：人民出版社，2018年。

23. 中共中央组织部：《党委（党组）书记抓基层党建工作述职评议考核办法（试行）》，《中国组织人事报》2020年1月7日。

24. 习近平：《干在实处 走在前列——推进浙江新发展的思考与实践》，北京：中共中央党校出版社，2006年。

25. 习近平：《之江新语》，浙江：浙江人民出版社，2007年。

26. 毛泽东：《党委会的工作方法》，北京：人民出版社，2016年。

27. 霍晓丽、刘荣荣、周洁、张博：《不拘一格地选拔人才——习近平同志在河北正定工作期间推出"人才九条"的实践与启示》，《人民日报》2023年6月13日。

28. 李慧敏等：《军工上市公司一体化的高质量党建引领高质量发展体系和能力的创新实践》，见中国企业改革与发展研究会：《中国企业改革发展2023蓝皮书》，北京：中国商务出版社，2023年。

29. 张玉卓：《推动国有企业在建设现代化产业体系、构建新发展格局中发挥更大作用》，《人民日报》2023年9月20日。

30. 王政、刘温馨：《如何发展新质生产力》，《人民日报》2024年1月15日。

31.《贯彻落实新时代党的建设总要求进一步健全全面从严治党体系》，《人民日报》2024年6月29日。

32.《中共中央关于进一步全面深化改革 推进中国式现代化的决定》，《人民日报》2024年7月22日。

后　记

回首来时路，方知玉汝成。

伟大的新时代，新时代党的建设新的伟大工程，伟大的中国航天事业。无论身处何方，航天精神都如影随形地拥抱着我，是精神基因和心灵滋养，从中获得无穷的力量。

全国国有企业党的建设工作会议是一次具有划时代里程碑意义的会议。

人是时间的驾驭者，是人赋予时间以意义。记录时代进步、启迪来者奋斗、书写辉煌成就，既是使命任务，更是难得的人生际遇。

蓦然回首，笃行十载，已然付梓。本书是集体研究和智慧的结晶，着力回答国有企业党委理论和实践中的重大问题，为国有企业加强党的全面领导、全面加强党的建设和改革发展作出学理阐释、实践贡献。为本书成稿贡献思路、参与讨论、提供资料、悉心指导、帮助和审读的有中国航天科工集团有限公司党组领导，及总部相关部门、有关单位领导和同事，他们的真知灼见让我深受启发。感谢中国航天科工集团出版基金的立项支持。感谢家人和朋友的鼓励支持，让我有信心坚持摸索著作，持之以恒做一名攀登者。部分示例来自优秀的国有企业案例，一并表示感谢。

在撰写过程中，得到了上级机关、人民出版社的领导和专家的指导帮助，对所有参与编辑工作的同志表示由衷地感谢！书中论述不周之处，恳请读者尤其是关心国有企业改革发展和党的建设的专家学者批评指正。

功崇唯志，业广唯勤。将爱国之情、报国之志，融入世界一流企业建设的新征程之中，融入中国式现代化的伟大实践之中。祝愿业绩优秀、党建优秀的国有企业越来越多，把光荣与梦想写在历史深处，书写中国式现代化的国企篇章，为强国建设、民族复兴伟业作出更多更大的贡献。

2024 年 11 月 5 日于北京

责任编辑：洪　琼

图书在版编目（CIP）数据

国有企业党委工作理论实务 ／ 李慧敏著. -- 北京 ：
人民出版社，2025. 1. -- ISBN 978‑7‑01‑026980‑1

Ⅰ. D267. 1

中国国家版本馆 CIP 数据核字第 2024870QD7 号

国有企业党委工作理论实务
GUOYOU QIYE DANGWEI GONGZUO LILUN SHIWU

李慧敏　著

人民出版社 出版发行
（100706　北京市东城区隆福寺街 99 号）

环球东方（北京）印务有限公司印刷　新华书店经销

2025 年 1 月第 1 版　2025 年 10 月北京第 3 次印刷
开本：710 毫米×1000 毫米 1/16　印张：30.75
字数：510 千字

ISBN 978‑7‑01‑026980‑1　定价：99.00 元

邮购地址 100706　北京市东城区隆福寺街 99 号
人民东方图书销售中心　电话（010）65250042　65289539